공정과 경쟁의 장 :

WTO
World Trade Organization

분쟁해결절차 이야기

정해관

박영사

머리말

2019년 5월을 며칠 남겨 두고 WTO 분쟁해결기구회의에 참석하러 스위스 제네바로 향하고 있었다. 일본 수산물 분쟁의 판정을 공식적으로 채택하기 위한 회의였다. 그해 4월 초에 WTO 상소기구에서 일본 수산물분쟁 판정결과를 발표했고 우리나라는 극적인 역전승을 거두었다. 1심인 패널판정에서는 일방적으로 패했으나, 2심인 상소심에서는 많은 사람들의 예상을 뒤엎고 완승을 한 것이다. 우리나라의 통상 역사에서 이 정도로 전국민적인 관심과 성원을 얻은 경우가 드물 정도로 중요한 승리로 기록된 사건이었다.

그런데, 필자가 상소기구 승소 후 흥분이 거의 잦아든 시기에 이 판정을 채택하기 위해 제네바로 향한다고 했을 때 궁금해 하는 눈길이 많았다. 이미 판정은 내려졌는데 공식화는 무엇이고 채택은 무엇이냐는 것이다. 국내재판에서는 판결이 나면 바로 집행이 되지, 이런 절차가 없기 때문에 상식적으로 이해가 안 되는 일이었다.

그러나, WTO 분쟁에서는 판정에서 이기는 일도 중요하지만, WTO 분쟁해결기구 회의에서 판정을 공식 채택하고 우리나라의 입장을 국제사회에 잘 설명하는 것도 필수적이고 중요한 과정이다. 더구나 당시 일본 정부는 수산물분쟁의 패소에 분노를 감추지 못하고 상소기구의 판정에 반발하면서 심지어는 1심 패널 판정 중 일부는 아직 유효하므로 우리나라에 대해 제도변경을 요구하겠다는 얘기까지 하고 있었다. 그대로 둘 경우 일본은 국제사회에서 이런 억측을 계속하며 오히려 우리를 수세로 몰 것이 명백했다.

4월 27일 WTO 분쟁해결기구회의가 개최되었다. 일본 대표단의 태도는 예상대로였다. 각국의 발언은 일반적으로 5분 내외이나, 이들은 약 40분간 미리 준비한 원고를 세 사람이 분담해서 읽으며 비판과 분노를 담은 긴 발언을 했다. 이들의 실망과 좌절이 얼마나 깊은지를 보여주는 듯했다.

문제는 이들의 발언과 주장이 상소기구 판정을 폄하할 뿐 아니라 우리의 권리를 침해하고 있는 점이었다. 특히, 상소기구가 패널판정을 번복한 후 우리나라 수입제한 조치의 위법 여부에 대해 제대로 된 결론도 내지 못하여 분쟁을 해결하는 데 실패하였다고 지적하였다. 더구나, 상소기구가 패널의 판정 중 법률적 부분은 번복했지만 패널이 전문가 의견을 기초로 판정한 사실 부분, 즉 일본산 수산물이 안전하다는 점은 여전히 유효하므로 일본산 수산물 등에 대한 수입제한 조치 유지는 정당화될 수 없다고 주장하고 있었다.

우리는 가만히 지켜만 볼 수는 없었다. 일본의 잘못된 주장을 바로잡을 필요가 있었다. 우리 대표단은 먼저 상소기구는 일본의 주장과 달리 현 시스템 내에서 분쟁해결을 위한 역할을 충분하고 만족스럽게 수행한 점을 분명히 하였다. WTO 분쟁해결절차에서는 제소국인 일본이 상대국의 위법을 입증할 책임을 지는데, 상소기구는 패널판정을 뒤집으면서 일본이 최종적으로 우리나라의 조치가 협정에 위배된다는 주장을 입증하지 못했다고 확정한 점을 강조했다. 국제법 원칙상 주권국의 행위는 법 위반이 입증되지 않는 한 합법적인 것으로 간주된다는 점에서 이는 우리나라의 조치가 WTO 협정에 위반되지 않는다는 결론이 도출된 것이었다. 더구나, 일본은 상소심 과정에서 패널판정 번복 시 새로운 분석을 해서 결론을 내달라는 요청조차 하지 않았으므로, 자기 권리를 행사하지 못한 일본이 자신의 잘못을 오히려 상소기구에 전가하는 것이라는 점도 지적하였다.

또한, 일본산 식품이 안전하다는 패널판정이 여전히 유효하다는 주장에 대해서는, 상소기구가 패널의 법률해석 및 적용이 잘못되었다고 하면서 패널의 결론을 전체적으로 뒤집었으면 이와 관련된 모든 패널의 판정은 사실관계든 법률사항이든 무효가 되는 것이 당연한 결과라고 하고, 일본의 주장은 '죽은 말을 채찍질하는 것(beating a dead horse)'과 같다고 지적했다. 아울러, 상소기구의 패널판정 번복은 일본식품 자체에 머물지 않고 일본의 지리 및 환경적 조건이 식품의 위해성에 영향을 미칠 수 있는 점을 인정한 결과라는 점도 강조했다.

결과적으로 분쟁해결기구 회의에서 최종 판정은 무리 없이 채택되었고 일본의 주장은 점차 자취를 감추었다.

이 책에서 설명하고자 하는 WTO 분쟁해결규정(DSU)은 분쟁을 개시해서 진행하고 마무리하는 절차를 규정한 일종의 소송법이다. 민사소송법이나 형사소송법과 유사하다고 보면 될 것이다. 국내재판에서도 변호사의 역할이 중요한 것은 실제 권리의무보다도 소송법상의 절차를 잘 알고 대응해야 하기 때문이라는 얘기가 있다. WTO 분쟁해결규정도 이와 유사하다고 할 수 있다. WTO 협정상의 권리와 의무를 명확히 파악하는 것도 중요하지만, 분쟁해결규정과 관행에 정통해야만 우리의 권리를 잃지 않고 절차상의 모든 기회를 충분히 활용해서 유리한 판정결과를 기대할 수 있다.

필자는 WTO 분쟁업무를 10년 가까이 수행하면서, WTO 분쟁해결규정과 관행을 실무를 통해 접할 기회가 있었고, 제네바에서 분쟁담당 업무를 마친 후에는 후임자들을 위해 WTO 분쟁업무 실무매뉴얼을 작성하기도 했다.

이번에, WTO 분쟁해결규정과 이에 기초하여 분쟁을 수행하는 과정에 대해 글을 쓰게 된 것은 이 분야의 실무를 담당하거나 관심 있는 사람들에게 WTO 분쟁해결과정을 알기 쉽고 종합적으로 설명하는 것이 주목적이었다. WTO 분쟁은 우리나라 통상정책의 중심으로 자리잡아 가는 반면, 2020년 초반 상소기구가 무력화된 후에는 WTO 분쟁의 존재 의의를 의심하는 목소리도 등장하고 있다. 그러나, 2020－2021년에도 회원국들은 WTO 분쟁을 꾸준히 제기하고 있으며 2022년 6월 개최된 제12차 WTO 각료회의에서 분쟁해결제도 관련 문제해결의 중요성과 시급성을 인정하고 정상화(재구축 포함)를 위한 노력을 하기로 합의한 점에서도 나타나듯이 WTO 분쟁해결제도는 어떤 형태로든 경제/통상 분쟁해결에 핵심적인 역할을 할 것으로 생각된다.

아울러, WTO 분쟁해결절차는 당사자에게 공정하고 적법한 기회를 주면서 상호 승복할 수 있는 결과를 도출하는 것에 초점이 맞추어져 있다. 강제력이 없는 국제사회에서 어떻게 국가들의 자발적 참여와 동의를 확보하며 판정에 승복하고 이행하도록 할 것인가가 주된 고민이다. 독자분들이 이 글에서 이런 고민들과 해결책을 찾아나가는 과정을 보시는 것도 즐거움 중의 하나이길 바란다.

이 책을 읽다 보면 책의 내용과 어울리지 않는 가벼운 문답식 설명이 곳곳에 있다. 독자가 가질 수 있는 문제의식을 미리 제기하고 이를 설명함으로써 이해도를 높이기 위한 목적임을 양해바란다.

또한, 이 책에 실린 글의 내용은 전적으로 저자 개인의 의견이며 정부의 공식 입장과는 관계가 없다는 점을 밝혀둔다. 글의 내용 중 저자의 의견은 학자의 정치한

학문적 분석에 기초한 것이 아니라 저자의 실무 경험과 직관에 의존한 점도 미리 밝혀 둔다.

끝으로, 많은 선배 및 동료분들의 가르침과 도움이 없었다면 이 글은 쓰여지기 어려웠을 것이다. 그동안 많은 조언과 토론으로 함께해 주신 분들께 진심으로 감사드린다. 호명하며 감사를 표하지 못함에 대해 양해해 주시기를 부탁드린다.

2023년 1월
정해관

추천사

1995년 도입된 WTO 분쟁해결제도는 국제사법제도에서 유례없는 상소절차를 도입하며 국제통상체제를 운용하는 핵심 기구로 주목을 끌었다. 출범 3년 만에 50건의 분쟁 협의 신청이 제기될 만큼 WTO 회원국들의 신뢰와 기대를 받으며 성공적으로 운영되던 분쟁해결제도는 2020년 11월 마지막 상소기구위원의 임기가 종료되면서 결국 상소기구 기능이 전면 중단되는 위기에 처했다.

그러나 2021년에는 9건, 2022년 12월까지 8건의 협의 신청이 제기되는 등 여전히 WTO에서는 패널절차 중심으로 분쟁해결절차가 가동되고 있다. 통상국가로서 다양한 교역 상대국들과 전방위적인 사안들에 대해 통상문제를 겪는 우리나라로서는 WTO 분쟁해결제도의 기능 복원이 무엇보다 시급한 상황이다. 국제통상 소송에 익숙치 않던 WTO 출범 초기에 우리 정부는 대부분 피소된 분쟁을 합의로 종결했으나, 국제통상 법무기능을 정부 내에 보강하고 우리 학계와 법조계에 국제통상 전문인력들이 확산되면서 어느 회원국들보다 놀라운 국제통상 분쟁해결 역량을 보여 왔다.

2022년 12월 현재 WTO에서는 분쟁해결제도의 개혁 논의가 한창 진행 중인데, 우리 정부도 제도 개선을 위한 협상에 적극적으로 참여하고 있다. 뿐만 아니라 우리 정부는 WTO 분쟁해결제도와 관련된 국제적인 전문가 네트워크를 다각적인 형태로 지원하고 지속적으로 관리하면서 국제적인 논의를 주도하기 위해 노력하고 있다.

본 저서의 저자인 정해관 대사도 이러한 통상법무 현장의 주역들 중 한 명으로서 외교통상부와 산업통상자원부를 거친 우리 정부를 대표하는 통상전사다. 수많은 통상 분쟁에 관한 이론서와 판례 관련 해설서가 있지만, 본 저서는 통상소송의 현장에서 분쟁해결절차를 진행하는 과정에서 제기되는 실무적인 사안들에 대한 경험을 공유해 주는 국내외를 통틀어 드문 저술이다. 국제통상에 관심을 가진 후학들과 우리 산업의 미래를 떠맡을 장래의 통상전사들에게 유용한 참고와 큰 격려가 되리라 믿으며 일독을 권한다.

2023년 1월
통상교섭본부장 안덕근

일러두기

1. 본문에 별도로 '사례 보기'와 '깊이 보기'를 포함하였다. '사례 보기'에서는 본문 내용의 이해를 높이기 위해 관련된 사례를 설명하였으며, '깊이 보기'는 보다 상세하고 전문적인 내용을 서술하였다. 본문의 전체적인 흐름에 방해가 되지 않으면서 독자의 관심에 따라 다양하고 깊이 있는 내용을 접할 수 있도록 하기 위한 취지이다.

2. 부록3에서 WTO 분쟁해결절차 각 단계별 예시문과 주요 규정을 포함하였다. 실제 분쟁에서 당사국이나 패널 등이 시행한 문서를 세계무역기구(WTO)에서 홈페이지에 공개문서로 게재한 것이다. 이 책에서 설명한 내용을 실제 사례를 통해 확인하고 실무적으로도 활용할 수 있도록 하기 위한 취지이다.

3. 이글의 본문과 각주에 언급된 WTO 분쟁의 명칭은 영문 간략 명칭을 사용하였다(단, 제1장과 제2장 제2항까지 각주에서는 정식 명칭 사용). 본문 일부에서는 우리에게 익숙한 분쟁의 한글 명칭을 사용하기도 했는데, 이 경우에는 영문 간략 명칭도 병기했다. 또한, 각주에서 분쟁의 간략 명칭을 사용하는 경우에는 내용의 명확성을 위해 앞의 note를 인용(예: *Supra* note)하지 않고 그대로 간략 명칭을 반복 사용하였다(단, 직전 내용을 인용하는 *Id.*는 사용).

   이 책에서 인용된 WTO 분쟁보고서는 별도의 목록(부록2)에서 정식 명칭과 간략 명칭을 확인할 수 있다.

4. 번역은 직역과 의역을 같이 사용하였다. 본문 및 각주에서 영문 문헌 및 WTO/GATT 분쟁보고서(패널, 상소기구, 중재심 등)상의 내용을 국문으로 인용할 때는 이해의 편의를 위해 직역과 동시에 의역(意譯)을 적절히 사용하였다.

5. 영문이 원문인 자료들을 각주에서 인용할 경우 영문 명칭을 그대로 인용하는 것을 원칙으로 하였다. 유사한 영문 문서와 구별할 필요가 있는 경우에만 예외적으로 국문으로 인용하였다(예: 패널보고서(간략보고서)).

6. 주요 약어

WTO: 세계무역기구(World Trade Organization)

DSB: 분쟁해결기구(Dispute Settlement Body)

DSU: 분쟁해결규칙 및 절차에 관한 양해(Understanding on Rules and Procedures Governing the Settlement of Disputes)

GATT: 관세 및 무역에 관한 일반협정(General Agreement on Tariffs and Trade)

GATS: 서비스무역에 관한 일반협정(General Agreement on Trade in Services)

TRIPs: 무역관련 지적재산권에 관한 협정(Agreement on Trade-Related Aspects of Intellectual Property Rights)

ICJ: 국제사법재판소(International Court of Justice)

IMF: 국제통화기금(International Monetary Fund)

NGO: 비정부기구(Non-Governmental Organization)

목 차

제 1 장
WTO 분쟁해결절차 들어가기

제 2 장
WTO 분쟁 준비 단계

제 3 장

WTO 분쟁 개시: 양자협의 요청(제소)

제 4 장

패널 단계

제 5 장

패널 절차에서 제기되는 주요 사안들

제 6 장

상소 단계

제 7 장

이행 단계

제 8 장

불이행 시의 구제

제 9 장

분쟁해결절차 개선 노력

부록 1.

사례이야기

부록 2.

인용된 분쟁보고서 목록(Table of Reports Cited)

부록 3.
예시문

〈주요 절차 규정〉

제1장

WTO 분쟁해결절차
들어가기

WTO 분쟁해결절차 들어가기

1. WTO 분쟁은 마이다스의 손인가?

2019년 4월 일본과의 수산물 분쟁에서 우리나라가 극적인 역전승리를 거두었을 때 WTO 분쟁에 대한 국민의 관심과 지지는 폭발적이었다. 이 분쟁을 담당했던 과장급 직원의 인터뷰 기사[1])에는 수천 개의 댓글이 달리고 '애국지사', '현대판 이순신 장군' 등으로 언급되기도 했다. 심지어는 WTO 분쟁이 일본에 대해 이렇게 시원하게 승리할 수 있는 방법이라면, 우리가 몇십 년째 지루하게 일본과 대립하고 있는 과거사 문제도 WTO에서 해결하자는 의견이 제기될 정도였다. 마치 WTO 분쟁을 마이다스의 손처럼 인식하는 분위기였다.

그러나 일본과의 과거사는 WTO에서 해결할 수 없다. WTO 분쟁으로 해결하는 범위에 제한이 있기 때문이다. 즉, 법률용어로 인적관할과 물적관할이 적용된다. 인적관할은 누가 누구를 대상으로 분쟁을 제기할 수 있느냐이다. WTO 분쟁은 164개 회원국 간에만 적용된다. 개인이나 기업이 상대국을 제소할 수 없고, 국가라도 WTO 회원이 아니면 분쟁을 제기하거나 분쟁의 대상이 될 수 없다. 예를 들어, 다국적 기업인 마이크로소프트나 애플이 우리나라를 제소할 수 없으며, WTO 회원국이

---

1) 연합뉴스, "WTO 한판승 주도 정하늘 과장 "호텔 워룸서 뒤집기 치밀 대응"", (2019-04-12), https://www.yna.co.kr/view/AKR20190412091000003.

아닌 세르비아나 이란도 우리나라를 제소할 수 없다. 당연히 우리나라도 이 국가들을 제소할 수 없다. 반면, 우리나라, 미국, EU, 중국 등 164개 WTO 회원국들끼리는 사전 동의 없이 언제든지 분쟁해결절차를 사용할 수 있다.

물적 관할은 어떤 사안에 대해 제소할 수 있느냐이다. WTO 분쟁의 대상이 될 수 있는 범위는 아래 WTO 협정에 규정된 권리와 의무이다.

WTO 분쟁해결절차에서 협정 위반을 주장할 수 있는 협정(물적 관할)

가. 세계무역기구설립을 위한 협정
나. 다자간무역협정: 상품무역에 관한 다자간협정, 서비스무역에 관한 일반협정, 무역관련 지적재산권에 관한 협정, 분쟁해결규칙 및 절차에 관한 양해(DSU)
다. 복수국간무역협정: 정부조달에 관한 협정[2]

구체적인 예를 들자면, WTO 회원국 중에서 우리나라 수출품에 대해 관세를 부당하게 높이거나, 수입을 금지하면 WTO에 제소할 수 있다. 한국 수출품을 자국 내에서 차별하거나 불리하게 대우해도 제소의 대상이 될 수 있다. WTO 협정의 일부인 상품무역에 관한 다자간 협정에서 규율하고 있는 사항이기 때문이다. 상품뿐 아니라 우리 기업의 서비스 공급을 부당하게 제한하거나 지적재산권을 침해해도 제소할 수 있다. 마찬가지로 서비스무역에 관한 일반협정, 무역관련 지적재산권에 관한 협정에서 회원국들이 서로 하지 않기로 합의한 내용이기 때문이다. 반면, 상대국이 비자를 엄격히 관리해서 우리 국민의 입국을 불편하게 하는 것은 WTO에 제소하기 어렵다. WTO 협정에서 약속한 바가 없기 때문이다.

일본과의 과거사 문제는 인적 관할로는 우리나라와 일본이 모두 WTO 회원국이므로 문제가 없다. 그러나 WTO는 무역을 관할하는 경제통상 협정이므로 일본과의

---

2) 복수국 간 협정에는 민간항공기무역에관한협정, 국제낙농협정, 국제우유협정도 있으나, 낙농협정과 우유협정은 1997년에 종료되었으며 민간항공기무역에관한협정은 DSU 적용을 위해 회원국들의 별도 결정이 필요하나 아직 이루어지지 않고 있다. 정부조달에관한협정 회원국들은 1996.7.8.에 분쟁해결양해(DSU) 적용 결정을 분쟁해결기구(DSB)에 통보했다.

과거사와 같은 정치적인 사항은 협정내용에 포함되어 있지 않으며, 따라서 WTO 분쟁에서 다룰 수 있는 물적 관할의 범위 밖에 있는 것이다.

2. WTO 분쟁의 역할

WTO 분쟁은 왜 할까? 국제사회에서 국가 간에 이해가 대립되는 경우 먼저는 대화를 통해 문제해결을 시도한다. 주고받는 교환이나 타협을 하기도 한다. 그러나 대화나 타협을 시도했는데도 해결이 안 되는 경우가 있다. 이때에는 제3자의 객관적인 판단을 통해 잘잘못을 가리고 이에 근거해서 해결하는 수밖에 없다. 국제통상체제에서 이런 역할을 하는 것이 WTO 분쟁해결절차이다. 국내에서 개인이나 집단간의 이해충돌이 대화를 통해 해결이 되지 않을 때 재판을 통해 결론을 내는 것과 유사하다.

다만, 국내에서는 헌법과 법률에 근거한 재판이 확립되어 있으나, 국제사회에서는 국가 간의 관계를 규율하는 통일된 규범이나 강제력이 존재하지 않는다. 그러므로 국제사회에서의 사법절차는 국가 간의 합의와 협조에 기초할 수밖에 없다. WTO 분쟁해결절차는 이런 한계를 최대한 극복하고 국가 간의 분쟁을 안정적으로 해결할 수 있는 시스템을 만들었다는 점에서 높은 평가를 받고 있다.[3]

보다 구체적으로 WTO 분쟁해결절차가 국제무역의 활성화에 기여하는 방식을 살펴본다. 먼저, WTO 분쟁해결규칙 및 절차에 관한 양해(DSU) 제3.2조를 보면 국제무역이 활발히 이루어지게 하기 위해 반드시 필요한 안정성과 예측가능성을 제공한다고 한다.[4] 국제무역에서 예측가능성이 필요한 이유를 예를 들어 설명하면, A국

---

3) WTO, *A Handbook on the WTO Dispute Settlement System*(Cambridge Univ. 2nd ed. 2017)("WTO Handbook Ⅱ"), p. 2-4: WTO 분쟁해결시스템이 20여 년 만에 가장 역동적이고 효과적이고 성공적인 국제분쟁해결시스템 중의 하나가 되었다고 평가한다. Wonkyu Shin & Dukgeun Ahn, "Trade Gains from Legal Rulings in the WTO Dispute Settlement System", *World Trade Review*(2019), 18:1, p. 1-31: 이 논문에서는 WTO 분쟁해결절차에서의 승소가 실제 무역상의 이익으로 이어졌는지에 대한 경험적 분석을 통해 WTO 분쟁해결절차에서의 승소는 제소국에게 무역이익을 가져다 줄 뿐 아니라 다자간의 무역자유화를 촉진해서 제3국에게도 무역상의 혜택을 주는 것으로 분석한다.
4) DSU 제3.2조 전단 원문은 다음과 같다: The dispute settlement system of the WTO is a central element in providing security and predictability to the multilateral trading system.

수출업자가 B국 수입업자에게 냉동 꽃게를 수출하는 데 계약 당시에는 관세가 10%
였으나 막상 B국에 도착해서 보니 100%로 올랐다고 하자. 이렇게 되면 관세로 인해
가격이 거의 2배가 되어 B국 시장에 출하도 못하고 수출업자와 수입업자 모두에게
엄청난 피해를 주는 결과가 초래될 것이다. 이런 경험을 하고 나면 무역을 수행하는
사람들은 이런 상황이 없을 것이라는 확실한 보증이 있기 전까지는 교역을 하려고
하지 않을 것이다. 이렇게 무역을 하는 사람들에게는 무역관련 법령이나 규칙상의
예측가능성이 중요하며 그렇지 않을 경우 무역거래는 멈추거나 엄청난 수익이 있어
서 위험을 각오해도 좋을 만한 예외적인 상황에서나 가능하게 될 것이다.[5]

　그러면, WTO 분쟁해결절차는 어떻게 무역거래에 안정성과 예측가능성을 줄 수
있을까? DSU에 규정된 빠르고 효율적이고 규범 지향적인 문제해결 시스템을 제공하
는 것을 통해서 이러한 역할을 한다.[6] 위의 냉동꽃게 관세인상 상황으로 돌아가자.
A국은 B국에게 냉동 꽃게에 대해 WTO에 약속한 10%의 관세율을 어기고 갑자기
100%로 올린 것을 추궁하며 시정할 것을 요구할 것이다. B국이 바로 잘못을 인정할
수도 있으나 그럴 거면 이런 조치를 취하지도 않았을 것이다. 다양한 이유를 대며
관세율 100%를 정당화하려고 할 것이다. 양국 간에 대화로는 해결책을 찾지 못할
때, WTO 제소가 A국에게 가장 유효한 수단이 된다. 분쟁을 당사국에만 맡겨두지
않고 WTO 협정 규범에 입각해 잘잘못을 가리고 끝을 보게 하기 때문이다. 이런 상
황이 되면 B국 입장에서는 WTO 재판을 거쳐서 WTO 협정 위반판정과 국제적인
비난을 받기보다는 미리 A국과 양자협의를 통해 관세 원상복귀에 합의하는 것이 더
낫다고 판단할 가능성이 크다. 설혹 버티더라도 궁극적으로는 협정 위반판정을 받고
이행을 해야 할 것이다.

　WTO 분쟁해결절차는 이렇게 협정 위반에 대해서는 반드시 판단을 받을 수밖에
없다는 것을 회원국에게 분명히 인지시킴으로써 협정에 위반되거나 위반가능성이
있는 조치를 시행할 동기를 현저히 약화시키며 WTO 협정의 규범력을 강화한다. 궁
극적으로 이는 국제통상체제의 안정성과 예측가능성이 제고되는 효과를 가진다.

---

5) *Supra* note 3, WTO Handbook Ⅱ, p. 5.
6) *Id.*

John H. Jackson 교수는 이렇게 분쟁해결절차를 통해 안정성과 예측가능성이 제고되면 무역과 투자 관련 다양한 경제적 결정들의 위험이 낮아지며, 위험의 감소는 거래 비용을 감소시켜 낮은 수익으로도 거래할 수 있게 하고 결국은 경제활동의 효율과 복지를 증가시킨다고 언급한다.[7] 아울러, 참가자들에게 무역 질서가 공평하고 공정하게 이루어진다는 인식을 주어, 상대적으로 경제력이 약한 개도국과 최빈개도 국들도 소외되지 않도록 한다.[8]

두 번째로 분쟁해결절차는 WTO 협정상 합의된 회원국들의 권리와 의무를 보호하는 역할을 한다.[9] 한 국가가 자기 이익을 위해 약속을 어기고 협정 위반을 하면 다른 회원국의 권리는 침해될 것이다. 이때 피해를 본 국가는 WTO 제소를 통해 WTO 협정규범에 의거 잘잘못을 가리고 상대의 불법조치를 철회시켜 자신의 권리를 지켜나갈 수 있다. 반대로, 피소국의 입장에서도 분쟁해결절차는 권리보호의 역할을 한다. 상대가 자국의 조치에 대해 자의적으로 판단해서 일방적인 보복조치를 하는 것을 방지하고 객관적인 재판부 앞에서 WTO 규범에 의거 자국의 조치를 방어하고 정당화할 수 있는 기회를 제공한다.[10]

셋째, 분쟁해결절차에서 재판부(패널 또는 상소기구)는 분쟁을 해결하기 위해 WTO 협정 규정을 해석하고 적용하게 된다. 그런데 이는 해당 분쟁을 해결하는 것을 넘어서서 향후 유사한 분쟁을 조기 해소하거나 예방하는 역할도 한다. 이미 해석되었던 사안과 유사한 내용이 당사국 간에 논란이 되었을 경우에는 굳이 소모적인 재판절차에 가지 않고 조기에 합의를 통해 해소할 동기가 커진다.[11] 유사한 법적 문제는 이어지는 분쟁에서도 동일한 방식으로 판정될 것을 예상할 수 있기 때문이다.[12]

---

7) John H. Jackson, "Perceptions about the WTO institutions", *World Trade Review*, 2002, 1(1), p. 101-114.
8) *Id.*
9) WTO DSU 제3.2조의 관련 원문은 다음과 같다. The Members recognize that it serves to preserve the rights and obligations of Members under the covered agreements.
10) *Supra* note 3, WTO Handbook Ⅱ, p. 7; DSU 제23.1조, 제23.2조에서는 회원국이 다른 국가의 불법행위에 대해 시정하고자 할 때, WTO 분쟁해결절차를 이용하고 자의적인 보복조치를 하지 않아야 한다는 취지로 규정한다.
11) *Id.* p. 129 참조.
12) Appellate Body Report, *United States-Sunset Reviews of Anti-Dumping Measures on Oil Country Tubular Goods from Argentina*, WT/DS268/AB/R, adopted 17 December

아울러, 다양한 사례를 통해 WTO 협정이 해석되고 이에 의거 판정을 한 선례가 축적되면 모호했던 협정 규정의 의미와 회원국의 권리/의무관계가 전반적으로 명확해지고, 이는 각 국가의 무역정책 수립단계에서부터 기준으로 작용하여 통상마찰과 분쟁을 예방하는 역할을 한다. 회원국 정부는 WTO 분쟁사례를 통해 명확해진 기준을 고려해서 WTO 협정위반 논란이나 이에 따른 피해를 최소화할 수 있는 방향으로 정책을 추진하는 경향을 나타내기 때문이다.[13] 예를 들면, 국내산업 육성을 위해 보조금을 신설하고자 할 경우 WTO 보조금협정 위배 소지가 있으면 분쟁에 휘말릴 수 있으므로 가급적이면 협정에 문제되지 않도록 제도를 조정하게 된다. WTO 회원국들의 이런 움직임들을 통해 장기적으로 각국의 무역제도가 WTO 규범을 중심으로 서로 조화되는 효과도 기대할 수 있을 것이다.

3. WTO 분쟁해결절차의 유래

현재의 WTO 분쟁해결절차는 어떻게 해서 만들어졌나? 한마디로 얘기하면 진화의 산물이다. 즉, 처음부터 현재와 같은 절차가 있었던 것이 아니고 국가 간에 경제통상 분쟁을 해결하면서 다양한 사례를 통해 관행이 생기고, 이 관행이 협정으로 발전된 것이다.[14]

널리 알려진 대로 제2차 세계대전 후 국제경제체제는 IMF(금융), World Bank(개발), GATT(무역)를 중심으로 형성되었다.[15] 이 중에서 GATT는 국제무역 분야를 담당하는데, 이 협정상의 분쟁해결절차는 매우 간략하게만 규정[16]되어 있어서 실효성

2004, para. 188.

13) Appellate Body Report, *United States-Final Anti-Dumping Measures on Stainless Steel from Mexico*, WT/DS344/AB/R, adopted 20 May 2008, para. 160.

14) 한국국제경제법학회, 「新국제경제법」 제4판, (박영사, 2022), p. 50 and p. 55 참조. 여기서는 WTO 분쟁해결절차는 "GATT 협정 중 분쟁해결에 관한 규정인 제XXII조와 제XXIII조를 근간으로 해서 GATT 시절에 체약국들이 발전시켜 온 분쟁해결에 관한 절차들을 한 단계 발전시킨 것"이며, DSU 제3.1조는 "DSU가 GATT체제 하에서의 분쟁해결과 관련된 절차나 원칙들을 계승하는 것임을 선언하고 있다"고 언급한다.

15) IMF는 국제통화기금(International Monetary Fund), World Bank는 세계은행, GATT는 관세와 무역에 관한 일반협정(General Agreement on Tariffs and Trade)의 약자이다.

16) GATT 제XXII조, 제XXIII조 2개 조항에만 규정되어 있었다.

있는 분쟁해결을 기대하기 어려웠다. 이렇게 된 데는 이유가 있었다.

　당시 국제사회는 지금의 세계무역기구(World Trade Organization)와 유사한 국제무역기구(International Trade Organization, ITO)를 설립할 계획이었다.[17] 그러나 ITO가 출범하는 데 시간이 걸리는 점을 감안해 우선적으로 상호 관세를 낮추고 여타 무역장벽도 줄이기 위한 협상을 했고, 이 결과로 1947년에 GATT 협정문이 합의되었다.[18] 회원국 간에 상호적으로 관세 및 비관세 무역장벽을 낮추어 무역 이익을 교환하는 형태를 가진 일종의 계약체제이었다.[19] 분쟁해결절차나 사무국 등의 제도적인 부분은 ITO 협정의 출범을 앞두고 있었으므로 크게 염두에 두지 않은 것으로 보인다.[20]

　문제는 ITO 설립이 장벽에 부딪히게 된 것이다. ITO 협정에 고용정책 등 각국의 주권에 속한 사항이 포함되면서, 이에 민감한 미국과 영국의 의회에서 벽에 부딪치게 되고 야심차게 계획한 ITO 설립은 실패하게 된다.[21] 따라서 당초 계획과는 다르지만 불가피하게 GATT가 ITO를 대신하게 되고, 이 체제가 1995년 WTO 출범까지 약 50년간 이어지게 된다.

　그래서 GATT 협정에 규정되지 않은 제도적인 사항은 전체 협약당사국 간의 논의와 합의를 통해 해결해 가는 수밖에 없었으며, 분쟁해결절차도 GATT 협정에 있는 제XXII조와 제XXIII조상의 간략한 규정을 기초로 실제 분쟁사례에서 전체 협약당사

---

17) Richard N. Gardner, *Sterling-Dallar Diplomacy; Anglo-American Collaboration in the Restruction of Multilateral Trade*(Oxford; Clarendon Press, 1956), p. 103-4 참조.
18) 실제 발효는 1948.1.1.부로 개시되었다.
19) John H. Jackson, *The World Trading System*(2nd Ed, MIT Press, 1997), p. 38; *Supra* note 17, p. 359-360; David Palmeter & Petros C. Mavroidis, *Dispute Settlement in the World Trade Organization*, (Cambridge Univ. 2nd ed. 2004.) ("Palmeter"), p. 9. 각각 참조.
20) John H. Jackson, "Dispute Settlement and the WTO Emerging Problems", *Journal of International Economic Law*(Oxford Univ. Press, 1998), p. 331 참조.
21) Robert E. Hudec, *The GATT Legal System and World Trade Diplomacy*(New York: Praeger Publishers, 1975), p. 53 참조; 구민교·최병선(이하 구민교), 「국제무역의 정치경제와 법」, (박영사, 2019), p. 155-156: 구민교는 "ITO 비준을 기대할 수 없다고 판단한 미 국무부는 1950년 12월 6일 슬며시 보도자료를 냈고, ITO는 국제무대에 제대로 서보지도 못한 채 뒤안길로 사라지고 말았다"고 서술한다. 위의 보도자료에서는 "관계부처의 건의에 따라 대통령은 ITO 헌장 비준안을 의회에 다시 제출하지 않는 대신, 미국이 GATT에 좀 더 효과적으로 참여할 수 있도록 필요한 입법조치를 취해주기를 요청했다"는 내용을 담고 있다.

국의 결정이나 분쟁 당사국들의 합의 등을 통해 관행으로 발전시키게 된다.[22]

국제통상법의 권위자인 John H. Jackson 교수는 GATT 분쟁해결절차가 매우 약한 규범으로 시작했으나, 실제 사례를 통한 다양한 경험과 관행들이 더해져서 객관화되고 규범 지향적으로 진화하였다고 한다.[23] 구체내용은 아래 깊이 보기에서 요약하여 설명한다.

깊이 보기 GATT 분쟁해결절차의 변화과정(John H. Jackson 교수)[24]

GATT 분쟁해결절차의 핵심은 제XXIII조에 있다.[25] 이 규정에는 세 가지 특징이 있는데 향후 분쟁해결절차가 발전되는 기초가 되었다. 첫째, 회원국 전체(총의)에게 집단적으로 문제된 조치를 조사하고 판정하고 해결책을 권고할 수 있는 권리를 주었다. 둘째, 분쟁을 제기하는 근거로 협정상 의무의 위반이 아닌 협정상 예상되는 이익의 '무효화 또는 침해'를 제시한다. 셋째, 심각한 경우에는 제소자가 피소자에 대해 GATT 협정상 의무 정지를 하도록 승인할 수 있다.[26]

이러한 특징이 변화하는 과정을 보면, 먼저 GATT 초기에는 1년에 두 차례 개최되는 회원국 전체회의에서 분쟁이 다루어졌으며, 점차 회원국이 수시로 개최하는 회의에서 다루어지고, 이후 분쟁을 조사하기 위해 별도로 회원국 대표로 구성한 작업반에 위임되기도 한다.[27] 그런데, 당시 GATT 사무총장 Eric Wyndham-White의 주도로 1955년경부터 양상이 바뀌어 간다. 분쟁 조사를 위해 구성되는 작업반이 정부 대표가 아닌 전문가 패널로 바뀌는 것이다. 3명 혹은 5명의 전문가가 임명되어 정부의 입장이 아닌 개인적인 역량에 근거해서 분쟁을 조사하는 역할을 담당하게 된다. 이 변화는 분쟁해결이 정부 대표간의 외교적 협상에서, 전문가들이 사실과 법에 대한 해석에 근거해서 불편부당하게 결론에 내리는 중재적 혹은 사법적 절차로 전환되는 것을 의미한다. 이후의 거의 모든 분쟁에서 이런 방식으로 전문가 패널이 사용되게 된다.

둘째, GATT 출범 초기에는 분쟁해결절차를 개시하는 근거가 이익의 '무효화 또는 침해'로서, 협정 의무위반은 관계가 적었다. 무효화 또는 침해는 회원국들이 '서로 협상하던 때에는 합리적으로 예상할 수 없었던 피해'가 발생하는 것을 의미하는 것으

---

22) *Supra* note 14, p. 50 참조.
23) *Supra* note 20, p. 332-334.

로 인식되었다. '합리적 예상'이라는 개념은 규범이라기보다는 거의 계약상의 개념이었으며, 전체적으로 모호성을 가지고 있었다.

그런데, 중요한 변화의 계기가 있었다. 1962년에 우루과이가 산업이 발달한 회원국들의 조치가 GATT 의무를 위반하고 있다고 주장하며 GATT에 제소한 것이다. 기존의 GATT 제XXIII조는 제소의 근거로 이익의 '무효화 또는 침해'를 요구하고 있으므로 우루과이의 GATT 의무위반 주장을 이익의 '무효화 또는 침해'와 어떻게 연계할 것인지가 패널의 주요 과제로 대두되었다. 결과적으로, 패널은 문언을 넘어서는 전향적 결정을 했다. 즉, GATT 의무의 위반이 확인되면 별도의 조사 없이 '무효화 또는 침해'도 있었던 것으로 전제되며, 이를 부인하려면 제소국이 아닌 피소국이 협정을 위반했음에도 불구하고 무효화 또는 침해가 없다는 점을 입증해야 한다고 판정하였다.[28] 이 판정은 이후의 후속 분쟁들에서도 이어졌고, GATT 분쟁의 중점을 '무효화 또는 침해'에서 '협정의무 위반'으로 전환시키고 규범지향적으로 향하게 하는 역할을 하였다.

또한, GATT 분쟁은 규범지향적으로 진화하는 동시에, 절차 측면에서도 당사국간 협의와 패널 진행 등이 관행을 통해 정착되어 갔는데[29] 1979년 도쿄라운드[30] 계기

---

24) *Id.*
25) GATT의 분쟁해결관련 규정 2개 중에 제XXII조는 협의에 관해서만 규정하고, 제XXIII조에서 협의가 실패했을 경우 분쟁해결 기준과 방법 등에 대해 규정한다.
26) 원문에서는 첫째와 둘째의 순서가 바뀌어 있으나, 후속으로 서술되는 규범지향적 변화과정에 대한 설명과 순서를 일치시키기 위해 필자가 임의로 변경한 것이다. 아울러, 셋째 '의무정지' 관련한 사항은 유사한 발전과정을 거치지 않아서 이에 대한 설명을 포함하지 않았다.
27) 회원국 전체회의 또는 작업반에서 결정을 하기 위해서는 별도로 규정하지 않는 한은 모든 참석자의 총의가 있어야만 결정이 이루어졌다. 총의는 투표를 통해 모든 참석자의 의사를 확인하는 것이 아니고 의장이 상정된 의제에 대해 참석자에게 이의가 있는지 묻고 이의가 없으면 총의가 있는 것으로 간주된다; Marrakesh Agreement Establishing the World Trade Organization ("WTO 설립협정") 제IX.1조 Footnote 1 참조.
28) GATT에서는 관행으로 유지되다가 DSU 제3.8조에서 명시적인 규정이 되었다.
29) *Supra* note 19, Palmeter, p. 8-9 참조.
30) 도쿄라운드는 도쿄에서 개시된 다자간 무역협상을 일컫는다. 1947년의 다자간 무역협상을 통해 GATT를 출범시킨 후, 회원국들은 WTO 출범까지 7번의 다자간 무역협상을 진행하며 무역장벽을 낮추기 위한 노력을 진행하였다. 대표적인 것이 케네디라운드, 도쿄라운드, 우루과이라운드 등이다. WTO 출범 후에는 2001년에 도하라운드가 시작된 바 있다. 상세사항은 *Id.* p. 4-6 참조.

에 회원국들이 GATT 분쟁을 통해 형성된 분쟁해결절차 관행을 정리해서 채택한 문서를 보면 현재의 WTO 분쟁해결절차의 핵심적인 부분을 많이 포함하고 있다.[31]

그러나 이런 진화와 발전에도 불구하고 근본적인 취약점은 여전했다. 즉, 모든 절차의 진행은 당사국과 회원국들의 합의를 전제로 하는 것이므로 당사국 중 한 국가라도 거부하면 전문가패널 설치, 판정보고서 채택, 보복조치 승인 등이 이루어질 수 없었다.[32] 이 문제는 결국 우루과이라운드 협상을 거쳐 1995년 출범한 WTO 협정 체제를 통해 보완하게 된다.[33]

한편, GATT 분쟁해결절차가 이렇게 의사결정상의 취약성이 있었음에도 불구하고 실제로 분쟁해결에 상당 부분 기여했다는 평가도 있다. Robert E. Hudec 교수의 연구에 따르면 1947부터 1992년까지 패널로부터 불리한 판정을 받은 국가가 궁극적으로 자국에 불리한 판정을 수용한 비율이 약 90%에 이른다고 한다.[34]

이렇게 제도상 거부할 수 있음에도 불구하고 자국에 불리한 판정을 수용한 주된 이유는 자국이 지나치게 거부권을 사용할 경우 다른 회원국도 자국이 제소한 분쟁에 대해 유사하게 반응할 것을 우려한 상호주의적인 고려가 컸던 것으로 알려진다.[35]

---

31) Understanding Regarding Notification, Consultation, Dispute Settlement and Surveillance on 28 Nov. 1979 and its annex: *Agreed Description of the Customary Practice of the GATT in the Field of Dispute Settlement*(Article XXII;2), BISD 26S: 이 문서에서는 협의 필요성, 사무총장의 화해 역할, 패널의 분쟁별 작업절차 수립, 패널의 2-3차례 당사국 회의 개최, 패널 절차에서 당사국에게 구두 및 서면 주장 기회 제공, 패널의 질의 권한, 3자 참여, 패널 제출문서 비밀주의, 패널의 전문가를 포함한 다른 원천으로부터의 정보추구 권한, 사무국의 패널 지원 등에 대해 언급하고 있다.

32) *Supra* note 20, p. 338 참조. 이런 취약점으로 인해, WTO 분쟁해결절차의 보복조치에 해당되는 GATT 의무의 정지는 단 1개의 분쟁(미국의 네덜란드에 대한 낙농제품 수입제한 분쟁)에서만 승인이 이루어졌는데 보복조치는 실제 시행되지 않았다.

33) 다만, 회원국들이 1989.5.1.부터 시험적으로 적용한 결정(GATT Dispute Settlement Rules and Procedures, Decision of 12 April 1989)에 따라 제반 협의 시한과 패널 설치의 역총 의제(자동설치)는 미리 시행되었다.

34) Robert E. Hudec, *Enforcing International Trade Law: The Evolution of the Modern GATT Legal System*(Butterworth, 1993), p. 278; *Supra* note 19, Palmeter, p. 9 각각 참조.

35) *Supra* note 3, Annex X: Historical Development of the GATT/WTO Dispute Settlement System p. 328 참조.

4. WTO 분쟁해결절차에 등장하는 주요 행위자

가. 세계무역기구(World Trade Organization, 'WTO')

WTO는 우루과이라운드 무역협상의 결과로 탄생한 'WTO 협정'[36)]의 이행과 운영을 관장하고 분쟁해결절차 규정도 집행하는 국제기구이다.[37)] 1947년에 설립된 GATT를 이어 받아서 스위스 제네바에 본부가 있고 분쟁해결절차 진행을 위한 주요 회의는 이곳에서 개최되는 것이 원칙이다. WTO 설립협정[38)] 제III.3조에서도 WTO의 기능중의 하나로 WTO 분쟁해결절차(DSU)를 집행하는 역할을 명시하고 있다.

나. WTO 분쟁해결기구(Dispute Settlement Body, 'DSB')

WTO 분쟁에서 모든 중요한 결정을 내리는 기구이다. WTO 모든 회원국들의 대표로 구성되는 분쟁해결기구 회의에서 총의(Consensus) 또는 역총의(Negative consensus)[39)]에 의해 이 기구에 부여된 기능을 수행한다. 회의는 매달 열리는 정기회의와 수시로 개최되는 특별회의가 있다. 회의를 주재하는 의장은 회원국들의 합의로 제네바에 주재하는 대사 중에서 1년 단위로 임명되는 것이 일반적이다. 회의에서는 패널로 불리어지는 재판정 설치, 패널보고서 및 상소기구보고서 채택, 이행절차 감독, 보복조치 승인 등의 핵심적인 결정들을 한다.

---

36) WTO 설립협정과 부속서(상품/서비스/지적재산권 분야를 관할하는 다수의 협정, 분쟁해결 절차 규정, 무역정책검토 규정, 복수국 간 협정), 우루과이라운드의 결과 및 향후 절차에 대한 포괄적인 선언을 담은 최종의정서, WTO 설립협정과 부속서를 보완하고 우루과이라운 드 타결전의 주요 의사결정을 담은 각료결정 및 선언으로 구성된다; 한국국제경제법학회, 「新국제경제법」 제4판, (박영사, 2022), p. 20도 참조.
37) WTO의 다른 기능으로 도하무역아젠다(DDA) 협상과 같은 다자간 무역협상의 장을 제공하고, 무역정책검토제도를 운영하며 다른 국제기구와 협력하는 기능이 있다.
38) Marrakesh Agreement Establishing the World Trade Organization.
39) 역총의는 총의와 반대되는 개념으로 모든 회원국이 반대하는 경우에만 부결될 수 있으며, 한 개 회원국이라도 찬성하면 시행되는 방식이다.

깊이 보기 WTO 의사결정 체제 및 분쟁해결기구 회의의 권한 근거

국제기구는 핵심적인 의사결정 권한이 어디에 있는지가 중요하다. 예를 들어 UN 에서 국제평화와 안전의 유지에 대한 권한(분쟁 조사와 평화유지를 위한 실행조치 등)은 안전보장이사회(15개국)가 갖고 있다. 따라서, 안전보장이사회의 권한에 속하는 사항인 경우, UN 총회에서 100개 이상의 국가가 합의하더라도 상징적인 의미 이상은 가지기 어렵다.

WTO의 경우, 모든 집행 및 결정 권한은 WTO 설립협정 제IV.1조에 의거하여 적어도 매 2년마다 개최하는 각료회의에 부여되어 있다. 따라서, 이 원칙에 따르면 분쟁해결절차의 집행에 대한 결정도 각료회의에서 이루어져야 한다고 할 수 있을 것이다.

그런데, 2년마다 개최되는 각료회의 중간에 결정할 일이 있으면 어떡할까? 회원국의 각료를 매달 소집해서 각료회의를 개최할 수도 없고 수시로 필요한 중요한 결정을 각료회의가 개최될 때까지 기다릴 수도 없다. 그래서, 설립협정 제IV.2조에서는 모든 회원국의 대표(제네바 상주대표 위주)로 구성되는 일반이사회(General Council)을 두어서 각료회의가 개최되지 않는 중간 기간에 수시로 각료회의의 기능을 대신하도록 하고 있다. 각료회의의 권한을 위임한 것이다.

이어서, 제IV.3조에서는 일반이사회가 분쟁해결기구(Dispute Settlement Body)의 역할을 수행하기 위해 소집되어야 한다고 규정하고 있으며, 이렇게 분쟁해결 임무를 하기 위해서 모이는 일반이사회가 '분쟁해결기구 회의'에 해당된다. 따라서, 분쟁해결기구 회의는 각료회의를 대신해 전권을 위임받은 일반이사회의 권한을 가지고 있으며, WTO의 최고 의사결정기구로서 독립적으로 WTO의 분쟁해결절차 집행기능을 수행할 수 있는 것이다. 분쟁해결기구 회의와 유사하게 일반이사회 권한을 가진 또 다른 회의체로 무역정책검토기구(Trade Policy Review Body) 회의가 있다.

흥미로운 점은 WTO에서 일반이사회 의장, 분쟁해결기구 의장, 무역정책검토회의 의장을 정할 때, 특별한 이유가 없으면 분쟁해결기구회의 의장이 다음년도 일반이사회 의장이 되고 무역정책검토회의 의장이 다음 년도 분쟁해결기구회의 의장이 되는 것이 관행이 되어 있다. 3개 기구가 각기 다른 영역에서 독립적인 결정을 하지만 모두 일반이사회로서 소집되어 일반이사회의 최고 의사결정 권한을 가지고 있는 점이 반영된 것으로 생각된다.

한편, WTO 설립협정 제IV.5조는 WTO에 상품무역이사회, 서비스무역이사회, 지적재산권이사회를 구성하도록 규정하는데 이는 명칭은 같은 이사회일지라도 최고 의

사결정기구가 아니며 일반이사회 산하의 기구로서 각 분야에서 협정의 기능에 속한 사항을 감독하며 각각의 협정이 부여하거나 일반이사회가 정한 대로 역할을 수행하는 기구이다. 각 이사회는 산하에 위원회를 둘 수 있다.

다. 패널40)

WTO 분쟁에 제기된 사안에 대해 판정을 내리는 일종의 1심 재판정으로 상설기구가 아니다. 각 분쟁건별로 분쟁해결기구회의에서 설치되며, 당사국의 합의를 통해서나 WTO 사무총장의 직권임명에 의해 3-5인으로 구성된다. 제소국의 패널설치요청서에 따라 분쟁해결기구가 패널설치 시 위임한 사항에 대한 판정과 권고를 담은 패널보고서를 제출한다.

라. 상소기구

WTO 분쟁의 상소심으로 패널에서 판정한 사안 중에 당사국이 이의를 제기한 사항에 대한 최종결정을 한다. 다만, 패널이 판정한 사안 중 협정해석 등 법률이슈에 대해서만 재심이 가능하다. 패널 판정 중 사실관계는 원칙적으로 재심의 대상이 되지 않는다. 당사국이 요청한 상소사항에 대한 판정과 권고를 담은 상소기구보고서를 발표한다.

마. 당사국 및 3자 참여국

분쟁을 제기한 제소국과 제소의 대상이 된 피소국을 '당사국'이라고 한다. 분쟁에 이해관계를 가지고 분쟁을 이끌어 가는 주체이다. 분쟁의 결과, 이긴 측은 승소국,

---

40) *Supra* note 19, Palmeter, p. 7: WTO 분쟁해결절차에서 법원(재판부)을 의미하는 '패널(panel)'은 GATT 이전에 임시적으로 구성된 정부전문가 그룹을 의미하는 데서 시작된 것으로 알려진다. 이들은 정책결정적인 역할을 하는 것이 아니라, 기술적 문제에 대해 객관적인 전문 의견을 개진하기 위해 구성된 그룹이었다; Robert E. Hudec, "The Role of the GATT Secretariat in the Evolution of the WTO Dispute Settlement Procedure", in Bhagwati & Hirsch(Eds), *The Uruguay Round and Beyond: Essays in Honour of Arthur Dunkel* 101(Springer & Verlag, 1998)도 참조.

패한 측은 패소국이 된다. 그리고 분쟁에 제소된 피소국의 조치가 협정위반으로 판정된 경우 이 조치는 협정에 합치하도록 바꾸어야 한다. 이를 '이행'이라 하고 이 의무를 진 당사국을 '이행의무국'이라고도 부른다.

아울러, WTO 분쟁에는 3자 참여국이라는 제도가 있다. 쉽게 말해 분쟁 당사국은 아니지만 분쟁을 지켜보며 훈수를 두는 국가이다. 이들은 패널에 제출되는 서면입장서 등 분쟁 문서의 일부를 받아 보며 구두진술회의에 참석해서 의견을 표명할 수도 있다. 3자 참여는 분쟁사안에 일정한 이해관계가 있으나 직접 당사국으로 참여할 정도는 아닌 경우에 활용하는 제도로 이해하면 된다.

5. 분쟁해결절차 진행과정 요약

본격적으로 WTO 분쟁해결의 내용에 들어가기 전에 개략적인 분쟁 진행과정을 요약한다. 이 단계에서 모든 내용을 이해할 필요는 없으며 개개의 나무를 살펴보기 전에 숲을 일람한다는 마음으로 접해 주길 바란다.

WTO 분쟁은 제소국이 피소국에게 양자협의요청서를 송부하는 데서부터 시작한다. 국내재판으로 치면 제소장인 셈이다. 제소국과 피소국은 60일간의 양자협의 기간을 거친다. 이 기간이 지나면 제소국은 WTO 분쟁해결기구 회의에 패널설치를 요청할 수 있다. 패널은 국내재판의 법원(재판정)에 해당된다. 국내에서는 상설화되어 있지만, WTO에서는 분쟁이 제기된 각 건별로 설치된다고 이해하면 된다. 패널설치는 첫 번째 요청에서는 설치되지 않고 두 번째 요청 시에 설치된다. GATT에서는 회원국이 모두 동의하고 반대가 없어야만 패널이 설치될 수 있었으나, WTO에서는 이 방식을 뒤집어서 만장일치로 반대하지 않으면 설치된다. 사실상 자동으로 설치되는 셈이다.

패널이 설치되면, 패널위원을 임명하게 된다. 국내재판에서 특정판사들로 재판부를 구성하는 것과 유사하다. WTO 분쟁에서는 미리 임명된 상설 재판관은 없으며, 각 분쟁 건별로 양 당사국이 합의하여 누가 패널위원을 담당할지를 결정한다. 당사국이 합의하지 못할 경우 WTO 사무총장이 임명한다. 규정상 3명 혹은 5명으로 구성할 수 있으나, 지금까지 5명으로 구성된 사례는 없으며, 3명 중 1명을 의장, 2명을 위원으로 임명한다. 이를 '패널구성'이라고 한다.

패널이 구성되면, 패널위원들은 진행 일정과 방식을 정한다. 국내재판에서 재판부가 재판일정과 관련 규칙을 정하는 것과 유사하다. 패널일정은 대부분 2차례의 서면입장서 제출, 2차례의 구두진술회의 개최, 패널질의서 송부 및 서면 답변 등을 거치면서 진행되는 것이 일반적이다.

패널이 분쟁사안에 대해 판정을 하면, 이를 보고서로 작성하여 WTO 회원국들에게 회람하고, WTO 홈페이지에 발표한다. 국내재판처럼 법관이 공개법정에서 판결을 발표하지는 않는다.

패널보고서가 발표되면, 분쟁당사국, 즉 제소국이나 피소국은 상소기구에 상소를할 수 있다. 상소를 하면 상소심으로 가고, 아무도 상소를 하지 않으면 WTO 분쟁해결기구회의에서 보고서가 채택된다. 이 절차는 WTO에 독특한 것으로, 패널보고서가 공식적인 효력을 갖도록 회원국들이 승인하는 절차이다. 승인하는 방식이 GATT에서는 전체회원국의 동의였으나, WTO에서는 이를 뒤집어서, 전체가 반대하지 않고 한 국가라도 찬성하면 승인한 것으로 간주한다. 패널설치의 경우와 같이 사실상자동이다.

상소심은 국내재판과 유사하게 진행된다. 즉, 국내법원처럼 미리 임명된 7인의 상소기구 위원이 있다. 상소기구 위원은 무작위로 돌아가면서 3명으로 구성된 상소심재판부를 구성한다. 재판부 구성은 패널심에서는 당사국의 합의로 구성하나, 상소심에서는 미리 정해 놓은 순서에 따라 자동적으로 결정된다. 상소심이 패널심과 다른점은 법률사항만 판단한다는 점이다. 즉, 패널심은 협정 해석과 사실 판단을 같이 조사하나, 상소심은 패널심에서 세운 법률 해석과 적용이 적절했는지에 대해서만 심사한다.

상소심 진행은 패널보다 더 짧고 간략하게 진행되며, 서면입장서 및 반박서 제출각 1회, 구두진술회의 1회 등으로 구성되며, 상소 후 늦어도 90일 이내에 판정을 발표하는 것이 원칙이다.[41]

상소기구보고서가 발표되면, 패널보고서와 함께 WTO 분쟁해결기구회의에서 사

---

41) 근래에는 이 요건이 잘 지켜지지 않아서 상소기구 판정에 1년 이상 소요되는 경우도 자주
  나타난다.

실상 자동적으로 채택[42])되며, 이를 통해 두 개의 보고서상의 판정에 대해 회원국이 공식적인 효력을 부여한다.

보고서가 채택되면, 이행절차에 들어간다. 피소국이 완벽하게 승소해서 피소국 조치 중 협정위반으로 판정된 사항이 없으면 당연히 이행절차는 필요 없다. 그러나, 1개라도 협정에 위반된 사항이 있으면 이행절차를 개시해야 한다.

피소국은 보고서 채택 후 30일 이내에 분쟁해결기구(DSB) 회의에서 이행에 대한 입장을 표명해야 하고, 제소국과 이행에 필요한 기간을 협의해서 합의해야 한다. 합의하지 못하면 1인으로 구성된 중재심에서 이행기간을 결정한다. 피소국은 이렇게 결정된 이행기간 내에 이행을 완료하고 DSB에 보고해야 하며, 제소국이 이행완료에 대해 동의하면 분쟁은 종료되나, 제소국이 이행이 불충분하다고 이의를 제기하면 다음 절차가 진행된다. 당사국 간에 이행적합성에 대해 의견이 다른 부분은 이행패널에 회부해서 객관적인 판정절차를 거친다. 이행패널심은 원심을 준용해서 진행되나 회부 후 90일 이내에 결정해야 하므로 보다 단축된 형태로 진행한다. 이행 패널위원은 원칙적으로 원심 패널위원이 담당하며 최종판정 발표, 상소, 보고서 채택도 원심과 동일하게 진행된다.

이행패널에서 피소국이 판정을 충분히 이행한 것으로 판정되면 분쟁은 종료된다. 그러나 이행이 불충분한 것으로 판정되면, 제소국은 피소국과 보상협의를 할 수 있고 상호 만족할만한 보상합의가 되지 않으면 DSB에 보복수준을 적시해서 보복승인을 요청한다. 피소국이 보복수준이나 방법이 부적절하다고 판단할 경우 보복중재를 요청할 수 있고 중재심에서 최종적인 보복수준 등을 결정한다. 제소국은 최종적으로 결정된 보복금액의 범위 내에서 보복조치를 할 수 있으며, 피소국이 이후에 이행을 완료했을 경우에는 보복조치를 철회해야 한다.

WTO 분쟁해결절차의 흐름도는 다음과 같다.[43]

---

42) 패널보고서는 상소심 판정에 따라 수정된 것으로 간주된다. 상소기구 판정과 다른 부분은 상소기구보고서에 따르는 것이다.

43) 산업통상자원부, 보도/해명, "(참고자료)WTO 한-일 공기압밸브 반덤핑분쟁 이행 완료" (2020-05-29), 붙임 3. http://www.motie.go.kr/motie/ne/presse/press2/bbs/bbsView.do?bbs_seq_n=162988&bbs_cd_n=81&currentPage=51&search_key_n=title_v&cate_n=&dept_v=&search_val_v=WTO 2022.11.26. 최종접속.

WTO 분쟁해결절차 절차도

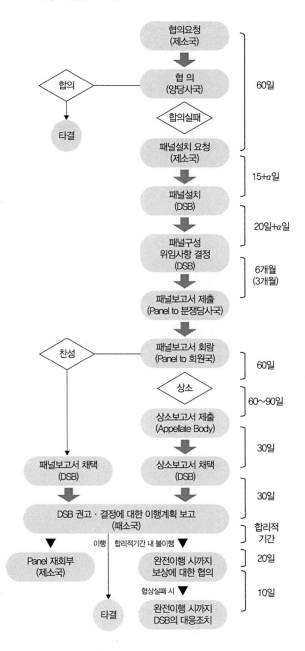

협의기한: 협의요청 수령 후 30일 이내 협의개시 要

패널설치 요청 선결조건:

① 협의요청 수령 후 10일 이내 피소국이 회신 안할 시, 또는
② 협의요청 수령 후 60일 이내 당사국 간 합의 실패 시

* 패널설치 요청한 첫 DSB 회의에서는 피소국이 거부 가능, 두 번째 요청한 DSB회의에서 자동 설치

패널구성: 설치일로부터 20일 내 합의 되거나 합의 미도출 시 WTO 사무총장이 10일 내에 결정

패널심리: 분쟁당사국과 제3자국이 참여한 가운데 6개월(최고 9개월, 긴급사안은 3개월) 이내 완료

상소기한: 패널보고서 회람일로부터
① 60일 이내 언제든지, 또는
② 20일 이후 DSB회의에서 패널보고서 채택 이전

상소심리: 당사국이 상소한 날로부터 상소기구는 60~90일 이내 완료

【참고】 패널절차 통상 1~2년 소요 (분쟁 증가로 지연 추세) 상소 시 3년 이상 장기화 가능

이행분쟁: 이행계획 존재 여부 또는 대상 협정과의 합치 여부에 대한 의견 불일치 시 원패널에 회부 가능

양허정지 요청 선결조건:

① 피소국이 합리적 기간 내에 DSB 권고 결정 불이행, 또는
② 합리적 기간 종료 후 20일 내 만족스런 보상협의 실패

제2장

WTO 분쟁 준비 단계

WTO 분쟁 준비 단계

WTO 분쟁해결절차 준비는 주로 제소국 입장에서 논의하게 된다. WTO 분쟁은 제소하는 측이 피소국의 WTO 협정위배 문제를 지적하며 시작한 후, 이를 입증해 갈 책임을 지기 때문이다. 이때 가장 우선되는 것은 과연 이 사안이 WTO 분쟁에 제소해서 해결이 될 수 있는 사항인지에 대한 점검이다.[1]

WTO 분쟁의 대상이 되기 위한 필수적인 요건(인적 관할과 물적 관할)에 대해서는 앞에 언급한 바와 같다. 자국과 상대국이 모두 WTO 회원국이어야 하며, 자국이 문제 삼는 조치가 WTO 협정상으로 회원국 간에 미리 합의한 권리와 의무에 대한 사항인지를 확인하는 것이다.

이에 추가한 다른 제소요건 관련 흥미로운 판정이 있다. *EC-Banana III* 분쟁에서 피소 측인 EC는 추가적인 제소요건(Locus Standi)으로 제소국이 분쟁사안에 대한 법적 권리와 실질적인 이해가 있음도 보여야 한다는 주장을 제기한 바 있다. 이에 대해 상소기구는 DSU의 어떤 규정도 이를 명시적으로 요구하지 않는다고 하고 회원국은 제소여부 결정에 대해 넓은 재량을 가진다고 판시하였으며[2] 이후에도 동일하

---

1) DSU 제3.7조는 회원국에게 WTO 분쟁으로 제소하기 전에 WTO 분쟁해결절차에 회부하는 것이 효과적일지에 대해서도 점검할 것을 요구한다.

2) Appellate Body Report, *European Communities-Regime for the Importation, Sale and Distribution of Bananas*, WT/DS27/AB/R, adopted 25 September 1997, paras. 15 and 132 and 135 참조. 또한, 같은 보고서 136항에서 상소기구는 미국이 바나나 생산자이고 잠재적인 수출 이해자인 점을 배제할 수 없으며, 미국 내의 바나나 시장이, EC 바나나 수입제도가 세계시장의 공급 및 가격에 미칠 효과 등에 의해 영향을 받을 수 있다고 부연했다.

게 인정되어 왔다.[3]

다음으로는, 상대의 문제되는 조치의 정체를 명확히 파악해야 하며, 이를 시정하기 위해 WTO 협정 중 어떤 규정에 기초해 협정위반 주장[4]을 할지를 정해야 한다. 이 내용은 양자협의요청서(제소장)와 패널설치요청서에 들어갈 핵심적인 내용이므로 분쟁준비 단계에서 실무적으로 준비해야 할 가장 중요한 사항이다.

또한, 양 당사자 모두에게 필요한 사안으로, WTO 협정이나 DSU 규정에서 명시하고 있지는 않지만 WTO 분쟁 진행과정에서 적용되는 일반적인 법적 원칙과 관행들에 대한 이해도 필요하다. DSU 규정에서 분명하게 규정하지 않는 사항에 대해서는 이러한 원칙과 관행이 판단과 시행의 근거가 되기 때문이다. 아울러, 분쟁 수행을 조력할 적절한 변호사를 고용하는 것도 중요한 준비사항이다. 각 사항별로 아래에서 상술한다.

1. 분쟁의 대상조치 관련 고려사항

제소국은 상대국의 문제되는 조치를 정확히 파악하는 동시에 WTO 분쟁에서 제소를 통해 해결할 수 있는 조치인지를 확인하는 것이 중요하다. 마치 공격할 때 표적을 정하면서 이 표적에 대한 공격이 의미 있는 결과를 가져올지를 점검하는 것과 같다. 표적이 잘못된다면 결국은 모든 일이 허사가 될 것이므로 제소국 입장에서는 가장 중요한 일이다. 더구나, 최근 분쟁의 동향을 보면, 제소의 대상이 되는 조치는 법령만이 아니라 행정관행이나 비공개 조치 등이 복잡하게 얽혀 있는 경우도 있으므로 이를 분명히 파악하고 정하는 일의 중요성은 아무리 강조해도 지나치지 않다.[5]

---

3) Appellate Body Report, *European Communities-Export Subsidies on Sugar*, WT/DS265/AB/R, WT/DS266/AB/R, WT/DS283/AB/R, adopted 19 May 2005, para. 312.

4) WTO 제소를 위해 WTO 협정 위반에만 기초하지는 않고, 비위반 제소나 상황제소도 가능하다. 다만, 협정위반에 근거하는 것이 가장 일반적인 방법이므로 이에 기초해서 서술한다. 비위반 제소나 상황제소는 후술한다.

5) 반덤핑, 상계관세, 세이프가드 등 무역구제조치의 경우에는 조치의 근거가 된 조사결과보고서에 관련 정보가 상세히 적시되므로 조치 파악이 상대적으로 용이하다. 반면, WTO 분쟁에서는 문서로 특정되지 않는 관행으로서의 조치가 문제가 되기도 하며 일정한 요건을 만족시킬 경우 분쟁의 대상조치로 인정되어 왔다. *US-Supercalendered Paper* 분쟁 상소기구는 이러한 관행이 분쟁의 대상조치로 인정받기 위해서는 피소국의 귀책성, 관행의 정확한 내용, 반복된 적용, 미래적용 개연성이 입증되어야 한다고 하였다: Appellate Body Reports,

(제소가능 조치 여부) WTO 분쟁을 통해 해결할 수 있는 조치인지를 점검할 경우, 먼저 누가 시행한 조치인지가 중요하다. WTO 분쟁은 원칙적으로 국가의 행위만을 대상으로 하며, 개인이나 집단의 행위는 국가의 책임으로 귀속될 수 있는 경우에만 예외적으로 제소 대상이 될 수 있다. 그리고 국가 행위라고 할 때는 행정부만을 생각하기 쉬운데, 입법부, 사법부를 포함하여 지방정부 및 국가의 통제하에 있는 공적 기관의 행위까지 포함한다. 또한, 국가 행위의 성격상 적극적인 행위뿐 아니라 협정상 요구되는 행위를 하지 않은 것(부작위)도 제소의 대상이 될 수 있다.

WTO Handbook I에서는 이에 대해 아래와 같이 상술한다.

"WTO 협정은 국제법하에서 WTO 회원국을 규율하는 국제협정이므로 WTO 협정에 있는 의무들은 그 자체로 협정을 사인한 국가나 별도의 관세지역(예: 홍콩, 대만 등)만 구속한다. 국가가 아닌 개인은 이런 의무를 위반할 수 없다. 그러나 개인의 행위가 정부의 행위와 강한 관계를 가진 경우에는 정부의 책임으로 귀속될 수 있다. ... 전통적인 국제공법하에서 국제법의 주체, 국가는 통치하에 있는 정부의 모든 부서의 활동에 대해 책임을 가지며 지방정부와 정부의 하위부서까지 포괄한다. 이 원칙이 협정에 별도로 규정하지 않는 한 WTO 법에도 해당된다."[6]

둘째, WTO 분쟁의 대상이 되는 조치는 분쟁 제기 및 패널설치 시에 현존하는 조치여야 한다.[7] 이미 종료된 과거의 조치이거나 미래에 시행될 조치를 대상으로 할 수는 없다. 다만, GATT 및 WTO 분쟁 사례에서 각 경우별로 타당성을 검토해서 예외를 인정해 준 경우가 있는데 아래와 같다.

Chile-Price Band System 분쟁에서는 분쟁에서 문제된 조치가 패널설치 이후에

US-Supercalendered Paper, para. 5.17; *Argentina-Import Measures*, para. 5.110 참조.

6) WTO, *A Handbook on the WTO Dispute Settlement System*(Cambridge Univ. 2004) ("WTO Handbook I"), p. 40-41. 참고로 인용문은 영문을 국역한 것이며 이해의 편의를 위해 일정 부분 의역하였다. 괄호안의 내용은 이해의 편의를 위해 필자가 부가한 사항이다. 이하 인용문에서도 동일하게 적용한다.

7) Appellate Body Report, *European Communities-Customs Classification of Frozen Boneless Chicken Cuts*, WT/DS269/AB/R, WT/DS286/AB/R, adopted 27 September 2005, para. 156.

개정되는 상황이 발생했다. 이에 대해 상소기구는 개정된 조치가 패널설치 시 현존하지 않았다 할지라도 기존 조치에서 본질이 바뀌지 않았다면 패널이 조사할 권한을 가진다고 판정했다.[8]

US-Upland Cotton 분쟁에서 상소기구는 법적으로는 이미 종료된 조치일지라도 이 조치로 인해 협정상의 이해를 침해하는 효과가 여전히 존재하는 경우에는 제소의 대상이 될 수 있다고 판정했다.[9]

Russia Tariff-Treatment 분쟁 등에서 패널은 법규가 채택은 되고 아직 발효하지 않은 경우에도 조사 대상이 될 수 있다고 판단하였다. 조치의 법적 효과는 발효 시점에 시작되지만, 발효가 예정된 조치의 실질적인 영향은 미리 작용할 수 있는 점을 고려한 것이다. 즉, 국제교역에 종사하는 시장참가자들은 조치가 발효하지 않은 시점에서도 미래 경쟁 관계를 고려해서 대응계획을 세우게 되므로 실질적으로는 영향을 미치고 있는 점을 인정한 것이다.[10]

(법령이나 제도 자체 제소: As Such) WTO 제소 가능 여부를 점검한 후에는 특정 조치만을 제소할지, 이 조치의 기반이 된 상대국의 법령이나 제도까지 제소의 대상으로 삼을지를 고려하게 된다.

일반적으로 정부의 구체적인 행정조치(예: 무역 구제당국의 특정상품에 대한 반덤핑 관세조치)가 제소의 대상이지만 조치의 근거가 된 법령 자체가 WTO 협정을 위반하

---

8) Appellate Body Report, *Chile-Price Band System and Safeguard Measures Relating to Certain Agricultural Products*, WT/DS207/AB/R, adopted 23 October 2002, para. 139; Panel Report, *United States-Anti-Dumping and Countervailing Duties on Ripe Olives from Spain*, WT/DS577/R and Add.1, adopted 20 December 2021, para 7.12. 참조.

9) Appellate Body Report, *United States-Subsidies on Upland Cotton*, WT/DS267/AB/R, adopted 21 March 2005, paras. 263-266.

10) Panel Report, *Russia-Tariff Treatment of Certain Agricultural and Manufacturing Products*, WT/DS485/R, Add.1, Corr.1, and Corr.2, adopted 26 September 2016, para. 7.103; *Turkey-Restrictions on Imports of Textile and Clothing Products*, WT/DS34/R, adopted 19 November 1999, as modified by Appellate Body Report WT/DS34/AB/R, para. 9.37 참조. 이 패널 판정들은 GATT Panel Report, *United States-Taxes on Petroleum and Certain Imported Substances*, L/6175-34S/136, adopted on 17 June 1987, para. 5.2.2의 판정을 주요 근거로 한다.

는 경우에는 이를 제소의 대상으로 할 수 있다. WTO 설립협정 제XVI:4조에서 회원
국들의 법과 규칙과 행정절차가 WTO 협정의무에 합치되어야 한다고 규정한 점도
이러한 제소의 법적 기초를 제공한다.[11]

미국 부패방지철강 일몰재심 분쟁(US-Corrosion-Resistant Steel Sunset Review) 상
소기구는 제소국이 왜 법령이나 제도 자체를 제소의 대상으로 삼아야 하는지에 대한
이유를 구체적으로 설명한다.

"GATT와 WTO 분쟁에서는 특정 상황에 적용된 구체 조치만이 아니라, 미래에
일반적으로 적용할 의도로 만들어진 법령과 규범도 (구체적인 적용사례와 관계없이) 자
주 조사해 왔는데, … 이는 WTO의 분쟁해결체제가 실제로 이루어진 무역을 보호하
는 데서 나아가 미래의 교역을 위해 필요한 안정성과 예측가능성을 확보하고자 하는
의미를 가진다. 만약 회원국이 의무에 비합치하는 법령과 규범을 채택했음에도 이런
법령과 규범을 그 자체로 제소할 수 없고 적용사례만을 제소할 수 있다면(교역의 안
정성과 예측가능성을 확보코자 하는) 분쟁해결의 목적은 좌절되고 다수의 소송만 야기
하는 결과를 초래할 것이다. 그래서 법령이나 규범을 그 자체('as such')로 제소할 수
있도록 하는 것은 협정 비합치 장치의 뿌리를 제거하도록 함으로써 장래의 (불필요
한) 분쟁을 방지하는 목적에도 부합한다."[12]

그러면 제소국 입장에서 어떤 경우에 법령이나 제도 자체를 WTO 협정위반으로
제소하는 것을 검토해야 할까? 크게 두 가지로 생각해 볼 수 있다. 먼저는 WTO 협
정위반 법령이나 제도가 불법조치를 계속 만들어 내고 있어서 법령이나 제도 자체의
변화 없이는 문제를 해결할 수 없는 경우이다. 예를 들어, A국이 돼지고기 수입관세
를 불법적으로 10%에서 50%로 올렸다고 하자. 이런 내용이 법령으로 발효한 후에
수입되는 돼지고기는 모두 50% 관세가 부과되고 수출국의 피해는 계속될 것이다.
이런 상황에서 1-2건의 수입건에 대해 분쟁을 제기해서 승소하더라도 법령이 계속되

---

11) *Supra* note 6, p. 41 참조.
12) Appellate Body Report, *United States-Sunset Review of Anti-Dumping Duties on
Corrosion-Resistant Carbon Steel Flat Products from Japan*, WT/DS244/AB/R,
adopted 9 January 2004, para. 82 참조.

는 한 50% 수입관세는 계속될 것이며 문제는 해결되지 않을 것이다. 이런 경우에는 당연히 돼지고기 수입관세를 50%로 인상한 법령 자체를 분쟁의 대상으로 삼아서 승소 판정을 받아야만 법령의 철회를 확보해서 불법행위가 더이상 발생하지 않도록 할 수 있을 것이다.

다음은, 위와는 달리 법령이나 제도가 제소국이 불법이라고 생각하는 행위를 자동적이고 반복적으로 양산하지는 않으나 이 법령을 통해 위반행위가 다시 나타날 가능성이 상당해서 미리 방지하기 위해 법령이나 제도 자체를 제소할 필요가 있는 경우이다.

이 경우에는 신중히 검토해야 한다. 제소국 입장에서는 가능하기만 하다면 법령이나 제도 자체를 제소하는 것이 문제를 보다 근본적으로 해결할 수 있으므로 이를 더 선호할 것이다. 그러나 피소국 입장에서는 '위반의 가능성'만 가지고 법령이나 제도 자체가 WTO 협정 위반으로 판단된다면 이 법령에 따라 미래에 협정에 합치되는 조치를 할 권리조차도 부인되는 것이므로 주권국으로서의 권리가 심각하게 침해되는 것을 의미한다. 이런 점을 고려해서 패널이나 상소기구도 실제 분쟁에서 법령이나 제도 자체를 WTO 협정 위반으로 판단하는 것에 신중한 입장을 보여 왔다.

이와 관련하여, *US-Oil Country Tubular Goods Sunset Reviews* 분쟁에서 상소기구도 아래와 같이 판시한 바 있다.

"(법령이나 제도 자체를 문제 삼는) 'as such' 제소는 (피소국에게) 심각한 도전이다. 정의상 'as such' 제소는 장래에 일반적으로 적용할 법과 규정과 다른 장치들에 도전하는 것이다. 이는 회원국의 행위가 이미 발생한 특정한 건이 아니라 미래의 상황까지 포괄해서 반드시 회원국의 WTO 협정 의무에 비합치할 것이라고 주장하는 것이다. 핵심은 'as such' 제소는 다른 회원국의 행위를 사전에 하지 못하도록 하고자 하는 것이며, 이런 도전은 분명히 (법령이나 제도가 적용된 특정 결과를 대상으로 하는) 'as applied' 제소보다 광범위한 성격을 가진다."[13]

---

13) Appellate Body Report, *United States-Sunset Reviews of Anti-Dumping Measures on Oil Country Tubular Goods from Argentina*, WT/DS268/AB/R, adopted 17 December 2004, para. 172.

이런 점을 고려해서, WTO 분쟁에서는 법령이나 제도 자체의 WTO 협정 위반 여부가 문제되는 경우에는 이 법령이나 제도가 구체적인 협정 위반행위를 의무적으로 반복토록 하는지 아니면 법령 적용에 따라 비합치 또는 합치가 달라질 여지가 있는가를 원칙적인 판단기준으로 삼아 왔다.

WTO Handbook I에서는 이 기준에 대해 아래와 같이 설명한다.

"GATT하에서 패널은 법령(이나 제도)이 의무적인지, 재량적인지를 구분하는 것으로 판단기준을 발전시켜 왔는데, WTO 상소기구도 이 구별 방법을 승인해 왔다. 즉, 법령이 WTO 협정을 위반하도록 의무화하는 경우에만 그 자체로 협정에 비합치한다고 판단될 수 있다. 법령이 행정당국에게 WTO 협정에 비합치하도록 (강제하지 않고) 재량만을 주는 경우에는 법령 자체로 도전될 수 없다. 그런 경우에는 실제로 법령을 협정에 위반되는 방식으로 적용한 결과가 도전의 대상이 된다. … 이 접근에 따라서 테스트는 법령이 행정기관에게 WTO 의무를 준수할 재량도 주는지 여부가 된다."[14]

다만, *US-Corrosion Resistant Steel Sunset Review* 분쟁에서 상소기구는 이러한 의무적/재량적 기준이 기계적이고 일률적으로 적용되어서는 안 되고 각 사례별로 달리 검토되고 적용될 수 있다고 한 점은 고려가 필요하다.[15]

사례 보기 EC 조선분쟁 'As Such' 제소

우리나라와 EC 간의 조선분쟁(*Korea-Commercial Vessels*, DS273)의 핵심 이슈중의 하나는, 우리나라 수출입은행이 조선회사에게 제공하는 선수금환급보증과 제작금융이 시장에서 제공되는 조건보다 더 유리해서 보조혜택이 부여되는지 여부였다. 특히, EC의 요구에 따라 개별거래분 아니라 우리나라의 법령과 제도 자체('as such')가 조사의 대상이 되었다.

---

14) *Supra* note 6, p. 41-42
15) *Supra* note 12, para. 93.

EC는 수출입은행법 제24조가 시중 금융기관과의 경쟁을 금지하고 있으며 다른 규정상으로도 금융 제공시 시장 조건을 반영할 의무를 부과하지 않는 점 등에 근거해서, 법령이나 제도 자체가 조선회사에게 '혜택을 부여'토록 하고 있으며 민간은행이 하지 않는 非상업적 기능을 요구하고 있다고 주장하였다. 이에 대해 우리나라는 수출입은행은 시중은행과 대부분의 분야에서 시장 조건에 따라 경쟁하고 있으며, 다른 금융기관과 경쟁하지 않도록 한 내용은 관련 조항(제18조)의 개정을 통해 실질적으로 변경되었다고 반박했다.

패널은 원칙상 법령이나 제도가 불법임을 입증하기 위해서는 각각의 조치시 이러한 불법이 강제되는 근거가 필요하며 불법이 될 여지나 가능성만으로는 불충분하다고 전제하였다. 그리고 이에 기초하여 볼 때, 수출입은행법이나 다른 규정 등으로 인해 개별 조치가 금지보조금이 될 가능성은 있으나 이들이 반드시 불법이 되도록 강행하는 근거는 없으므로 법령과 제도 자체로 금지보조금이 성립되지는 않는다고 판정했다. 우리로서는 가슴을 쓸어내리는 판정이었다(상세사항은 사례이야기 2: 조선분쟁 3. 나항 참조).

2. 제소의 법적 근거 발굴 및 제소 방식

제소의 대상조치가 확인되면 이 조치를 어떤 WTO 협정 규정에 기초해 어떤 방식으로 제소할 것인가에 대한 검토가 필요하다.

먼저, 문제되는 조치는 하나의 규정만이 아니라 다수의 규정을 동시에 위반할 수 있으므로 위반 가능성이 있는 모든 규정들을 발굴하고, 이 중에서 패널이나 상소기구에서 가장 쉽고 명확하게 위반 판정을 받을 수 있는 근거 규정에 우선 순위를 두어야 한다.

또한, 제소를 하는 목적이 궁극적으로는 상대의 부당한 조치를 시정하는 것이므로 이를 위해 가장 효과를 거둘 수 있는 근거 규정에 중점을 두는 것도 중요하다. 이때 고려할 사항은 이 규정에 근거해서 협정위반 판정을 받은 경우 얼마나 제소국이 원하는 방향으로 상대의 조치를 바꿀 수 있는가이다.

예를 들어, 상대국이 우리 자동차에 대해 반덤핑 관세 30%를 부과한 경우, 반덤핑 협정상의 공정한 관세율 산정을 요구하는 규정에 근거해, 피소국의 덤핑률 산정 근거 자료가 잘못되었거나 덤핑률이 과대 계상되었다는 주장을 해서 이를 인정받으면 상대의 이행을 거쳐 관세를 철회하거나 최소한 관세율을 낮추는 효과를 기대할 수 있다.

반면, 반덤핑 협정의 절차규정이나 산업피해조사 관련 규정에 근거해서 절차 진행상의 오류나 산업피해 여부 판단 시 일부 고려사항을 누락했다는 판정을 얻은 경우에는 상대가 이행하더라도 조치 자체에 제소국이 원하는 의미 있는 변화(예: 조치 철회 또는 관세율 감축)를 주기는 어려운 경우가 많다. 이 경우 몇 년을 투자해서 위반판정을 받고도 제소전과 크게 차이가 없는 상황이 되므로 이런 상황이 발생하지 않도록 이행결과를 감안해서 공격의 우선순위를 정하는 것이 중요하다.16)

(WTO 제소 방식: 위반제소, 비위반제소, 상황제소) WTO 분쟁에 제소하는 근거는 일반적으로 상대국 조치의 WTO 협정 위반을 문제 삼는데 이를 '위반 제소'라고 하며 절대 다수의 WTO 분쟁이 이에 해당한다. 다만, 많이 사용되지는 않지만 '비위반 제소'와 '상황제소'도 사용 가능하므로 분쟁의 준비단계에서는 최소한 짚고 넘어가는 것이 필요하다.

이렇게 WTO 분쟁해결에서 '위반 제소', '비위반 제소', '상황 제소' 3가지 방식의 제소가 가능한 것은 GATT와 WTO 분쟁해결제도의 원천 규정인 GATT 제XXIII:1조에 따른 것이다.17)

이 규정에 따르면 회원국이 3가지 원인으로 인해 자국의 이익이 직간접적으로 '무효화 또는 침해'되거나 협정의 목적 달성이 저해된 경우 분쟁에 제소(양자협의 요청)할 수 있다고 하고 있다. 이 3가지 원인은 상대국의 협정의무 위반, 여타 상대국 조치(협정위반 무관), 다른 상황의 존재이다.

이 규정에 따르면 원칙적으로는, '위반 제소'한 경우에도 협정 위반과 더불어 자국

16) 일본 수산물 분쟁에서 우리나라는 피소국 입장에서 이런 상황을 경험했다. 우리가 상소기구에서 대부분 승소하였음에도 일부 조항은 WTO 협정위반으로 결론지어진 부분도 있었다. 즉, 2013년 일본 수산물 수입 금지와 추가 핵종검사 조치를 하면서 이런 내용을 이해당사국이 인지할 수 있도록 명확하게 공표하지 않은 점이다. 그러나 이는 절차에 관련된 사항으로 우리 측이 손쉽게 이행할 수 있으며 일본으로서는 우리의 이행을 확보했다 할지라도 현실적으로는 조치에 의미 있는 변화를 가져올 수가 없었다. 제소국 입장에서 분쟁의 결과 이런 사항에 대해서만 승소한다면 공격이 잘못되었다고 해야 할 것이다. 결과적으로 우리는 분쟁해결기구(DSB) 판정채택 후 약 한달 후인 2019.5.30.일자로 식품의약품안전처에서 우리 조치의 상세사항을 관련 홈페이지에 게재하는 방식으로 이행을 완료하고 DSB에 통보한 바 있다.
17) 제1장 3항 'WTO 분쟁해결절차의 유래' 부분 논의 참조.

이익의 '무효화 또는 침해'까지 입증해야만 상대국의 시정을 요구할 수 있다. 그러나 DSU 제3.8조에서 GATT 분쟁의 관행에 입각해 제소국이 협정의무 위반만 입증하면 이익의 무효화 또는 침해가 전제(presumption)된다고 명시하고 있으며, 분쟁에서 이 전제가 뒤집힌 일이 없으므로 협정의무 위반만 입증하면 무효화 또는 침해는 자동적으로 인정되는 것이 사실상 관행이 되었다.[18]

위의 전제를 부인하려면 제소국이 아닌 피소국이 '협정 위반이 있음에도 불구하고 제소국 이익의 무효화 또는 침해가 없다'는 것을 입증해야 한다. GATT 및 WTO 분쟁에서 이러한 시도가 여러 차례 이루어지기는 했으나 인정된 적은 한 번도 없다.[19] 대표적인 예로 *EC-Banana III* 분쟁에서 피소 측인 EC는 제소국인 미국이 EC에 단 하나의 바나나도 수출하고 있지 않으므로 비록 EC의 바나나 수입제도가 협정을 위반할지라도 미국 이익의 '무효화 또는 침해'는 있을 수 없다고 주장하였다.[20] 이에 대해 상소기구는 패널의 판정을 인용해서 미국이 현재 EC에 바나나를 수출하지 않더라도 바나나 수출국으로서 EC의 수입제도와 연관된 잠재적인 수출 이해를 가지고 있으며, EC의 바나나 수입제도가 세계 바나나 시장의 공급과 가격에 영향을 미치므로 미국 이익의 '무효화 또는 침해'가 부인될 수 없다고 한 바 있다.[21]

'비위반 제소'는 상대국의 조치가 WTO 협정을 위반하지 않음에도 불구하고 자국이 기대하는 협정상의 이익이 '무효화 또는 침해'된 경우 제기할 수 있다.

WTO Handbook I에서는 비위반 제소의 목적을 아래와 같이 설명한다.

"국제무역 협정에서 모든 규정을 완벽하게 구비할 수는 없으며 … 협정상 금지된 조치뿐 아니라 금지되지 않는 조치에 의해서도 다른 국가의 이익은 영향을 받을 수 있다. 한 회원국이 WTO 협정에 위반되지 않는 조치를 통해 다른 국가의 (무역) 혜택을 침해할 수 있으며 이때 두 회원국 간의 상호 무역상의 균형이 무너진다. 비위반제소는 이렇게 초래된 불균형을 조정하기 위한 수단으로 제공된다."[22]

---

18) WTO 패널보고서에서는 피소국이 패널 과정에서 '협정위반에도 불구하고 무효화 및 침해가 없었다'고 주장한 경우를 제외하고는 DSU 제3.8조에 의거 '무효화 또는 침해'가 있었다고 선언하거나 아예 별도로 언급하지 않는 것이 일반적이다.
19) *Supra* note 6, p. 31 참조.
20) *Supra* note 2, para. 250.
21) *Id*. paras. 251-253.

실제 분쟁에서 GATT 시절에는 14건의 비위반 제소가 있었고 6건에 대해 제소국의 주장이 인정받았으며 이 중 3건은 보고서가 채택되었다.[23] 1995년 WTO 출범 후에는 비위반제소가 실질적으로 심사된 분쟁은 5건이 있었으나 패널이 제소국의 비위반 제소 주장을 인정해 준 경우는 한 건도 없었다.[24]

이렇게 비위반제소가 많이 활용되지 못한 이유는 패널과 상소기구가 비위반 제소를 예외적인 구제수단으로 간주해 왔기 때문이다. 즉, 회원국들이 이미 협상을 통해 스스로 준수할 사항을 합의하였는데, 이러한 합의를 어기지 않았음에도 조치가 도전받는 것은 예외적인 경우로 한정해야 한다는 것이다.[25] 아울러, WTO 출범후에 비위반제소의 활용도가 GATT 시절에 비해 낮아졌는데, 이는 우루과이라운드 협상을 통해 WTO 협정이 보다 폭넓은 분야에서 구체적으로 규정됨에 따라 위반 제소를 통해 제기할 수 있는 사항이 확대되어 비위반제소의 필요성이 자연스럽게 줄어든 점도 작용한 것으로 생각된다.

'상황제소'는 상대국의 조치가 아닌 예상치 못한 상황 변화에 의해 자국의 이익이 '무효화 또는 침해'된 경우에 제기하게 된다.

WTO Handbook I 에서는 "협상기록에 따르면 상황제소는 거시경제 위기상황(경기침체, 높은 실업, 상품가격 붕괴, 지급결재 곤란)에 대처하기 위한 것이었다. 1947년 GATT 협정하에서 제기된 몇 건의 상황제소의 목적은 양허철회, 관세양허 재협상 실패, 무역흐름에 대한 기대가 실현되지 않은 것에 대해 문제를 제기하기 위한 것이었다."[26]고 언급한다.

상황제소는 GATT 시절에 몇 건의 분쟁에서 제기된 바 있으나 패널판정으로 이어진 경우는 없었으며 WTO 출범 후에는 상황제소 주장을 한 경우는 한 번도 없었

22) *Supra* note 6, p. 32.
23) *Id.* p. 34 참조.
24) 비위반제소가 제기된 것은 12건이 있었으나, 6건은 사법경제(Judicial Economy) 적용, 1건은 패널 심리범위를 벗어난다는 이유로 심사에서 제외되었다; WTO, *Analytical Index*, DSU Information Tables, p. 35-36 참조: https://www.wto.org/english/res_e/publications_e/ai17_e/ds_information_tables.pdf 2022.9.8. 최종접속.
25) Panel Report, *Japan-Measures Affecting Consumer Photographic Film and Paper*, WT/DS44/R, adopted 22 April 1998, paras. 10.36-37.
26) *Supra* note 6, p. 34; GATT, *Analytical Index*, pp. 668-671(6th updated edition 1995) 각각 참조.

다.[27] WTO 출범 후에 상황 제소가 아예 제기되지 않은 것은 분쟁해결절차상 특별한 제약이 있는 것과도 연관된다. DSU에서 상황제소에 대해서는 패널보고서 채택과 보복조치 승인에 대해 WTO하에서 강화된 규정이 적용되지 않고 예전 GATT 규정이 적용되는 것으로 정했기 때문이다. 즉, 위반 제소나 비위반 제소건은 패널보고서 채택이나 보복 승인이 역총의제로 사실상 자동적으로 이루어지는 것과 달리 상황제소의 경우는 GATT 시절과 같이 회원국들의 총의가 있어야만 가능하도록 하고 있어서 회원국들이 이에 호소할 동기를 현저히 약화시키고 있다.[28]

이와 같이, '비위반제소'나 '상황 제소'가 사용 빈도는 많지 않으나 분쟁을 제기하는 법적 수단이 될 수 있으므로 WTO 제소를 준비할 때는 반드시 점검해야 할 항목이다. 특히, 비위반 제소는 위반 제소와 병행하여 보완적인 수단으로 사용하는 일이 종종 있다. 예를 들어, 제소국 입장에서 상대국의 조치에 해당되는 협정상의 의무가 명확하지 않아서 패널이나 상소기구에서 의무위반 판정을 받을 수 있을지 불확실한 경우가 있다. 이런 경우에는 상대국의 조치에 대해 협정 위반으로 제소하는 동시에, 만약 협정 위반으로 판정되지 않을 경우에는 비위반 제소로도 고려해 달라고 병행해서 요청할 수 있다.

한편, 위의 비위반 제소와 상황 제소에 대한 논의는 상품협정 분야에만 해당되며, 서비스 무역협정에서는 3가지 방식의 제소 중 위반 제소와 비위반 제소만 가능하고 상황제소는 인정되지 않는다.[29] 지적재산권 협정에서는 비위반제소와 상황제소 적용을 WTO 출범 후 5년간 유예하고 이후에 어떻게 처리할지를 각료회의에서 결정토록 하고 있으나 아직 최종 결정된 바는 없으며 회원국들도 비위반제소와 상황제소를 사용하지 않고 있다.[30] 2022년 제12차 각료회의를 포함한 최근 각료회의에서는 지적재산권의 비위반제소와 상황제소를 제기할 수 있는 범위와 방식에 대해 지적재산권협정 이사회에서 계속 검토하되 각 회원국들은 이러한 제소를 사용하지 않는다는 결정을 채택하고 있다.[31]

---

27) *supra* note 6, p. 34; WTO, *A Handbook on the WTO Dispute Settlement System* (Cambridge Univ. 2nd ed. 2017), p. 48 참조.

28) DSU 제26.2조; *supra* note 6, p. 34 참조.

29) GATS 제XXIII조.

30) TRIPS 제64조.

31) WTO. Ministerial Decision, *TRIPS Non-Violation and Situation Complaints*, WT/L/1137, (17 June 2022) 참조.

3. 분쟁해결의 주요 원칙

가. 적법절차(Due Process)

적법절차의 원칙은 주로 영미법에서 국가 권력의 자의적 적용으로부터 개인의 인권을 보호하기 위해 발달해 온 개념으로 우리 헌법(제12조)에도 규정[32]되어 있으며, "공권력에 의한 국민의 자유와 권리침해는 반드시 실정법에 따라 합리적이고 정당한 절차에 의하여야 한다"[33]는 원칙이다.

반면에, WTO 분쟁해결절차에서 말하는 적법절차는 전통적인 의미의 적법절차와는 달리 분쟁해결절차 진행상 공정성과 불편부당성을 강조하는 개념이다. 당사국간에 분쟁절차 진행과정에서 서로 이견이 있고 DSU에 명확히 규정되지 않은 사항에 대해 적법절차가 이를 판단하는 기준의 역할을 한다.

Thailand-Cigarettes(Philippines) 분쟁 상소기구는 적법절차에 대해 상세한 기준을 제시했는데, 즉 미리 정해진 절차에 따라 균형 있고 질서 있게 진행되는 분쟁해결 과정에서 공정성, 불편부당성, 당사국의 의견이 들려질 권리를 보장하고, 당사국이 분쟁 사안에 대해 공격과 방어를 하며 이를 뒷받침하는 사실근거를 제시할 충분한 기회를 가지는 것이라고 하면서, 적법절차는 WTO 분쟁의 근본 원칙이며 패널이 분쟁사안에 대한 객관적 평가를 할 때 반드시 존중해야 한다고 강조했다.[34] 아울러, 패널이 미리 표준화된 작업절차를 상세하게 규정하는 것도 공정성 제고와 적법절차 목적에 부합하는 방법이라고 언급했다.[35]

이와 같이, 적법절차는 분쟁해결절차 진행과정에서 핵심적인 가치이자 원칙이므로 분쟁 대응 시에 늘 염두에 두어야 한다. 특히, 제소국 입장에서 상대 조치의 문제점을 제기하며 관련 증거를 제시할 기회가 충분히 주어지지 않거나, 피소 측인 경우

---

32) 대한민국 헌법 제12조 제1항: 누구든지 법률에 의하지 아니하고는 체포·구속·압수·수색 또는 심문을 받지 아니하며 법률과 적법한 절차에 의하지 아니하고는 처벌·보안처분 또는 강제노역을 받지 아니한다. 제12조 제3항: 체포·구속·압수 또는 수색을 할 때에는 적법한 절차에 따라 검사의 신청에 의하여 법관이 발부한 영장을 제시하여야 한다.

33) 법제처 국가법령정보센터, 법령용어사전, '적법절차의 원리'
    https://www.law.go.kr/lsTrmSc.do?menuId=13&subMenuId=65 2022.11.26. 최종접속.

34) Appellate Body Report, *Thailand-Cigarettes(Philippines)*, para. 147.

35) *Id*. paras. 148-149.

조치를 방어할 기회가 조금이라도 침해될 소지가 있을 경우에는 적법절차 원칙에 기초로 이를 적극 제기해서 시정해야 한다.

나. 신의성실 원칙

신의성실 원칙은 DSU에서 명시적으로 당사국뿐 아니라 회원국들이 지켜야 할 의무로 규정하고 있는데, *US/Canada-Continued Suspension* 분쟁에서 상소기구는 아래와 같이 설명했다.

"DSU는 '신의성실 원칙'을 두 곳에서 언급하는데, 하나는 제4.3조의 협의와 관련된 것이고(상호만족할 만한 합의에 도달하기 위해 협의에 신의성실하게 응할 의무), 다른 하나는 제3.10조에서 모든 회원국은 제기된 분쟁을 해결하기 위하여 신의성실한 자세로 절차에 참여하여야 한다는 것이다. 이 조항들은 회원국이 분쟁을 개시하는 결정을 하고 분쟁해결절차에 임하는 과정에서 신의성실하게 행동할 것을 요구한다."[36]

이와 같이, 신의성실 의무는 분쟁의 시작부터 이행까지 모든 과정에 적용되는데[37] 신의성실 의무가 문제되는 상황은 다양하게 나타날 수 있다. 그동안 WTO 분쟁사례에서 신의성실 의무가 문제된 대표적인 예로서 일방 당사국이 배타적으로 갖고 있는 사실을 조작하거나 왜곡하여 제출,[38] 특정 주장과 사실을 부당하게 지연하여 제시,[39] 패널의 정보제공 요청에 불충실한 반응,[40] 패널이 사실을 오인하고 있음을 알면서도 이를 고지지,[41] 비밀정보의 유출[42] 등이 있었다.

또한, 금반언 원칙(禁反言, Estoppel)이 신의성실 원칙의 일부로서 인정되기도 했다. '먼저 한 주장이나 입장에 반대되는 진술이나 행동을 하면 안 된다'는 금반언 원

---

36) Appellate Body Report, *US/Canada-Continued Suspension*, para. 313.
37) Appellate Body Report, *EC-Export Subsidies on Sugar*, para 312.
38) Panel Report *Thailand-Cigarettes(Philippines)(Article 21.5-Philippines II)*, para. 7.106.
39) Appellate Body Report, *US-Gambling*, para. 269; Panel Report, *US-1916 Act(EC)*, para. 5.18.
40) Appellate Body Report, *Canada-Aircraft*, paras. 187-190.
41) Panel Report, *US-1916 Act(Japan)*, para. 5.2, Footnote 422.
42) Panel Report, *EC-Export Subsides on Sugar(Thailand/Australia/Brazil)*, paras. 7.89, 7.98-7.99

칙이 WTO 분쟁에서는 그 자체로 적용되어 오지는 않았는데,[43] *US-Countervailing and Anti-Dumping Measures(China)* 분쟁 패널은 사전결정에서 "제3.10조의 신의성실 의무에 의거 만약 제소국이 예비 판정단계에서 특정 주장을 포기했다면, 이후의 절차에서 이런 주장들을 다시 제기하면 안 된다"[44]고 하면서 신의성실 의무의 맥락에서 금반언 의무를 인정하였다.[45]

다. 투명하고 공정한 소통 원칙

DSU 제18.1조는 패널 또는 상소기구가 심의중인 사안과 관련하여 패널 또는 상소기구가 일방 분쟁당사자와만 의사소통("ex parte communication")해서는 안 된다고 규정한다.[46] 이는 패널, 상소기구, 중재인 및 분쟁 사무국이 지켜야 할 의무이지만 당사국도 지켜야 하는 중요한 원칙이다. 이 원칙에 따라 패널이나 상소기구의 모든 의사전달은 투명하게 당사국 모두에게 같이 제공되어야 하며, 당사국이 패널이나 상소기구에 제출하는 모든 구두 및 서면 의견도 상대 당사국에게 동시에 같이 제공되어야 한다.

분쟁실무를 하는 과정에서 절차에 관한 사항이 궁금해서 사무국에 연락을 할 경우에 사무국 담당자로부터 흔히 듣게 되는 얘기가 'ex parte communication' 우려이다. 즉, 사무국이나 패널/상소기구는 공정하고 불편부당하게 업무를 수행해야 하므로 비록 단순하고 기술적인 사항이라도 분쟁 당사국 중 한쪽에게만 알려주는 것을 매우 조심스러워 한다. 그래서 'ex parte communication'이 우려되는 경우 패널이나 사무국이 주로 제시하는 대안은 질의를 구두가 아닌 서면(서한 혹은 이메일)으로 하고 상대국 분쟁담당자도 알 수 있도록 사본 수신자에 포함하면, 패널이나 사무국

43) Appellate Body Report, *EC-Export Subsidies on Sugar*, para. 312.
44) Panel Preliminary Ruling, *US-Countervailing and Anti-Dumping Measures(China)*, WT/DS499/4(4 June 2013), paras. 3.13- 3.14.
45) Appellate Body Report, *China-GOES*, para. 195: 상소기구는 패널은 당사국이 이전에 제시한 입장에 의지할 권한이 있으며 당사국이 상소에서 다른 입장을 제시하기를 원한다면 왜 이전의 주장에 더 이상 의지할 수 없는지를 설명해야 한다고 했다.
46) "ex parte communication"은 재판부(패널/상소기구 등)와 당사국 중 일방이 다른 당사국이 참여하지 않은 가운데 의사소통하는 것을 의미한다. Black's Law Dictionary, 8th ed, B. Garner(ed.)(West, 2004), p. 296 참조.

에서 양 당사국에게 같이 알려주는 방식으로 답변하겠다고 하곤 한다. 당사국의 분쟁실무자 입장에서는 이 정도 기술적이고 작은 사안은 문제가 안 되겠지 하면서 연락하기도 하나 패널이나 사무국은 'ex parte communication'에 대해 생각보다 엄격한 기준을 가지고 대응하는 경우가 많으므로 사무국이나 패널과 분쟁사안과 관련해서 연락을 할 때는 이를 염두에 두어야 한다.

아울러, 패널/상소기구/사무국 혹은 상대 측에서 원칙을 위반하여 'ex parte communication'을 해서 당사국에게 불리한 결과가 초래될 가능성도 상존하므로 이에 대해서도 늘 주의를 기울이는 것이 필요하다.

라. 행동 규칙(Rules of Conduct)

WTO 분쟁해결기구에서는 패널 및 상소기구 위원, 중재인, 전문가, 사무국 직원 등 중립적 입장에서 분쟁해결절차를 진행하는 인사들이 지켜야 할 행동 규칙을 정하고 있다.[47)]

이들은 독립적이고, 불편부당하게 업무를 수행해야 하며, 직간접적으로 분쟁사안과 이해관계가 있어서는 안 되고, 분쟁과 관련한 비밀유지 의무를 준수해야 한다는 것이 핵심 사항이다.[48)]

아울러, DSU 규정을 엄격히 준수하고 분쟁업무 수행상의 독립성과 불편부당성에 영향을 줄 수 있는 이해관계가 발생할 경우에는 이를 공지해야 하며 자신의 임무를 완수하기 위해 충분한 노력을 기울이고 임무를 타인에게 위임해서도 안 된다.[49)]

분쟁해결절차의 공정하고 적법한 진행을 위해서는 중립적 입장에서 분쟁을 담당하는 사람들의 행동규칙 준수가 필수적이며 이를 위반할 경우 분쟁 당사국들의 이해에 심각한 영향을 줄 수 있다. 따라서, 분쟁당사국 입장에서는 행동규칙이 적절히 지켜지고 있는지에 대해 늘 주의를 기울이며 위반가능성에도 대비하는 것이 중요하다.

---

47) WTO, *Rules of Conduct for the understanding on rules and procedures governing the settlement of disputes*, WT/DSB/RC/1,(11 December 1996).
48) *Id*. II항(Governing Principle) 참조.
49) *Id*. III항 참조.

4. 국제법률회사 고용

분쟁을 준비하는 과정에서 가장 중요한 일 중의 하나는 적합한 국제법률회사를 고용하는 것이다. WTO 분쟁의 당사국이 되면 대부분 WTO 전문성을 가진 국제법률회사50)를 고용하는데, 정부 내에 다수의 WTO 분쟁 전문변호사들을 보유한 미국이나 EU도 중요한 분쟁에서는 외부법률회사의 조력을 받는 것으로 알려져 있다. 국내재판에서 유리한 결과를 얻기 위해 유능한 변호사를 고용해서 조력을 받는 것과 같은 이치이다.

이렇게 고용된 변호사들은 분쟁의 준비단계에서부터 전략수립, 관련 서면 및 증거 준비, 구두진술회의 대응 등을 위해 당사국에게 필요한 조력을 한다. GATT 시기나 WTO 출범 직후에는 외부에서 고용된 변호사는 서면 준비 등만 조력하고 구두진술회의에는 정부 대표로 참여하지 못했으나, *EC-Bananas III* 분쟁을 계기로 양상이 바뀌었다. 즉, 상소기구가 각 당사국은 외부변호사를 포함하여 자국 대표를 구성할 권한을 가진다고 판단한51) 이래로 현재는 외부변호사의 구두진술회의 참여가 당연시되고 있다. 구두진술회의 현장에서의 외부변호사의 역할은 현장에서 당사국 대표가 필요에 따라 정하는데, 직접 발언을 하기도 하고 당사국 대표의 발언을 조력하는 역할만 하기도 한다.

WTO 분쟁의 각 사례별로 변호사를 선정하고 고용하는 방법은 다양하므로 일률적으로 얘기할 수는 없으나 독자들의 이해를 돕기 위해 일반적인 부분들을 중심으로 예로서 설명한다.

변호사를 고용하는 시기는 제소국 입장일 경우에는 정부 차원의 제소방침을 정하고 공식적인 제소를 준비하는 시기가 일반적이고 피소국 입장일 경우에는 제소장을 받거나 피소가 거의 예상되는 상황에서 고용을 진행하는 경우가 많다.

변호사 고용의 첫 단계로 먼저 WTO와 해당 분쟁 사안에 대해 전문성이 있는 국제법률회사를 조사하게 된다. 이전의 분쟁에서 신뢰 관계가 형성된 법률회사와 기타

---

50) 상당수의 개도국들은 높은 법률자문비용 등을 고려하여 제네바에 소재한 WTO법 자문센터의 변호사들을 대신 고용하기도 한다.
51) Appellate Body Report, *EC-Banana III.*, para. 10.

국제적으로 공신력이 높은 법률회사 중에서 5-10개를 선정하고 이들에게 해당 분쟁에 대한 객관적인 분석과 동시에 승소 가능성 및 승소 전략, 이와 연관된 변호사팀 구성계획, 소요되는 자문료 수준 등을 내용으로 한 제안서를 제출하도록 한다. 이렇게 제출된 제안서를 보면 해당 법률회사의 분쟁 이해수준 및 객관적인 분석 능력, 타당성 있는 승소전략을 구상하는 능력, 분쟁자문 수임에 대한 의지 등이 드러나서 최종적으로 자문법률회사를 선정하는 데 중요한 기초자료가 된다.

그런데 생각보다는 법률회사를 선택할 수 있는 여지가 넓지는 않다. 일단은 WTO 분쟁을 수임할 만한 전문성과 지명도를 가진 수준급의 국제법률회사가 많지 않으며, 최종 후보들을 선정하기 전에 일부 회사를 미리 제외해야 할 이유들도 있기 때문이다.

일부회사를 미리 제외하는 가장 중요한 이유로 이해충돌의 문제가 있다. 수준급의 국제법률회사는 대부분 규모가 크고 다양한 분야의 일을 하는 경우가 많으므로 해당 회사가 이미 우리와 이해가 충돌할 가능성이 있는 일을 하고 있으면 이들을 고용하는 것은 어렵다. 예를 들어, 우리가 일본과 분쟁을 준비하면서 이에 대해 제안서를 제출하라고 했는데 해당 회사가 이미 다른 분쟁에서 일본을 위해 일하고 있어서 이해충돌 가능성이 있다고 하면 우리로서는 그 회사가 아무리 유능할지라도 사용하기 어렵게 된다. 이런 경우에는 법률회사가 미리 이 사실을 우리에게 알리고 제안서 제출을 포기하는 경우가 많다.

두 번째는 위험 분산 및 다변화 필요성이다. 우리가 수행하는 주요 분쟁이 동시에 여러 개가 진행될 수 있는데 이미 특정회사를 고용해서 분쟁을 수행하는 과정에서 새로운 분쟁이 제기되었을 때 같은 회사에 다시 맡기는 것은 바람직하지 않을 수 있다. 즉, 특정 회사에 대한 의존을 과도하게 하면 전체적인 분쟁 대응이 취약해질 수 있으므로 가급적이면 다변화를 하는 것이 적절하다.

셋째는 제안서상의 분석 수준과 내용이 기준 이하여서 제외해야 할 경우이다. 이는 해당 법률회사의 전문성이 낮거나 우리 분쟁에 대한 관심과 수임 의지가 적은 경우 나타나는 현상이다. 전문성이 낮은 경우는 처음부터 그랬다기보다는 이 회사에서 일하던 유능한 대표변호사가 다른 회사로 옮기는 경우에 이런 현상이 두드러지게 나타난다. 수임 의지가 낮은 경우는 이미 하고 있는 일이 많아서 새로운 일을 할 여력이 없는 경우 등을 생각할 수 있다.

이런 과정을 거쳐 최종후보리스트를 만들고 상세한 비교와 분석을 통해 자문법률 회사를 선정하게 된다. 최종결정을 위해 고려하는 사항은 사례별로 다르나 분쟁사안에 대한 전문성과 WTO 승소기록, 수임 의지(핵심변호사 투입여부 등), 전체자문료 수준 등이 주요한 고려사항이 될 수 있다.

변호사 선정과정에서 또 하나의 고려사항은 국제법률회사와 별개로 국내변호사를 선임할지 여부이다. 그동안 피소건은 국내변호사도 같이 선임하고 제소건은 국내변호사 없이 진행하는 경향이 있었다. 이유는 피소건은 우리나라의 법 제도나 정책을 변호하는 것이 중요한데, 외국 변호사는 이 부분에 익숙치 않으므로 국내변호사를 별도로 고용해서 보완할 필요성이 있기 때문이다. 특히, 우리 제도를 변호하기 위해서는 유효한 자료를 발굴해서 패널에 증거로 제출하는 것이 핵심적인 일인데, 정부, 기관, 회사와 협의하며 적합한 자료를 발굴하고 작성하는 것은 아무래도 외국변호사가 하기 어려운 일이다. 반면, 우리나라가 제소한 분쟁은 주로 미국, EU, 일본의 반덤핑 등 무역구제조치를 대상으로 하였기 때문에 WTO 협정과 해당국의 무역구제제도에 정통한 국제변호사의 역할이 중요하고 국내변호사를 고용할 필요성은 적었던 것으로 생각된다.

다만, 근래에는 국내법률회사의 국제통상 및 WTO 협정에 대한 전문성도 높아지는 추세에 있으므로 향후에는 여건을 보아가며 국내변호사를 외국변호사의 보완적 성격이 아니라 주도하는 역할을 하는 방향으로 활용할 필요성도 있다. 수준급의 국제법률회사가 많지 않은 상황에서 든든한 국내법률회사가 있을 경우 우리나라의 전반적인 분쟁대응역량 강화에도 기여할 것이다.

깊이 보기 국제법률회사와 협업 시 고려할 사항

국제변호사가 선임되면 초기 단계부터 분쟁 사안에 대한 상세한 자료를 공유하면서 협업하게 된다. 그런데, 변호사의 능력이 제대로 드러나는 시점은 1차 서면입장서 작성 과정이다. 관계자간 사전 협의를 통해 어느 정도 서면입장서 작성방향은 정해지지만 이를 증거와 법적 논리에 기초해 정치하게 정리해서 설득력있는 문서를 만드는 것은 서면입장서 초안 작성자의 몫이다. 그런데, 필자가 업무를 수행하면서 놀란 점은 국제법률회사의 저명한 변호사가 작성 또는 감수한 서면입장서 초안의 수준이 우리 기대보다는 낮다는 점이다. 필자의 생각으로는 양측의 입장과 눈 높이가 다르기 때문이다. 우리 정부의 분쟁담당자는 서면입장서를 작성할 시점쯤 되면 이 분쟁에 거의 몰입되어 있어서 거의 24시간 동안 더 좋은 방법을 찾기 위해 생각한다고 해도 과언이 아니나 국제변호사들은 그렇지 않다. 이들은 우리나라의 분쟁외에도 다양한 사안을 수임해서 업무를 하고 있으므로 우리 분쟁의 1차 서면입장서 초안은 모든 정성을 투여한 결과가 아니라 일상적으로 수행하는 업무 수준에서 작성되었을 가능성이 높은 것이다. 그래서, 정부 분쟁담당자의 역할은 이들의 이러한 성향을 이해하고 이들이 우리 서면입장서에 우선순위를 두고 몰입하면서 완성도를 높이도록 이끌어 주어야 한다. 즉, 몰입의 전염이 필요한 것이다.

필자가 개인적으로 갖고 있는 기준은 우리가 분쟁에서 서면입장서를 정부의 이름으로 제출할 때는 이상적으로 가능한 최고 수준의 90% 이상은 되어야 한다고 본다.[52] 그런데, 경험상 변호사가 보내는 초안은 60-80% 수준인 경우가 많다. 80% 수준이면 서면 및 구두로 의견을 교환하면서 부족한 부분을 보완하며 최소 10%, 최대 20%를 채워 가면 된다. 다만, 이 경우에도 80% 이상으로 나아가는 과정은 일상적으로 분석되는 수준이 아니라 몰입 수준에서 최선의 논리와 근거를 다듬어 가야 하므로 업무담당자가 적극적으로 의견을 개진하고 귀찮을 정도로 변호사의 시간과 관심을 확보해야만 한다.

초안이 60% 수준일 경우에는 마음의 끈을 매어야 한다. 이렇게 되는 원인이 변호사의 능력보다는 업무스타일인 경우도 있다. 즉, 변호사의 전문성이 떨어지지는 않으나 처음부터 높은 수준의 초안을 작성하기 보다는 일단은 낮은 수준으로 작성한 후에 관계자와 협의하면서 완성도를 높여가는 점증적인 스타일인 경우가 있다. 이런 경우에는 정부 분쟁담당자가 좀 더 많은 노력을 기울이기는 해야 하나 서면을 제출할 시점쯤 되면 목표 수준에 이르는 데 큰 문제는 없었던 것으로 기억된다. 그러나 변호사의 전문성이 떨어지거나 법률회사의 정책상 충분한 시간 투자를 하지 못하는 경우에는 이들에게 우리 측의 우려를 공유하고 인력을 보완하도록 요청해야 한다. 가장 어려운 상황은 법률회사 차원에서도 보완이 어려운 경우이다. 이때는 다른 곳에서 팀을 보완하기 위한 노력을 해야 하는데, 이 시점에서 법률회사 자체를 변경할 수는 없으므로 다른 국내외 변호사 또는 전문 학자와 별도의 계약을 맺고 추가 자문과 논리를 제공토록 하는 것도 방법이며, 종국적으로는 분쟁담당자가 변호사의 역할을 대신해서라도 서면입장서의 수준을 높이기 위한 노력을 할 수밖에 없다.

이와 관련, 미래의 분쟁담당자들에게 드리고 싶은 조언은 저명하고 명성 있는 변호사라고 할지라도 이들을 존중은 하되 맡겨서는 안 된다는 점이다. 분쟁을 처음 맡은 담당자는 국제법률회사의 저명한 변호사가 제시하는 의견이나 방향에 대해 다른 의견이 있더라도 자신이 틀린 것은 아닐까라고 생각하며 질문을 하거나 방향을 제시하는 것을 저어하게 된다. 더구나, 고참 변호사일수록 자기 의견을 고집하며 초보적인 질문에 짜증 섞인 답변을 내놓기도 한다. 그러나 주눅이 들어서는 안 된다. 정부의 분쟁담당자들이 가진 열정과 몰입은 일상적으로 업무를 수행하는 법률회사 변호사들이 쉽게 가질 수 없는 요소이고 우리가 분쟁을 수행하면서 90-100%의 성취를 이루도록 이끄는 핵심 동력이다. 따라서 본인이 분쟁전략에 대해 고민하고 생각했던 사항들은 적극적으로 변호사에게 제기하고 점검하며 이들을 자극하고 우리 분쟁에 몰입하도록 만들어가는 일을 쉬지 않아야 한다.

또한, 위에 설명한 서면입장서 작성과정뿐 아니라 전반적인 분쟁 대응과정에서도 유사한 고려가 필요하다. 대형 법률회사의 핵심변호사일수록 자신이 맡고 있는 다른 일이 많기 때문에 가급적 일을 줄여서 하려는 경향이 있다. 그래서, 정부 분쟁담당자가 주장과 증거를 보다 폭넓게 하거나 새로운 사항을 추가로 발굴할 것을 요청하면 쉽게 받아들이지 않는 경우가 많다. 이들은 최선을 추구하기보다는 효율성을 중시해서 분쟁 대응과정에서 꼭 필요하다고 생각되는 일부만을 집중적으로 제기해서 목적을 달성하려는 성향을 보인다. 법률회사 입장에서 볼 때는 이해가 안 되는 바가 아니다. 이들은 우리 분쟁만이 아니고 다른 분쟁들도 같이 담당하고 있으므로 우리 생각처럼 모든 것을 쏟아붓기보다는 최소한의 노력으로 성과를 거두길 원하는 것이다. 특히, 분쟁 자문계약을 할 때 총 자문료의 상한액을 설정하고 계약을 하는 경우가 많은데 이것저것 하느라 변호사 시간을 많이 쓰게 되면 조기에 상한액에 이르고 이후에는 보상받지 못하고 일해야 하는 상황이 발생할 수 있는 점도 고려해야 한다.

법률회사의 이런 경향을 이해할 수는 있으나 좌우되어서는 안 된다. 필자의 경험으로 볼 때, 분쟁이 우리가 예상한 대로 진행될 때는 이들의 조언을 따르는 것이 큰 문제가 되지 않지만 예상치 못한 상황이 발생하고 판정이 우리에게 유리하게 돌아가지 않을 때는 효율성만 추구한 분쟁 수행은 결과적으로 큰 차질을 빚을 위험이 있다. 따라서 법률회사와 일정한 긴장 관계를 유지하면서라도 분쟁에서 효율보다는 최선의 결과를 추구하고 만약의 상황에 대비하기 위한 노력도 멈추어서는 안 된다. 우리의 진정성이 통하면 점진적으로 변호사들도 우리 분쟁에 대한 관심을 높이고 적극적으로 노력하는 경향을 보이기도 한다.

---

52) 90%는 최소한의 기준을 말하는 것으로 분쟁담당자는 늘 100% 수준을 지향하지만 증거나 근거부족, 시간상의 제약 등으로 인해 100%가 채워지지 않을 수 있으며 이럴 때도 최소한 90% 이상은 유지되도록 한다는 주관적인 기준으로 정부의 일반적인 업무 기준이나 관행과는 관계가 없다.

제3장

WTO 분쟁 개시:
양자협의 요청(제소)

제3장

WTO 분쟁 개시: 양자협의 요청(제소)

DSU 주요 규정(제4조)[1]

회원국은 회원국이 활용하는 협의절차의 효율성을 강화하고 개선하려는 결의를 확인한다.

각 회원국은 자기나라의 영토 안에서 취하여진 조치로서 대상협정의 운영에 영향을 미치는 조치에 관하여 다른 회원국의 협의요청에 대해 호의적인 고려와 적절한 협의 기회를 부여할 것을 약속한다.

협의요청을 접수한 회원국은 요청접수일로부터 10일 이내에 답변하며, 요청접수일로부터 30일 이내의 기간 내에 상호 만족할 만한 해결책에 도달하기 위하여 성실하게 협의에 응한다. 회원국이 요청접수일로부터 10일 내에 답변하지 아니하거나 30일 이내의 기간 내에 또는 달리 상호 합의한 기간 내에 협의에 응하지 아니하는 경우, 협의를 요청한 회원국은 직접 패널의 설치를 요구할 수 있다.

모든 협의요청은 서면으로 제출되며, 협의요청 시 문제가 되고 있는 조치 및 제소에 대한 법적 근거의 제시를 포함한 협의요청 사유를 제시한다. 협의는 비공개이다.

부패성 상품에 관한 분쟁을 포함하여 긴급한 경우, 회원국은 요청접수일로부터 10일 이내에 협의를 개시한다. 협의요청접수일로부터 20일 이내에 협의를 통하여 분쟁이 해결되지 아니하는 경우 제소국은 패널의 설치를 요청할 수 있다.

협의과정에서 회원국은 개발도상회원국의 특별한 문제점과 이익에 대하여 특별한 고려를 하여야 한다.

(3자 참여) 협의회원국이 아닌 회원국이 1994년 GATT 제22조 제1항, 서비스무역에 관한일반협정 제22조 제1항 또는 그 밖의 대상협정의 상응하는 규정(Re.4)에 따라 개최되는 협의에 대하여 실질적인 무역상의 이해관계를 갖고 있다고 간주하는 경우, 그러한 회원국은 위의 조항에 따른 협의요청 문서가 배포된 날로부터 10일 이내에 협의 회원국 및 분쟁해결기구에 협의에 참여할 의사를 통보할 수 있다. 협의요청을 받은 회원국(피소국)이 협의참여 요청국의 실질적인 이해관계에 대한 주장에 충분한 근거가 있다고 동의하는 경우, 협의에 동참한다. 이 경우 이들은 동 사실을 분쟁해결기구에 통보한다.

협의에 동참하기 위한 요청이 수락되지 아니하는 경우, 협의참여를 요청한 회원국은 1994년도 GATT 제22조 제1항 또는 제23조 제1항, 서비스무역에관한일반협정 제22조 제1항 또는 제23조 제1항, 또는 그 밖의 대상협정의 상응하는 규정에 따라 (별도) 협의를 요청할 수 있다.

1. 양자협의 요청을 통해 분쟁을 시작하는 의미

WTO 분쟁에서는 국내 재판에서 법원에 제소장을 제출하는 것과 달리 양자협의 요청서(예시문 1)를 보내는 방식으로 시작되는데, 어떤 의미를 가지고 있을까?

먼저, WTO 분쟁에서는 재판보다는 당사국 간의 합의를 통한 해결을 선호한다는 大원칙을 나타낸다. DSU 제3.7조에서는 분쟁해결 방법으로 당사자가 서로 수락할 수 있는 합의가 최우선되어야 한다고 규정한다. 재판 과정(패널 절차)을 통해 해결하는 것은 차선이며 최선은 당사국 간의 합의이다. 그래서 본격적인 재판절차가 개시되기 전에 반드시 양자협의 단계를 거치도록 하는 것이다.[2]

---

1) DSU 규정의 원문은 영어이며, 이 책의 각 장에서 인용한 DSU 주요 규정(국문)은 우리 정부의 공식번역본을 기초로 한다. 다만, 독자의 이해를 용이하게 하기 위해 필자가 일부 문구를 생략 또는 조정하였다. DSU 주요 규정을 포함한 이유는 절차를 이해함에 있어 어디까지가 규정이고 어디서부터 관행인지를 명확히 하는 것이 중요하기 때문이다; 정부 번역본은 외교부, "[협정문] 부속서 2 분쟁해결규칙 및 절차에 관한 양해(WTO국문협정문)" (2001-06-28) 사용: https://www.mofa.go.kr/www/brd/m_3893/view.do?seq=294194 2022.9.8. 최종 검색.

실제로 WTO 출범 이후 초기에는 양자협의 단계에서 합의된 분쟁이 적지 않았다. 그러나 최근에는 양자협의 단계에서 해결되는 경우가 많지 않아서 협의 절차가 점차 형식화되어 간다는 비판도 있다. 그러나 여전히 양자협의는 회원국들이 재판절차로 가기 전에 한 번 더 숨을 고르며 재고하는 계기가 되는 점은 분명하다.[3]

둘째는 양자협의를 분쟁의 대상이 되는 조치와 법적 근거에 대해 명확히 하고 정제하는 기회로 활용하기 위한 것이다.

Mexico-Corn Syrup 이행 분쟁에서 상소기구는 양자협의는 당사국이 해결책에 합의하는 계기가 될 뿐 아니라 해결책에 이르지 못할 경우에도 당사국이 분쟁의 범위를 정제하고 한계짓는 기회가 된다고 했다.[4] 당사국이 정보를 교환하고 각각의 주장의 장단점을 평가하면서 입장의 차이를 좁히고 다음 단계인 패널절차에서 제시될 분쟁의 등고선(형태)을 정하는 기회로서의 의미도 가지는 것이다.[5]

Mexico-Anti-Dumping Measures on Rice 분쟁에서도 상소기구는 제소국은 협의 과정에서 피소국의 조치가 어떻게 운용되는지에 대해 더 정확히 이해하고 이를 기초로 WTO 협정에 위배되는 근거 조항들을 변경할 수 있으며, 이렇게 새로운 정보를 반영해서 패널설치요청서에서 제소 범위를 좁히거나 조정하는 것은 자연스런 과정이라고 언급한다.[6]

셋째는 양자 간에 합의에 이르지 못하고 패널절차로 갈 경우, 공정한 적법절차를 보장하기 위한 것이다. 특히 피소국에게 충분한 방어기회(준비기간)를 제공하기 위한 것이다. WTO 분쟁해결절차는 다른 국제재판절차에 비해 놀라울 정도로 신속히 진행되게 설계되었다.[7] 무역과 경제에 관한 사항은 이해관계가 빠르게 바뀌어 가므로 재판

---

2) Appellate Body Report, *Mexico-Corn Syrup(Article 21.5 – US)*, paras. 54 and 58; Panel Report, *EC-Bananas III(US)*, para. 7.19.
3) WTO, *A Handbook on the WTO Dispute Settlement System*(Cambridge Univ. 2nd ed. 2017), p. 3, Footnote 6에서는 WTO에 제소된 514개(2017년 현재)의 분쟁 중에 295개의 분쟁만 패널 구성 단계로 진행되었다는 점에서, 분쟁해결절차의 존재 자체로 패널 판정없이 분쟁을 해결하는 데 기여한다고 언급한다.
4) Appellate Body Report, *Mexico-Corn Syrup(Article 21.5-US)*, para. 54.
5) Appellate Body Report, *Argentina-Import Measures*, paras. 5.9-5.10.
6) Appellate Body Report, Mexico-Anti-Dumping Measures on Rice, para. 138.
7) *Supra* note 3, p. 3 Footnote 8 참조: 여기서는 국제사법절차의 평균 소요기간을 비교하면서 WTO 패널 11개월, 국제사법재판소(ICJ) 4년, 유럽사법재판소(ECJ) 2년, 국제투자분쟁해결센터(ICSID) 3년 반, NAFTA 3-5년이 평균 소요된다고 하였다.

절차가 오랫동안 진행된다면 판정 자체가 의미 없게 될 수 있는 점을 고려한 것이다. 반면에, 신속히 진행되는 절차의 그늘로 피소국에게 방어 기회가 부족할 위험이 있다.

　제소국은 협의요청의 시점이나 재판절차 개시 시기를 탄력적으로 결정할 수 있으므로 필요한 경우 충분한 시간을 가지고 준비할 수 있으나, 피소국은 제소국이 절차를 시작하고 나면 이를 따라가기에 벅찬 경우가 많다. 그래서 피소국 입장에서는 자국의 조치가 정당함에도 불구하고 시간부족으로 적절히 대응하지 못해 패소할 위험이 있는 것이다. 양자협의 기간은, 이런 면에서 피소국이 제소국 측에서 어떤 사항을 문제 삼는지를 파악하고 이에 대한 대응을 준비하는 기간으로서의 성격도 갖는다.8)

　이런 취지가 반영된 절차 진행상의 요건이 있다. 양자협의요청서에서 협의 대상(문제되는 조치 및 협정위반 근거)으로 명시되어 피소국에게 미리 알려지지 않은 사항은 향후 패널절차에서도 제기할 수 없도록 한 것이다. *Argentina-Import Measures* 분쟁 상소기구는 분쟁의 대상 조치가 협의 요청에 언급되지 않고 협의 요청에 명시된 조치와 연관성도 없는 별개의 조치라면 패널의 심리범위에서 제외되어야 한다고 언급한 바 있다.9)

　피소국 입장에서 제소국이 양자협의요청서에서 제기한 사항은 협의과정에서 적절한 설명 기회를 가질 뿐 아니라 재판(패널)절차에도 대비할 시간적 여유를 가지게 된다. 그러나 협의요청서에서 언급되지 않은 사항이 새롭게 패널설치 요청에 추가된다면 피소국은 이를 대비하는 데 심각한 어려움을 겪을 것이며 이는 적법절차에도 위배될 것이다.

　다만, 양자협의요청서에서 제기한 사항과 패널설치요청서상의 내용이 엄격하게 동일할 필요는 없다.10) 양자협의는 앞에서 언급했듯이 분쟁의 대상에 대해 당사국이 의견을 나누면서 이를 정제하는 자리로서의 성격도 가지므로 협의 결과를 반영하여 패널설치요청서에서 분쟁의 대상조치나 법적근거를 일정부분 조정하는 것은 허용된다.11) 그러나 이러한 조정이 분쟁 대상의 범위를 새로운 영역으로 확대하거나 본질이 바뀌어서는 안 되며,12) 협의 요청에서 명시된 조치나 위반 근거와 최소한의 연관

---

8) Appellate Body Report, *US-Upland Cotton*, para. 293; *Mexico-Corn Syrup(Article 21.5 -US)*, para. 54.
9) Appellate Body Report, *Argentina-Import Measures*, para. 5.13.
10) Appellate Body Report, *Brazil-Aircraft*, paras. 131-132; *US-Upland Cotton*, para. 293.
11) Appellate Body Report, *Mexico-Anti-Dumping Measures on Rice*, para. 138.
12) Appellate Body Report, *Argentina-Import Measures*, paras. 5.13 and 5.16.

성을 가져야 한다.[13]

한편, 제소국이 양자협의요청서상에 제기한 사항을 패널절차에서 일부 제외하는 것은 문제되지 않는다. 이 경우 피소국의 입장에서 제소국이 제외한 사항은 방어할 필요가 없으므로 적법절차상 문제되지 않기 때문이다. 제소국은 이런 점을 고려해서 양자협의요청시에는 최대한 폭넓게 문제 조치와 해당 규정을 제기해 놓고 패널설치 요청서나 패널심리 과정에서 일부 사안을 제외하기도 한다.

(새로운 사항 추가) 그렇다면, 양자협의 요청을 하고 나서, 분쟁의 범위를 확대하거나 본질을 바꿀 정도로 새로운 사항을 제기하는 것이 반드시 필요한 경우에는 어찌해야 할까? 이때는 기존의 양자협의 요청을 포기하고 새로운 사항을 포함한 새로운 양자협의 요청을 하거나 기존의 양자협의 요청이 있는 상태에서 새롭게 제기할 사항에 대해서만 추가적인 양자협의 요청을 하는 방법으로 해야 한다(예시문 2). 이렇게 하면 새롭게 요청하거나 추가된 사항에 대해서는 60일간의 양자협의 기간을 다시 거쳐야 하므로 패널절차 진행시기가 늦어질 수 있으나 필요한 사항을 추가하기 위해서는 어쩔 수 없는 선택이다.

사례 보기 미국 DRAM 분쟁 양자협의요청서 추가

우리나라가 제소국이었던 미국 DRAM 상계관세 분쟁(*US-Countervailing Duty Investigation on DRAMS*)이 1차 양자협의 요청 후에 새로운 사항을 추가한 대표적인 사례이다.

2002년 11월 미국의 DRAM 생산업체인 마이크론은, 우리나라의 삼성전자와 하이닉스가 보조금을 지원받아 DRAM을 생산한 후 이를 미국에 수출하여 자사가 피해를 보고 있다면서 미 상무부와 국제무역위원회에 상계관세 조사를 요청하였다. 조사 결과 미 상무부는 2003.6.23. 하이닉스 DRAM은 44.29%, 삼성은 0.04% 비율로 보조금을 받고 있다고 결정하였고 국제무역위원회(ITC)에서 미국기업의 피해 여부에 대한 최종 판정만을 남겨두게 되었다.

이 시점에 우리는 WTO 제소를 어떤 방식으로 할지에 대해 특별한 고려를 하고 있었다. 일반적으로는 미 상무부의 보조금 판정이 있더라도 이후 ITC의 최종피해 판정과 미 상무부

---

13) Panel Report, *China-Broiler Products*, para. 7.224.

의 관세부과 명령이 내려진 후에 전체를 묶어서 WTO에 제소하는 게 일반적인 관행이다. 그러나 당시 우리 산업계를 중심으로 조기 WTO 제소를 통해 미국 상계관세 조사 및 결정 등에 대한 결연한 항의 의사를 보이는 동시에 이를 통해 ITC의 최종피해 판정 등 후속 절차에서 조금이라도 우리 측에 유리한 결정이 도출되도록 노력해 보자는 주장들이 있었다. 우리 경제에서 차지하는 반도체 산업의 중요성과 미국의 조치가 그대로 진행되면 Hynix는 더 이상 우리나라에서 생산한 DRAM을 미국에 수출하기 어려워진다는 절박함 등이 주요 이유였다.

결과적으로 우리나라는 조기 제소를 결정하고 6.30에 상무부의 예비 및 최종판정과 국제무역위원회의 예비판정을 우선적인 대상으로 해서 WTO에 제소하였다. 이후에 ITC가 최종적으로 피해가 있었다고 판정(8.11)하고 상무부는 상계관세 부과를 명령하였다. 우리 정부는 1차 제소에 포함되지 않은 ITC와 상무부의 최종 조치에 대해서 8.18에 추가적인 제소를 하게 되었다.

2차 제소를 하는 방법으로는 2가지 선택이 있을 수 있었다. 첫째는 1차 제소한 내용을 포함하여 전체 조치를 2차 제소의 대상으로 하는 방법이었다. 둘째는 1차 제소 시에 제소한 조치는 제외하고 이후에 발표된 ITC 최종판정과 상무부의 상계관세 명령만을 추가하는 방식으로 제소하는 방법이다. 둘 다 기술적으로는 문제가 없으나 우리나라는 두 번째 방법을 채택하였다. 2차 제소가 1차 제소와 별개가 아니고 추가적인 사항이며 전체적으로는 하나로 연계된 점은 제소장에 명시적으로 밝혔다.

미국과 양자협의에서 합의에 이르지 못함에 따라, 패널설치요청을 하게 된다. 이때에는 1, 2차 제소를 통합하여 하나의 패널설치요청서를 제출하고 패널 절차도 이에 의거하여 진행되었다. 그런데 미국은 패널과정에서 2차 양자협의 요청서 중 상무부 상계관세 부과 명령 부분은 WTO 협정 위반 근거가 적시되지 않았다는 점에서 무효라고 주장하게 된다. 이에 대해 우리나라는 1차 양자협의요청서에서 이미 충분한 법적 근거를 제시했으며 2차 요청에서 1차 요청과 연관하여 제소한다는 점을 명확히 하였으므로 전체적으로 읽을 때 문제가 없다고 반박하였다.[14] 패널도 한국이 2차 제소장 서두에 "with reference to document WT/DS296/1(첫 번째 제소장)"이라고 명시한 점에서 2차 제소를 1차 제소와 연계하여 읽을 만한 충분한 근거가 된다고 확인하고 미측의 요청을 인정하지 않았다.[15]

---

14) Panel Report, *US-Countervailing Duty Investigation on DRAMS*, paras 7.410-7.413.
15) *Id*. para. 7.415.

2. 양자협의요청서(제소장) 작성 시 고려사항

제소국이 양자협의요청서를 작성하는 과정에서는 어떤 부분들을 고려해야 할까? 먼저, 제소국이 준비과정을 통해 파악한 상대국의 조치와 법적 근거를 양자협의요청서에서 어느 수준으로 설명할지 결정해야 한다.

적법절차의 원칙상 양자협의요청서에 포함되지 않은 사항은 패널설치요청서에 포함할 경우 논란의 대상이 되기 때문에 파악된 조치와 법적 근거는 가급적 포괄적으로 언급하는 것이 필요하다. 다만, 각각의 조치와 법적 근거를 단순히 나열하는 수준에서 서술할지, 조치의 성격과 협정 위반 논리를 포함하여 자세히 설명할지를 결정해야 한다.

이 결정은 법적 요건에 따른 것이 아니고 정책적인 선택이다. 양자협의요청서에서 법적으로 요구되는 것은 조치를 적시하는 수준(identify)이면 되며 구체적인 특성 등을 설명할 필요는 없다.[16] 법적 근거도 상대국 조치가 협정을 위반하고 있다고 주장하는 조항들의 리스트만으로도 충분하다.[17]

그러면, 법적 기준을 넘어서 상세한 설명을 하는 이유는 무엇일까? 각 사례별로 다를 것이나 상대측을 압박해서 조기에 양보를 이끌어 내거나, 여론전에서 우위를 점하려는 목적이 클 것으로 생각된다. 특히, 승소에 대해 자신이 있는 경우 상대측에게 패널 절차에서 방어하기 어렵다는 점을 미리 보여주면 협의 단계에서 상대의 양보를 얻어 합의를 도출할 가능성을 높일 수 있을 것이다. 또한, 양국 간에 국민적 관심이 높은 분쟁의 경우에는 조치의 문제점을 가급적 상세히 설명함으로써 자국의 국민뿐 아니라 상대국 국민에게도 분쟁을 제기한 이유를 납득시키는 효과를 기대할 수 있다. 아울러, WTO 관계자와 국제통상 매체에도 초기 단계부터 제소의 정당성을 인식시켜 여론전을 주도하는 효과를 기대할 수 있다.

반면, 상세한 설명을 할 경우 상대에게 우리의 주장과 논리를 조기에 노출하는 단점이 있으며, 예상치 못하게 우리가 설명한 주장과 논리상의 허점이 나타날 수도 있다. 이런 단점들은 상대적으로 양자협의요청서를 간단히 최소한의 요건만 만족시키며 작성하는 이유가 된다. 특히, 분쟁에서 불필요한 논란의 소지를 줄이고 상대에게

---

16) Appellate Body Report, *Argentina-Import Measures*, paras. 5.9-5.10.
17) Panel Report, *EC-Fasteners(China)*, para. 7.207.

우리가 파악하고 있는 사항을 최소한으로만 알리면서 제소국으로서 주도권을 유지해 나가고자 할 때 이런 선택을 하게 된다.

양자협의요청서 작성 시 고려할 두 번째 사항은 양자협의에 3자 참여를 허용할지 여부를 결정하는 것이다.[18] 양자협의요청서에서 제소국이 상대국(피소국)에 대한 협의요청의 근거가 되는 협정 조항을 무엇으로 적시하느냐에 따라 3자 참여 허용 여부가 달라진다. 3자 참여를 허용할 의사가 있으면 GATT 제XXII조, 허용할 의사가 없다면 GATT 제XXIII조에 근거해야 한다. DSU 제4.11조에서 GATT 제XXII조에 근거하여 양자협의가 요청된 경우에만 3자 참여가 허용된다고 규정하고 있기 때문이다.[19] 제소국 입장에서 다른 국가와 연합해서 피소국을 공격할 필요가 있을 경우에는 전자로 하고, 3자 참여국이 우리에게 도움이 되기보다는 피소국의 입장에 동조할 것이 예상될 경우에는 후자로 하는 것이 자연스러운 선택일 것이다.

다만, 양자협의에서의 3자 참여 여부는 피소국이 최종 결정권을 가지므로[20] 제소국의 선택은 3자 참여의 문을 열어두느냐 닫느냐의 의미에 국한된다. 언뜻 보면 이런 체제하에서 어떻게 3차 참여가 가능할지 의문이 들기도 한다. 즉, 제소국이 먼저 문을 열어야 하고 제3국이 참여를 요청한 후, 이에 대해 피소국이 허용을 해야만 성사된다. 분쟁에서는 대부분 제소국과 피소국 간에 입장이 대립되는 것을 감안하면 이들의 이해가 일치해서 3자 참여가 허용되는 사례가 있을까 싶기도 하다.

그러나 이를 가능케 하는 무역 및 소송상의 이해가 작용하기도 한다. 먼저 제소국은 피소국의 조치를 공격하는 것이므로 다른 국가가 같이 공격해 준다면 도움이 되는 경우가 많다. 그래서 제소국은 양자협의를 요청하면서 3자 참여의 문을 열어놓는 경우가 많다. 반면, 피소국은 자기를 공격하는 적을 늘릴 필요가 없으므로 일반적으로는 거부하는 것이 1차적인 반응이다. 그러나 한번 더 생각해서 3자 참여를 받아들이게 하는 요소도 있다. 즉, 3자 참여를 허용하지 않을 경우 3자 참여를 요청한 국

---

18) 3자 참여는 WTO 분쟁해결절차에 있는 독특한 제도 중의 하나로서, 분쟁의 당사자는 아니나 분쟁사안에 이해관계와 관심이 있는 회원국들이 단순히 방청하거나 또는 당사자들을 훈수하는 입장에서 분쟁에 참여할 수 있도록 하는 제도이다.

19) DSU 제4.11조에서는 당사국이 아닌 회원국이 GATT 1994 제XXII.1조, GATS(서비스무역협정) 제XXII.1조, 또는 그 밖의 대상협정의 상응하는 규정에 따라 개최되는 협의에 대하여 3자 참여할 의사를 통보할 수 있다고 규정한다.

20) DSU 제4.11조.

가가 별도의 제소를 할 위험이 있을 때이다. 이런 경우, 피소국으로서는 다른 국가에게 또 다른 피소를 당하면 그만큼 부담이 커지므로 양자협의에서 3자 참여를 허용함으로써 별도의 제소를 피하고자 하는 동기가 생기게 된다. DSU 제4.11조에서도 피소국이 3자 참여요청을 거부할 경우 3자 참여요청국은 별도의 제소를 할 수 있다는 점을 명시함으로써 피소국의 결정에 균형추를 달아두고 있다.

깊이 보기 양자협의요청서(제소장)는 어떤 방식으로 전달되나?

WTO 분쟁 관련 문서교환은 WTO 본부가 있는 제네바를 중심으로 행해진다. 따라서, 양자협의요청서는 제소국의 주제네바대표부 대사 명의 서한으로 작성되고, 받는 사람은 상대국(피소국) 주제네바대사가 된다. 이때 WTO 분쟁해결기구(DSB) 의장과 WTO 관련 이사회 및 위원회 의장에게도 사본을 보낸다(DSU 제4.4조). 아울러, 분쟁 진행 실무를 담당하는 WTO 법률국장(모든 분쟁) 및 WTO 규범국장(무역구제 조치에 대한 분쟁)에게도 사본을 보내는 것이 관행이다. 예를 들어, 우리나라가 일본의 김 수입쿼터에 대해 제소하는 경우, 수신은 주제네바 일본대사가 되고 사본은 DSB 의장, 상품이사회 의장, 농업위원회 의장, WTO 법률국장에게 보낸다.

상대국에게 양자협의 요청서한을 전달하는 방법은 WTO 건물 내에 있는 회원국의 우편함(Mail box)를 통해 이루어진다. WTO 사무국의 회원국에 대한 공지(公知)와 회원국간의 공식적인 서한교환은 이곳이 공식통로이다. 또한, 대표부 분쟁담당자들간에 중요한 공식서한을 보내는 경우 e-mail로 전자파일을 같이 보내주는 것이 관행화되어 있다.

DSB 의장에게 보내는 사본은 의장의 업무를 지원하는 WTO Council and TNC division의 DSB 담당자에게 전달한다. WTO 관련 이사회 및 위원회 의장에게 보내는 문서는 해당 의장이 소속된 국가의 WTO mail box를 통해 전달한다. 가령 상품이사회 의장이 멕시코 대사인 경우 WTO 내 멕시코 mail box에 넣는다. WTO 법률국장 및 규범국장에게는 WTO 내 동인들의 사무실로 전달한다. 사본 수신처에도 업무 편의를 위해 전자파일을 e-mail로 같이 송부하는게 관행이다.

패널 및 상소심 단계에서의 서면입장서나 답변서 제출 방법 등은 패널이나 상소기구가 정하는 바에 따르나, 당사국과 3자 참여국에게 문서를 제공하는 방식은 위의 방법과 유사하게 이루어진다.

3. 양자협의요청서 공개(WTO 홈페이지 등재)

제소국이 양자협의요청서를 보내면 이제 공은 WTO 사무국과 피소국에게 간다. 먼저, 분쟁해결기구를 담당하는 사무국은 이 문서를 공식 접수하고 회원국에게 공개해야 한다. 구체적으로, WTO 홈페이지에 분쟁을 등록하고 양자협의요청서를 누구나 확인할 수 있게 올려놓는다. 이 작업은 일반적으로 5일 이내에 이루어지는데, 이때 사무국은 두 가지 결정을 하게 된다. 먼저, 분쟁번호를 결정한다. 접수된 시간 순서대로 하므로 결정을 하는 것은 아니지만 이렇게 부여된 번호는 이후에 특정 분쟁을 일컫는 간략한 명칭이 된다. 예를 들어, EC와 우리나라 간의 조선분쟁은 보통 'DS273'으로 언급된다. 둘째는 분쟁의 공식 명칭이 결정된다. 이 명칭은 일반적으로 제소국이 양자협의요청서상에서 사용한 제목을 인용하나, 이 제목이 지나치게 길거나 사안의 성격을 적절히 반영하지 못하는 경우 사무국이 조정해서 정하기도 한다. 위의 조선분쟁의 명칭은 제소국인 EC가 사용한 대로 *"Korea-Measures Affecting Trade in Commercial Vessels"*로 정해진 바 있다. 여기서 나타나듯이 명칭은 일반적으로 분쟁의 대상이 되는 조치가 중심이 되고 이 조치를 취한 국가(피소국)를 앞부분에 적시하는 방식으로 부여된다.

이렇게 사무국이 WTO 홈페이지를 통해 양자협의요청서를 공개하면 두 가지의 법적 효과가 생긴다. 먼저, 이때부터 양자협의요청서는 공개자료가 된다. 사무국의 회람 이전에는 양자협의요청서는 비밀로 취급되므로 언론 등을 통해 공개되어서는 안 된다. 그래서 제소 당일 제소국이 언론에 브리핑할 경우 제소의 이유와 근거에 대해 언론에 설명하는 것은 가능하나, 요청서 자체를 공개하는 것은 허용되지 않는다.

두 번째는 양자협의 3자 참여요청 시한이 결정된다. DSU 규정상 3자 참여 요청은 양자협의요청서를 공개한 날로부터 10일 이내에 하도록 하고 있다.[21] 여기서 3자 참여요청 기한을 정하는 기준점을 WTO 회람일로 한 것은, 다른 절차에서 기준점을 양자협의 요청일자로 한 것과 대비된다. 예를 들어, 피소국이 양자협의요청서를 받은 후 수락여부를 회신하는 시점은 요청서 수령 후 10일 이내이며, WTO 회람 후 10일이 아니다. 협의개시 시한(30일)과 양자협의 기간(60일)도 마찬가지이다.

---

21) DSU 제4.11조.

왜 그럴까? 적법절차의 원칙이 고려된 것이다. 피소국은 양자협의를 요청한 당일 요청서를 받으므로, 피소국이 협의요청서에 기초해서 결정을 해야 할 시한은 요청일부터 기산하는 것이 타당하다. 그러나 3자 참여요청국은 양자협의요청 당일에 요청서를 받지 못한다. 기껏해야 언론보도를 통해 알 뿐이다. 3자 참여요청국이 요청서 전체를 볼 수 있는 것은 사무국이 회람한 시점이고 여기서부터 참여요청 여부를 제대로 검토할 수 있으므로 3자 참여는 요청일이 아닌 회람시점부터 10일을 허용하는 것이 적절한 것이다. 만약 양자협의요청일을 기준으로 한다면 3자참여 검토기간은 10일이 아닌 5일 혹은 그 이하의 기간으로 줄어드는 결과가 초래될 수 있다. 예를 들어 사무국이 요청서 수령 7일 후에 회람했다고 하면 다른 회원국들은 양자참여요청일로부터 이미 7일이 지나서 요청서를 보게 되고 이때부터 3자 참여를 검토하게 되면 실질적으로는 3일밖에 주어지지 않는 문제가 발생한다.

4. 양자협의요청 답변 및 협의 진행

다음 단계는 피소국의 양자협의 수락 여부 결정이다. DSU 제4조에 따라 피소국은 양자협의 요청에 답해야 하는데, 반드시 수락해야 하는 것은 아니다.

다만, 현실적으로는 대부분의 분쟁에서 피소국은 양자협의를 수락한다. 왜 그럴까? 편지 한 장으로 분쟁을 최소 50일 이상 지연시킬 수 있기 때문이다. 양자협의 요청에 응하면 협의내용이 어떻든 제소국은 협의요청 후 60일까지는 패널설치를 요청할 수 없다. 그러나 양자협의에 응하지 않을 경우 요청일부터 10일이 경과하는 시점부터는 패널설치 요청이 가능하게 된다.[22] 이렇게 되면 피소국 입장에서는 두 가지 부담을 갖게 된다. 첫째는 제소국이 절차를 빨리 진행하게 되므로 피소국으로서 방어를 위한 논리를 검토할 시간적 여유가 줄어들게 된다. 이는 피소국에게 방어를 준비할 수 있도록 주어진 기간을 스스로 포기하는 것을 의미한다. 둘째는 피소국이 양자협의에 임하는 자세가 성실하지 않다는 표지가 된다. DSU 제3.7조는 양자협의 요청을 받은 경우 분쟁해결을 위해 (신의)성실하게 협의에 임해야 한다고 규정하고

---

22) Appellate Body Report, *Mexico-Corn Syrup(Article 21.5-US)*, paras. 58-64: 동 이행분쟁에서 상소기구는 피소국이 협의요청에 반응하지 않거나 협의를 거절한 경우 제소국은 협의절차 없이 패널설치 요청을 할 수 있다고 판시했다.

있는데, 이 원칙과 절차를 무시하는 것이므로 국제적인 비난에 직면할 소지도 있다.

양자협의를 수락하는 방법은 간단하다. 수락하는 국가의 주제네바대표부에서 제소국의 주제네바대표부 대사를 수신인으로 하여, "협의요청을 수락하며 협의 시간과 장소는 별도로 논의해서 결정하자"고 하는 간단한 내용으로 서한을 보내면 된다. 양자협의요청서의 경우와 동일하게 WTO 사무국에 사본을 보내야 한다.

깊이 보기 WTO 분쟁에서 설정된 기간 시한 계산법

분쟁해결절차에는 당사국이 시한 내에 행동할 것을 요구하는 경우가 자주 있으며 이를 꼼꼼히 챙기지 않으면 분쟁 수행에 큰 차질이 빚어질 수 있다. 예를 들어, 피소국이 양자협의 요청을 받으면 10일 이내에 수락 서한을 보내야 한다. 만약 시한을 지키지 않으면 양자협의는 수락되지 않은 것으로 간주되고 제소국은 즉시 패널설치를 요청할 수 있는 권리를 갖게 된다.

그런데, 10일을 계산할 때 몇 가지 모호한 상황에 부딪칠 때가 있다. 예를 들어, 만약 10일 시한이 주말이나 휴일에 해당한다면 어떻게 해야 할까? 또한 양자협의 요청을 받은 날도 10일 계산에 포함해야 할까? 아니면 그 다음날부터 계산해야 할까? WTO 분쟁해결기구 결정(WT/DSB/M/7)과 상소기구 작업절차(WT/AB/WP/6)는 이에 대한 해답을 준다.

1995.9.27. 채택된 위의 분쟁해결기구 결정에서는 '시한이 주말이나 휴일에 해당되면 가장 먼저 오는 업무일을 시한'으로 간주한다고 하였다. 따라서, 10일 시한이 주말에 해당되면 가장 빠른 업무일인 월요일이 시한으로 간주된다. 또한, 상소기구 작업절차(17항)에서는 DSU 등에서 시한이 되는 일정 기간을 계산할 때는 '시작하는 날은 제외하고 마치는 날은 포함'한다고 정하고 있다. 따라서 양자협의가 요청된 날은 제외하고 다음 날부터 계산해서 10일째 되는 날이 응답 시한이 되는 것이다.

다음으로 제소국과 피소국 간에 양자협의의 시간, 장소, 수석대표 등에 대해 논의를 시작하게 된다. 논의 채널은 협정상으로 정해진 절차가 없어서 각 분쟁별로 다르지만 크게 두 가지 경우가 있다. 먼저, 양국의 주제네바대표부를 통해 외교채널을 활용하는 방식이다. 협상지침과 논의내용이 공식문서로 오가게 되므로 절차상 부담

이 있는 반면, 국내 관련부서가 모두 공유하며 신중한 결정을 하게 된다. 두 번째는 양국의 분쟁담당 부서 간에 이메일 등을 통해 직접 교신하며 결정하는 방식이다. 첫 번째 방식은 일본수출제한조치 분쟁처럼 국가적으로 관심이 크고 중요성을 갖는 분쟁에서 주로 사용되고 두 번째는 보다 실무적이고 효율적인 처리가 필요한 분쟁에서 채택되는 경향이 있으나, 각 경우별로 양국이 어떻게 선택하느냐에 따라 달라진다. 양국의 의견이 다를 경우에는 원칙대로 주제네바대표부를 통한 외교채널로 협의가 이루어지게 된다.

이렇게 양국 간 논의 채널이 정해지면, 이 채널을 통해 먼저 협의 일자를 정하게 된다. DSU는 양자협의요청일 30일 이내에 1차 협의를 갖도록 규정하고 있다. 다만 당사국이 동의할 경우 변경이 가능하며 사정에 따라 30일 이후에 이루어지는 경우도 자주 있다. 양 당사국의 의견이 다를 경우에는 원칙대로 30일 이내에 개최해야 한다. 만약 피소국 책임으로 30일 이내에 개최되지 않을 경우 제소국은 양자협의 기간(60일)이 지나지 않아도 조기에 패널설치를 요청할 수 있기 때문에 피소국은 제소국의 30일 내 협의 요청이 있을 경우 받아들이게 된다.

장소는 스위스 제네바 WTO 본부 건물에서 이루어지는 것이 원칙이다. 그러나 양국이 동의하면 어디든 가능하고 양국이 의견이 다를 경우에는 원칙대로 제네바에서 하게 된다. 예를 들어 일본 수출제한조치 분쟁에서 2차례 양자협의는 원칙대로 제네바에서 가졌으나, 만약 양국이 합의했다면 서울 또는 동경에서 개최하는 것도 가능했을 것이다. 일본이 우리 조선산업의 구조조정 조치 등을 대상으로 제소한 분쟁의 양자협의는 서울에서 개최한 바 있다. 우리가 일본을 제소한 김 쿼터 분쟁(DS323)의 경우는 양자 협의를 서울과 동경에서 1차례씩 개최하였다.

수석대표의 급도 협의의 대상이 된다. 최근 관행은 과장급을 수석대표로 해서 실무적으로 개최하는 것이 일반적이다. 그러나 사안별로 당사국의 의지에 따라 달라지기도 한다. 일본 수출제한조치 분쟁에서 우리나라는 사안의 중요성을 고려하고 조기 해결 가능성을 높이기 위해 국장급 협의를 제의했고 일측도 이에 동의한 바 있다.

양자협의의 횟수는 정해진 바가 없으나 최근 관행은 1회만 개최하는 것이 일반적이다. 그러나 분쟁사안에 따라, 또 분쟁당사국의 의지에 따라 2-3회 개최하는 경우도 있다. 우리나라가 분쟁당사국이었던 약 40차례 분쟁에서 1회 개최가 다수이나, 2

회 양자협의를 가진 경우도 5-6건이 되고 3회 협의도 한 차례(DS273-EC와의 조선분쟁)있었다.

언론 공개방식 및 범위도 사전 논의의 대상이 되는 경우가 많다. 원칙적으로 WTO 양자협의 관련사항은 비밀이어서 대외비공개이다.[23] 그러나 분쟁사안에 대해 국민과 언론의 관심이 큰 경우 양국이 사전에 공개방식과 범위를 합의해서 발표할 수 있다. 불필요한 의혹을 초래하기보다는 이렇게 적절한 수준에서 발표하는 게 바람직한 방향이라고 할 수 있다.

WTO 양자협의 관련, 한 가지 중요한 절차는 제소국의 사전 질문서 작성 및 전달이다. WTO 분쟁의 대상은 피소국이 취한 조치이므로 제소국 입장에서는 가급적 상세하게 피소국의 조치 근거와 내용을 확인하는 것이 필요한 데, 사전 질문서는 제소국의 관심사항을 미리 전달함으로써 준비된 답변을 들을 수 있도록 한다. 피소국도 제소국이 문의할 사항에 대해 미리 알고 준비하는 것이 도움이 된다. 그래서, 협의 1-2주 전에 제소국이 질의서를 준비해서 피소국에게 전달하고 이를 중심으로 양자협의를 진행하는 것이 일반적이다.

양자협의 개최 전에 3자 참여 여부도 결정되어야 한다. 앞서 언급한 대로 회원국은 양자협의요청서가 회람된 후 10일 이내에 3자 참여요청을 할 수 있으며, 피소국이 3자 참여 수락 여부를 결정한다(예시문 3). DSU 규정상으로는 분쟁사안에 대한 '무역상의 이해관계'가 기준이나 피소국은 이에 묶이기보다는 전략적으로 판단해서 자국에 유리한 3자 참여만 수락하는 것이 일반적이다.

양자협의가 진행되는 방식은 사안에 따라 다양하다. 실질적으로 상호합의를 위한 협상이 진행될 수도 있고 양측이 자신의 입장만 주장하면서 형식적으로 진행될 수도 있다. 특히, 반덤핑 등 무역구제조치 관련 분쟁은 양자협의가 형식화되기 쉬운데, 결정의 근거가 된 사실이 공개된 조사보고서에 대부분 명시되어 있으며 무역구제조치 자체가 국내이해관계자의 신청으로 준사법절차를 거쳐서 결정된 사안이므로 양자협의에서 아무리 상대측의 주장이 설득력이 있어도 합의로 종료하는 것은 어렵다. 그래서, 제소국은 피소국의 최종보고서 중에 불명확한 부분에 대해 질의하고 피소국은 이에 대해 조사보고서의 관련 부분을 인용하거나 최소한으로 설명하는 수준에서 협

---

23) DSU 제4.6조.

의를 마치는 경우가 많다.

무역구제조치가 아닌 다른 사안의 경우, 협의를 통해 오해가 해소되거나 타협책을 찾아서 합의를 이루는 경우도 있다. DSU가 정한 양자협의의 목적에 가장 충실한 사례이다. 다만, 최근에 무역구제조치가 아닌 다른 분야에서도 양자협의가 형식화되는 경우가 늘어나는 것은 안타까운 점이다. 양국이 진정으로 해결을 위한 협의를 하기보다는 제소국은 향후 재판절차에서 유용하게 사용할 정보를 얻으려 하고, 피소국은 이를 최소화시키는 방식으로 협의가 진행되는 경우가 자주 발생한다.

그러면, 양자협의에서 상대국이 극도로 소극적이고 비협조적이라는 이유로 패널 과정에서 문제를 제기할 수 있을까? *Korea-Alcoholic Beverages* 분쟁 패널은 이에 대해 양자협의는 분쟁해결절차의 중요하고 핵심적인 부분이지만 패널이 협의의 충분성을 조사할 권한은 없다고 하였다. 즉, 패널은 DSU에 따라서 협의가 요청되고 실제로 개최되었는지, 패널설치 요청 전에 60일 협의기간이 지났는지 등에 대해 검토할 권한은 있으나 협의 자체의 적절성을 판단할 권한은 없다고 하였다.[24] *EC-Banana III(US)* 분쟁 패널도 협의는 당사국에게 달린 문제로 분쟁해결기구(DSB)나 패널이 관여하지 않는다는 입장을 강조했다.[25]

(개도국 특별대우) DSU에서는 당사국 중 개도국이 있을 경우 양자협의 단계에서 특별한 고려를 하도록 하고 있다. 양자협의 과정에서 개도국이 가진 이해와 어려움에 대해 특별한 주의를 기울여야 하며[26] 필요한 경우 DSB 의장이 개입해서 양자협의 기간을 연장할 수도 있다.[27] 이 규정들은 실질적으로 분쟁에 미치는 효과는 적으나, 상징적으로 선진국과 개도국 간에 균형을 맞추고자 하는 노력으로 볼 수 있다.

(신속협의 절차) DSU 제4.9조에서는 부패성 상품에 대한 분쟁 등 사안의 긴급성이 있는 경우, 협의를 30일이 아닌 10일 이내에 개시하도록 정한다. 그리고 협의요

---

24) Panel Report, *Korea-Alcoholic Beverages*, para. 10.19.
25) Panel Report, *EC-Banana III(US)*, para. 7.19.
26) WTO DSU 제4.10조.
27) WTO DSU 제12.10조.

청접수일로부터 20일 이내에 분쟁이 해결되지 아니하는 경우 제소국은 패널 설치를 요청할 수 있다. 실제로 이 조항에 근거하여 신속협의가 요청된 분쟁사례가 있었는데 사안의 긴급성 여부가 주로 논란이 되었다. *Romania-Import Prohibition on Wheat* 분쟁에서는 제소국인 헝가리가 신속협의를 요청했으나 양자협의를 요청받은 피소국(루마니아)이 이 사안은 긴급사항에 해당하지 않는다고 하며 거부하였다.[28] 반면, *Slovak Republic-Measure Affecting Import Duty on Wheat* 분쟁에서는 긴급성이 받아들여져서 협의가 10일 만에 이루어지기도 했다.[29]

깊이 보기　WTO의 다른 분쟁해결 수단: 알선, 조정, 중개, 중재

(알선, 조정, 중개)

앞서 논의한 양자협의와 이어서 논의할 패널절차외에 DSU 제5조에서는 알선(good offices), 조정(conciliation) 및 중개(mediation)를 대체 분쟁해결 수단으로 제공한다.

이들은 당사자가 합의하는 경우에만 이용 가능한 자발적인 절차이며[30] DSU가 이들 절차에 대해 상세한 사항을 규정하고 있지는 않으나, 관행상의 특징은 다음과 같다.[31] 양자협의와 달리 독립적인 제3자가 분쟁해결을 도와주는 것이 공통점이며, 이들 간의 차이점은 알선은 제3자가 당사국간 협의를 지원하나 별도의 권고는 하지 않는 반면, 조정과 중개는 독립적인 3자가 권고도 한다. 조정시의 권고는 사실 확인에 중점을 두나, 중개는 해결방안을 포함하여 제한 없이 권고를 하는데, 조정과 중개의 권고를 당사국이 받아들일 의무는 없다. 이들 간의 구분도 늘 엄격하게 적용되지는 않는다.[32]

---

28) *Supra* note 3, p. 55 Footnote 37 참조; *Romania-Import Prohibition on Wheat and Wheat Flour*(DS240/3): 이 분쟁에서는 피소국이 신속절차 사안으로 인정하지는 않았으나, 협의는 조기에 개최되었고 결과적으로 피소국이 문제된 조치를 철회함에 따라 패널이 설치되지 않고 분쟁이 종료되었다.
29) *Slovak Republic-Measure Affecting Import Duty on Wheat from Hungary*(DS 143/2): 이 분쟁에서는 1998.9.18. 협의가 요청되고 9.28. 양측 간 협의가 이루어졌으며, 10.8.에 패널설치 요청이 등록되었다.

알선, 조정, 중개의 개시를 위해, 당사국이 서한으로 WTO 사무총장에게 요청할 수 있으며 개시와 종료에 시간제한은 없다. 다만, 이들 절차가 일단 개시된 경우에는, 개시된 절차가 종료된 후에 패널 설치를 요청할 수 있다.33)

WTO 출범 이래 알선, 조정, 또는 중개가 DSU 제5조에 근거해서 공식적으로 요청된 일은 없으나, 현재까지 다른 맥락에서 알선 2건, 중개 1건이 시행된 적이 있다.34) 최초의 요청은 2002년 중개(mediation) 요청건으로 필리핀, 태국, EC가 공동으로 EC의 ACP35) 국가 참치캔에 대한 특혜관세 대우가 필리핀과 태국에 부적절한 피해를 주었는지 여부와 피해가 있다면 어떻게 해결할지에 대해 권고를 달라는 내용이었다.36) WTO 사무총장은 당사국의 동의를 얻어 당시 Yerxa 사무차장을 중개인(mediator)로 임명했고, 중개 임무는 성공적으로 이루어져서 중개인의 권고를 기초로 당사국이 합의를 한 것으로 알려진다.37) 다만, 중개의 결과는 비밀이라서 공식적으로 확인이 되지는 않는다.

이후에, EC의 바나나 수입제도 관련해서 콜롬비아와 파나마가 각각 사무총장에게 알선(good offices)을 요청한 바 있으며, 콜롬비아의 요청에 따른 알선은 결과적으로 합의로 이어지지 않았으나, 파나마의 요청 건은 공식적인 합의를 도출하는데 기여한 것으로 알려진다.38)

한편, WTO 사무총장은 2001년 7월 알선, 조정, 중개의 활성화를 위한 회원국들의 관심을 촉구하면서 관련 절차를 명시한 문서를 회람하기도 하였다.39)

(DSU 제25조 중재(Arbitration))

DSU 제25조는 당사국이 합의할 경우, 양측이 동의하는 절차에 따라 진행하는 준사법절차(중재)를 제공하고 있다. 중재 결과는 알선, 조정, 중개와 달리 당사국이 최종판결로서 준수하여야 하는 점이 특징이다.40)

WTO 출범 후 실제 사례는 단 1건으로 *US-Section 110(5) Copyright Act* 분쟁에서 WTO 분쟁해결기구가 불법으로 확인한 미국의 조치가 이행되지 않음에 따라 이에 대해 당사국이 금전적인 보상을 추진하면서, 미국의 불법조치로 인한 제소 측(EC)의 피해를 산정하기 위한 목적으로 중재가 개시되었다. 중재에서는 연간 110만 불을 피해금액으로 산정하는 결정을 도출했고 이에 근거해 보상조치가 시행되었다.41)

최근, 미국이 상소기구의 기능을 무력화함에 따라, EU를 중심으로 한 일부 회원국들은 DSU 제25조 중재가 상소심 역할을 대신할 수 있도록 추진중인 바, 향후 관심

있게 지켜봐야 할 사안이다.

---

30) DSU 제5.1조.
31) *Supra* note 3, p. 171-172 참조.
32) *Id*.
33) DSU 제5.3조.
34) *Supra* note 3, p. 173 참조.
35) ACP: African, Caribbean and Pacific Group of States.
36) WTO, *Request for Mediation by the Philippines, Thailand and the European Communities*, Communication from the Director-General, WT/GC/66(16 October 2002).
37) *Supra* note 3, p. 173 and Footnote 24 참조.
38) *Id*. p. 173-174.
39) Communication from the Director-General on Article 5 of the DSU, WT/DSB/25(17 July 2001).
40) DSU 제25.3조.
41) Award of the Arbitrator, *US-Section 110(5) Copyright Act(Article 25)*; Notification of a Mutually Satisfactory Temporary Arrangement, *US-Section 110(5) Copyright Act*, WT/DS160/23(26 June 2003).

제4장

패널 단계

패널 단계

1. 패널 설치

DSU 주요 규정(제4조, 제6조, 제7조, 제10조)

(패널설치 요청) 협의요청접수일로부터 60일 이내에 협의를 통한 분쟁해결에 실패하는 경우, 제소국은 패널의 설치를 요청할 수 있다. 협의당사자가 협의를 통한 분쟁해결에 실패했다고 공동으로 간주하는 경우, 제소국은 위의 60일 기간 중에 패널의 설치를 요청할 수 있다.

(패널 설치) 제소국이 요청하는 경우, 패널설치 요청이 의제로 상정되는 첫 번째 분쟁해결기구 회의에서 컨센서스로 패널을 설치하지 아니하기로 결정하지 아니하는 한, 늦어도 그 분쟁해결기구 회의의 다음 번에 개최되는 분쟁해결기구 회의에서 패널이 설치된다.

패널설치는 서면으로 요청된다. 이러한 요청은 협의가 개최되었는지 여부를 명시하고, 문제가 된 특정 조치를 명시하며, 문제를 분명하게 제시하는 데 충분한 수준으로 제소의 법적 근거에 대한 간략한 요약문을 제시한다.

(패널 임무 범위) 패널은 분쟁당사자가 패널설치로부터 20일 이내에 달리 합의하지 아니하는 한, 다음의 위임사항을 부여받는다.

"(분쟁당사자가 인용하는 대상협정명)의 관련 규정에 따라 (당사자 국명)이 문서번호

... 으로 분쟁해결기구에 제기한 문제를 조사하고, 분쟁해결기구가 동 협정에 규정된 권고나 판정을 내리는 데 도움이 되는 조사결과를 작성한다."

(3자 참여) 분쟁당사자의 이해관계와 분쟁에서 문제가 되고 있는 대상협정상의 다른 회원국의 이해관계는 패널과정에서 충분히 고려된다.

패널에 회부된 사안에 실질적인 이해관계를 갖고 있으며 자기나라의 이해관계를 분쟁해결기구에 통보한 회원국("제3자"라 한다)은 패널에 대하여 자신의 입장을 개진하고 서면입장을 패널에 제출할 기회를 갖는다. 이러한 서면입장은 분쟁당사자에게 전달되며 패널보고서에 반영된다.

만일 제3자가 이미 패널과정의 대상이 되는 조치로 인하여 대상협정에 따라 자기나라에 발생하는 이익이 무효화 또는 침해되었다고 간주하는 경우, 그 회원국은 이 양해에 따른 정상적인 분쟁해결절차에 호소할 수 있다. 이러한 분쟁은 가능할 경우에는 언제나 원패널에 회부된다.

가. 패널설치 과정

패널은 국내법원의 담당 재판부와 같은 역할을 하는데, 국내 재판에서는 법원의 판사들이 상근직으로 역할을 하는 반면, WTO 분쟁에서는 분쟁이 제기된 후에 분쟁을 판단할 법적 권한을 가진 재판정(패널)을 설치하고 재판을 담당할 적합한 전문가를 찾아서 패널위원으로 임명하는 점이 다른 점이다.

패널설치 과정을 구체적으로 본다. (60일간의) 양자협의 기간이 지나면 제소국은 언제든 패널설치요청서를 서면으로 작성해서 분쟁해결기구(DSB) 회의에 의제로 상정할 권리를 가진다. 이 패널설치요청서에는 제소 경위와 양자협의에서 합의에 이르지 못한 사실을 명시하고 제소국이 협정위반이라고 주장하는 피소국의 특정 조치와 이 조치가 어느 협정 규정에 위배되는지에 대해 설명한다(예시문 4).

차기 DSB 회의에 의제로 상정하기 위해서는 적어도 회의 11일 전에는 요청을 해야 한다.[1] 즉, 사무국에서 차기 DSB 회의 의제를 회원국에게 미리 고지하는 시기는 실

---

1) WTO, *A Handbook on the WTO Dispute Settlement System*(Cambridge Univ. 2nd ed. 2017), p. 26.

제 회의 10일 전인데,[2] 고지되는 의제 리스트에 등록되기 위해서는 고지 전날(근무일 기준)까지는 DSB를 담당하는 사무국에 의제로 통보해야 하기 때문이다. 만약, 의제가 회원국에게 고지되는 날이 월요일에 해당한다면 제네바에서 토요일과 일요일은 근무일이 아니므로 근무일 기준 전날인 전주 금요일까지는 의제 상정을 요청해야 한다.[3]

이렇게 의제로 상정된 패널설치요청서가 논의되는 첫 번째 DSB 회의에서는 피소국이 거부권을 가진다. 즉, 제소국을 포함한 모든 회원국이 찬성해도 피소국이 반대하면 패널설치는 이루어질 수 없다. 그러나 이 거부권은 일시적이다. 제소국이 다음번 회의에 패널설치 요청을 다시 하면, 이 회의에서는 피소국이 아무리 강렬하게 저항하더라도 패널설치가 이루어진다. 그래서, 피소국은 DSB 회의에서 패널이 설치되는 시점에 흔히 "우리나라는 이 건에 대해 패널이 설치되는 것은 부적절하다고 본다. 그러나 DSU 규정에 따라 우리 의사와 관계없이 패널이 설치되는 점을 이해한다"라고 양보적 선언을 할 수밖에 없다.

이는 WTO 분쟁해결 기능이 GATT 시기에 비해 획기적으로 강화된 것이다. WTO 前身인 GATT 시기에는 패널 설치가 제도적으로 보장되지 않았다. 당시에는 회원국 전체의 총의가 있어야 패널설치가 가능했으므로 피소국 1개국의 반대 의사만으로도 이를 막을 수 있었다. 분쟁해결절차로서 심각한 약점을 가지고 있음을 의미했다.

그러나 WTO 분쟁해결절차에서는 패널설치를 위한 의사결정 방법이 반대로 바뀌었다. 즉, 모든 회원국이 합의해야만 패널설치가 가능하던 GATT 방식에서 모든 회원국이 반대해야만 패널설치를 막을 수 있게 변경되었다. 제소국 1개국만 원해도 패널설치가 가능하게 되어 피소국이 패널 설치를 중단시킬 여지가 없어진 것이다.[4]

---

2) WTO, *Rules of Procedure for Sessions of the Ministerial Conference and Meetings of the General Council*, WT/L/161(25 July 1996), Rule 2 and 3 참조. DSB 회의 운영은 DSU 및 별도로 규정한 몇 가지 사항을 제외하고는 각료회의 및 일반이사회 회의 절차를 준용하고 있다(예시문 18).
3) WTO, *Working Practices Concerning Dispute Settlement Procedures*, WT/DSB/6, (6 June 1996) 참조.
4) David Palmeter & Petros C. Mavroidis, *Dispute Settlement in the World Trade Organization*(Cambridge Univ. 2nd ed. 2004.) p. 85 참조.

나. 패널 임무(Terms of Reference) 부여

패널이 설치되면, 패널은 DSU 제7.1조에 따라 아래의 표준 임무를 부여받는다.[5]

"(분쟁당사자가 인용하는 대상협정명)의 관련 규정에 따라 (당사자 국명)이 문서번호 … 으로 분쟁해결기구에 제기한 문제를 조사하고, 분쟁해결기구가 동 협정에 규정된 권고나 판정을 내리는 데 도움이 되는 조사결과를 작성한다."[6]

WTO Handbook I 에서는 이를 보다 구체적으로 설명한다.

"특정 분쟁을 판단하기 위해 구성된 패널은 분쟁의 사실관계와 법률적인 면들을 검토해서 분쟁해결기구에 보고서를 제출한다. 이 보고서에서 패널은 제소자의 주장이 근거가 있는지와 제소의 대상이 된 조치나 행동이 WTO 협정에 위배되는지에 대한 결론을 분명히 해야 한다. 만약 패널이 제소국의 주장이 충분한 근거가 있고 피소국 조치가 WTO 의무를 위반하고 있다고 판단할 경우에는 피소국의 이행에 대한 권고도 한다."[7]

그러면, 분쟁에서 패널이 조사해야 하는 조치와 법적 근거는 어디에서 확인할 수 있을까? 제소국이 제출한 패널설치요청서에 근거한다. 위의 표준 임무에서 "당사국이 문서번호 … 으로 분쟁해결기구에 제기한 문제를 조사"토록 하고 있는데 이 문서가 패널설치요청서에 해당된다.[8]

---

5) 당사국이 합의하면 달리 임무를 부여할 수도 있는데 실제 사례는 매우 드물다. WTO 분쟁에 최근까지 별도의 임무를 부여한 경우는 *Brazil-Desiccated Coconut* 분쟁이 유일하다(분쟁당사국인 필리핀과 브라질이 합의). 이에 대해 *Supra* note 1, p. 64, Footnote 74 참조.
6) 각 분쟁에 해당되는 패널의 표준 임무는 일반적으로 패널 구성(패널위원 임명 결과)을 고지하는 WTO DSB 문서에 포함된다. *Supra* note 1, p. 64, Footnote 75도 참조.
7) WTO, *A Handbook on the WTO Dispute Settlement System*(Cambridge Univ. 2004), p. 21.
8) *Supra* note 1, p. 64-65: 패널의 임무는 제소국이 패널설치요청서에서 제기한 바에 따라 부여된다고 언급한다.

패널설치요청서를 통해 구체화되는 패널 임무(조치와 법적 근거)는 분쟁진행 과정에서 어떤 역할을 할까? *Brazil-Desiccated Coconut* 분쟁 상소기구는 패널의 임무로 규정된 사항이 두 가지 역할을 한다고 설명한다. 첫째는 적법절차 목적을 수행하는 데, 당사국과 3자 참여국에게 분쟁에서 문제되는 사항에 대해 미리 충분한 정보를 제공해서 적절히 대응할 수 있는 기회를 제공한다. 둘째는 분쟁에서 문제되는 사안을 정확히 적시함으로써 패널이 조사하고 심리할 권한의 범위를 설정한다.[9] *US-Carbon Steel* 분쟁 상소기구도 패널의 임무는 분쟁의 범위를 결정(define)하며, 이는 패널설치요청서에 의해 좌우된다고 판시했다.[10]

패널 임무(패널설치요청서)상의 내용이 적법절차 목적에 합치되도록 충분한 정보를 제공하는지 여부와 패널이 임무에 규정된 한계를 지키지 않고 넘어서서 결정했는지 여부 등은 실제 분쟁에서 법적으로 논란이 되어 왔는 바, 아래에서 상술한다.

다. 패널 임무 관련한 주요 법적 쟁점

(1) 패널설치요청서상 조치와 법적근거 제시의 충분성 여부

DSU 제6.2조는 패널설치요청서에서 '문제가 된 특정 조치를 명시(identify specific measures at issue)'할 것을 요구하는데, 이 요건을 만족시키기 위해서는 조치 자체가 분명히 언급되어야 한다.[11] 명시되지 않은 조치는 적법절차의 원칙상 패널이 심리할 수 없다. 다만, 예외가 인정되는 경우가 있는 데, *Japan-Film* 분쟁 패널은 명시되지 않은 조치일지라도 패널설치요청서에 적시된 조치에 부수적인 조치이거나 매우 가깝게 연관되어서 피소국 입장에서도 기존에 명시된 조치의 범위안에 있는 것으로 간주되는 수준일 경우에는 패널 심리의 대상이 될 수 있다고 결정한 바 있다.[12] 그리고 앞에 언급한 바와 같이 패널설치요청서에 적시되었던 조치가 패널 과정에서 본질이 바뀌지 않은 채 개정된 경우에는 이 개정된 조치도 패널 심리의 대상이 될 수

---

9) Appellate Body Report, *Brazil-Desiccated Coconut*, p. 22.
10) Appellate Body Report, *US-Carbon Steel*, paras. 124 and 126.
11) Panel Report, *EC-Trademarks and Geographical Indications(Australia)*, para. 7.2.26.
    다만, 조치의 특징에 대해 상세히 설명할 필요까지는 없다고 부연한다.
12) Panel Report, *Japan-Film*, para. 10.8.

있다.13)

두 번째로 제소의 법적 근거를 제시할 때는 DSU 제6.2조에 따라 '조치의 문제를 분명하게 제시하는 데 필요한 수준'14)이 요구된다.

WTO 상소기구가 일련의 사례에서 해석한 바에 따르면, DSU 제6.2조에서 요구되는 '제소의 법적근거 제시' 수준은 상대국의 조치가 어떻게 또는 왜 WTO 의무를 위반하고 있는지를 나타내는 것이다.15) 이를 위해 문제되는 조치와 위반되었다고 주장하는 협정 규정이 명확히 연결되어서 제소국의 이익이 손상되었다고 주장하는 근거를 알도록 해야 하며, 이를 통해 피소국이 무엇에 대해 대답하며 방어할지 준비할 수 있도록 해야 한다.16)

이러한 요건 충족을 위해, 제소국이 패널설치요청서에서 법적 근거를 제시하는 일반적인 방법은, 피소국이 위반하고 있다고 간주되는 협정 규정을 열거하고 관련된 간략한 설명을 하는 것이다. 협정 규정이 위반되었다는 이유를 상술할 필요는 없으며 이를 지지하는 주장을 제시할 필요도 없다.17)

때로는, 제소국이 협정규정만을 열거하고 관련 설명을 생략하기도 하는데 이 경우 법적 근거 제시가 충분한지 여부에 대해 논란의 대상이 되곤 한다(예시문 5). *Korea-Dairy* 분쟁 상소기구는 단순한 협정규정의 열거만으로 제6.2조의 요건을 만족시키기 못하는 경우가 있을 수 있는데, 예를 들어 협정 규정이 하나의 분명한 의무가 아닌 복수의 의무를 내포하는 경우에는 단순한 협정규정 열거가 그 자체로 제6.2조 기준에 미치지 못한다고 한 바 있다.18)

제소국이 조치나 법적 근거 제시 요건을 만족시키지 못한 것으로 판단되면 이로 인한 결과는 무엇일까? 패널의 조사 및 심리대상에서 아예 제외된다. 제소국으로서는 심각한 타격이다. 따라서, 패널도 결정에 신중을 기하게 되는데, 가장 중요하게 확인하는 사항은 '불충분한 제시'로 인해 상대국이 자국의 조치를 방어할 기회와 능

---

13) Appellate Body Report, *Chile-Price Band System*, para. 139.
14) DSU 제6.2조상 이 요건에 대한 원문은 다음과 같다: "A brief summary of the legal basis of the complaint sufficient to present the problem clearly."
15) Appellate Body Report, *EC-Selected Customs Matters*, para. 130.
16) Appellate Body Report, *US-Oil Country Tubular Goods Sunset Review*, para. 162.
17) Appellate Body Report, *Korea-Pneumatic Valves(Japan)*, para. 5.93.
18) Appellate Body Report, *Korea-Dairy*, para. 124.

력을 침해당했는지 여부이다.[19] 피소국의 적법절차상 권리가 부인된 경우에는 어떤 판정 결과도 정당성을 가질 수 없기 때문이다.

사례 보기 패널설치요청서(예시문 5)의 불충분성이 문제된 분쟁

일본이 2016년 우리나라의 공기압밸브 반덤핑 조치에 대해 제소한 분쟁(*Korea-Pneumatic Valves*)은 패널설치요청서에서 법적 근거를 불충분하게 제시함으로써 피해를 본 대표적인 사례중의 하나이다.

공기압 밸브는 압축공기를 이용해 운동을 발생시키는 장치로 자동차, 일반 기계, 전자 산업 등의 자동화 설비에 사용되는 핵심 부품이다. 우리나라 정부는 무역위원회 반덤핑 조사를 거쳐 2015.8.19. 일본 수출회사 SMC社에 11.66%, CKD社 및 토요오키社에 각각 22.77%의 반덤핑 관세를 부과하게 된다. 일본 정부는 이 조치가 불법이라면서 2016.3. 15. WTO에 제소하고 1차례 양자협의를 거쳐 7.4.에는 패널이 설치되었다.

우리나라는 피소국이었지만 초반부터 기세를 장악했다. 일본이 제출한 패널설치요청서상에 우리나라의 반덤핑 조치가 어떻게 WTO 협정규정에 위반되는지에 대한 법적 근거를 충분히 제시하지 못했다고 문제를 제기하고 이는 DSU 제6.2조의 요건에 부합하지 않으므로 패널의 임무 범위에서 제외해야 한다고 주장했다. 패널은 이례적으로 우리나라의 주장을 받아들였다. 일본의 핵심 주장을 포함한 다수의 논점을 심리 범위에서 배제하고 조사조차 하지 않았는데, 주된 이유는 일본의 패널설치요청서에서 자국이 위반이라고 주장하는 협정 규정을 나열하는 데 그치고 왜 한국의 조치가 특정협정 의무를 위반하는지에 대한 근거를 제시하고 있지 않다는 것이었다.[20]

피소국인 우리나라로서는 쾌재를 부를 일이었고 일본은 통탄할 상황이었다. 패널설치요청서를 지나치게 간략히 작성함에 따라 패널에서 분쟁 내용에 대한 심사조차도 받지 못하고 오랜 분쟁 준비가 무산되는 위기 상황에 이른 것이었다.

일본은 이렇게 패널에서 패소한 후, 패널의 핵심쟁점에 대한 심사배제 판단에 대해 상소했다. 결과적으로 상소기구는 패널보다는 더 관대한 기준을 적용함으로써 심사배제 판단 자체는 번복되었으나 때는 이미 늦어서 패널이 심리범위에서 배제하고 사실조사조차 하지 않음에 따라 받은 타격은 회복될 수가 없었다. 결국, 우리나라는 이 분쟁에서 일부 사안이 협

---

19) Appellate Body Report, *Korea-Dairy*, paras. 123 and 127.

정불합치로 판단되기는 했으나 기존의 반덤핑 조치에는 영향받지 않으면서 보완적 차원에서 이행할 수 있었다.

제소국 입장에서 이렇게 다수의 사안이 패널의 심리에서조차 배제되는 것은 치명적이다. 국내 재판으로 비유하자면, 피고인의 사기나 채무불이행에 대해 고소했는데 제소장에 근거를 적절히 설명하지 못함에 따라 재판에서 다투어 보지도 못하고 각하되는 것과 유사한 상황이다.

따라서, WTO 분쟁업무를 수행할 경우에는 이런 점을 우려해 필요한 것보다 조금 더 기술하면서 문제될 소지를 없애는 것이 일반적인데 당시 일본은 최소조건이면 충분하다고 생각하고 간략히 기술한 것이 문제를 초래한 것으로 생각된다.

(2) 패널의 임무 범위를 벗어난 판정

패널은 당사자(제소국)가 제기한 조치와 당사자가 인용한 협정 규정에 대해서만 심리할 수 있다. *India-Patents*(US) 분쟁 상소기구도 패널은 패널설치요청서에 근거한 임무 범위내에서만 조사하고 판정을 내릴 권한을 가지고 있으며 이를 벗어나는 어떤 사안도 다룰 수 없다는 점을 강조한 바 있다.[21)]

그럼에도, 패널이 패널설치요청서에 있는 임무 범위를 초과해서 판정하고 이를 상소기구에서 무효화하는 사례가 종종 발생한다. 우리나라가 피소국이었던 일본 수산물분쟁(*Korea-Radionuclides*) 패널 판정에도 이런 부분이 있어서, 우리가 상소심에서 강력히 항의함에 따라 무효화된 바 있는데, 아래 상술한다.

위생 및 식물위생 조치의 적용에 관한 협정("위생 및 검역 협정" 또는 "SPS 협정") 제5.7조에서는 위생검역 조치의 필요성은 있으나 과학적 근거는 부족한 경우 급한 대로 잠정 조치를 할 수 있다고 규정하고 있다. 이와 관련해 일본 수산물분쟁 패널은 우리나라의 일본 식품에 대한 수입규제 조치가 잠정조치로 인정될 수 있는지 여부를 조사한 후, 우리나라의 조치가 협정상의 잠정조치 요건을 만족시키지 못하므로 협정에 위배된다고 판정했다. 이에 대해 우리는 상소심에서 패널의 실체적인 조사내용에

---

20) Panel Report, *Korea-Pneumatic Valves(Japan)*, para. 7.91.
21) Appellate Body Report, *India-Patent(US)*, paras. 92-93.

대해 이의를 제기하면서 동시에 절차법적인 문제점을 강하게 지적했다. 즉, 패널의 임무 범위를 벗어났다는 점이다. 패널 판정의 내용을 떠나서 당사국이 판단을 요청하지도 않은 사항을 패널이 독단적으로 판정한 것은 DSU 제7.1조 등에서 규정하는 패널의 임무를 위반한 월권이라고 주장했다.[22] 상소기구는 제소국인 일본이 이 규정에 대한 심리를 요청하지 않았으며, 우리나라도 언급한 적은 있으나 다른 규정을 해석하기 위한 맥락이었을 뿐 패널의 판단을 요청한 적은 없었음을 확인하고, 패널이 당사국의 요청없이 일방적으로 이 사안을 판정한 것은 패널에 부여된 권한을 넘어선 것으로 무효이며 법적 효과가 없다고 결론을 내렸다.[23] WTO 분쟁에서 패널설치요청서상에 제소국이 요청한 패널심리 및 판정 범위를 엄격하게 지키는 점이 유지된 사례이다.

라. 3자 참여: 시기 및 취지

분쟁해결기구회의에서 패널이 설치되면 의장은 즉시 회원국들에게 3자 참여 요청을 받는다.[24] 3자 참여는 분쟁 당사국은 아니지만, 분쟁 내용에 이해관계를 가진 국가들이 분쟁에 부분적으로 참여할 수 있도록 해 주는 제도이다.

국내 재판에서는 생소한 3자 참여제도를 두는 목적은 무엇일까? 특정 WTO 분쟁의 진행 및 결과는 당사국뿐만 아니라 다른 WTO 회원국들도 직, 간접적으로 영향을 받을 수 있으므로 이들의 입장도 반영되도록 하기 위한 것이다. DSU 제10조는 분쟁 당사국뿐 아니라 다른 회원국의 이해관계도 패널과정에서 충분히 고려되어야 한다고 규정하면서, 분쟁사안에 실질적인 이해관계를 갖고 있으며 이를 분쟁해결기구에 통보한 회원국은 자신의 입장을 개진하고 서면입장을 패널에 제출할 기회를 갖는다고 규정한다. 아울러, WTO 분쟁절차가 비공개로 진행되므로 투명성 면에서 문제가 지적되고는 하는데, 3자 참여는 제한적인 형태로나마 투명성을 제공하고 다자적인 모니터링을 하는 기능도 한다고 볼 수 있다.

더 나아가서, 3자 참여를 허용하는 것은 분쟁의 남발을 방지하는 의미도 있다. 분

---

22) Appellate Body Report, *Korea-Radionuclides*, para 5.94.
23) Appellate Body Report, *Korea-Radionuclides*, para 6.5.
24) 즉석에서 요청을 하지 않더라도 패널설치 후 10일 이내에 서한으로 참여 의사를 통보하면 참여가 가능하다.

쟁은 제소국이 피소국의 특정 조치에 대해 문제를 제기하면서 시작되는데, 이때 피소국의 조치에 대해 제소국처럼 이해관계가 크지는 않으나 방관하고 있을 수 없는 경우가 있다. 예를 들어, 피소국이 담배에 대한 관세를 부당하게 100%로 인상했는데, A국은 피소국 담배 수입시장의 90% 이상을 차지하므로 즉각 제소했고 다른 회원국들은 시장점유율이 1-2% 수준이라서 아직 제소여부를 결정하지 않은 상황이라고 하자. A국의 제소는 당연하나 소량을 수출하는 국가들은 이해관계를 고려할 때, 당장 제소하는 것이 능사가 아닐 수 있다. 오히려 현 제도하에서는 3자로 참여해서 국내외 상황과 분쟁의 진행동향을 보며 행동 방향을 결정하는 게 현명하다.

그러나 만약 3자 참여제도가 없다면 어떠할까? 이들은 현시점에서 군이 제소로 갈 필요가 없음에도 불구하고, 다른 대안이 없으므로 최소한의 대응 차원에서라도 제소를 추진할 가능성이 높다. 자국 회사 또는 국민이 조금이라도 피해를 보는 상황에서 가만히 있을 수는 없을 것이기 때문이다. 이런 점에서 DSU 제10.4조는 흥미로운 조항을 두고 있다. 제3자로 참여한 국가가 언제든 필요하면 별도의 제소를 할 수 있다고 규정한다. 이는 별도 제소는 언제든지 가능하므로, 당장 제소의 필요성이 없는 국가가 제소를 남발하기보다는 먼저 3자로 참여하면서 신중히 검토할 것을 요청하는 반어적 의미도 담고 있다고 볼 수 있다.

패널 단계에서 3자 참여를 신청하면 자동적으로 3자 참여 자격이 주어진다.[25] 그렇다면 너무 많은 국가들이 3자로 참여하지는 않을까? 그렇다. 근래의 관행은 분쟁별로 10개 이상의 국가들이 3자로 참여하는 경우가 흔하다. 그러나 분쟁 진행과정에서 3자 참여국이 많은 것은 크게 문제되지 않으므로 WTO에서도 이 상황을 바꾸고 싶어하지 않는다. 오히려 3자 참여국이 많은 것은 분쟁진행에 도움이 되는 측면도 있다. 당사국의 분쟁대응 경험이나 역량이 약한 경우에는 미국, EU 등 경험이 많은 국가들이 3자로 참여해서 부족한 논점을 보완해 주기도 한다. 그리고 3자 참여국들

---

25) 한국국제경제법학회, 「新국제경제법」 제4판, (박영사, 2022), p. 59-60 참조: 이 책의 해당 부분에서 DSU 제10조에서는 3자 참여를 위해 '상당한 이해관계(substantial interest)'를 요건으로 하고 있으나, "EC-바나나 사건에서 항소기구가 위 이해관계의 범위를 넓게 해석한 이래, 실질적으로는 어떤 회원국이라도 구체적 분쟁에 대하여 경제적 이해(economic interest)가 아니더라도 다자무역체제 전반에 대한 이해관계(systemic interest)가 있다고 주장하면 제3국으로 참가가 허용되어 사실상 위 요건은 의미가 없게 되었다"고 언급하였다.

은 이해관계가 없이 중립적인 관점에서 의견을 제시하는 경우가 많으므로 패널 입장에서는 객관적 판정을 위한 참고 의견으로도 활용할 수 있다.

그러면, 회원국 입장에서 왜 모든 분쟁에 대해 3자 참여를 신청하지 않는가? 자제하게 하는 이유가 있다. 먼저, 3자 참여신청을 하면 사안에 대해 검토하고 최소한의 의견을 제시하는 것이 필요하다. 처음에는 호기심으로 3자 참여신청을 했다가도 점차 업무부담을 고려해서 신중해지는 경향이 있다. 둘째는 자국의 패널위원 진출에 제약이 되는 면이 있다. 패널위원 선정 시 원칙적으로 당사국 및 3자 참여국 국민은 패널위원에서 배제된다.[26] 따라서, 회원국이 해당 분쟁에 3자로 참여하면 자국 전문가는 패널위원으로 선정될 기회가 없어지는 것이다. 이런 점이 자국 국민의 패널위원 진출에 관심을 가진 국가들은 3자 참여 시 신중해지는 이유가 된다.

또한, 문턱 없는 3자 참여가 분쟁에서 유능한 패널위원을 확보하는 데 제약 요인이 되기도 한다. 미국이나 EU 등은 거의 모든 패널에 3자 참여를 하며, 이로 인해 자국민들이 패널위원으로 선정되는 기회가 크게 제한된다. 현실적으로 유능한 통상전문가들중에 미국이나 EU 출신이 상당한 점을 고려할 때, 미국 또는 EU 전문가를 배제하는 것은 패널위원 후보자의 범위(pool)를 제한하고 그렇지 않은 경우보다 패널위원의 전문성이 저하되는 문제를 발생시킬 수 있다.[27] 그래서, 사무국에서는 패널위원 선임을 위한 패널구성 협의 시에 회원국들에게 3자 참여국 인사도 패널위원 선정에서 포함할 수 있을지 의견을 묻는 경우가 많다. 그러나 다수의 경우 당사국들은 패널구성 시에 3자 참여국 인사배제 입장을 고수한다. 3자 참여국 인사 배제는 협정상 원칙이고 당사국이 가진 권리이므로 이를 포기함으로써 결과적으로 3자 참여국 출신의 패널위원이 자국에 불리한 판정을 할 경우 타격이 크기 때문이다. 이렇게 된 경우 국가에 누를 끼칠 뿐 아니라 비판의 대상이 되는 점을 우려하게 된다.

---

26) DSU 제8.3조.
27) *Supra* note 1, p. 30: 2016.12.1.까지 총 276명이 패널위원(의장 포함)을 담당했는데, 이 중 캐나다 출신 24명, 뉴질랜드 20명으로 가장 많이 역임한 국가들이었고 개도국 중에서는 칠레와 남아공이 각각 14명으로 가장 많았다. 또한, 총 59개국 출신 인사가 패널위원을 담당했는데 이 중 선진국 23명, 개도국 34명, 최빈개도국 2명이었다.

마. 복수국 제소

WTO 분쟁에서는 동일한 조치에 대해 여러 국가가 제소하는 경우가 종종 있다. 대표적으로 미국의 버드수정법 분쟁(*US-Offset Act*) 제소국은 우리나라를 포함한 11개 국가, 미국 철강세이프가드 분쟁(*US-Steel Safeguards*)은 우리나라를 포함한 8개 국가가 공동으로 제소를 했다(EU는 하나의 국가로 간주). 이렇게 복수국이 제소를 하는 주된 이유는 피소국의 조치가 한 국가가 아닌 다수 국가의 이해관계에 영향을 미치기 때문이다. 미국 버드수정법이나 철강세이프가드 분쟁은 당시 미국에 철강, 가전 등을 수출하던 국가의 이해에 모두 심각한 영향을 미치는 조치였으므로 많은 국가가 참여하는 것이 당연했다.

이렇게 다수의 국가가 동일한 조치에 대해 제소를 한 경우에, DSU 제9조에서는 가능한 하나의 패널로 통합하여 심리하도록 권고하고 있다. 따라서, 하나의 패널에서 복수의 제소를 담당하고 패널의장과 위원도 동일한 사람이 심리하는 것이 일반적이다. 이렇게 패널을 통합하면 제소국만 다수일 뿐 패널의 진행과정은 단수국 제소와 크게 다르지 않다. 패널의 최종보고서는 당사국이 원할 경우 별도로 작성되는 경우도 있다.

반면, 동일한 사안임에도 사정이 있어 단일 패널로 통합되지 않고 2개 이상의 패널이 구성되는 경우도 있는데 이 경우에도 가능한 한, 동일한 인사가 모든 관련된 패널의 패널위원을 맡도록 하고, 패널 일정도 조화시키도록 하고 있다.[28]

다만, 단일 패널로 통합하거나 복수의 패널을 단일 패널위원이 맡도록 하는 것은 의무가 아닌 권장사항이다. *India-Patents*(*EC*) 분쟁 패널은 복수의 제소에 대한 단일 패널설치는 타당한 경우로 한정되며 회원국의 DSU상 권리와 의무에 부정적 영향을 주어서도 안 된다고 언급한 바 있다.[29]

이렇게 패널을 통합하거나 조화시키는 이유는 패널을 효율적으로 운영하기 위함

---

28) DSU 제9.3조; 복수의 패널을 동일한 패널위원이 담당한 사례로 미국과 캐나다가 각각 제소한 *EC-Hormones(US)*, *EC-Hormones(Canada)*를 시작으로 2022.8. 현재 총 16건의 사례가 있었다: WTO, *Analytical Index*, DSU Information Tables, p. 33-34: https://www.wto.org/english/res_e/publications_e/ai17_e/ds_information_tables.pdf 2022.9.11. 최종접속.

29) Panel Report, *India-Patents(EC)*, paras. 7.13-16.

이기도 하지만, 동시에 패널 판정의 일관성과 신뢰성을 확보하고자 함이다. 동일한 사안에 대해 복수의 패널에서 서로 다르거나 모순된 판정을 한다면 패널 판정의 신뢰성은 타격을 입을 것이며 패소국이 판정을 수긍하기도 어려울 것이다. 이는 분쟁해결절차의 중요한 목적인 다자통상체제의 안정성과 예측가능성도 저해하는 결과를 가져온다.[30]

한편, 복수국 제소 시에 공동제소국들은 서로 협력할 수 있어서 유리할까? 필자가 우리나라의 버드수정법 공동제소 시에 분쟁 실무를 담당한 경험에 비추어 볼 때, 그럴 수는 있으나 당연하지는 않다. 공동제소국이 되면 서로 간에 수시로 협의하며 전략과 지혜를 모으고, 서면입장서도 의견이 모아질 경우 공동으로 내기도 한다. 그러나 각국이 가지는 외교적 입장, 경제적 이해, 법률적 전문성이 다르므로 동일한 사안이라도 동일하게 대응하지는 않는다. 따라서, 의견이 다르기 쉽고 이렇게 해서 제소국간의 입장이 분열될 경우 오히려 패널이 보기에는 공동제소측 전체의 주장이 약해지는 결과를 초래하기도 한다. 그래서, 공동제소가 이루어진 경우에는 제소국 간에 의견을 최대한 조화시키며 공동의 지혜를 모아가는 것이 분쟁수행의 관건이라고 할 수 있다.

2. 패널 구성(패널의장 및 위원 임명)

DSU 주요 규정(제8조)

패널 위원(의장 포함)은 충분한 자격을 갖춘 정부 또는 비정부인사로 구성되며, 독립성과 다양한 배경 및 광범위한 경험이 확보될 수 있도록 선정되어야 한다. 다만, 분쟁당사국의 국민 또는 제3자로 참여한 국가의 국민은 패널위원이 되지 아니한다.
패널은 3인으로 구성되며, 분쟁당사자가 합의하면 5인도 가능하다.
사무국은 분쟁당사자에게 패널위원 후보자를 제의하며, 분쟁당사자는 불가피한 사유를 제외하고는 동 패널위원 후보자를 거부하지 않는다.
패널설치일로부터 20일 이내에 패널위원 구성에 대한 합의가 이루어지지 않은 상황에

---

30) *Supra* note 1, p. 62, Footnote 65 참조.

서, 일방 분쟁당사국이 요청할 경우 분쟁당사국 및 WTO 관계자와 협의 후 사무총장
은 가장 적합하다고 생각되는 패널위원을 임명함으로써 패널의 구성을 확정한다.
회원국은 일반적으로 자기나라의 관리가 패널위원으로 임명되는 것을 허가할 것을 약
속한다.
패널위원은 정부대표나 기구대표가 아닌 개인자격으로 임무를 수행한다. 따라서 회원
국은 패널에 계류 중인 사안과 관련하여 패널위원에게 지시를 내리지 아니하며, 개인
자격인 패널위원에 대하여 영향력을 행사하지 아니한다.
선진국회원국과 개발도상회원국 간의 분쟁 시 개발도상회원국이 요청하는 경우, 패널
위원중 적어도 1인은 개발도상회원국의 인사를 포함하여야 한다.

WTO 분쟁해결절차는 패널 구성이 신속하고 유효하게 진행되도록 하고 있다. 재
판부에 해당되는 패널은 패널의장 1명, 패널위원 2명으로 구성[31]되는데, 제소국이
원할 경우 빠르게 임명을 진행할 수 있으며 이론적으로는 패널설치후 1-2개월 이내
에도 구성이 가능하다. 즉, 제소국은 패널설치후 20일내에 패널위원(패널의장 포함)에
대한 당사국간 합의가 없으면 WTO 사무총장에게 직권임명을 요청할 수 있으며, 이
경우 사무총장은 10일 이내에 직권임명을 해야 한다.[32] 피소국이 반대할지라도 힘
을 발휘하지 못한다. 국내 재판에서 소송이 제기된 건에 대해 자동적으로 재판부가
배정되는 것과 비교해도 손색이 없다.

다만, 실제 분쟁에서는 패널 구성에 3-4개월 정도는 소요되는 것이 일반적이다.
현실적인 이유가 있기 때문이다. 패널위원 임명을 서두를 경우 WTO 사무총장이 지
명하는 인사가 자국이 신뢰하거나 수용할 수 있는 인사가 아닐 위험성이 있다. 그래
서, 먼저 사무국의 추천을 받아 양국이 합의할 수 있는 인사가 있는지를 보고 난 후
에 합의 가능성이 없을 경우 WTO 사무총장에게 임명을 의뢰하는 것이 관행이다.

패널 설치후 패널의장 및 위원이 임명되는 과정을 보다 구체적으로 본다. WTO
분쟁해결기구 회의에서 패널이 설치된 경우 WTO 사무국에서는 패널구성을 위해서

---

31) DSU 제8.5조에 의거 패널위원은 3명 혹은 5명으로 구성될 수 있는 데, 그동안 WTO 분쟁
   에서 패널위원은 3명으로만 구성되어 왔고 5명으로 구성된 사례는 없었다(2016.12.1. 현재):
   Supra note 1, p. 71, Footnote 110 참조.
32) DSU 제8.7조.

해당 분쟁의 당사국들을 불러서 회의를 한다. 반덤핑, 상계관세, 세이프가드 등 무역구제조치에 대한 분쟁은 WTO 규범국이 담당하고, 그 이외의 사안은 법률국이 담당한다. 회의는 WTO 회의실에서 개최되고 대부분 현지에 있는 당사국의 주제네바대표부 담당관이 참석하는 것이 일반적이나 본부에서 참가하는 경우도 있다.[33] 첫 번째 회의에서 사무국은 각 당사국이 생각하는 패널의장 및 위원 선정의 기준 및 자격에 대한 의견을 제시하라고 한다. 사무국이 패널의장 및 위원 후보를 추천할 때에 당사국의 수용가능성이 높은 후보를 제시하기 위함이다.

이 회의에서 각국은 어떤 입장을 제시하게 될까? 각 국가와 분쟁마다 다를 수 있으며, 여기서는 가장 일반적으로 예상할 수 있는 입장을 예로서 설명하겠다. 먼저, DSU에 규정된 대로 분쟁당사국 및 제3자 참여국 국민 제외 필요성을 언급하고, 당사국중에 개도국이 있을 경우 3인 중 1명은 개도국 출신으로 하도록 요청할 수 있다.[34] 또한, 분쟁사안의 중요성을 근거로 패널위원 유경험자를 희망하는 경우가 많다. 그리고 패널위원 3인 중 법률가와 분쟁 사안(예: 반덤핑, 환경, 검역 등)을 잘 심리할 수 있는 전문가를 각각 포함할 것을 요청할 수 있다. 분쟁이슈가 반덤핑 등 무역구제 사안인 경우 무역구제 조사당국(우리나라의 경우 무역위원회) 출신 포함 또는 배제에 대해 제소국과 피소국 입장이 달라지는 경우가 많다. 무역구제 분쟁은 특정국이 취한 반덤핑이나 상계관세 조치 등이 WTO 협정에 위배된다는 주장을 하며 제소하는 것이 일반적인데, 무역구제 조사당국 출신은 아무래도 이미 취해진 무역구제조치를 변호하는 성향을 가질 수 있기 때문에 피소국은 조사당국 출신을 선호하고 제소국은 회피하는 경우가 많다.

사무국은 첫 번째 회의에서 당사국의 의견을 들은 후, 이를 고려해서 패널의장 후보 2명, 패널위원 후보 약 4-6명을 당사국에게 서면으로 추천하고 당사국이 검토할 시간을 준 후에 2차 회의를 소집한다. 패널의장을 별도로 추천하는 이유는 의장은 전체 절차를 관장할 만한 능력이 있어야 하므로 패널경험과 경륜이 있는 인사가 필

---

33) 특히, EU는 EU 본부가 있는 브뤼셀이 지리적으로 근접해 있어 본부에서 참석하는 경우가 상대적으로 많다.

34) DSU 제8.3조(당사국 및 제3국 출신 인사 배제). DSU 제8.10조는 선진국과 개도국 간 분쟁인 경우 개도국인 당사국이 요청하면 패널위원 중 적어도 1인은 개도국 출신 인사로 배정하도록 하고 있다.

요하기 때문이다. 패널경험이 없는 인사가 패널의장을 담당하는 경우는 거의 없다. 당사국은 사무국이 추천한 명단을 받은 후, 이들에 대한 수용 여부를 검토한다. 당사국이 사무국에 제시하는 의견의 방향은 크게 3가지로 나뉜다. 즉, 각 후보자별로 수용, 반대, 유보 중 하나로 제시한다. 수용과 반대는 말 그대로이며, 유보는 다른 후보를 보아가며 계속 고려하겠다는 의사표시이다. 양국이 모두 수용한 후보는 패널 위원으로 잠정 정해지고 양국 중 한쪽이라도 반대 의사를 표시한 인사는 자동적으로 제외된다. 양국이 모두 유보하거나 일방이 수용하고 일방이 유보한 후보는 계속해서 검토 대상이 된다.

DSU 규정에 따르면, 사무국이 제시한 후보자에 대해 당사국은 불가피한 이유가 아니면 거부해서는 안 된다.[35] 그러나 이 규정은 실제로는 잘 지켜지지 않고 있다. 당사국은 사무국 추천자를 거부할 때, 이유를 제시하지 않거나 설득력이 없는 이유를 제시하는 경우도 상당하다. 사무국은 이런 경우에 다음 번 추천을 위해서라도 반대 또는 유보하는 이유는 반드시 알려달라고 한다. 당사국들이 일반적으로 얘기하는 반대이유는 패널경험 부족, 전문지식 혹은 법률지식 부족, 분쟁사안에 대한 편향된 인식 등이다. 유보의 이유는 해당인사 자체에 대한 거부 이유는 없으나, 패널위원 3인의 전체적인 구성을 고려해서 수용여부를 최종단계에서 정하겠다는 것이 일반적인 이유이다. 부연하자면 패널위원 구성은 외교적 고려, 법률적 지식, 분쟁사안에 대한 전문성 등이 종합적으로 반영되어야 하는데, 이후에 정해질 다른 패널위원이 지금 유보를 표시한 위원과 그 역할이 겹칠 경우에는 동 인을 포함하지 않겠다는 의사 표시인 셈이다. 한마디로 대안이 없으면 수용할 수 있지만 더 좋은 후보가 있으면 이 카드는 버리겠다는 의사표시이다.

당사국들의 패널위원 후보에 대한 검토와 의사표명이 결과적으로 얼마나 신뢰성이 있을까? 당사국의 선택은 한정된 정보를 기초로 다소 주관적 영역인 재판결과에 대한 영향을 예상하는 것이므로 일정한 한계가 있다고 볼 수 있다. 실제로 불리할 것으로 예상된 위원이 결과적으로 유리한 판정을 하기도 하고 유리할 것으로 예상된 위원이 반대의 역할을 하기도 한다. 그러므로 한정된 정보를 절대시하기보다는, 합리적 근거를 가진 정보에 기초해서 위험을 최소화하는 방향으로 선택하는 것이 적절

---

35) DSU 제8.6조.

하다고 할 수 있을 것이다.

사무국이 처음에 제시한 후보중에서 당사국이 3명 모두를 합의하는 경우는 드물다. 그래서, 자연스럽게 사무국은 다음 번에 제시할 후보를 준비해서 당사국에 제시하게 되고 첫 번째와 유사한 절차가 진행되게 된다. 이런 과정을 4-5차례에 거쳐서 3명의 패널위원이 양국의 합의로 정해지는 것이 이상적이나 다수의 분쟁에서는 1-2명 정도 합의되고 나머지 위원에 대해서는 끝까지 합의가 안 되는 경우가 많다.

이렇게 될 경우 제소국 입장에서는 무한정 시간을 끌 수 없다. 따라서, DSU 규정에 따라 사무총장에게 직권임명을 요청하게 되고 사무총장은 10일 이내에 임명하여야 한다. 먼저, 사무총장은 DSU 제8.7조에 따라서 회의를 개최해 당사국의 의견을 듣고 DSB 의장과 관련 이사회나 위원회 위원장과 협의하는 절차를 거친다. 이후에, 패널 구성을 확정하는데, 당사국이 협의과정에서 이미 합의한 후보자가 있으면 이들을 포함하는 것이 일반적이다. 이 결정은 최종적이며 당사국이 거부할 수 없다. 패널이 구성되면, WTO 사무국은 패널위원들의 이름이 담긴 문서를 회원국에게 회람하며, 이 문서에는 패널의 임무(Terms of Reference)와 3자 참여를 신청한 국가도 명시된다(예시문 6-1).

만약, WTO 사무총장의 직권임명 결과에 대해 당사국이 이의가 있다면 어떻게 될까? 패널절차가 시작된 후, 본안 심리 전에 선결사항으로 문제를 제기할 수 있다. 실제로 *Guatemala-Cement II*, *US-Upland Cotton* 이행분쟁, *US-Zeroing* 이행분쟁(EC 제기)에서 당사국이 사무총장의 패널 직권임명 결과에 대해 문제점을 제기한 바 있다. *Guatemala-Cement II*에서는 이전에 유사한 사안을 다룬 *Guatemala-Cement(I)* 사례에서 자국에 불리하게 판정한 패널위원이 다시 포함됨으로써 객관성과 독립성에 문제가 있다고 했다. *US-Upland Cotton* 이행분쟁에서 제소국인 브라질은 제21.5조의 규정에 따라 원심패널을 그대로 임명할 것으로 요청했고 미국은 이들 중 3자 참여국 출신 인사 2명을 배제하고 다른 인사로 임명할 것을 요청했다. WTO 사무총장은 결론적으로 미국의 요청대로 3자 참여국 출신 인사를 배제하였고 브라질은 패널에게 이 결정의 부당성을 제기했다. *US-Zeroing* 이행분쟁에서는 피소측인 미국이 원심에서는 상대국 인사를 패널위원에 포함하는 데 동의했지만 이행분쟁에서는 동 인사를 배제할 것을 요구했고 사무총장이 이 요청을 받아들여 동 인사를 배제한 패널 구성을 함에 따라, 제소 측인 EC가 이의를 제기하였다. 위의 3개 사례에서 패널과 상소기구의 결정은 일관되었는데, DSU에서 패널위원을 구성할 권한은 당사국 또는 사무총장에게 있으며 행동 규칙(rule of conduct) 등에 위배되지 않는 한은 패널이 이의 적절성을 심사할 권한이 없다는 것이 결정의 요지였다.[36]

한편, 전체적인 패널위원 선정상의 다이내믹스로 인해 초래된 몇 가지 현상이 있다. 먼저는 신인(新人)의 등용이 제한된다. 당사국들이 패널경험이 없는 인사는 그 사람의 결정 성향을 예상하기 어려우므로 반대하는 경우가 많다. 이로 인해 패널위원이 새로운 수혈이 안 되고 기존 경험이 있는 인사들 중에서 선정되는 경우가 많다. 다만, 사무총장의 직권임명 시에는 당사국의 동의가 없어도 임명할 수 있으므로 패널경험이 없는 후보자가 임명되는 경우가 더 많은 것으로 알려져 있다.

둘째, 분쟁당사국 못지 않게 사무국도 전략적 고려를 하게 된다. 사무국이 해당 분쟁에 패널위원으로 일할 만한 인사를 조사해서 10-15명을 가지고 있다고 했을 때, 이 인사들을 모두 추천했는데도 3명에 대한 합의가 안 되면 난감한 상황이 된다. 그래서, 사무국이 패널위원을 추천할 때는 사무총장 직권임명에 대비해 몇 명의 인사는 당사국에게 추천하지 않고 아껴두는 경우도 있을 수 있다. 다만, 예전에는 사무총장 직권임명도 법률국 또는 규범국에서 추천했으나, 최근에는 사무총장실에서 별도의 명단을 관리하며 사용하기도 하므로 이런 상황이 발생할 여지가 줄어들었다고 볼 수 있다.

사례 보기 패널위원의 사임 또는 사망

패널을 구성하여 진행하는 과정에서 패널위원이 사망하거나 사임하는 경우에는 어떻게 될까? 우리나라가 관련된 분쟁에서 이런 경우가 발생한 일이 있었다. EC가 우리나라를 제소한 조선분쟁(*Korea-Commercial Vessels*)에서 2003.11.10. 패널이 구성되었다. 패널의장

---

36) Panel Report, *Guatemala-Cement II*, para. 8.11; *US-Upland Cotton(Article 21.5-Brazil)*, para. 8.28; *US-Zeroing(EC)(Article 21.5-EC)*, paras. 8.14-8.17; Appellate Body Report, *US-Zeroing(EC)(Article 21.5-EC)*, para. 172.

37) 김승호, 「WTO 통상분쟁 판례해설(2)」 (법영사, 2007), p. 216-217 참조.

으로 전직 상소기구 위원인 Mr. Said El-Naggar(이집트)가 임명되고 다른 2인의 패널위원도 같이 선임되어 패널절차가 진행되었다. 그런데 불행하게도 2004.5.6.에 El-Naggar 패널의장이 노환으로 사망하였다는 소식이 전해진다. 전례없는 일이라 당사국뿐만 아니라 패널에게도 당황스러운 일이었다.

처음에는 당사국인 우리나라와 EC는 이미 패널절차가 상당 부분 진행된 점을 고려해서 기존의 패널위원 2명으로 진행하는 방안을 선호하였으나 패널은 패널위원이 3명 혹은 5명이어야 하는 DSU 규정(제8.5조) 등을 들어 대체 의장 선임이 불가피하다는 입장을 제시하였다.[37] 이에 따라, 당사국들도 입장을 바꾸어 사무총장에게 새로운 의장을 직권으로 선임할 것을 공동으로 요청하였다. 사무총장은 이에 근거하여 전직 상소기구 위원인 Mr. Julio Lacarte-Muro를 새로운 의장으로 선임하였으며 이후 패널은 무난히 임무를 마치게 된다 (예시문 6-2). 이때 사무총장은 전례없는 상황에서 무엇을 고려했을까? 명시적인 기록이 없으므로 추정을 해 보자면 이례적인 상황에서 당사국간에 논란이 있을 수 있는 인사를 임명할 경우 이후에 패널절차에도 부담이 될 것이라고 생각했을 것이다. 그래서, Lacarte-Muro라는 당시로서 생각할 수 있는 최고의 전문성과 공정성을 가진 있는 인사를 선임한 것으로 보인다.

또 다른 사례는 우리나라가 EC의 하이닉스 DRAM 상계관세 조치에 대해 제소한 분쟁 (*EC-Countervailing Measures on DRAM Chips*)에서 2004.3.24. 당사국 합의에 의해 패널의장 Ms. Luz Elena Reyes de la Torre와 2명의 패널위원이 임명되었다. 그런데, 같은 해 6.22.에 Torre 의장이 사임하는 일이 발생했다. 이에 따라 당사국 합의에 의해서 Mr. Gary Clyde Hufbauer를 신임 패널 의장으로 선임한 후, 패널 절차는 정상적으로 진행되었다. 이런 경우에 당사국 간에 합의가 어려워서 WTO 사무총장에게 직권 임명을 요청하는 경우가 많으나 이 분쟁에서는 우리나라와 EC가 합의해서 대체 의장을 선임한 바람직한 사례였다. 이렇게 패널의장이나 패널위원의 사임 또는 사망으로 대체 위원을 임명한 사례들이 WTO 분쟁에서 몇 차례 나타난 바 있으며 절차는 처음 패널위원을 임명할 때와 같이 당사국간 합의를 통해 대체 위원을 선임하거나 합의가 안될 경우 사무총장에게 직권임명을 요청하는 절차가 정착되어 있다.

3. 패널 작업절차 설정 및 진행

DSU 주요 규정(제12조)

패널절차는 패널과정을 부당하게 지연시키지 아니하면서 질이 높은 패널보고서를 보장할 수 있도록 충분한 융통성을 부여하여야 한다.

패널위원은 현실적으로 가장 빠른 시일 내에 패널과정에 관한 일정을 확정하며, 분쟁당사자에게 자신의 입장을 준비하는 데 필요한 충분한 시간을 부여한다.

패널은 분쟁당사자가 서면입장을 제출하여야 하는 정확한 마감시한을 설정해야 하며, 분쟁당사자는 동 마감시한을 준수하여야 한다.

각 분쟁당사자는 패널과 그 밖의 분쟁당사자에게 즉시 전달되도록 자기나라의 서면입장을 사무국에 제출한다. 제소국은 피소국보다 먼저 제1차 서면입장을 제출한다. 그 후에 제출되는 모든 서면입장은 동시에 제출된다.

패널이 구성된 날로부터 최종보고서가 분쟁당사자에게 제시되는 날까지는 6개월을 초과하지 아니한다. 부패성 상품에 관한 분쟁을 포함하여 긴급한 경우, 패널은 3개월 이내에 패널보고서를 분쟁당사자에게 제시하는 것을 목표로 한다.

패널은 제소국이 요청하는 경우 1년 이내의 범위에서 패널절차를 정지할 수 있다. 정지기간이 1년을 초과하면 패널절차는 자동으로 소멸된다.

가. 작업절차 설정

패널의장과 위원이 확정되면 패널 일정과 작업절차를 정하는 것이 우선 과제가 된다. 패널은 사무국 담당직원의 협조를 얻어 DSU 규정(부록 3)에 있는 표준절차에 의거해 초안을 작성하여 당사국에게 전달한다.[38] 그리고는 제네바 WTO 본부에서 패널 주재 당사국 회의를 개최해서 이 작업절차 및 일정 등에 대해 당사국의 의견을 듣게 된다.[39] 패널의장 및 위원이 이 회의만을 위해 제네바에 오는 일은 많지 않으

---

38) DSU 제12.1조에서는 패널이 당사국과의 협의 후 달리 결정하지 아니하는 한, 부록 3의 작업절차를 따른다고 규정한다.

39) 예외적으로, *Saudi Arabia-Intellectual Property Rights(IPRs)* 분쟁에서는 피소국인 사우디가 제소국인 카타르와 어떤 협의에도 임하지 않겠다고 선언함에 따라 작업절차에 대한 의

며 대부분 전화 또는 화상회의 방식으로 회의에 참석한다. 패널위원 중 제네바에 주재하는 사람이 있을 경우(예: 제네바 주재 외교관)에는 회의에 직접 참석하게 된다. 당사국에서는 주제네바대표부의 담당관이 참석하는 것이 일반적이다. 당사국 입장에서는 패널의장 및 패널위원과 협의를 하는 첫 번째 자리이므로 이 자리에서 무리하게 자국의 입장을 고집하지는 않으나, 크게 두 가지 사항에 대해 의견을 제시하는 경우가 많다.

먼저는 패널일정 진행 속도인데, 제소국과 피소국의 입장이 상반되는 것이 일반적이다. 제소국은 패널 판정결과를 빨리 받아서 문제를 조속히 해결하는 게 좋으므로 신속한 일정 진행을 선호한다. 반면, 피소국은 충분한 시간을 두고 방어하기 위해 일정을 천천히 진행하기를 원하며, 패널이나 사무국도 업무부담을 줄이기 위해 일정을 여유 있게 운영하는 것을 선호하므로 느슨한 일정으로 초안을 제시하는 경우가 상당히 있다. 그래서, 제소국 입장에서는 패널이 제시한 일정이 표준 일정보다 늦춰져 있을 경우 문제를 제기해서 타당성을 논의하고 필요시 일정 조정을 요청하게 된다.

이와 관련하여 DSU는 일정 진행기준으로 패널 구성후 최종보고서 당사국 전달까지 6개월 내에 이루어져야 한다고 규정한다.[40] 그러나 현실적으로 잘 지켜지지 않고 그 이상의 기간을 설정하는 것이 일반적이다. 그러므로, 제소국 입장에서는 패널이 전달한 패널일정 초안이 이 기준에서 크게 벗어나 있다면 문제 의식을 갖고 주의 깊게 살펴보는 것이 필요하다. 다만, 근래에는 이 기간이 길어져서 평균 11개월까지 늘어난 것이 현실이므로[41] 산술적인 6개월 기준을 고집하기보다는 패널이 설정한 기간이 타당한지 여부를 살펴보고 부당하게 지연되는 면이 있을 경우 이를 조정할 것을 요청하는 것이 바람직하다.

피소국 입장에서는 패널 일정중 피소국 1차 서면입장서 제출일자가 가장 중요하다. 제소국의 1차 서면입장서 제출 이후로 적어도 3주 이상의 여유기간을 가지는 것

견을 듣기 위한 별도의 당사국 회의를 갖지 않고 서면으로만 당사국의 의견을 받았다. 아울러, 사우디의 이런 입장이 패널 절차에도 반영되어서 당사국의 서면입장서도 사무국을 통해서 전달하고 구두진술회의도 당사국이 패널과만 의사소통하는 방식으로 개최되었다: Panel Report, *Saudi Arabia-Intellectual Property Rights(IPRs)*, paras. 1.10-1.13 참조.
40) DSU 제12.8조.
41) *Supra* note 1, p. 76 참조.

이 중요하다. 제소국의 1차 서면입장서는 제소국의 구체적인 주장과 논거가 사실상 처음 제시되는 문건[42]이므로 피소국 입장에서는 이에 대해 충분히 검토하고 반박을 준비할 시간이 필요하다. 패널이 제시하는 초안에는 이 기간을 2주 정도로 설정하기도 하는데[43] 이를 받아들일 경우 1차 서면입장서 준비기간이 촉박하여 분쟁대응에 어려움이 있을 수 있으므로 주의가 필요하다. 한편, 제소국과 피소국이 공통적으로 자국의 명절 또는 다른 분쟁 일정과 겹치는 등의 사유로 일정 조정을 요청하는 경우가 있으며 패널은 가능한 선에서 반영하기도 한다.

패널 작업절차 초안 등에 대해 당사국간의 의견이 다를 경우 어떻게 최종 결론을 도출할까? 패널이 최종적인 결정을 할 권한이 있다.[44] 그러나 패널이 자의적으로 결정하는 것은 아니고 적법절차와 당사국의 의견을 감안해서 한다. 일반적으로 당사국이 같은 의견인 경우는 그대로 반영하고, 당사국간 의견이 다를 경우에는 절충안을 내거나 어느 입장이 적법절차의 원칙상 더 타당한가를 검토해서 한쪽의 입장을 받아들이는 결정을 한다. 그래서, 회원국들은 중요한 사항에 대해서는 의견을 제시할 때 충분한 준비를 통해 적법절차 원칙상의 근거를 가지고 제시하는 것이 수용가능성을 높이는 방법이다.

당사국의 의견수렴을 거쳐 최종적으로 결정된 패널일정 및 작업절차는 당사국과 제3자 참여국에게 전달되고 이에 의거해 패널이 진행되게 된다.

패널 작업절차 설정 단계에서 추가적으로 다루어지는 사항이 몇 가지 있는데, 이에 대해 논의한다.

(패널절차 공개 여부) 미국과 분쟁을 할 경우에, 미국 측은 서면입장서를 서로 공개하고 구두진술회의도 공개하자고 제의하는 경우가 많다. 패널 절차의 투명성 제고가 주된 이유이다. 상대국이 수용하는 경우도 있으나, 대부분은 반대의사를 표명해서 결과적으로 비공개로 진행하는 것이 일반적이다.[45]

---

42) 양자협의요청서 또는 패널설치요청서 등을 통해 제소국의 제소대상 조치와 법적 근거는 알 수 있으나, 상세한 논리와 증거를 포함한 근거는 1차 서면입장서를 받아 본 후에 알 수 있다.
43) DSU 부록 3 작업절차에서는 2-3주로 설정되어 있다.
44) DSU 제12.3조.
45) DSU 제18.2조에서 서면입장서는 비밀로 처리되도록 규정하고 있으며, 구두진술회의는 DSU 부록 3 작업절차 등에 의거해서 비공개로 하는 것이 관행이므로 양 당사국이 합의할 경우

WTO 분쟁해결절차에서 패널에 제출되는 문서와 패널심리는 비공개로 진행되는 게 원칙이지만, 분쟁으로 인해 영향을 받는 이해관계자들을 위해서는 최대한의 투명성이 필요하다는 의견도 꾸준히 제기되어 왔다. 이런 맥락에서 미국, 캐나다, EU, 호주 등 일부 회원국들은 상대국의 조치와 관계없이 일방적으로 자국의 분쟁 서면입장서나 구두진술회의 발언문 등을 정부 홈페이지를 통해 실시간으로 공개하기도 한다. 그리고 미국은 일관된 입장으로 자국뿐 아니라 상대 당사국에게도 분쟁 문서나 구두심리회의의 공개를 제안하고 있다.

2022년 8월 현재까지 패널 단계에서 구두진술회의를 전부 또는 일부 공개한 경우는 14건[46]이 있는데, 이 중 미국/캐나다-양허정지(*Continued Suspension*) 분쟁이 대표적으로 당사국(미국, 캐나다, EC)의 공통된 요청을 패널이 받아들여서 전체 구두진술회의를 공개회의로 운영한 바 있다.

(특별 비밀보호절차) 작업절차를 논의하는 과정에서, 분쟁 당사국이 민감 비밀보호를 위해 특별 비밀보호절차를 정할 것을 요청하기도 한다.[47] WTO 분쟁의 패널 과정에서 제출되는 모든 문서는 비밀로 유지되므로[48] 일반적으로는 별도의 조치가 필요하지 않다. 그러나 패널에 제출되는 정보중에 민감한 영업비밀이 포함되는 경우, 이러한 정보는 공개는 차치하고 일부 관계자에게만 알려져도 비밀을 제출한 당사자에게 피해를 초래할 우려가 있어서 특별한 보호의 필요성이 제기된다. 예를 들어, 보잉-에어버스 분쟁에서는 항공기 제조비용, 시장가격 등 영업비밀이 분쟁에서 다루어질 가능성이 컸으며 이 정보들은 경쟁사가 파악할 경우 비밀을 제출한 항공기 제조사의 향후 영업에 심각한 피해를 입힐 수 있는 민감한 정보로 여겨졌다. 또한, EC

에만 이 기준을 벗어나는 방식으로 운영할 수 있다.

46) 상소심, 제21.5조 이행패널, 보복중재심(제22.6조)에서 구두진술회의의 전체 혹은 부분 공개는 각각 13건, 7건, 5건이 있었다: WTO, *Analytical Index*, DSU Information Tables, p. 28-31 참조: https://www.wto.org/english/res_e/publications_e/ai17_e/ds_information_tables.pdf 2022.9.8. 최종접속.

47) *Supra* note 1, Annex III. A: Sample of Panel Working Procedures 3항, p. 250 참조. 패널에 별도의 비밀보호절차를 요청하는 것을 반드시 작업절차 논의 시에 할 필요는 없으나 문서나 다른 증거가 제출되기 전에 하는 것이 바람직하며, 패널작업절차에 관련 절차를 넣을 경우에는 늦어도 1차 구두진술회의 전에는 제기하도록 하는 것이 일반적이다.

48) DSU 제18.2조.

가 우리나라를 제소한 조선분쟁에서도 우리나라 조선사의 선박가격 및 금융정보 등 민감한 영업비밀을 제출할 것이 예상되었으므로 패널작업절차 협의과정에서 특별 비밀보호절차를 요청하게 되었다.

이러한 요청이 있으면 패널이나 상소기구는 당사국들의 의견을 들은 후 타당성이 인정될 경우 특별 비밀보호절차를 정하게 되는데, 당사국이 요청한다고 모두 수용되는 것은 아니다. 예를 들어, *Brazil-Aircraft* 및 *Canada-Aircraft* 분쟁에서 패널 단계에서는 특별 비밀보호절차가 채택되었으나 상소심에서는 당사국의 요청에도 불구하고 필요성이 없다는 이유로 거부되었다.[49]

이와 관련, *EU-Fatty Alcohols(Indonesia)* 분쟁 상소기구는 당사국의 특별 비밀보호절차 요청이 있을 경우 이를 수용할지 여부를 검토하는 기준을 제시한 바 있다.

"(당사국이 추가 정보보호를 요청한 경우,) 상소기구는 객관적인 기준에 의거 추가보호 필요 여부 및 보호수준에 대해 결정한다. 검토기준으로는 정보가 독점적으로 소유된 것인지, 공개되지 않고 보호되는 정보인지, 정보 생산자에게 높은 상업적 가치가 있는지, 유출될 가능성이 있고 유출되었을 때 잠재적인 피해가 있는지, 해당 산업 및 시장의 특성, 정보의 최신성 등을 고려한다. … 또한, 전체적으로 민감정보 누출의 위험을 방지할 필요성과 절차에 참여하는 다른 당사국 및 3자 참여국 관계자의 정보접근 권리와의 균형이 고려되어야 하며, 보호가 필요한 위험과 보호조치간의 비례성도 중요하다."[50]

특별 비밀보호절차의 내용은 각 사례별로 다르나, 일반적으로는 지정된 비밀에 접근할 수 있는 사람들을 분쟁을 수행하는 필수인원(당사국간 미리 지정)으로 제한하고 제공된 자료의 유출 방지 등 관리를 철저히 하며, 사용후 반환 또는 폐기를 보장하는 내용이다.

---

49) Appellate Body Report, *Canada-Aircraft*, paras. 145 and 147; *Brazil-Aircraft*, paras. 123 and 125.
50) Appellate Body Report, *EU-Fatty Alcohols(Indonesia)*, Annex D-1(Procedural Ruling of 13 June 2017 regarding additional procedures for the protection of business confidential information), paras. 3.2-3.3.

(전문가 자문) 위생 및 검역 분쟁처럼 패널 심리에 전문가나 국제기구의 과학적 자문이 필요할 것으로 예상되는 경우, 패널 작업절차에 미리 관련 절차를 반영하기도 한다. 이에 대해서는 후술한다.[51)]

나. 본안 심리 전 사전결정 요청

패널절차가 정식으로 진행되기 전에 당사국이 패널에게 사전결정(Preliminary Ruling)을 요청하는 경우가 있다. 본안 심리 전에 미리 결정을 받을 필요가 있는 사안이 이에 해당된다. 가장 자주 제기되는 사안은 패널설치요청서에 제시된 대상조치와 법적 근거가 DSU 제6.2조의 명확성 요건을 만족시키지 못하므로 패널의 심리대상에서 처음부터 제외할 것을 요청하는 것이다.[52)] 만약 심리대상에서 제외된다면 이 사안에 대해 협정 위반을 논의하는 것은 원천적으로 불필요하기 때문이다.[53)] 사전결정을 요청하는 다른 사안으로는 협의요건 불충족, 관할권 결여, 패널위원 임명상의 문제, 이익충돌 등이 제기된 바 있다.[54)]

DSU에는 사전결정에 대한 명시적인 규정이 없으므로 '사전결정 요청 및 관련 절차'들은 주로 패널별 작업절차에서 정하게 된다. 절차의 내용은 분쟁에 따라 다를 수 있으나 가장 일반적인 내용은 다음과 같다. 당사국은 사전결정이 필요한 사안이 있을 경우 가능한 조기에 제기해야 하며 늦어도 각자의 1차 서면입장서 제출전까지는 요청해야 한다.[55)] 제소국이 사전결정을 요청한 경우 피소국은 자신의 1차 서면입장서에서 이에 대한 의견(주로 반박)을 제시하고 피소국이 사전결정을 요청한 경우에는 제소국은 1차 구두진술회의전에 패널이 정한 시점까지 별도의 답변서를 제출하면 된다.[56)] 3자 참여국에게도 당사국의 사전결정 요청에 대해 입장을 제시할 기회를 주는 것이 일반적이며,[57)] 사전결정 요청에 대한 심리는 대부분 서면을 통해 검토되나

51) 제5장 5항, '전문가 협의 및 의견 반영' 참조.
52) *Supra* note 1, p. 155 참조.
53) 우리나라가 *Korea-Pneumatic Valves(Japan)* 분쟁에서 이러한 취지로 사전결정을 요구해서 인정받은 사례를 앞의 1. 다항 '패널 임무와 관련한 법적 쟁점'에서 논의한 바 있다.
54) *Supra* note 1, p. 155-156 참조.
55) *Id.* p. 158, Footnote 25 각각 참조. 상소심에서의 선결요청은 상소기구 작업절차에 규정되어 있지 않으므로 각 상소심별로 정해지는데, 선결요청은 가급적 일찍 제출하고 늦어도 상소심 구두진술회의 전까지는 제출토록 하는 것이 일반적이다.
56) *Id.* p. 158, Footnote 24 참조.

별도의 회의를 개최해서 심리하는 경우도 드물게 있다.[58]

다. 패널절차 진행(본안 심리)

패널일정이 진행되는 순서는 대체로 다음과 같다. 제소국의 1차 서면입장서 → 피소국의 1차 서면입장서 → 1차 구두진술회의 → 1차 질의답변서 제출 → 2차 서면입장서 제출(제소, 피제소국 동시) → 2차 구두진술회의 → 2차 질의답변서 제출 → 잠정보고서 당사국 전달 → 최종보고서 당사국 전달 → 최종보고서 회원국 회람(공개 발표).

첫 번째 오는 순서는 제소국의 1차 서면입장서이다. 제소국 입장에서는 가장 중요한 문서라고 볼 수 있다. 분쟁에서 피소국의 조치가 가진 문제점을 지적하고, 이 문제점이 어떻게 WTO 협정에 위반되는지를 입증하는 문서이기 때문이다. 여기서 피소국의 위반이 명백해지면 이후 절차를 주도할 수 있는 반면 제소국의 주장이 불확실하고 근거가 약하다고 판단되면 피소국의 반박에 비중이 실리게 된다.

이런 점을 고려해서 제소국은 분쟁이슈를 제기함에 있어 선택과 집중을 하기도 한다. 즉, 패널설치요청서상에 피소국이 협정을 위반하고 있다고 주장한 사안 중에서 일부는 제외하고 위반이 중대한 사안 위주로 1차 서면입장서를 제출하는 것이다. 예를 들어 패널설치요청서에서는 피소국이 7개의 규정을 위반하고 있다고 주장한 후, 실제 1차 서면입장서에서는 3-4개의 사안에 대해서만 구체적으로 위반을 주장하고 나머지에 대해서는 주장을 포기하는 것이다. 이 경우 패널은 제소국이 1차 서면입장서에서 주장한 사안만 판단하고 다른 사안들은 심리에서 제외한다.

피소국 입장에서도 제소국의 1차 서면입장서는 중요하다. 그동안 제소국이 자국의 협정위반을 제기해 왔지만 실제로 증거에 기초해서 구체적인 주장과 논거를 제시한 것은 처음이기 때문이다. 제소국이 어느 정도의 준비를 했는지도 여기서 드러난다. 피소국은 제소국의 1차 서면입장서가 강력하면 이를 반박할 증거와 논리를 찾기 위해 더 노력해야 하고 타협의 여지도 보아야 한다. 반대로 증거가 약하고 주장이 빈약하다고 판단되면 자국이 분쟁을 주도해 나갈 수 있을 것이란 판단이 설 것이다.

---

57) *Id.* p. 159, Footnote 28: WTO 출범 초기에는 3자 참여국에게는 당사국의 선결요청에 대해 의견을 제시할 기회가 주어지지 않기도 했다.
58) *Id.* p. 159, Footnote 27: 사전결정을 위해 회의가 소집된 사례로 Appellate Body Reports, *Brazil-Aircraft*, paras. 103-125; *Canada-Aircraft*, paras. 125-147 각각 참조.

이런 의문이 들 수 있다. 제소국이 처음에는 중요한 증거와 논리를 아껴서 상대를 방심시켰다가 패널일정 막판에 강력한 증거를 제시해서 피소국을 당황케 하고 분쟁을 승소하는 전략을 사용할 수는 없을까? 대답은 그럴 여지도 일부 있으나 절차상의 제약이 있고 위험이 커서 잘 사용하지 않는다.

먼저, 제소국이 새로운 증거를 제시할 수 있는 시한이 있다. 1차 구두진술회의 이후에는 새로운 증거를 제시할 수 없다. DSU에 명시적인 규정은 없으나, 패널이 각 분쟁별로 정하는 작업절차에서 새로운 증거자료는 늦어도 1차 구두진술회의까지는 제출되어야 한다고 규정하는 것이 일반적이다. 다만, 상대 당사국의 주장에 대한 반박 목적이거나 상대 당사국의 질문이나 의견에 대한 답변 목적으로 제시하는 것은 그 이후에도 가능하다.[59]

아울러, 이러한 접근은 실질적인 위험도 있다. 판정을 하는 패널과 사무국은 제소국의 1차 서면입장서와 1차 구두진술회의에서의 주장과 증거자료에 집중한다. 이 내용을 보고 분쟁을 인식하는 틀이 형성되는 경우가 많다. 그런데, 이 단계에서 증거자료를 일부러 아끼면서 유효한 근거를 제시하지 못할 경우 패널과 사무국에게 주장이 약하고 근거가 부족하다는 인상을 주어서 이후에 절차에서 아무리 노력해도 만회하지 못할 가능성이 있다. 또한, 제소국이 자국이 옳다는 것을 성실히 입증해 가지 않고, 전략적인 행동을 하는 것으로 비추어질 경우, 패널에게 안 좋은 인상을 주어 오히려 불리해질 수 있다.

다음으로, 피소국이 제출하는 1차 서면입장서(반박서)도 분쟁과정에서 가장 중요한 문서 중의 하나이다. 제소국의 1차 서면입장에 대한 첫 번째 반박 기회이며 패널 및 사무국에서 제소국의 1차 서면입장서로 인해 가지게 될 제소국 위주의 인식을 조기에 해소할 필요가 있기 때문이다. 패널에서도 피소국의 1차 서면입장서(반박서)가 제출된 후에 양자의 서면입장서를 종합적으로 보면서 본격적으로 검토를 개시할 것이라는 점은 쉽게 예상할 수 있다. 3자 참여국의 서면입장서는 피소국 서면입장서 제출후 1주일 내에 제출된다.

이어지는 절차는 1차 구두진술회의이다.[60] 분쟁의 모든 당사자가 만나서 상호작

---

59) *Supra* note 1, p. 96 참조.
60) 구두진술회의의 상세사항은 후술하는 '깊이 보기: 구두진술회의 진행 과정' 참조.

용을 하는 첫 번째 자리이므로 매우 중요하다. 구두진술회의 진행은 제소국과 피소국이 차례로 모두 발언문을 발표한 다음에 서로에게 질의 또는 의견을 제시할 수 있는 기회를 주고 나서 패널의장 및 위원들이 질의하는 순서로 진행된다. 이 자리에서 패널이 질의하는 내용을 보면 패널이 무엇에 중점을 두어 검토하고 판단하려 하는지를 가늠할 수 있다.

패널위원 입장에서는 당사국과의 회의를 통해 분쟁사안에 대한 자신들의 인식의 빈 곳을 채워가는 기회가 된다. 그동안 서면입장서를 통해 양국의 입장을 읽기는 했으나, 서면입장서는 당사국 모두 자기들에게 유리한 얘기만 하므로 패널로서는 늘 인식에 그림자가 있기 마련이다. 따라서, 구두진술회의 자리에서 당사국이 말하고 싶지 않았던 부분, 소위 약점에 대해서도 질의하고 확인하면서 분쟁사안에 대해 종합적으로 파악하게 된다.

또한, 3인의 패널위원이 처음으로 얼굴을 맞대고 모여서 소통할 수 있는 기회도 제공한다. 그 전에도 전화나 이메일을 통해 의사소통은 해 왔겠지만 며칠 동안 서로 집중적으로 의견을 교환하며 분쟁사안을 심리하는 자리는 의미가 다를 것이다. 각 분쟁별로 다르겠지만 1차 구두진술회의가 끝난후 패널과 사무국 담당자들이 모여서 패널의 판정방향에 대해서도 본격적으로 논의를 시작하는 경우가 많다고 알려져 있다.

한편, 분쟁당사국 입장에서 유의해야 할 부분도 있다. 구두진술회의에서 패널의 질의가 상대국에게만 집중적으로 향하고 자국에게는 불리한 질의가 제기되지 않을 경우, 분쟁이 자국에 유리하게 진행되고 있다고 생각하기 쉽다. 그러나 실제는 그렇지 않은 경우가 많다. 즉, 패널은 지는 쪽의 입장을 공격하기 보다는 이기는 쪽의 의견을 보다 명확히 확인하기 위해 집중적으로 질의하는 경향이 있을 수 있으며, 분쟁에서 한쪽에 치우치지 않는다는 인상을 주기 위해서도 이기는 쪽의 입장에 대해 오히려 더 공격적으로 질의할 수 있기 때문이다. 따라서, 구두진술회의에서 패널의 판정방향을 가늠하기 위해서는 패널의 태도가 아니라 핵심사안에 대해 어떤 인식을 갖고 있고 어떤 방향에서 확인코자 하는지를 냉철하게 분석하는 것이 중요하다.

깊이 보기 구두진술회의 진행 과정[61]

당사국은 구두진술회의 하루 전 오후 5:30까지 패널에게 대표단 명단을 통보해야 한다. 3자 참여국도 대표단 명단을 통보해야 하는데 3자 참여국은 일반적으로 둘째 날에 참석하므로 회의 첫째날 오후 5:30까지 통보하면 된다. 이때 사본이 상대 당사국에게도 전달되며, 대표단 명단중에 부적합한 인사가 있을 경우에는 이의를 제기하는 경우도 있다.

패널회의의 자리 배치는 대부분 ㄷ자 모양으로 해서 중앙에는 패널위원과 사무국이 자리하고 양쪽 날개에 당사국이 자리하는 것이 일반적이다. 패널의장은 회의를 시작하면서 개최의 목적과 진행방법에 대해 간략히 언급한 후 제소국과 피소국 순으로 모두 발언을 요청한다. 당사국이 모두 발언을 할 때는 미리 준비한 서면에 기초해서 하며, 이 서면은 발언 전에 패널과 다른 회의 참석자에게도 전달한다. 다만, 실제 발언시 이 서면에 묶일 필요는 없으며 즉석에서 일부 바꾸어도 된다. 그래서, 서면의 오른쪽 상단에 "Check Against Delivery"라고 표기하며 발언 시 변경한 사항을 반영해서 최종적으로 발언한 내용을 회의 당일 오후 5:30까지 서면으로 패널과 당사국에게 전달해야 한다. 일반적으로 첫 번째로 발언을 할 경우에는 바꿀 사항이 거의 없으나, 두 번째로 발언할 때는 다른 당사국이 먼저 발언한 내용을 반영해서 발언을 조정하는 경우가 있다. 특히, 상대국 조치에 대해 이전의 이해에 근거해서 서면 발언을 준비했는데 상대측의 모두 발언으로 이에 대한 의문이 해소되거나 상대가 다른 방향으로 주장이나 변명을 할 경우에는 이에 맞추어 발언을 조정할 필요가 있다.

양 당사국의 모두 발언이 끝나면 패널은 당사국이 서로에게 질의를 하거나 상대국 발언에 대해 의견을 제시할 수 있는 기회를 준다. 이때 질의나 의견제시는 상호 공방의 성격이 아니라 패널을 통하는 방식으로 한다. 이렇게 제시된 질의나 의견에 대한 답변을 들은 후에는 구두진술회의의 가장 중요한 부분이라고 할 수 있는 패널이 직접 양 당사국에게 질의하고 답변을 듣는 순서이다. 패널이 양측의 서면입장서에서 불명확했던 부분과 양측 입장이 대립되는 부분 위주로 질의를 하는 경우가 많다. 마치고 나면 패널은 제소국과 피소국 순으로 마무리 발언을 할 기회를 준다. 대부분 간략하게라도 발언을 하나, 불필요하다고 생각하면 발언을 하지 않는 경우도 있으며 문제되지 않는다.

둘째 날은 오전에 당사국과 3자 참여국이 모두 참석하는 회의를 한다. 패널은 먼저 3자 참여국이 알파벳 순으로 모두 발언을 하도록 하는데, 발언을 하는 절차는 당사국의 경우와 같으며 3자 참여국은 대부분 자국이 관심을 가진 일부 사안에 대해서만 입장을 표명하고 발언시간도 짧게 한다. 3자 참여국들이 발언을 모두 마치면 당사국들이 질의할 수 있는 기회를 가진다. 이 경우에도 직접적인 공방이 아니라 패널을 통해 하는 방식을 취한다. 이후에 패널이 직접 3자 참여국에게 질의하고 답변을 듣는 시간을 가진 후 3자 참여 회의를 마무리한다. 3자 참여회의는 대부분 오전에 마치는데, 오후에 당사국 회의를 다시 속개하기도 하고 그대로 전체 구두진술회의를 종료하기도 한다. 첫째 날 회의 결과에 따라 좌우되며 당사국의 의견을 들어 패널이 탄력적으로 결정한다.

(2차 구두진술회의) 1차 회의시와 거의 유사하나 3가지가 다르다. 먼저, 당사국이 발언을 하는 순서가 제소국, 피소국 순에서 피소국, 제소국 순으로 바뀐다. 1차 회의에서 제소국이 먼저 발언하였으므로 2차 회의에서는 피소국에게 발언을 선도할 수 있는 기회를 주는 것이다. 다만, 피소국이 원하지 않을 경우에는 1차 회의와 동일하게 제소국, 피소국 순으로 진행된다. 둘째는 3자 참여 세션이 없다. 셋째는 전문가의 과학적 조언이 필요한 분쟁의 경우 전문가 회의를 2차 구두진술회의와 같은 주 혹은 그 전주에 2차 회의에 앞서 개최하는 것이 일반적이다. 2차 구두진술회의는 패널과 당사국이 구두로 협의하는 마지막 기회이므로 전문가회의의 결과를 반영해서 종합적으로 논의하는 것이 필요하다는 점에서 이렇게 준비하는 관행이 형성된 것으로 보인다.

다음 절차는 패널 및 당사국의 서면 질의, 응답 절차이다. 구두진술회의와 마찬가지로 패널이 분쟁사안에 대해 명확치 않은 부분을 밝혀가는 과정이며 구두진술회의에서 구두로 논의된 사항을 서면으로 공식화하는 목적도 있다. 구두진술회의후 일주일 이내에 패널은 당사국에게 질의서를 송부하는데 회의에서 구두로 질의한 사항도 포함하는 경우가 많다. 당사국들도 서로에게 서면으로 질의할 수 있다.

패널의 질의서는 당사국에게 매우 중요하다. 패널의 관심사항과 패널판정을 위해 채우고자 하는 부분이 드러나기 때문이다. 더구나, 이 질의서는 패널위원과 사무국 담당자간에 패널판정 방향에 대한 1차적인 논의를 한 결과를 반영하고 있을 가능성이 크다. 따라서, 분쟁당사국은 패널의 질의서에서 질문의 의도를 최대한 분석한 후, 답변하는 것이 필요하다. 패널이 혹시라도 자국의 주장이나 사실을 잘못 인지하고

---

61) *Supra* note 1, Annex III. A: Sample of Panel Working Procedures 13-19항, p. 252-255: 이곳에서 서술된 절차 규정에 입각해서 설명했다.

있어서 자국에게 불리하게 작용할 것으로 예상될 경우에는 반드시 집중적인 해명을 통해 패널의 인식을 바꾸어 놓는 것이 필수적이다.

2차 서면입장서는 당사국이 1차 구두진술회의까지의 논의 결과에 기초하여 다시금 종합적인 논리를 세워서 자국의 입장을 개진하는 기회이다. 이 시점에서는 새로운 사항을 제시하기보다는 패널이 중점을 두는 것으로 나타난 사항과 상대의 약점이 될 수 있는 부분을 강조하는 것이 더 중요할 것이다.

이어지는 2차 구두진술회의는 패널과 상호작용하며 자국의 입장을 주도적으로 진술할 수 있는 사실상 마지막 기회이다. 2차 구두진술회의 이후에도 서면 질의응답 절차가 있기는 하지만 이는 피동적으로 질의한 범위 내에서만 답변하는 것으로 자국 주도적으로 입장을 제시하기에는 한계가 있다. 또한, 패널 일정의 후반부로 갈수록 당사국들은 초조해져서 자국의 입장을 강조하는 데 중점을 두는 경향이 있으나, 이 시점에서 더 중요한 것은 잘 듣는 것이다. 상대의 논리와 증거를 냉철하게 분석해서 반박하고 무력화시키는 게 중요하다. 분쟁에 따라서는 막판에 주장한 논리가 결과를 좌우하는 경우도 상당히 있다.

아울러 패널이 어떤 방향으로 판정의 기초와 논거를 축적해 가고 있는지를 잘 관찰해야 한다. 만약 자국에 유리한 방향으로 판정을 할 것으로 예상되며 이를 보강하기 위해 정보를 축적해 가고 있다면, 패널이 원하는 정보와 논리를 제공해 주기 위해 최선을 다하는 것이 중요하다. 그러나 패널이 자국에 불리한 방향으로 논리와 자료를 축적해 가고 있다면, 패널이 원하는 방향으로 답을 주기보다는 판정의 기초나 근거가 잘못되었음을 잘 제시해야 한다. 이미 막판에 들어서고 있는 시점이므로 판정의 모든 분야에 대해 문제삼기보다는, 패널이 판정을 만들어가는 연결고리 중 일부를 중점적으로 공격해서 이 패널판정 방향에 문제가 있음을 부각시키는 것이 더 효과적일 수 있다.

2차 구두진술회의가 종료되면 후속으로 패널의 2차 서면질의 및 응답절차가 이어지면서 당사국이 패널심리 단계에서 할 수 있는 대응은 마무리된다. 반면, 패널위원은 2차 구두진술회의가 종료되면 합의 절차에 들어가고 정해진 방식은 없으나 대개는 WTO 회의실에서 사무국 직원의 배석하에 구두 토론을 한 후 그 결과를 사무국 변호사(legal officer)가 서면으로 정리하고, 패널위원이 이를 기초로 지속적인 토론을

거쳐 패널보고서를 완성해 가는 것으로 알려진다.[62]

라. 패널 정지 요청

패널절차가 진행되는 과정에서 제소국이 요청하는 경우, 패널은 언제라도 12개월을 초과하지 아니하는 기간동안 작업을 정지할 수 있다.[63] 실제 사례가 종종 있으며 캐나다가 우리나라의 쇠고기 검역제도를 제소한 *Korea-Bovines Meat*(*Canada*) 분쟁이 전형적인 사례이다.[64] 2011.6.28. 제소국인 캐나다는 패널이 심리절차를 마치고 잠정검토 단계를 진행하는 중에 당사국간 협의상황을 고려해서 패널절차 중지를 요청했고 패널은 7.4자로 이를 허용했다(예시문 7-1). 이렇게 정지요청에 따라 패널작업이 중지된 경우 12개월이 경과하면 패널절차가 아예 종료되며 12개월 경과 전에 패널절차 재개를 요청하면 정지된 절차가 재개된다.[65] 위의 분쟁에서는 패널중지 후 거의 1년이 지난 2012.6.19.자로 우리나라와 캐나다 간의 합의가 공식적으로 분쟁해결기구(DSB)에 통보되어 패널절차가 종료되었고(예시문 7-2), 패널은 DSU 제12.7조에 따라 그동안 심리해 온 모든 내용은 불문에 부친 상태에서 해당 분쟁에 대한 간략한 서술 및 양측이 해결책에 합의하였다는 내용을 담은 패널보고서를 회람하고 임무를 종결했다.[66] 우리나라가 일본의 김 쿼터제도를 제소한 분쟁(*Japan-Quotas on Laver*)도 유사하게 패널과정에서 양국 간 합의로 분쟁이 종료되었는데 다만, 이 분쟁에서는 제소국의 요청으로 패널이 정지되는 과정 없이 양국이 합의된 내용을 DSB에 통보함으로써 결론에 이른 사례이다(예시문 7-3).[67]

---

62) 한국국제경제법학회, 「新국제경제법」 제4판, (박영사, 2022), p. 61 참조.
63) DSU 제12.12조.
64) DSU 제12.7조에 따라 패널 과정에서 당사국 간에 합의가 이루어져 간략한 패널보고서만 발표하고 마무리된 분쟁은 12건의 사례가 있다(2022.8. 기준); WTO, *Analytical Index*, DSU Information Tables, p. 55:
   https://www.wto.org/english/res_e/publications_e/ai17_e/ds_information_tables.pdf
   2022.9.8. 최종접속.
65) DSU 제12.12조.
66) 패널보고서(합의에 따른 간략보고서), *Korea-Bovine Meat(Canada)*, WT/DS391/R(3 July 2012) 참조.
67) 패널보고서(합의에 따른 간략보고서), *Japan-Quotas on Laver*, WT/DS323/R(1 February 2006) 참조.

4. 잠정보고서 및 최종보고서 단계

> ## DSU 주요 규정(제15조)
>
> 패널은 반박 서면입장 및 구두주장을 심리한 후 자신의 보고서 초안 중 서술적인 부분
> (사실 및 주장)을 분쟁당사자에게 제시한다. 패널이 설정한 기간 내에 분쟁당사자는
> 서면으로 의견을 제출한다.
>
> 분쟁당사자로부터 의견을 접수하기 위하여 정해진 기간이 경과한 후 패널은 서술부분
> 과 패널의 조사결과 및 결론을 모두 포함하는 잠정보고서를 분쟁당사자에게 제시한다.
> 분쟁당사자는 패널이 정한 기간 내에 잠정보고서의 특정 부분을 최종보고서가 회원국
> 에게 배포되기 전에 잠정 검토하여 줄 것을 서면으로 요청할 수 있다. 일방 분쟁당사
> 자가 요청하는 경우, 패널은 분쟁당사자와 서면 의견에 명시된 문제에 관하여 추가적
> 인 회의를 개최한다.
>
> 의견제출기간 내에 어떤 분쟁당사자도 의견을 제출하지 아니하는 경우 잠정보고서는
> 최종 패널보고서로 간주되며 신속히 회원국에게 배포된다.
>
> 최종 패널보고서에는 잠정보고서 단계에서 이루어진 당사국의 의견에 대한 토의를 포
> 함한다.

WTO 분쟁에서 패널이 분쟁내용에 대해 판정을 하고 이를 공식적으로 발표하기 위해 거치는 과정은 국내재판에 비해 복잡하다. 이유는 WTO 분쟁 결과는 국가에 미치는 영향이 크고 분쟁의 사실관계에 대해 오해한 부분이 있을 수 있으므로 돌다리도 두들겨 보고 건너듯이 최종적인 검증의 과정을 거친다고 볼 수 있다. 또한, 최종보고서를 발표하기 이전에 당사국간에 합의를 통해 분쟁을 해결할 여지를 주기 위한 목적도 있을 것이다.[68]

패널의 심리가 종료되면 패널은 패널보고서의 앞에 위치하게 되는 서술 부분

---

68) 앞서 언급한 *Korea-Bovine Meat(Canada)* 및 *Japan-Quotas on Laver* 분쟁도 잠정검토 단계에서 양국이 합의에 이른 사례이다. 당시, 잠정보고서의 서술부분(사실과 당사국 주장 등)에 대한 검토를 완료한 후 전체 잠정보고서가 당사국에 전달되기 전에 합의로 분쟁이 종료되었다. 참고로 이 분쟁들은 패널 절차가 중간에 종료된 분쟁으로 인용분쟁목록에 포함되지 않았다.

(descriptive part)인 서론, 분쟁의 기초 사실, 당사국이 판정을 요청한 사항, 당사국의 사실 및 법적 주장 부분을 정리해서 당사국에게 전달하고 의견을 받는다.[69]

패널이 이해한 사실과 각 당사국이 주장한 사항을 전체적으로 검증하는 절차이므로, 당사국은 자국의 이해(understanding)와 다른 사항이 있을 경우에는 의견을 제시할 수 있다. 다만, 이 단계는 기존에 제시된 사실과 당사국의 입장에 대해 패널이 이해한 것이 맞는지 점검하는 단계이므로 새로운 내용을 제시할 수는 없다.

한편, 근래에는 당사국의 주장 부분에 대해서는 패널이 별도로 작성하기보다는 당사국이 제출한 서면입장서 요약본이나 구두진술서 요약본으로 대체하고 있는데, 이 요약본들은 당사국이 직접 작성한 것이므로 확인을 거칠 필요가 없게 되었다.

(잠정보고서) 다음 단계로 패널은 잠정보고서를 당사국에게 전달한다. 잠정보고서에는 앞서 검증한 기초 사실, 당사국 주장뿐 아니라 패널의 분석과 판정을 포함하므로 당사국 입장에서는 가장 긴장되고 짜릿한 순간이다.[70] 잠정보고서 판정중 일부가 최종보고서에서 바뀌는 일도 있으나, 극히 드문 일이며 잠정보고서 판정은 사실상의 최종 판정으로 보아도 무방하다.

당사국은 이 잠정보고서 내용에 대해 의견을 제시할 수 있으며, 필요한 경우 추가적인 회의를 요청할 수도 있다. 당사국들은 대부분 서면으로 의견을 제출하며 별도의 회의 요청은 드물다.[71]

서면 의견을 제출할 때, 잠정보고서의 판정에 대해 불만이 있더라도 새로운 법적 사안이나 증거를 제기할 수는 없다. *EC-Sardines* 분쟁 상소기구는 잠정보고서 검토 시점에는 패널 절차는 모두 완결된 상태이며, 이는 패널보고서의 정확성을 검증하기 위한 절차이므로 새로운 사항이나 새로운 증거를 포함하는 것은 부적절하다고 판시했다.[72]

한편, 잠정보고서에 대한 의견을 내는 과정에서 특히, 패소국은 전략적인 선택을 해야 한다. 즉, 패널 판정 중 사실이나 분석에 지적할 만한 부분이 있는 경우 현 단

---

69) DSU 제15.1조.
70) DSU 제15.2조.
71) *Supra* note 7, p. 58 참조.
72) Appellate Body Report, *EC-Sardines*, para. 301.

계에서 의견을 제시할지, 상소심에서 제시하기 위해 아껴둘지를 결정해야 한다. 현 단계에서 문제를 제기했을 경우 이를 기초로 판정이 바뀐다면 가장 좋기는 하나, 패널은 자기일관성 차원에서도 판정을 바꾸려 하기보다는 제시된 의견을 반영해서 판정의 논리와 근거를 강화하려고 할 것이다. 이렇게 되면 상소에서 패소국이 다투어 볼 수 있는 부분이 사전에 보완되어 역효과를 초래할 수 있다.

패널이 당사국 의견으로 인해 잠정보고서의 주요 판정내용을 변경하는 일은 거의 없으나, 불가능하지는 않다. 우리나라가 당사국이었던 인도네시아 종이 반덤핑(*Korea-Certain Paper*) 분쟁이 잠정보고서 검토 단계에서 판정이 변경된 드문 사례였다. 당초에는 피소국인 우리나라의 거의 완벽한 승소였으나, 패널이 잠정보고서에 대한 인도네시아 측 의견을 일부 받아들임에 따라 우리 측의 부분 승소가 되고 실질적인 이행의무가 발생한 전례가 있다.[73]

한편, 잠정보고서상의 판정 내용이 언론에 보도되는 경우가 종종 발생한다. DSU 규정상 잠정보고서는 비밀로 처리되어야 하므로 판정 내용을 언론에 유출하는 것은 규정 위반이다. 그러나 이런 일들이 생기는 이유는 당사국 입장에서는 자국이 승소한 경우 이를 하루라도 빨리 국민들에게 알리고 싶고, 언론도 중요한 분쟁의 결과를 신속히 보도하고자 하는 동기가 커서 유출을 효과적으로 방지하기가 쉽지 않기 때문이다.

US-Steel Safeguards 분쟁 패널은 이런 누출상황에 대해 강한 유감을 표명한 바 있다.

"우리는 잠정보고서의 비밀성에 대해 언급하고자 한다. 우리는 당사국에게 잠정보

---

73) Panel Report, *Korea-Certain Paper*, paras. 6.5 and 7.106-7.112: 우리나라 무역위원회가 인도네시아 종이회사의 국내가격을 산정하면서 CMI라는 회사의 금융비용에 대한 신뢰할 만한 자료가 없음에 따라 다른 회사의 비용을 대신 사용하였는데, 패널이 전달한 잠정보고서에서는 이 점이 문제가 되지 않았다. 그러나 인도네시아는 잠정보고서에 대해 의견을 제시하는 과정에서 무역위원회가 CMI의 금융비용으로 대신 적용한 자료가 잘못 선택되었다는 주장을 재차 제기하였다. 즉, CMI는 판매회사이므로 이 회사와 영업형태가 유사한 다른 판매회사의 금융비용 정보를 이용할 수 있었으나, CMI와 영업형태가 다른 제조회사의 금융비용을 사용한 것은 이용 가능한 자료를 사용할지라도 실제에 가까운 자료를 사용하기 위해 '특별한 주의'를 해야 할 의무(반덤핑 협정 제6.8조 및 부속서 II.7)에 위반된다는 주장이다. 패널은 이를 인정하고 잠정보고서상의 해당 판정을 변경하였다.

고서를 전달(2002.3.26.)하면서 분명히 이 보고서는 비밀이라고 강조했다. 아울러, DSU에 의거 (잠정보고서를 포함한) 모든 패널 절차는 회원국에게 패널보고서를 회람할 때까지 비밀로 유지되어야 한다. 당사국과의 모든 회의에서 이를 분명히 했으며 당사국들도 이를 받아들였고 패널 작업절차에도 반영되었다. 그러므로 당사국이 비밀 유지의무를 존중하지 않고 패널 잠정보고서의 일부분을 공개한 것에 대해 우려를 표명하지 않을 수 없다. 이렇게 DSU와 작업절차에 의해 부과되는 요건을 존중하지 않는 것은 유감스러우며 침묵할 사안이 아니라고 생각한다."[74]

그러나 패널이 이렇게 유감을 표명하고 당사국이 자제토록 호소할 수는 있으나 근본적으로 방지할 만한 대안은 없는 것이 현실이다.

(최종보고서) 다음 단계는 잠정보고서에서 당사국의 의견을 반영하여 조정한 최종보고서를 확정하고 당사국에게만 전달한다. 이 시기까지도 최종보고서 내용은 비밀이며, 대외 공개는 규정에 위반된다.

최종단계는 최종보고서의 회원국 회람 및 공개이다. WTO 사무국은 최종보고서의 번역[75]을 거쳐서 영어, 불어, 스페인어 3개 언어[76]로 WTO 홈페이지를 통해 공개한다.

한편, 대중에게 공개되는 WTO 패널보고서에는 관행적으로 당사국의 서면입장서 및 구두진술서에 담긴 상세한 주장과 증거가 포함되게 된다. 따라서, 당사국은 패널보고서에 포함하는 것이 부적절한 민감 정보가 있을 경우에는 영업비밀(BCI: Business Confidential Information)으로 지정해서 이 부분을 제외하도록 요청할 수 있다.[77]

---

74) Panel Report, *US-Steel Safeguards*, para. 9.41.
75) *Supra* note 1, p. 103 참조: 일반적으로 잠정보고서 및 최종보고서 단계까지는 패널의 작업언어인 영어로만 작성된다. 다만, 스페인어 사용 당사국들이 요청해서 예외적으로 영어와 스페인어로 제공한 전례는 있다.
76) WTO의 공식언어는 영어, 불어, 스페인어이다. 그래서, 패널보고서를 포함한 모든 공식문서는 3개 언어로 번역되어 발표되어야 한다. 다만, 패널보고서는 분량이 방대하고 실제로 대부분 영어본이 사용되므로 불어와 스페인어로도 번역하는 것을 생략하자는 논의가 제기되기도 한다. 그러나 불어 및 스페인어 사용국가에서 반대함에 따라 여전히 번역이 유지되고 있다.
77) Panel Report, *Russia-Railway Equipment*, paras. 7.218-7.224: 동 패널보고서에서는 영업비밀정보(BCI)의 기준으로 비(非)공개된 정보 및 공개시 당사국이나 정보제공자의 필수적 이익을 해칠 위험성을 적시한다.

패널은 대부분 당사국의 이러한 요청을 받아들이는 편이지만 이렇게 영업비밀 정보가 제외됨으로 인해 패널보고서를 전체적으로 이해하는 데 문제가 생긴다면 추가적인 고려를 하게 된다. *Japan-DRAMs(Korea)* 분쟁 상소기구는 패널이 당사국의 요청에 의해 일부 정보(Business Confidential Information)를 패널보고서에서 제외할 때는, 비밀정보의 보호뿐 아니라 패널보고서가 당사국과 다른 회원국에게 이해가능하도록 하기 위한 노력도 같이 기울여야 한다고 강조했다.[78]

5. 패널보고서 채택

DSU 주요 규정(제16조)

회원국에게 패널보고서를 검토할 충분한 시간을 부여하기 위하여 동 보고서는 회원국에게 배포된 날로부터 20일 이내에는 분쟁해결기구에서 채택을 위한 심의의 대상이 되지 아니한다.

패널보고서에 이의가 있는 회원국은 분쟁해결기구 회의가 개최되기 10일 이전에 자신의 이의를 설명하는 이유를 서면으로 제출한다.

분쟁당사자는 분쟁해결기구의 패널보고서에 대한 심의과정에 충분히 참여할 권리를 가지며 그들의 견해는 충실히 기록된다.

분쟁당사자가 정식으로 분쟁해결기구에 상소하지 아니하거나, 분쟁해결기구가 컨센서스로 패널보고서를 채택하지 아니하기로 결정하지 아니하는 한, 패널보고서는 회원국에게 배포된 날로부터 60일 이내에 분쟁해결기구 회의에서 채택된다. 상소 시에는, 상소절차 종료 후까지 유보된다.

패널보고서가 발표된 이후에 당사국 중 하나라도 상소하게 되면 상소심으로 회부된다. 국내법원에서 원고 또는 피고가 원할 경우 상급법원의 재심을 받을 권리가 있는 것과 동일하다. 당사국 모두가 상소의사가 없을 경우, 패널보고서는 WTO 분쟁해결기구 회의에서 채택되고, 판정은 확정된다. 패소국은 협정위반으로 판정된 사항에 대해서는 이행할 의무가 발생한다.

---

78) Appellate Body Report, *Japan-DRAMs(Korea)*, para. 279.

패널보고서 채택은 WTO 분쟁에 독특하게 있는 절차이다. 국내재판에서는 판사가 판결을 내리면 그것으로 끝인데, 왜 WTO 분쟁에서는 보고서 채택이라는 절차가 있는 것일까? WTO 협정에서 패널에게 부여한 권한이 국내법원과 다르기 때문이다.

DSU에 따르면, 패널이 당사국이 제소한 사항에 대해 협정 위반 여부에 대한 결론을 제시하고 이에 따른 권고를 하나,[79] 최종적인 것은 아니며 공식적인 효력도 없다. 최종적인 결정은 회원국들의 집합체인 WTO 분쟁해결기구(DSB) 회의에서 한다. 그렇다면, WTO DSB 회의에서 보고서 채택 여부에 대해 실질적으로 피좀의 결정이 내려지고 있는가? 그렇지는 않다. DSU 규정에 따라 패널보고서는 사실상 자동적으로 채택되며 시간만 더 소요될 뿐 국내법원과 다를 바 없다. 그렇다면 WTO는 왜 이렇게 무의미하고 형식적으로 보이는 절차를 계속하고 있는 것일까?

먼저, WTO 분쟁해결절차는 GATT 시절의 분쟁해결제도를 이어받았다는 점을 이해할 필요가 있다. GATT 시기에는 회원국간에 분쟁이 있을 경우 전체 회원국의 컨센서스를 통해 전문가로 구성된 패널을 설치하고 이들이 분쟁사안에 대해 검토하고 결론을 담은 보고서를 제출하도록 한 뒤, 이 보고서의 채택 여부도 전체 회원국의 컨센서스로 결정했다. 따라서, GATT 시절에는 전체회원국 회의가 보고서 채택 여부에 대해 실질적으로 가부의 결정을 하는 자리였다.

그러나 여기에는 치명적인 약점이 있었다. 분쟁해결절차의 목적은 분쟁을 해결하는 것인데 여기에 문제가 생기는 것이다. 트루먼 대통령이 책상위에 "The Buck Stops Here(모든 책임은 내가 지고 결정한다)"라고 쓴 패를 올려놓고 자신의 책임을 상기했다고 하듯이 분쟁해결절차는 문제가 된 사안을 최종적으로 해결할 수 있어야 한다. 그렇지 못하면 가장 중요한 것을 놓치는 것이다. 예를 들어, 국내 민사재판에서 판사가 판결을 했는데, 패소한 측에서 이 판결을 거부할 수 있다면, 재판제도가 제대로 기능할 수 있을까? 당연히 안 될 것이다. GATT 시절에 회원국간 분쟁에 대한 패널보고서가 패소한 국가에 의해 거부될 수 있었던 것은 한편으로는 민주적인 제도로 보이지만 분쟁해결절차로서는 중요한 흠결이 되었던 것이다.

이런 점을 고려해서, WTO에서는 역총의제로 바꾸었다. 즉, GATT에서는 모두가 동의해야 채택이 가능한 총의제이므로 패소한 국가에게 거부권이 있었으나, WTO에

---

79) DSU 제11조.

서는 모두가 반대해야만 거부가 가능하고, 한 국가라도 찬성하면 자동으로 채택되는 역총의제를 도입한 것이다. 승소한 국가 입장에서는 반대할 이유가 없으므로 실질적으로는 자동 채택과 다름이 없다. 그리고 흥미로운 점은 당사국이 모두 거부하더라도 다른 회원국 중 한 국가만 찬성해도 채택되게 된다. 아직까지 사례가 나온 적은 없지만, WTO가 역총의제를 통해 얼마나 강력하게 분쟁해결절차의 유효성을 확보하고자 했는지 나타난다.

그러면 이런 의문이 제기될 수 있다. 아예 채택절차를 없애고 국내재판처럼 패널보고서가 자동으로 효력을 가지도록 할 수는 없나? 이렇게 하면 시간도 절약되고 회원국들이 분쟁해결기구(DSB) 회의에서 별도로 논의할 필요도 없을 것이다. 그러나 이 사안은 실질보다는 원칙의 문제이다. WTO는 GATT 시절부터 회원국들이 주도하고 회원국들의 합의로 운영되는 기구라는 전통을 유지하고 있다. 실질적으로 이러한 전통이 WTO/GATT를 유지해 온 원동력이기도 했다. WTO와 같이 강제력이 없는 국제기구를 회원국들 합의에 기초해서 운영하지 않고 관료적으로 이끌어간다면 장기적으로는 회원국들을 이반시키며 무력화될 위험이 크기 때문이다. 따라서, 형식적일지라도 회원국들의 집합적 결정을 통해 패널보고서의 공식적 효력을 발생시키는 원칙을 고수하고 있는 것이다. 아울러, DSB 회의 시 패널보고서 채택과정에서 여타 회원국들이 보고서에 대해 의견을 표명하고 논의할 기회를 가진다는 점도 의미를 가진다.

이제 구체적으로 보고서가 채택되는 과정에 대해 얘기해 본다.

패널보고서 채택을 위해 먼저 WTO DSB 회의에 의제로 상정되어야 하는데, 의제 상정은 당사국 중 누가 해도 된다.[80] 제소한 국가가 상정하는 것이 일반적이나, 피소국이 전면적으로 승소한 경우에는 예외적으로 피소국이 의제 상정을 요청하기도 한다.[81]

---

80) 당사국 중 누구도 의제 상정을 요청하지 않는 경우에는 패널보고서 채택이 이루어지지 않는다. 당사국이 의제 상정요청을 하지 않는 경우 사무국이 대신할 수 없기 때문이다. 당사국중 누구도 의제상정 요청을 하지 않아서 패널보고서가 채택되지 않은 경우는 지금까지 1차례 발생했는데 결과적으로 양측이 합의를 통해 분쟁을 해결했다(*EC-Bananas III(Article 21.5-EC)*). 상기에 대해 *Supra* note 1, p. 127도 참조.
81) 의제상정을 위한 구체적인 방법은 패널설치요청서 의제 상정 시와 동일하다.

의제가 상정되면 WTO DSB 회의에서 논의가 진행된다. 먼저 의장이 해당 분쟁이 패널 설치 및 패널보고서 회람을 거쳐 패널보고서 채택을 위해 의제로 상정되었음을 언급하고 회원국에게 발언 기회를 준다. 대부분 제소국, 피소국, 제3자 참여국 등의 순서로 의견이 발표된다.[82] 의장은 회원국들의 의견을 잘 들었다고 하고(noted), 동 보고서가 채택되었음을 선언하는 것으로 마무리한다.

한편, DSU 규정에서는 회원국에게 패널보고서를 검토할 충분한 시간을 주기 위해 최종보고서 회람후 20일간은 채택을 위한 심의를 하지 않도록 하고 있다.[83] 당사국들은 이미 잠정보고서 단계에서부터 판정의 내용을 알고 있으므로 패널보고서 채택시 입장 표명을 위해 추가적인 시간이 필요하지 않은 반면, 여타 회원국들은 최종보고서 배포 시까지 판정내용을 알지 못하므로 발표후 이를 숙지하고 자국의 의견을 준비할 시간이 필요한 점이 인정된 것이다.

회원국은 별도로 패널보고서에 대해 서면으로 의견을 제시할 수도 있으나,[84] 실제로 사용되는 경우는 많지 않으며 필요도 거의 없다. 왜냐면 DSB 회의에서 모든 회원국에게 구두로 발언할 기회가 충분히 주어지며, 구두로 하기에 발언 내용이 길 경우에는 서면으로 제출하는 것도 가능하기 때문이다.

분쟁이 상소되지 않은 경우에는 패널보고서 배포후 60일 이내에 채택되어야 한다.[85] 다만, 근래에 복수의 분쟁에서 당사국들이 공동으로 60일 기한을 연장해 줄 것을 요청함에 따라 DSB에서 이 기한을 연장해 준 사례들이 있었다. 예를 들어, *EC-Fasteners(China)* 분쟁에서 패널보고서가 2010.12.3. 배포되었으므로 늦어도 2011년 2월 초까지는 상소 혹은 보고서 채택이 결정되어야 했다. 그러나 양 당사국의 요청으로 DSB에서 보고서 채택시한을 3.25.까지 연장하는 결정을 하였다. 이렇게 채택시한을 연장한 주된 목적은 당시 상소기구가 이미 심리하던 분쟁들이 다수 있어서 이 분쟁의 상소 시점을 늦추는 데 주된 목적이 있었다. 실제로 이 분쟁의 피소국이었던 EC는 연장된 시한인 3.25.자로 상소심을 요청하게 된다.

---

82) 피소국이 의제 상정을 요청한 경우에는 피소국, 제소국, 제3자 참여국 순으로 의견을 발표하기도 한다.
83) DSU 제16.1조.
84) DSU 제16.2조.
85) 금지보조금이나 조치가능보조금의 경우에는 보조금협정상의 특별규정(제4.8조, 제7.6조)에 의거해서 보고서 배포 후 30일 이내에 채택되어야 한다.

제5장

패널 절차에서
제기되는 주요 사안들

제5장

패널 절차에서 제기되는 주요 사안들

1. 패널의 검토 기준(Standard of review)

패널은 분쟁사안에 대해 어떤 기준으로 검토해야 할까? DSU에 명시된 바는 없으나,[1] 관행상 DSU 제11조의 '객관적 평가(objective assessment)의무가 검토 기준으로 간주되어 왔다.[2] 이 의무는 패널이 사실관계와 협정 규정을 검토할 때 불편부당하고 객관적인 평가를 해야 한다는 다소 원론적인 기준이며 실제 사례를 통해 구체화되었다.

먼저, 사실관계를 판단할 때의 객관적 평가 기준은 증거를 어떻게 다룰지가 핵심이 된다. 상소기구(*Brazil-Retreaded Tyres* 등)는 제출된 모든 증거를 누락하지 않고 검토해야 하며 이들의 신뢰성과 경중을 평가한 후 이에 근거해 판정을 해야 한다고 판시했다.[3] 아울러, 패널이 판단한 사항에 대해서는 일관된 논리에 기초한 합리적이고 충분한 설명을 제공해야 한다.[4]

---

1) David Palmeter & Petros C. Mavroidis, *Dispute Settlement in the World Trade Organization*, (Cambridge Univ. 2nd ed. 2004.), p. 152 참조.

2) WTO, *A Handbook on the WTO Dispute Settlement System*(Cambridge Univ. 2nd ed. 2017), p. 84 참조.

3) Appellate Body Report, *Brazil-Retreaded Tyres*, para. 185; *EC-Hormones*, paras. 132 and 133.

4) Appellate Body Report, *EC and Certain Member States-Large Civil Aircraft*, para. 1317.

다음으로, 협정 규정의 경우에는 법적 검토시 객관적 평가를 위해 패널은 당사국의 주장에 좌우됨이 없이 독립적으로 평가해야 하며,[5] 당사국이 제기하지 않은 사안에 대해서는 판정을 삼가야 한다.[6] 만약, 제소국이 제기하지 않은 사안을 판정한 경우에 피소국 입장에서는 공정하게 방어할 권리가 보장되지 않고 판단된 것이므로 적법절차 의무에 위배되게 된다.[7]

현실적으로, 패널의 협정규정에 대한 검토는 상소기구가 그 권한을 공유하며 최종적인 판단의 주체이므로 패널의 검토기준이 문제될 일은 많지 않았다. 그러나 사실관계 판단은 패널의 단독 권한이므로 상소기구가 관여할 수 있는 유일한 길은 패널이 DSU 제11조상의 '객관적 평가' 의무를 위반한 경우이다. WTO 출범 초기부터 분쟁당사국들의 요청에 따라, 상소기구는 패널이 사실관계를 다룸에 있어 객관적 평가 의무를 준수하기 위해서는 어떤 기준을 적용하는 것이 필요한지를 판단해 왔고 이렇게 관행화된 사항이 위에 언급한 패널의 사실관계 검토 기준으로 자리잡게 된 것이다. 보다 상세한 사항은 상소기구 부분에서 후술한다.[8]

한편, 반덤핑 협정 제17.6조는 패널의 검토기준 관련, DSU 규정에 우선하는 특별 규정이 있다. 이러한 검토기준에 대한 특별 규정은 WTO 협정을 통틀어 유일하고 다소 이례적인데 우루과이라운드 협상 최종단계에서 미국이 강하게 주장함에 따라 포함된 것으로 알려지고 있다.[9]

특별 규정의 내용을 보면, 제17.6조 (i)항에서는 패널은 조사기관의 사실 평가가 최선이었는지를 검토하기보다는 편벽되지 않고 객관적(unbiased and objective)이었는지만 점검하고 이를 확인하면 조사기관의 판단이 최선을 아닐지라도 이를 존중해야 한다고 규정한다. 즉, 패널이 조사기관의 사실 평가보다 더 적절한 방법이 있다고 생각할지라도 조사기관의 판단이 일정기준을 충족하면 이를 존중해서 협정 합치적인 것으로 판정하라는 의미이다.

(ii)항은 패널이 협정규정을 해석할 때 특정 조항에 대해 두 가지 이상의 해석이

---

5) Appellate Body Report, *Indonesia Iron or Steel Products*, para. 5.32–5.33; *Brazil-Taxation*, para. 5.171.
6) Appellate Body Report, *Chile-Price Band System*, para. 172–173.
7) *Id*. paras. 174–177.
8) 제6장 4항 '상소기구의 주요과제' 참조.
9) *Supra* note 1, p. 179 참조.

가능한 경우, 조사기관의 조치가 이 중 하나의 해석에만 부합해도 조사기관의 판단을 존중해서 협정에 합치하는 것으로 판단하라는 내용이다. 즉, 두 가지 이상으로 해석 가능할 때, 굳이 더 나은 하나를 선택해서 조사기관의 판단과 다를 경우 협정 불합치로 판단하면 안 된다는 것이다.

미국은 왜 이런 이례적인 규정을 주장한 것일까? 미국은 관세와 비관세 장벽이 낮은 자유로운 수입시장이며 따라서, 수출입 규제를 반덤핑 등 무역구제조치를 통해 주로 하고 있다. 이런 상황에서 자국의 반덤핑 조사기관의 결정이 WTO 패널이나 상소기구에 의해 협정불합치로 판단되면 해당 분쟁에서 이행조치를 해야 할 뿐 아니라 미래에 유사한 조치를 하는 데 제약이 커지게 된다. 결국은 무역구제조치를 할 수 있는 권한과 영역이 제한되어서 자국의 무역정책에 큰 차질이 빚어질 가능성을 우려하는 것이다. 이런 점에서 미국의 일관된 입장은 WTO 협정에서 명백히 금지하고 있는 경우가 아니면 각 회원국의 조사기관이 내린 판단에 대해서는 재량의 범위를 최대한 인정하고 협정불합치로 판단하면 안 된다는 경향을 가지고 있다.

2. 협정의 해석 방법[10]

협정은 왜 해석되어야 할까? 분쟁 사안을 적용할 협정의 규정이 명확하다면 굳이 해석이 필요하지 않을 것이다. 그러나 그렇지 않은 경우가 대부분이다.

WTO Handbook II에서는 그 이유를 아래와 같이 설명한다.

"다른 법 규정과 마찬가지로, WTO 협정 규정도 넓은 범위의 의미를 가진 용어를 사용한다. 규정이 넓게 적용되어 다양한 상황을 포괄할 수 있어야 하기 때문이다. 이와 반대로 발생 가능한 모든 구체적인 상황을 예상하고 이에 해당되는 세세한 규정을 넣는 것은 실용적이지도 않으며 가능하지도 않다. 아울러, 다른 국제협정들과 마찬가지로 WTO 협정도 타협의 산물이다. 서로 다양한 이해와 상이한 법적 전통을 가진 국가들 간에 집중적이고 경쟁적으로 협상한 결과이다. 협상자들은 다양한 입장

---

10) WTO 협정을 적절히 해석해서 적용한 대표적인 사례로 *US-Gasoline* 상소기구 판정을 언급하는 경우가 많다. 이 책의 사례이야기 3에서는 이 판정에서 협정을 해석하는 과정을 따라가며 서술하였다. 이곳에서 언급한 해석원칙이 적용되는 일면을 볼 수 있을 것이다.

들을 반영하기 위해서 하나 이상의 의미로 이해될 수 있는 문언으로 합의하기도 한다. 따라서, 협정 규정을 특정한 상황에 적용하는 것은 단순하지 않으며, 재판부(패널 및 상소기구)는 문제가 된 협정 규정의 의미를 해석한 후에 사실관계에 적용해야만 한다."11)

그러면, 협정 해석은 무엇에 근거해서 어떤 과정으로 할까? DSU 제3.2조에서는 WTO 분쟁해결절차에서 협정 조항을 해석하기 위해서는 '국제공법의 해석에 관한 관습법'에 근거하도록 정하고 있는데, 상소기구는 '조약법에 관한 비엔나 협약 제31조(해석 일반규칙)12)와 제32조(보충적 해석수단)13)'가 이에 해당된다고 판단하였다.

---

11) *Supra* note 2, p. 7-8.
12) Article 31(General rule of interpretation) of the Vienna Convention on Law of Treaties (VCLT)
   1. A treaty shall be interpreted in good faith in accordance with the ordinary meaning to be given to the terms of the treaty in their context and in the light of its object and purpose.
   2. The context for the purpose of the interpretation of a treaty shall comprise, in addition to the text, including its preamble and annexes:
      (a) any agreement relating to the treaty which was made between all the parties in connection with the conclusion of the treaty;
      (b) any instrument which was made by one or more parties in connection with the conclusion of the treaty and accepted by the other parties as an instrument related to the treaty.
   3. There shall be taken into account, together with the context:
      (a) any subsequent agreement between the parties regarding the interpretation of the treaty or the application of its provisions;
      (b) any subsequent practice in the application of the treaty which establishes the agreement of the parties regarding its interpretation;
      (c) any relevant rules of international law applicable in the relations between the parties.
   4. A special meaning shall be given to a term if it is established that the parties so intended.
13) Article 32(Supplementary means of interpretation) of the Vienna Convention on Law of Treaties
   Recourse may be had to supplementary means of interpretation, including the preparatory work of the treaty and the circumstances of its conclusion, in order to confirm the meaning resulting from the application of Article31, or to determine the

즉, WTO 출범 후 첫 번째 상소 사례인 *US-Gasoline* 분쟁에서 조약법에 관한 비엔나협약 제31조의 '조약 해석 일반규칙'이 관습법 혹은 일반 국제법의 지위를 가지고 있으며 DSU 제3.2조에서 언급한 '국제공법의 해석에 관한 관습법'에 해당된다고 결정하였다.[14] 이어서, 두 번째 상소 사례인 *Japan-Alcoholic Beverages II* 분쟁에서는 조약법에 관한 비엔나 협약 제31조(조약해석 일반규칙)와 더불어 동 협약 제32조도 조약해석의 보충적 해석수단으로서 같은 관습법의 지위를 가진다고 판시했다.[15]

그러면, 관습법으로 인정된 비엔나 협약(제31조, 제32조)에 의거한 조약해석의 과정은 어떻게 될까? 먼저, 협약 제31조 제1항에서는 조약 규정의 해석시에는 문맥(context)에 기초한 '통상적 의미(ordinary meaning)'를 협정의 목적(object and purpose)에 비추어 밝혀야 한다고 규정한다.[16]

'통상적 의미'를 밝히기 위해서는 규정상의 문언(text)에 기초하는 것이 우선이며[17], 문언의 의미는 실제 사례에서는 언어사전을 가이드로 사용한 경우가 많았다. 다만, 사전에서 확인된 의미가 다양할 수 있으므로 협정의 문맥과 목적에 비추어 이를 명확히 하는 과정을 거친다.[18]

문언의 의미를 정하기 위해 사용하는 문맥(context)의 예로서, 비엔나 협약 제31.2조는 해당 협정의 전문과 부속서를 포함한 관련 규정, 협정 관련하여 양 당사국이 동의한 문서를 명시한다. 아울러, 당사국이 체결한 후속 협정이나 후속 관행, 관련된 국제법 규정 등도 해석 시 고려될 수 있다. 또한, 당사국이 공통적으로 인정하고 사용하는 것으로 간주되는 기술용어에 대해서는 특별한 의미를 부여할 수도 있다.[19]

---

meaning when the interpretation according to
Article 31:
(a) leaves the meaning ambiguous or obscure; or
(b) leads to a result which is manifestly absurd or unreasonable.
14) Appellate Body Report, *US-Gasoline*, p. 17.
15) Appellate Body Report, *Japan-Alcoholic Beverages II*, p. 10.
16) *Supra* note 12, 1항 참조.
17) *Appellate Body Report, Japan-Alcoholic Beverages II*, p. 11.
18) Appellate Body Report, *China-Publications and Audiovisual Products*, para. 348; *US-Gambling*, paras. 164-167.
19) *Supra* note 12, 4항; Panel Report, *Mexico-Telecoms*, paras. 7.108-7.117, 7.169-7.177.

이렇게 비엔나 협약 제31조의 조약해석 일반규칙을 적용해서 해석했음에도 여전히 의미가 모호하거나 해석을 한 결과가 비합리적일 경우에는 제32조의 보충적 수단을 사용할 수 있다. 보충적 수단은 조약을 위한 준비작업 문서, 조약체결의 정황을 보여주는 기록 등이 해당된다.[20]

아울러, 분쟁 사례를 통해 관행화된 몇 가지 해석원칙도 활용될 수 있다.[21] 먼저, *Korea-Dairy* 분쟁 상소기구는 모든 조약 규정들이 조화롭게 의미를 갖는 방식으로 해석되어야 하며, 조약의 각 분야와 부분은 전체 맥락에서 읽혀야 한다고 했다.[22] 유사한 맥락에서 *US-Gasoline* 분쟁에서는 특정 규정을 해석할 때, 다른 규정을 불필요하거나 쓸모없게 만드는 방향으로 해석해선 안 된다고 하였다.[23]

둘째, 일종의 특별규정 우선원칙으로 *EC-Banana III* 분쟁 상소기구는 GATT 제X:3(a)조와 수입면허절차 협정 제1.3조를 동일한 분쟁사안에 같이 적용하는 경우, 두 규정중에서 수입면허절차 협정 제1.3조가 더 구체적이고 상세하게 수입면허 행정에 대해 규정하므로 패널은 이를 우선적으로 적용했어야 하며 그러고 나면 GATT 제X:3(a)는 고려할 필요가 없었을 것이라고 한 바 있다.[24]

3. 입증 책임(Burden of Proof)

형사법 원칙중에 '무죄추정의 원칙'이 있다. 즉, 유죄판결이 확정될 때까지는 혐의자의 죄가 없다고 간주하는 것이다. 국제법에서도 이와 유사한 원칙이 있다. 국제사회에서 각 주권국의 행위는 위반이 입증되지 않는 한, 협정에 합치하는 것으로 간주하는 것이다.[25]

WTO 분쟁에서도 동일한 원칙이 적용된다. 제소국이 피소국을 WTO 분쟁에 제소했을 때는 먼저 피소국의 조치가 어떻게 WTO 협정에 위반되는지를 입증해야만 한다.[26] 이를 "입증책임"이라고 하며 단순한 주장만으로는 안 되고 증거와 법적 논리

---

20) *Supra* note 13.
21) *Supra* note 1, p. 82-84 참조.
22) Appellate Body Report, *Korea-Dairy*, para. 81.
23) Appellate Body Report, *US-Gasoline*, p. 23.
24) Appellate Body Report, *EC-Bananas III*, para. 204.
25) Decision by the Arbitrator, *EC-Hormones(US)(Article 22.6-EC)*, para. 9; UN, *Report of the International Law Commission 132*, Art. 2(2000) 각각 참조.

에 근거해야 한다.[27] 그러면, 어느 수준까지 가야만 입증했다고 할 수 있을까? 상소기구 선례에 따르면, 상대측의 유효한 반박이 없는 한, 패널이 제소국의 주장을 사실로 인정할 수 있는 수준까지 이르면 책임을 다한 것으로 인정된다.[28]

US-Wool Shirts and Blouses 분쟁 상소기구도 입증책임은 제소국이 협정위반을 주장하든, 피소국이 이를 반박하든 어떤 사항을 주장하는 측에 있다는 것이 일반적으로 받아들여지는 원칙이라고 하였다. 만약 주장하는 측이 자신의 주장이 사실로 간주(presumption)될 수 있도록 충분한 증거를 제시한 경우, 입증책임은 상대쪽으로 이동하며 상대가 이를 반박할 수 있는 충분한 증거를 제시하지 못하면 이 주장은 인정받게 된다.[29] 반면에, 제소국이 입증책임을 완수하지 못한다면 이는 근거 없는 주장에 불과하여 결과적으로 피소국의 조치에 영향을 줄 수 없을 것이다. 입증책임을 다하기 위한 증거의 성격과 증거의 양적, 질적 수준에 대해서는 각 조치별, 규정별, 사례별로 다르다.[30]

제소국이 1차적인 입증책임을 지는 것은 분쟁해결절차의 적법과 공정을 위해서도 타당성을 가진다. 제소국이 아닌 피소국이 먼저 입증책임을 가진다고 가정해 보자. 제소국이 소위 "카더라" 논법으로 한마디 위반 주장만 하면, 피소국은 무엇을 어떤 증거에 근거해 문제시하는지도 모르면서 잘못이 없다고 입증해야 하는 상황이 초래된다. 이는 봉건시대에 혹리(酷吏)가 근거도 없이 "네 죄를 네가 알렸다" 하며 자백을 강요하는 상황에서 힘 없는 사람들이 겪어야 했던 어처구니없는 불공정 상황과 다를 것이 없다.

그러면, 패널 입장에서는 어느 시점에서 입증책임이 달성되었는지 여부를 결정할까? 영미법 전통에서는 제소 측 주장의 증거와 논리를 먼저 검토한 후 입증책임을 만족시키지 못한다고 결정한 경우 초기에 사건을 각하하는 경우도 있다.[31] 그러나 WTO 분쟁에서는 입증책임이 완수(prima facie case)되지 않았다고 해서 중간에 조

---

26) Panel Report, *US-Large Civil Aircraft(2nd complaint)*, paras. 7.12-7.13.
27) Appellate Body Report, *US-Gambling*, paras. 140-141.
28) Appellate Body Report, *EC-Hormones*, para. 104.
29) Appellate Body Report, *US-Wool Shirts and Blouses*, p. 14.
30) *Id.*
31) 장학수, "WTO분쟁해결절차의 입증책임, 일응타당 사건 및 추정", 「통상법률」 통권 제121호(2015.02), p. 90-91 참조.

사를 중단하는 경우는 없고 최종 판정에 입증책임에 대한 내용을 포함하는 것이 일반적이다.[32]

4. 패널의 폭넓은 증거수집 권한

WTO 분쟁에서 패널은 분쟁 사안에 대해 심리하고 판단하기 위해, 당사자가 제출한 증거에 한정되지 않고 직권으로 폭넓게 증거를 수집할 권한을 갖는다.

DSU 제13조에서는 패널은 자신이 적절하다고 판단하는 모든 개인 또는 기관으로부터 정보 및 기술적 자문을 구할 권리를 가지며, 패널이 정보를 요청하는 경우, 회원국은 언제나 신속히 그리고 충실하게 제출해야 한다고 규정한다.[33] 또한, 과학적이고 기술적인 의견을 구하기 위해 전문가와 협의할 수도 있으며, 전문가검토단을 구성해서 서면의견서를 받을 수도 있다.[34] 아울러, 당사국 외에 비정부기구(NGO) 등 제3자가 제공하는 정보도 분쟁의 결론을 내기 위해 활용할 수 있다.[35]

US-Shrimp 분쟁 상소기구는 패널이 정보와 기술적 자문을 구할 수 있는 권한은 포괄적이며, 정보와 자문을 선택하고 평가할 뿐 아니라 특정 정보에 어느 정도의 무게를 둘지 혹은 어떤 의미도 두지 않을지 결정할 권한도 가진다고 하였다.[36] 또한, 스스로의 법적 논리를 자유롭게 개발할 수 있으며[37] 다양한 증거도 자유롭게 수집하고 활용할 수 있다.[38]

그러면 WTO 분쟁에서는 왜 이렇게 패널의 증거수집에 관한 폭넓은 권한을 부여한 것일까? 정확한 답은 없으나, 국가 간 분쟁을 다루는 국제 분쟁의 독특한 성격을 고려한 것으로 생각된다. 국제분쟁절차에서는 주장과 증거를 평가함에 있어 재판부에게 상당한 융통성이 부여되는 것이 일반적이며,[39] WTO 상소기구도 만약 패널이

---

32) *Supra* note 2, p. 94, Footnote 210; Appellate Body Report, *Thailand-H-Beams*, para. 134; *Korea-Dairy*, para. 145 각각 참조.
33) DSU 제13.1조.
34) DSU 제13.2조.
35) Appellate Body Report, *US-Shrimp*, paras. 108-109.
36) *Id.* para. 104.
37) Appellate Body Report, *Brazil-Taxation*, para. 5.171.
38) Appellate Body Report, *US-Lead and Bismuth II*, para. 39 참조: 여기서는 상소기구도 상소심 과정에서 관련성 있고 유용하다고 믿는 어떤 정보든 접수해서 적절히 활용할 수 있는 법적 권한을 가진다고 판시한다.

당사국들의 주장만에 기초해서 분석을 수행해야 한다면 DSU 제11조에서 요구하는 분쟁사안에 대한 '객관적인 평가' 임무를 수행하기 어려울 것이라고 여러 차례 언급한 바 있다.[40]

국내 민사재판에서는 사인간의 권리다툼을 다루므로 그 성격, 주장, 증거가 일정한 범위를 벗어나지 않는 반면, WTO 분쟁 같은 국제분쟁에서는 한 국가가 수행하는 수천수만 가지의 정책행위가 재판의 대상이 될 수 있다. 따라서, 이러한 상대국의 정책을 제소국이 완벽하게 파악하여 문제점을 제기하는 것은 근본적인 한계가 있다. 또한, 해당 정책이 공개되는 법령에 기초하는 것이라면 비교적 파악이 용이할 것이나 각국의 무역조치는 갈수록 다양한 양상으로 나타나고 법령 형태를 갖지 않는 경우도 상당하다. 이 경우, 제소국은 상대국이 독점적으로 갖고 있는 정보에 접근하기가 어려울 것이다. 이런 상황에서, 패널이 당사자의 주장과 증거에만 묶여 있을 경우 객관적이고 공정한 분석을 하기가 어려울 것이므로 패널에게 자체적인 판단에 따른 정보수집과 활용 권한이 열려 있는 것은 타당성이 있다고 생각된다.

WTO 분쟁에서 증거조사 관련 패널의 폭넓은 권한이 당사국의 분쟁수행에 미치는 영향은 무엇일까? 무엇보다 패널위원의 분쟁사안에 대한 심증이 중요해진다고 볼 수 있다. 재판관의 심리와 판정을 당사자가 제출한 증거에만 기초하도록 제한하면, 아무리 재판관의 다른 심증이 있더라도 당사자의 제출한 증거가 부족할 때 자신의 심증을 판정에 반영할 방법은 없다. 그러나 WTO 분쟁에서는 패널위원이 무엇이 옳은지에 대한 심증이 있을 경우 당사자에 대한 질의 및 추가자료 요구, 전문가 검토, 3자 정보 등을 통해 보완해서 최종 결론을 내릴 수 있다. 따라서, 분쟁당사자로서는 패널위원들의 분쟁에 대한 인식이 형성되는 초기 단계에서부터 패널위원들의 눈과 귀를 확보할 수 있도록 논리와 주장을 형성하고 때로는 감정적인 측면도 고려하는 것이 필요하다. 즉, 패널위원들이 제소국에 호의적인 입장을 가진 경우에는, 심증은 있으나 물증이 부족할 경우에도 패널의 직권적 증거수집을 통해 보완할 수 있으며, 피소국 입장에서도 제소국이 무리한 주장을 하고 있는 경우 패널이 이를 인식하면

---

39) *Supra* note 1, p. 116 참조; Panel Report, *Argentina-Textiles and Apparel*, paras. 6. 39-6.40.
40) Appellate Body Report, *Brazil-Taxation*, para. 5.171; *EC-Hormones*, para. 156; *Korea-Dairy*, para. 139; *US-Certain EC Products*, para. 123.

주도적으로 반대 증거를 찾아주는 효과도 기대할 수 있다.

다만, 패널의 증거수집 권한에도 한계는 있는데, *Japan-Agricultural Products II* 분쟁의 상소기구는 패널의 정보수집 권한은 당사국의 주장과 제출한 증거들을 이해하고 평가하는 것을 돕기 위한 것이지, 제소국이 주장하지도 않은 새로운 주장을 하고, 입증하지 못한 근거를 대신 만들어 주는 수준까지 가서는 안 된다고 선을 그은 바 있다.[41]

(패널의 정보제공 요청 거부 시 불리한 추론 적용 여부) 패널이 정보 제공을 요청하는 경우, 회원국은 언제나 신속히 응해야 한다.[42] 그러나 회원국이 패널의 정보제공 요청에 응하지 않을 경우 패널은 어떻게 처리해야 할까?

Canada-Aircraft 분쟁에서 상소기구는 이런 경우 원칙적으로 패널이 당사국의 자료 제출 실패에 대해 불리한 추론(adverse inferences)을 할 수 있다고 판시했다. 즉, 모든 분쟁에서 패널은 사실의 객관적 평가를 위해 추론(inferences)을 하게 되는데, 예를 들어 기록상의 사실 A와 B로부터 판정을 위해 의미 있는 사실 C를 추론한다. 이렇게 추론을 하는 것은 사실을 판단하는 패널의 기본임무 수행을 위해 본질적이고 불가피한 측면이며,[43] 불리한 추론도 추론의 일부로서 패널의 법적 권한과 재량에 속한다고 했다.[44]

US-Wheat Gluten 분쟁 상소기구도 *Canada-Aircraft* 분쟁 시의 판정을 인용하면서, 당사국이 패널이 요청한 정보를 제공하지 않은 것도 관련된 사실 기록중의 일부이며 적절한 추론을 하기 위해 고려해야 할 중요한 사실이라고 언급했다.[45]

다만, 분쟁당사국 입장에서 염두에 두어야 할 점이 있다. 위와 같이 상소기구가 패널의 불리한 추론을 할 권한을 지지했음에도 불구하고 실제 분쟁에서 패널은 당사국의 정보제공 거부에 대해 불리한 추론을 하는 데 소극적 입장을 취해 왔다.[46] 따라서, 분쟁 수행 시에 상대국이 패널의 정보제공을 거부한 경우 불리한 추론을 얻어

---

41) Appellate Body Report, *Japan-Agricultural Products II*. paras. 129-130.
42) DSU 제13.1조.
43) Appellate Body Report, *Canada-Aircraft*, para. 198.
44) *Id*. paras. 202-203 and 205.
45) Appellate Body Report, *US-Wheat Gluten*, paras. 172-176.
46) *Supra* note 1, p. 118 참조.

내는 데 중점을 두기보다는 패널이 명시적으로 불리한 추론을 하지 않고도 상대에게 불리한 방향으로 판단할 수 있도록 관련 주장과 근거를 제시해 가는 것이 더 나은 선택이 될 수 있다.

한편, WTO 보조금 협정의 부록 V "정보수집절차"에서는 정보제출을 거부한 당사국에게 '불리한 추론(adverse references)'을 적용할 수 있도록 명시적으로 규정하고 있는데, 이에 대해서는 후술한다.[47]

깊이 보기 Amicus curiae 서면입장서

WTO 분쟁에서 당사국이나 3자 참여국도 아닌 비정부기구(NGO) 등이 패널이나 상소기구가 요청하지 않은 서면입장서를 제출한 경우가 있다. 이를 Amicus curiae 입장서라고 한다.[48] 이 입장서를 패널이나 상소기구가 받아들일지 여부에 대해 WTO 패널과 상소기구의 판단은 대체적으로 일관성있게 유지되어 왔다. 즉, DSU 제13조상으로 패널은 포괄적인 정보수집권한을 갖고 있으므로 요청되지 않은 상태에서 제출되는 Amicus curiae 입장서도 고려할 권한이 있으며, 아울러 거부할 권한도 갖는다.[49] 이러한 판단에는 패널이 문서 제출 등에 대한 작업절차를 정할 권한이 있는 점도 근거로 고려되었다.[50] 같은 맥락에서 상소기구도 DSU 제17.9조에 따라 작업절차를 정할 포괄적인 권한을 가지고 있으므로 Amicus curiae 서면입장서를 포함하여 상소심에 필요한 정보를 받거나 고려할 권한을 가진다고 하였다.[51]

Amicus curiae 입장서가 제출된 첫 번째 사례는 1997년 US-Shrimp 분쟁이었다. 제소 측인 인도, 태국 등은 Amicus curiae 입장서 접수를 반대했고, 피소 측인 미국은 찬성했다. 패널은 요청되지 않은 외부 서면입장서를 받는 것이 DSU와 양립하지 않지만(incompatible), 당사국이 이러한 입장서를 자국 서면입장서의 부속서로 포함할 수는 있다고 하였다.[52] 그러나 상소기구는 패널의 결정을 번복하였다. 위에 언급한 대로, 패널은 정보수집 권한과 작업절차 설정 권한에 따라 Amicus curiae 입장서를 고려하거나 거부할 권한이 있다고 결론지었다.[53] 이 결론은 이후에 다른 분쟁에서도 여러 차례 확인되었다.

---

47) 제5장 8항 '일부 협정상 분쟁해결절차 특별규정(주요 사항)' 참조.
48) Amicus curiae의 의미는 "법원의 친구 또는 조언자(friend of the court or advisor to the

다만, 상소기구는 Amicus curiae 입장서를 접수할지라도 상소기구보고서에서 명시적으로 분석과 판정의 근거로 삼지는 않고 있으며, 제출된 입장서에 대해서는 당사국들에게도 의견을 제시할 기회를 주고 있다.[54]

5. 전문가 협의 및 의견 반영

패널은 앞에 언급한 대로 분쟁에서 문제된 과학적, 기술적 사안에 대해 전문가와 협의할 수 있고 전문가 검토단을 선임하여 서면 자문보고서를 받을 수도 있다. 특히, WTO 협정 중 위생 및 검역 협정, 기술장벽에 관한 협정, 관세평가협정, 보조금협정에서는 분쟁사안 판단을 위해 전문가의 의견을 받을 것을 권고하거나 최소한 가능하다는 점을 명시하고 있다.[55]

전문가 의견을 구할지 여부는 기본적으로 패널의 결정사항이다. 패널이 전문가의 의견을 구한 사례를 보면, 분쟁당사국 중 일방만이 요청하거나 당사국이 같이 건의한 경우도 있고, 양쪽 다 요청하지 않았는데 패널이 자체적으로 판단해서 시행한 경우도 있다. 당사국 요청이나 입장이 영향을 줄 수는 있으나 최종 결정은 패널의 몫이다.[56]

WTO 분쟁에서 패널이 전문가의 자문을 받은 사례는 16건[57]이 있었는데, 이 중 위생 및 검역에 대한 분쟁이 절대 다수를 차지하며, 최초 사례인 *EC-Hormones* 분

---

court)"라는 의미로 Amicus curiae 입장서는 분쟁의 참여자인 당사국이나 3자 참여국이 아닌 자가(요구되지 않은 상태에서) 제출한 입장서를 말한다: Black's Law Dictionary, 8th ed, B. Garner(ed.)(West, 2004), p. 93; *Supra* note 2, p. 21, Footnote 1 각각 참조.

49) Appellate Body Report, *US-Shrimp*, paras. 105-108.
50) *Id.;* DSU 제12.1조 각각 참조.
51) Appellate Body Report, *US-Lead and Bismuth II*, paras. 39-42.
52) Panel Report, *US-Shrimp*, paras. 7.7-7.8.
53) Appellate Body Report, *US-Shrimp*, paras. 106-110.
54) *Supra* note 2, p. 166 참조.
55) *Id.* p. 35; SPS 협정 제11.2조; 기술장벽에 관한 협정 제14.2조, 제14.3조, Annex 2; 관세평가협정 제19.3조, 제19.4조, Annex 2; 보조금 협정 제4.5조, 제24.3조 각각 참조.
56) Appellate Body Report, *Argentina-Textiles and Apparel*, para 84.
57) WTO, *Analytical Index*, DSU Information Tables, p. 7-8: https://www.wto.org/english/res_e/publications_e/ai17_e/ds_information_tables.pdf 2022.9.8. 최종접속.

쟁과 가장 최근 사례라고 할 수 있는 일본 수산물분쟁(*Korea-Radionuclides*)도 위생 및 검역 관련 분쟁이었다.

전문가의 자문을 받은 방식은 개인별로 의견을 받는 방식과 검토단을 구성해서 합의된 의견을 받는 방법이 가능한데, 최초의 사례인 *EC-Hormones* 분쟁에서 전문가 개인별로 의견을 받는 방법을 채용한58) 후로 지금까지 모든 사례에서 개인별로만 의견을 받아 왔으며, 검토단을 구성해서 집단으로 의견을 받은 경우는 한 번도 없었다.59)

왜 집단이 아닌 개인 단위로만 전문가 자문을 구했을까? 현실적인 이유가 있었던 것으로 보인다. *EC-Hormones*(US) 분쟁에서 패널은 전문가 개인별 의견을 받은 이유로 각각의 전문가로부터 다양한 의견을 받는 것이 전문가 검토단을 구성해서 일반적인 사항에 대해 합의된 의견을 받는 것에 비해 더 유용하다는 판단을 했다고 언급한 바 있다.60) 실제로 이 분쟁 패널은 전문가 6인에게 30개 항에 달하는 구체적이고 다양한 질의를 한 후 답변을 받아서 판정에 반영했다.61) 패널 입장에서는 전문가들의 합의된 보고서도 도움이 될 수 있지만, 다양한 분야에 걸쳐 법적으로 의미 있는 정보를 융통성있게 확보할 수 있는 개인별 조언이 더 유용하다고 판단한 것으로 보인다. 아울러, 분쟁 사안은 대부분 논란이 있는 이슈라서 전문가들 간에도 의견이 다른 경우가 많으므로 전문가 검토단을 구성할지라도 구체사항에 대해 합의된 서면 보고서를 받기 어려운 점도 현실적으로 고려되었을 것으로 생각된다.

전문가를 선정하고 의견을 받는 구체적인 과정은 분쟁 사례를 통해 일정한 방식이 정착되었으며 패널 작업절차에 미리 반영하기도 한다.62) 이 절차의 주된 내용은 먼저 패널이 당사국과 관련 국제기구 등으로부터 전문가 후보를 추천받은 후 적합한 전문가를 선정하고 이들에게 질의서를 보내 서면 답변서를 받으며 이를 당사자가 참

---

58) Panel Report, *EC-Hormones(US)*, para. 8.7; Appellate Body Report, *EC-Hormones*, paras. 146-149 참조: 피소 측인 EC는 패널이 전문가검토단을 구성하지 않고 개인별로 의견을 받은 데 대해 이의를 제기했으나 상소기구는 패널이 개인별로 의견을 구할 권한을 가지고 있다고 인정해 주었다.

59) *Supra* note 2, p. 36.

60) Panel Report, *EC-Hormones(US)*, para. 8.7.

61) *Id.* paras. 6.10-6.241.

62) *Supra* note 2, p. 75 참조.

여하는 별도의 전문가회의에서 추가로 논의하는 과정이다.[63] 상세한 내용은 아래 깊이 보기에서 상술한다.

패널이 전문가의 의견을 구하기로 결정한 경우, 당사국 입장에서는 어떤 전문가가 선정되고 어떤 사항에 대해 자문을 구하는지가 매우 중요하다. 특히, 위생 및 검역 조치에 대한 분쟁의 경우 과학적 증거나 전문가 의견이 패널의 판정에 중요한 역할을 해 왔다. 따라서, 자국 주장의 타당성을 입증하는 방향으로 전문가가 선정되고 관련 자문이 제시될 수 있도록 전문가 추천, 전문가 후보에 대한 의견 제시, 전문가 답변서에 대한 의견 제시, 전문가에 대한 질의서 제출 등의 과정에서 적극적인 노력을 하는 것이 필요하다.

깊이 보기 전문가 선정 및 자문 절차[64]

패널이 전문가의 자문이 필요하다고 결정한 경우, 먼저 전문가 선정작업을 진행한다. 당사국과 관련 기관에게 전문가를 추천해 줄 것을 요청하고, 이렇게 추천받은 전문가 후보의 이해충돌가능성, 적합성 등을 점검하기 위해 각 후보의 분쟁과 관련된 재정적, 직업적 이해관계, 분쟁사안에 대해 이전에 발표한 의견 등을 받는다. 이를 기초로 패널은 전문가 후보 명단(개인별 이력서 및 이익충돌가능성 진술서 포함)을 작성해서 당사국에게 전달하고 의견을 받는다.

당사국은 각 후보자에 대해 의견을 제시할 수 있으며, 설득력 있는 근거가 있는 경우에는 특정 후보를 반대할 수 있다. 패널은 전문가의 자격과 전문성, 조언이 필요한 분야, 당사국 의견 등을 고려해서 전문가를 선정하고 당사국에게 통보한다. 분쟁사안과 이익충돌이 있는 사람은 제외해야 한다. 전문가는 개인뿐 아니라 국제기구로 선정할 수도 있다.

전문가는 개인 자격으로 활동하며, 국제기구를 전문가로 선정한 경우에는 국제기구 대표가 제출한 의견이 국제기구의 의견으로 간주되고 회의에도 국제기구 대표로서 참석한다. 모든 전문가는 분쟁해결기구의 행동규칙(Rules of Conduct)을 지켜야 한다.

(전문가 의견 수집) 패널은 선정된 전문가에게 의견을 받기 위해 질의서를 준비해서

63) *Id.* p. 35-37 참조.

전달한다. 전문가는 정해진 시간 내에 서면으로 답변서를 제공하며, 자신이 충분한 전문성을 가진 질문에 대해서만 답변토록 한다. 패널은 비밀유지 조건하에 당사국이 제출한 서면입장서와 증거자료중에서 관련 부분을 전문가에게 제공할 수 있으며, 전문가는 패널을 통해 당사국에게 추가적인 사실 정보와 불확실한 사항에 대한 확인을 요청할 수 있다. 전문가의 답변서는 당사국에게도 전달해서 의견을 제시할 기회를 준다.

(전문가회의) 패널은 2차 구두진술회의 전에 당사국이 참석하는 전문가 회의를 개최할 수 있다. 이 경우, 각 전문가에게 다른 전문가의 답변서와 전문가 답변에 대한 당사국의 의견을 미리 전달한다. 당사국은 전문가회의에서 구두로 답변을 들을 목적으로 전문가에게 별도 질의서를 보낼 수 있는데 이 질의서는 회의 전에 미리 공유한다.

전문가 회의에서 패널은 먼저 각 전문가가 모두 발언을 하도록 한다. 전문가들은 모두 발언에 이미 제출한 답변서에 대한 추가 설명 또는 보완 사항도 포함할 수 있다. 각자 발언할 내용은 사전에 서면으로 작성해서 발언 전에 회의 참석자에게 전달한다. 서면으로 제공한 내용은 회의 석상에서 조정해서 발언할 수 있으며 최종적으로 발언한 내용(서면)은 당일 오후 5:30까지 패널에 제출한다.

모든 전문가가 발언을 마치면, 패널은 각 당사국에게 전문가에게 질의하거나 의견을 제시할 기회를 준다. 당사국이 미리 전달한 질의서가 있을 경우 이에 기초해서 질의응답 절차가 진행된다. 각 전문가는 당사국의 질의서에 구두로 답변하며 당사국의 의견에 대해 자신의 입장을 개진할 수 있다.

이어서, 패널이 전문가와 질의 답변시간을 가진다(회의 중에서 가장 중요한 부분이다). 이를 마친 후 패널은 각 전문가에게 마무리 발언을 할 기회를 준다. 필요할 경우 2차 회의를 할 수 있다.

(전문가 자문 기록) 사무국은 전문가의 서면답변서, 전문가 회의 발언 내용을 패널 심리기록에 포함한다. 전문가에게 이 기록(자신이 표명한 입장)을 검증할 기회를 주며 당사국에게도 자신의 발언에 대해 검증 기회를 준다. 이 기록을 패널보고서에는 포함하지 않는다.

---

64) *Supra* note 2, Annex III. A: Sample of Panel Working Procedures 19-31항, p. 255-258에 있는 규정을 근거로 설명하였다. 구체 사례는 사례이야기 1-일본수산물 분쟁 '깊이 보기: 전문가 자문' 참조.

6. 사법 경제(Judicial Economy)

당사국이 상대국의 조치에 대해 제소하는 경우에 하나의 협정규정만을 문제삼는 것이 아니라 복수의 규정을 근거로 협정 위반을 주장하는 것이 일반적이다. 한 가지 조치에 대해 10개 이상의 위반 주장이 제기될 수도 있다. 그러면, 패널은 제소국이 제기하는 모든 협정위반 사항에 대해 분석하고 답해야 할까? 원칙적으로 그래야 한다. DSU 제7.2조에서는 "패널은 분쟁당사자가 인용하는 모든 대상협정의 관련 규정을 검토한다"고 규정한다. 그러나 현실적으로는 이렇게 한다면 패널보고서는 수천 페이지에 달하고 심리 기간도 현재보다 훨씬 길어질 수 있을 것이다.

이에 대한 해결책으로 WTO 패널은 사법 경제(Judicial Economy)의 관행을 적용해 왔다. 즉, 패널이 특정 조치에 대해 협정위반 판정을 해서 이것으로 분쟁을 해결하기에 충분하다고 판단되면 여타 협정위반은 조사하지 않는다.

Canada-Wheat Exports and Grain Imports 분쟁에서 상소기구는 "사법 경제의 관행은 GATT 패널부터 적용되어 왔는데, 패널이 하나 혹은 몇 개의 협정규정 위반을 판정하고 이를 통해 분쟁을 해결하기에 충분한 경우, 동일한 조치에 대해 추가로 판정을 하지 않아도 된다. 다만, 사법 경제는 패널이 분쟁해결을 위해 필요한 수준 이상으로 (불필요하게) 조사하는 것을 피할 수 있게 하는 것으로 패널의 재량사항이며 의무는 아니다"[65]라고 언급했다.

사법경제를 적용할 경우에는 투명성을 위해 이를 패널보고서에 명시해야 하며,[66] 패널이 특정사안에 대해서는 사법 경제에 의거 추가적인 조사나 판단을 하지 않겠다고 언급하는 것이 일반적이다.[67]

한편, 사법 경제를 적용함으로써 발생하는 문제가 있다. 먼저, 패널이 사법 경제를 잘못 적용해서, 최종 판정이 분쟁을 해결하기에 불충분하게 될 수 있다. 패널은 자신들의 판정만 이행해도 분쟁을 해결하기에 충분하다고 판단하고 나머지 사안에 대해 사법 경제를 적용했으나, 실제 결과는 판정된 사항을 충분히 이행한 후에도 조치의 일부 문제점이 남아있게 되는 경우이다. 이와 관련, *Australia-Salmon* 분쟁 상

---

65) Appellate Body Report, *Canada-Wheat Exports and Grain Imports*, para. 133.
66) Appellate Body Report, *Canada-Autos*, paras. 116-117.
67) *Id.*

소기구는 사법경제 원칙은 분쟁에 대한 긍정적인 해결책 확보를 전제로 하며 사법경제를 적용해서 분쟁 전체가 아닌 부분적인 해결만 가능하도록 한다면 이는 잘못된 사법경제 적용이라고 지적하였다.[68]

둘째는 패널은 협정 위반에 대해 충분히 판단했으나, 패널의 판정 중에서 일부가 상소기구에서 번복됨으로 인해, 문제되는 조치에 대해 부분적인 해결밖에 할 수 없게 된 경우이다. 이 경우 상소기구는 패널이 사법 경제를 적용해서 판단하지 않은 사안에 대해 추가적인 조사를 통해 보완해야 하는데, 현실적으로는 패널 단계에서 사실에 대한 조사를 전혀 하지 않은 사안에 대해 사실조사 권한이 없는 상소기구가 결론을 내려주는 것은 어려운 경우가 많다.

이와 관련, US-Tuna II(Mexico) 분쟁 상소기구는 상소심에서 판정이 번복될 경우에 대비해서 패널이 사법경제를 적용한 일부 사안에 대해서도 조사와 판정을 했어야 한다고 지적한 바 있다. 그렇게 하지 않음으로 인해 패널은 잘못된 사법경제를 적용하고 DSU 제11조상의 객관적 평가 의무도 지키지 못한 결과가 되었다고 언급했다.[69]

상소기구의 이런 지적을 고려해서, 패널 판정중에 상소심에서 일부 판정이 번복될 것에 대비해서 예비적으로 추가적인 판단을 해 놓는 경우도 있다.[70] 특히, US-COOL 이행분쟁 패널은 자신들이 예비적으로 추가적인 판정을 하지만 향후에 상소기구에서 이 사안을 조사할 필요가 있는 경우에 대비해서 사실관계 위주로 조사와 판단을 하는 것이며, 상소기구가 조사 권한이 있는 협정 규정의 해석은 최소한으로만 한다고 언급하기도 했다.[71]

이렇게 패널이 추가적인 조사와 판단을 하는 것이 이후에 상소기구가 결론을 내는데 도움이 될 수는 있지만 상소기구 판정을 모두 예측할 수는 없으므로 여전히 한계를 가질 수밖에 없다.[72] 따라서, 패널 단계에서 사법경제 적용을 서두르기보다는 분쟁의 주요 사안에 대해 충분히 조사 및 판단을 하는 것이 중요하며, 궁극적으로는

68) Appellate Body Report, *Australia-Salmon*, para. 223.
69) Appellate Body Report, *US-Tuna II(Mexico)*, para. 405.
70) Panel Report, *Colombia-Ports of Entry*, para. 7.170; *China-Auto Parts*, para 7.297; *Supra* note 2, p. 91 각각 참조.
71) Panel Report, *US-COOL(Article 21.5-Canada and Mexico)*, para. 7.672.
72) Appellate Body Report, *China-Publications and Audiovisual Products*, para. 213; *Supra* note 2, p. 91 각각 참조.

현재 분쟁해결절차 개선을 위해 논의되고 있는 환송(remand)절차를 신설해서 상소기구의 추가적인 조사가 필요한 경우 패널로 환송을 해서 사실관계를 조사토록 한 후에 다시 결론을 내리는 것이 필요할 것이다.[73]

분쟁당사국 입장에서 볼 때, 사법경제는 패널이 자체적으로 판단하는 사항이므로 관여할 수 있는 여지는 적으나, 특히 제소국 입장인 경우 패널심리 과정에서 패널이 핵심적인 사안에 대해 사법 경제를 적용하려는 움직임이 나타날 경우에는 이로 인해 결과적으로 분쟁이 제대로 해결이 되지 않을 수 있는 점을 상기하며, 최소한 핵심 사안에 대해서는 패널이 조사대상에서 제외하지 않도록 설득할 필요가 있다.

7. WTO 사무국(법률국 또는 규범국)의 역할

DSU 주요 규정(제27조)

사무국은 특히 패널이 다루는 사안의 법적, 역사적 및 절차적 측면에 관하여 패널을 지원할 책임을 지며, 또한 사무 및 기술지원을 제공할 책임을 진다.

사무국이 회원국의 요청에 따라 분쟁해결에 관하여 회원국을 지원하는 것과 별도로 개발도상 회원국에게 분쟁해결과 관련한 추가적인 법률자문 및 지원을 제공할 필요성이 있을 수 있다. 이를 위하여 사무국은 지원을 요청하는 개발도상회원국에게 세계무역기구의 기술협력부서의 유자격 법률전문가의 이용이 가능하도록 한다. 동 전문가는 사무국의 계속적인 불편부당성을 확보하는 방법으로 개발도상회원국을 지원한다.

사무국은 회원국의 전문가가 분쟁해결절차 및 관행을 보다 더 잘 알 수 있도록 하기 위하여 관심 있는 회원국을 위해 이에 관한 특별 연수과정을 실시한다.

WTO 사무국은 분쟁이 시작되어 양자협의, 패널설치, 패널구성(패널위원 선임)을 거치는 초기 단계까지는 분쟁해결절차의 진행을 돕는 조력자의 역할에 그친다. 본격적으로 패널 절차가 개시되면 각 분쟁별로 법률국이나 규범국에서 2명의 담당직원(행정 1명, 변호사 1명)이 배정되며 분쟁 사안과 관련있는 부서의 직원이 추가로 참여하기도 한다.[74] 이들의 임무는 패널위원이 합당한 결정을 하도록 지원하는 것으로 분쟁사안에 대한 기초연구, 관련 정보제공, 문서 초안작성, 당사국 연락 등을 담당한다.

특히, 패널 심리와 관련해서 사무국 직원은 패널의 일반사무 지원뿐 아니라 법률사항에 대한 지원도 하는데, WTO Handbook I에서는 이를 다음과 같이 설명한다.

사무국 직원은 "과거 연관된 분쟁의 패널 및 상소기구 판정 사례에 대한 정보를 제공하는 등 분쟁의 법률사안에 대해 지원(advise)도 하는데 이는 패널이 상설적 기구가 아니므로 사무국이 패널들 사이의 계속성과 일관성을 제공하는 역할을 하는 것이며 DSU의 목적인 다자무역체제의 안정성과 예측가능성을 성취하는 데도 필요하다."[75]

그런데, WTO 사무국 담당직원들의 법률사안에 대한 지원은 위에서 언급하듯 긍정적 역할이 있는 반면, 패널심리 및 판정에 지나친 영향을 미쳐서 민주적 원칙에 위배된다는 논란도 있어 왔다.[76] 즉, 분쟁당사국들은 자신들이 합의하여 선정한 패널위원들에게 주도적으로 분쟁사안을 심리하고 결정하도록 권한을 주었다. 그러나 자신들이 권한을 준 것이 아니고 사무국이 임의로 배정한 직원이 분쟁사안 판단에 필요 이상의 영향을 미친다면 이는 결과의 옳고 그름을 떠나서 절차적 정의에 위배되는 문제를 지적하는 것이다.

실제로 WTO 분쟁이 진행되는 구조상, 사무국 담당직원이 패널판정에 상당한 영향을 미칠 가능성이 있다.[77] 먼저, 패널위원은 법원 재판관과는 달리 정부관리, 외교관, 교수, 변호사 등으로 일하면서 임시 명예직으로 패널위원을 맡는 반면, 사무국 직원은 오랜기간 WTO 분쟁업무를 해 온 법률전문가인 경우가 많으므로 패널위원이 담당직원에게 법적 전문성과 지식을 의존할 가능성이 상존한다. 둘째는 패널이 분쟁사안을 내부적으로 논의하는 과정에 사무국 직원도 참여해서 관련 정보와 의견을 제시한다. 경륜과 판단력은 패널위원이 앞설 수 있지만 해당 분쟁사안 이해와 협정 검토에 들인 시간과 노력은 사무국 직원이 앞서기 쉽다. 셋째는 패널 판정문의

---

74) *Supra* note 2, p. 31 참조.
75) WTO, *A Handbook on the WTO Dispute Settlement System*(Cambridge Univ. 2004), p. 22 참조.
76) *Supra* note 1, p. 115 참조.
77) *Id.*

초안 작성을 담당사무국 직원이 담당하는 경우가 많은 것으로 알려진다. 이 경우, 패널위원이 이를 변경하는 것은 언제든 가능하기는 하나 이미 논리적 기초를 가지고 정치하게 쓰인 판정문의 큰 틀을 바꾸는 것은 심리적으로나 실질적으로 쉽지 않을 수 있다.

이런 가능성을 고려해서 분쟁 당사국들도 패널심리 진행 시 패널위원뿐 아니라 사무국의 담당 국장 및 담당자의 성향, 태도, 의견에 대해 주의를 기울이기도 한다. 이는 판정의 주체는 패널일지라도 사무국에서 제시하는 정보와 의견이 패널의 판정에 어느 정도 영향을 미치리라고 예상하기 때문이다.

사무국 직원이 실제로 패널판정에 필요 이상의 영향을 미치는지 여부는 검증된 결과가 있는 것은 아니며 각 분쟁 사례별로 정도가 다를 것이다. 그럼에도 사무국 직원이 판정에 지나친 영향을 미칠 가능성은 그 자체만으로도 시스템의 신뢰성에 영향을 미치고 패소국 입장에서는 판정에 승복할 동기를 약화시킬 수 있다. 따라서, 우려 자체를 해소하기 위한 회원국들의 꾸준한 노력이 필요하다고 볼 수 있다.

이런 맥락에서, WTO 출범 초기부터 WTO 패널을 상설화해서 국내법원의 재판관 수준으로 패널위원의 전문성과 업무집중도를 제고해야 한다는 주장이 있었으며, 현 DSU 개정협상에서도 효율적이고 효과적으로 패널위원을 선정하기 위한 논의가 계속되고 있다.[78]

(**사무국의 기타 지원 역할**) 한편, WTO 사무국은 개별 분쟁에 참여하며 지원을 하는 것과 별개로 회원국에게 일반적인 법률자문과 기술협력도 제공한다. 특히, 개도국을 위한 지원이 중요시된다. 이런 목적으로 WTO 내에 '훈련 및 기술협력 센터'를 만들고 법률전문가를 고용해서 개도국에게 협정 자문과 기술지원을 제공하고 있다.[79] 그리고 WTO 사무국은 회원국의 전문가 및 정부 관리를 대상으로 특별연수과정(1-2주)을 제네바 혹은 지역 거점국에서 개최한다. 필자도 몽고에서 실시된 과정에 참여한 바가 있으며 특히 WTO 분쟁업무 경험이 없는 개도국 관리들에게 큰 도움이 되고 있는 것으로 알려진다.

---

78) 제9장 분쟁해결절차 개선 노력, 3. 가항 '패널구성 방식' 참조.
79) *Supra* note 75, p. 114 참조.

(WTO법 자문센터) WTO 사무국과 별개로, 제네바에는 2001년에 설립된 WTO법 자문센터(Advisory Center on WTO Law)가 있는데, 개도국과 최빈개도국들의 WTO 분쟁수행 대리와 WTO 협정에 대한 자문을 제공하는 역할을 하고 있다.

다수의 개도국이나 최빈개도국들은 정부내에 WTO 분쟁수행을 위한 전문인력이 있지도 않으며 높은 비용을 치르고 국제법률회사를 고용하는 것도 부담스러운 경우가 많다. 이런 상황에서 WTO법 자문센터는 상대적으로 저렴한 비용으로 양질의 분쟁대리 역할을 해 주거나 관련 자문을 제공해서 개도국들의 분쟁 수행에 상당한 도움이 되고 있다.[80] WTO법 자문센터의 2020년 운영보고서에 의하면 2002년부터 이 센터가 분쟁대리를 맡은 분쟁은 68건이고 이는 같은 기간 전체 WTO 분쟁의 19%를 차지하며, 특히 WTO 분쟁이 소강상태에 이른 2020년에도 지원중인 분쟁이 18건에 이른 것으로 나타난다.[81]

필자가 우리나라의 WTO 분쟁실무를 하면서 알게 된 통상변호사 중에 국제적으로 유수한 통상 법률회사에서 핵심적인 역할을 하다가 이 센터의 고용 제의를 받고 합류한 인사가 있는데, 민간 법률회사에 비해 보수는 적을 수 있으나 상대적으로 취약한 개도국을 위해 일하는 보람이 크다는 애기를 들은 바 있다.

8. 일부 협정상 분쟁해결절차 특별규정(주요 사항)

DSU 제1.2조에서는 보조금협정 등 각 분야별 협정에서 별도의 분쟁해결절차를 정할 경우, DSU 규정에 우선한다고 규정하고 있다. 일종의 특별법 우선원칙이 적용되는 셈이다.[82] 아래에서는 이렇게 DSU 규정과 차이가 있는 규정중에서 이 책의 다른 분야에서 다루어지지 않은 내용위주로 설명한다.[83]

보조금 협정에서는 광범위한 특별절차를 규정하고 있다.[84] 먼저, 금지보조금이 제

---

80) 정보영·김민정, "개도국의 WTO법자문센터(ACWL) 활용과 제도적 시사점 연구", 「국제경제법연구」제16권 제3호(2018.11), p. 164 참조.

81) Advisory Center on WTO Law, *Report on Operations 2020*, p. 4 참조.

82) Appellate Body Report, *Guatemala-Cement I*, para. 65: 다만, 특별규정이 일반규정을 우선(prevail)하는 것은, 두 규정이 보완적으로 읽힐 수 없고, 서로 충돌하는 경우로 한정된다고 하였다.

83) 이 책의 다른 부분에서 언급된 주요 사항은 반덤핑 검토기준(반덤핑협정 제17.6조), 보조금 보복조치 기준(보조금협정 제4.10조, 제7.9조) 특별규정 등이 있다.

84) 보조금협정 제4조(금지보조금), 제7조(조치가능보조금) 참조.

소된 경우에는 신속절차를 적용하도록 하는데, 양자협의, 패널설치, 패널심리 및 보고서 채택, 상소심 등에서 모두 표준절차의 절반 정도의 기간 내에 결론을 내도록 하고 있다.[85] 패널절차에서는 전문가검토단을 임명해서 금지보조금 여부를 결정할 수도 있다. 또한, 금지보조금으로 판정이 된 경우에는 지체치 않고 보조금을 철폐해야 하며, 이행을 하지 않을 경우의 보복조치 수준도 제소국에게 더 융통성을 주고 있다.[86]

보조금 중 조치가능보조금(금지보조금은 아니나 상대국에게 무역상 피해 초래)이 문제가 된 경우에는, 금지보조금 정도는 아니나 DSU상의 표준절차보다 빠르게 진행되도록 정하고 있다.[87] 또한, 조치가능보조금으로 판정된 경우, 피소국은 6개월 이내에 보조금을 철폐하거나 보조금의 부정적 효과를 제거해야 하고 보복조치 수준도 보다 유연한 기준이 적용된다.[88]

조치가능보조금 관련해서 주목할 만한 사안은 WTO 협정중에서 유일하게 '정보수집절차'가 있다는 점이다. 보조금 협정이 정하는 바에 따르면, 제소국이 요청할 경우 분쟁해결기구(DSB) 의장은 패널설치 후에 정보수집절차를 개시해야 한다. 수집하려는 정보는 보조금 규모, 보조 혜택을 받은 회사의 영업실적, 보조금이 초래한 부정적 효과 등이다. 활동기간은 패널설치 후 60일이며 일반적으로 DSB 의장이 조정자(Facilitator)를 별도로 임명해서 이 절차를 주관하도록 한다.[89]

왜 조치가능보조금에 대해서만 이런 절차를 둔 것일까? 이유는 제소국이 피소국의 보조금을 조치가능보조금으로 입증하기 위한 정보의 벽이 너무 높다고 판단한 것으로 생각된다. 금지보조금의 경우 제소국이 이런 보조금이 있다고만 입증하면 되나,

---

85) 보조금협정 제4조에서는 금지보조금으로 제소된 사안에 대해서는 양자협의 기간은 DSU의 절반인 30일, 협의는 제소 후 최대한 신속 개최, 패널설치가 요청되는 첫 번째 DSB 회의에서 역총의로 패널 설치, 패널구성 후 90일 내에 패널보고서 회람, 패널보고서 채택시한 30일, 상소심 심리기간 30-60일, 상소기구보고서 채택시한 20일 등을 규정한다.
86) WTO 보조금 협정 제4조; 제8장 불이행 시의 구제, 3. 나(4)항 '보조금협정 특별규정' 참조.
87) 보조금 협정 제7조에서는 조치가능보조금으로 제소된 사안에 대해 양자협의 기간은 60일로 DSU와 동일하나, 패널설치가 요청되는 첫 번째 DSB 회의에서 역총의로 패널 설치, 패널설치후 15일이내에 패널구성, 패널구성후 120일내에 패널보고서 회람, 패널보고서 채택시한 30일, 상소기구 보고서 채택시한 20일(상소심 기간 DSU와 동일) 등을 규정한다.
88) WTO 보조금 협정 제7조; 제8장 3. 나(4)항 '보조금협정 특별규정' 참조.
89) WTO 보조금협정 제6조, Annex V 참조.

조치가능보조금은 보조금이 있을 뿐더러 이 보조금으로 인해 자국이 무역상 피해를 보고 있다는 점도 같이 입증해야 한다. 그리고 무역상 피해를 입증하기 위해서는 보조금 규모, 보조금을 받는 회사의 영업상황, 보조금을 받은 회사의 영업이 제소국의 시장 혹은 세계시장에 미치는 영향이 종합적으로 논의되어야 한다. 그러나 제소국이 심증은 있더라도 상세한 정보는 피소국 정부 및 기업을 통하지 않고는 입수가 어려우므로 '정보수집절차'를 통해 보완하고자 한 것으로 보인다. 이런 점에서, 만약 피소국이 정보수집절차에 협조하지 않을 경우에는 피소국의 관련 조치를 판단함에 있어 불리한 추론(adverse inferences)을 통해 정보 부족을 극복할 수 있도록 하고 있다.

우리나라도 EC가 우리나라의 조선산업 구조조정 및 금융제도에 대해 제소한 분쟁(*Korea-Commercial Vessels*, DS273)에서 '정보수집절차'를 경험한 바 있다. 당시 우리나라는 피소국 입장이어서 '정보수집절차'가 진행될 경우 업무부담뿐 아니라 우리나라에게 불리한 정보도 제공해야 하므로 정보수집절차에 응할지 여부를 신중히 검토할 수밖에 없었다. 결론적으로는 절차에 응하였다. 정보수집절차에 임하는 부담은 있으나, 협조하지 않음으로 인해 불리한 추론을 받는 경우 우리가 충분히 방어할 수 있음에도 불구하고 불리한 판정을 받을 위험이 있으므로 절차에 적극적으로 임해서 소명하는게 바람직했던 것이다. 결과적으로 실무적인 부담은 컸지만 적극적으로 소명한 결과 사실상 승소에 해당하는 판정을 얻은 바 있다.[90]

아울러, 제소국이 정보수집절차를 요청한 경우 피소국이 절차 자체를 거부할 수 있는지에 대해 흥미있는 판정 사례가 있다. *US-Large Aircraft II* 분쟁에서 제소측인 EC가 정보수집절차를 요구한 데 대해 피소측인 미국은 절차 개시는 회원국의 총의가 있어야만 가능하므로 피소국이 거부할 수 있다는 입장을 제시한 바 있다. 이에 대해 상소기구는 절차 개시에 만약 회원국의 총의가 필요하다면 일방 당사국의 반대로 이 절차는 무력화되고 해당 분쟁에 대해 최선의 정보를 확보코자 하는 규정의 취지도 의미없게 될 것이므로 바른 해석이 아니라고 하고, 정보수집절차는 패널설치시 당사국의 요청이 있을 경우 자동적으로 개시된다고 판시하였다.[91]

반덤핑 협정(GATT Article VI)에서는 패널설치요청시 대상이 될 수 있는 조치 범위

90) 사례이야기 3-EC 조선분쟁 4항 'EC 조선 분쟁에서 있었던 특별한 절차' 관련 부분 참조.
91) Appellate Body Report, *US-Large Civil Aircraft(2nd complaint)*, paras. 522-524.

와 패널의 조사근거 및 검토기준에 대한 특별규정을 제공한다. 제17.4조에서는 패널 설치 대상조치로 반덤핑 관세부과, 가격합의(price undertaking)가 가능하며, 잠정조 치도 심각한 영향이 있는 경우에는 포함할 수 있다고 규정한다.[92] 제17.5조에서는 패널의 조사가 제소국이 제출한 자국 이익의 '무효화 또는 침해'(또는 '협정목적 달성 의 저해') 내용과 조사결과보고서 등에 제공된 사실에 근거하도록 한다. 제17.6조의 검토기준은 앞에서 언급한 바와 같다.[93]

위생 및 검역 협정 제11.2조에서는 과학적/기술적 사안이 관련된 분쟁에서는 패널 이 반드시 전문가의 자문을 얻어야 하며, 이를 위해서 전문가검토단을 구성하거나 국제기구에 의견을 요청할 수 있다고 규정한다. DSU상의 전문가 검토단 규정은 패 널의 선택사항인 반면, 위생 및 검역 협정에서는 전문가의 자문을 패널의 의무 ("should")로 규정한 것이 구별되는 점이다.

관세평가협정 제18-19조 및 Annex II에서는 협정의 통일된 해석 및 적용을 위해 관세평가기술위원회를 상설로 설치해서, 분쟁사안에 대한 자문뿐 아니라 상시적으로 회원국들에게 관세평가에 대한 자문 및 정보제공을 하도록 하고 있다.

서비스무역협정(GATS) 제XXII.3조에서 양국이 체결한 이중과세방지협정에 대한 예외를 규정한다. 즉, 이중과세방지협정의 관할범위에 속하는 사항에 대해서는 서비 스무역협정상의 내국민 대우를 주장할 수 없다. 이와 관련, 분쟁에서 문제된 사안이 이중과세방지협정의 관할에 속한 사항인지에 대해 당사국간 이견이 있는 경우에는 일방 당사국이 이를 서비스무역이사회에 제기[94]할 수 있으며, 동 이사회는 중재에 회부해야 하고 이 중재의 결정은 최종적이며 구속력을 가진다.

항공운송서비스(Annex on Air Transport Services 제4항) 관련 분쟁이 발생한 경우, WTO 분쟁에 회부하기 전에 항공운송 분야를 규율하는 양자 혹은 다자 협정상의 분 쟁해결절차를 우선해서 사용할 것을 규정한다.

---

92) 다만, 이 요건과 별개로 반덤핑 조치와 관련된 법령도 'as such'로 패널설치 요청의 대상이 될 수 있는데, 이는 반덤핑협정 제18.4조에서 회원국들의 관련 법령과 행정절차가 반덤핑협 정에 합치되어야 한다고 규정하는 바에 기초한다; *Supra* note 2, p. 46 참조.

93) 제5장 1항 '패널의 검토 기준(Standard of review)' 참조.

94) GATS 제XXII.3조 Footnote 11에서는 해당되는 이중과세방지협정이 WTO 협정 발효 전에 이미 존재하던 협정인 경우에는 상대국이 동의하는 경우에만 당사국이 이 사안을 서비스무 역이사회에 제기할 수 있다고 규정한다.

서비스무역협정 분쟁해결절차에 관한 결정[95]에서는 특정서비스 분야와 관련된 WTO 분쟁에서는 패널이 이 분야에서 필요한 전문성을 가진 인사를 포함해야 한다고 규정한다.[96]

9. 개도국 및 최빈개도국 특별대우

DSU는 회원국들이 분쟁해결절차 진행 관련해서 개도국 또는 최빈개도국의 상황에 대해 특별한 주의를 기울이도록 권고하면서 각 분쟁단계별로 특별규정을 두고 있다.[97]

먼저, 양자협의 단계에서는 앞서 언급한 바와 같이 개도국이 가진 이해와 어려움에 대해 특별한 주의를 기울이고 필요한 경우 DSB 의장이 개입해서 양자협의 기간을 연장할 수 있도록 했다.

패널 절차에서는 당사국인 개도국이 요청할 경우, 패널위원 3인 중 1명은 개도국 출신으로 임명하도록 했다.[98] 또한, 피소국이 개도국인 경우에는 자국의 조치를 적절히 방어할 수 있도록 충분한 기간을 제공해야 하며, 다만, 이를 위해 전체적인 분쟁 진행기간을 늘릴 수는 없다.[99] 또한, 패널보고서에는 개도국이 분쟁해결과정에서 제기한 대상 협정상에 포함된 개도국 특별대우 규정을 어떻게 고려했는지를 명시적으로 언급해야 한다.[100]

이행 단계에서도 DSU 제21.2조에 따라 개도국의 이해에 영향을 미치는 사안에 대해 특별한 주의를 기울여야 하는데,[101] 실제 분쟁에서는 합리적이행기간 결정시

---

95) WTO, *Decision on Certain Dispute Settlement Procedures for the General Agreement on Trade in Services*, adopted by the Trade Negotiations Committee on 15 December 1993.
96) *Supra* note 1, p. 202 참조; GATS Annex on Financial Services 4항도 같은 맥락에서 패널위원의 해당 서비스 분야 전문성 요건을 규정한다.
97) *Supra* note 2, p. 176 참조.
98) DSU 제8.3조, 제8.10조.
99) DSU 제12.10조; *Supra* note 2, p. 177, Footnote 1에 따르면 *India-Quantitative Restrictions* 분쟁 등에서 개도국의 요청에 따라 패널 일정에서 이들의 1차 서면입장서나 답변서 제출 시한을 예외적으로 늘려준 바 있다. Panel Report, *India-Quantitative Restrictions*, para. 5.10 참조.
100) DSU 제12.11조; 개도국 간의 분쟁에 대해서는 'Decision of 5 April 1966'에 의거하여 60일내 패널결정 신속 도출, WTO 사무총장의 알선(good offices) 등을 적용할 수도 있으나 실제로는 거의 사용되지 않고 있다.
101) DSU 제21.2조.

개도국에게 추가적인 기간이 부여되는데 이 규정이 인용되었다.[102] 또한, 이행보고서 제출 및 이행 감독(제21.6조)과 관련해서도 개도국이 제기한 사안에 대해서는 DSB가 적절한 조치를 추가적으로 취할 것을 고려하고, 이때 문제된 조치가 개도국의 무역 및 경제에 미치는 영향도 감안해야 한다.[103]

최빈 개도국[104]에 대한 특별 고려로 이들을 대상으로 분쟁에 제소하는 것은 적절히 자제해야 하며, 최빈개도국이 협정위반 조치에 대해 이행을 못하는 경우 보상을 요구하거나 보복조치를 하는 것도 자제해야 한다.[105] 이 규정이 반영되어 2016.12.1. 현재 최빈개도국을 대상으로 분쟁이 제소된 건은 한 건도 없다.[106]

또한 DSU 제24.2조는 최빈개도국이 관련된 분쟁에서는 양자협의에서 만족할 만한 해결책이 합의되지 못한 경우 패널요청이 이루어지기 전에, WTO 사무총장이나 DSB 의장이 최빈개도국의 요청에 따라 알선, 조정, 중개를 제공하도록 규정한다.

WTO 사무국 및 관련 기관의 개도국에 대한 기술협력과 WTO법 자문은 앞에서 논의한 바 있다.[107]

---

102) *Indonesia-Autos* 분쟁에서 합리적이행기간 중재인은 인도네시아가 개도국이며 경제위기 상황인 점을 감안해서 합리적이행기간을 추가적으로 6개월 부여한 바 있다; Award of the Arbitrator, *Indonesia-Autos(Article 21.3(c))*, para. 24 참조.
103) DSU 제21.7조, 제21.8조.
104) 2016.12.1. 현재, WTO 회원국 중에는 36개 최빈개도국이 있다. 아프가니스탄, 앙골라, 방글라데시 등이다.
105) DSU 제24.1조.
106) *Supra* note 2, p. 180, Footnote 11; 최빈개도국이 분쟁에 3자로 참여하는 경우도 드문데, *US-Upland Cotton* 분쟁에서 최빈개도국인 베냉과 채드가 3자로 참여한 바 있으며 패널보고서에서는 이들에 대한 특별한 고려를 하였다고 명시한다: Panel Report, *US-Upland Cotton*, para. 7.54. 참조.
107) 제5장 패널 절차에서 제기되는 주요 사안들, 7항 'WTO 사무국의 역할' 참조.

제6장

상소 단계

상소 단계

1. 상소기구의 역할 및 의미

상소기구는 DSU 제17조에 따라 패널에 대한 상급심의 역할을 한다. 즉, 패널의 협정에 대한 법적 해석과 적용을 재검토해서 이를 확정, 변경 또는 파기할 수 있다.

WTO 분쟁해결절차에 상소기구를 둔 것은 과감한 개혁으로 평가된다. 국내재판에서는 상급법원에 상소하는 것이 당연한 일이나, 국제사법재판소 포함한 국제재판에서는 상소심을 두는 사례가 거의 없다는 점에서 WTO 분쟁을 2심제로 한 것은 예외적이고 혁신적인 결정이었다.[1]

US-Stainless Steel 분쟁 상소기구는 "WTO 회원국이 패널의 법적 해석을 재검토하는 상소기구를 만든 것은 회원국들이 협정상의 권리와 의무에 대한 해석에서 일관성과 안정성을 중시하고 있음을 보여주며, 이는 분쟁해결시스템의 안정성과 예측가능성을 제고하고 신속한 분쟁해결을 보장하기 위해 필수적"[2]이라고 한 바 있다. 아울러, GATT와 달리 WTO에서는 패널보고서가 사실상 자동적으로 채택된다는 점에서, 잘못된 판정의 위험을 회원국이 통제할 수 없으므로 상소기구에서 패널판정을 재심토록 하여 이를 보완하고자 한 목적도 있다.[3] 회원국들은 실제로 상소심을 적

---

1) WTO, *A Handbook on the WTO Dispute Settlement System*(Cambridge Univ. 2nd ed. 2017), p. 31.
2) Appellate Body Report, *US-Stainless Steel(Mexico)*, para. 161.
3) *Supra* note 1, p. 31-32.

극적으로 활용했는데, 1995년 WTO 출범 후 2022년 8월까지 발표(회람)된 261건의 패널보고서 중 69%인 180건이 상소심을 거친 것으로 나타난다.[4]

반면, WTO 분쟁을 2심제로 함에 따라 발생하는 도전 과제도 있다. 먼저, 상소심을 추가함에 따라 분쟁해결에 시간이 더 소요되는 점이고, 둘째는 패널과 상소기구 간에 역할 분담이 모호해질 수 있다. 이를 분명히 하지 않으면, 1심이 형식화되고 2심에 과도한 중심이 쏠리는 부작용이 발생할 수 있다. 셋째는 상소기구의 파기환송 권한이 없어서 상소기구가 패널판정을 번복한 사안에 대해 분석을 완료하지 못하는 문제도 나타났다. 구체사항은 4항에서 별도 설명한다.[5]

2. 상소기구 구성 및 운영

DSU 주요 규정(제17.1 – 3조, 제17.9조)

분쟁해결기구는 상설상소기구를 설치한다. 상소기구는 패널사안으로부터의 상소를 심의한다. 동 기구는 7인으로 구성되며, 이들 중 3인이 하나의 사건을 담당한다. 상소기구 위원은 교대로 업무를 담당한다. 이러한 교대는 상소기구의 작업절차에 정해진다. 분쟁해결기구는 4년 임기의 상소기구위원을 임명하며 각 상소기구위원은 1차에 한하여 연임할 수 있다. 다만, 세계무역기구협정 발효직후 임명되는 7인 중 3인의 임기는 2년 후 만료되며, 이는 추첨으로 결정한다. 결원은 발생할 때마다 충원된다. 임기가 만료되지 아니한 상소기구위원을 교체하기 위하여 임명된 위원은 전임자의 잔여임기 동안 상소기구위원의 직을 수행한다.

상소기구는 법률, 국제무역 및 대상협정 전반의 주제에 대하여 입증된 전문지식을 갖춘 인정된 권위자로 구성된다. 상소기구위원은 어느 정부와도 연관되지 아니한다. 상소기구위원은 세계무역기구 회원국을 폭넓게 대표한다. 모든 상소기구위원은 어느 때라도 단기간의 통지로 이용가능해야 하며 세계무역기구의 분쟁해결활동 및 그 밖의 관련 활동을 계속 숙지하고 있어야 한다. 상소기구위원은 직접 또는 간접적인 이해의

---

4) WTO, *Analytical Index*, DSU Information Tables, p. 38-39.
   https://www.wto.org/english/res_e/publications_e/ai17_e/ds_information_tables.pdf
   2022.9.8. 최종접속.
5) 제6장 4항 '상소기구의 주요 과제' 참조

> 충돌을 야기할 수 있는 분쟁의 심의에 참여하지 아니한다.
> 상소기구는 분쟁해결기구 의장 및 사무총장과의 협의를 거쳐 작업절차를 작성하며, 동
> 작업절차는 회원국들이 알 수 있도록 통보된다.

상소기구는 DSU 제17.1조에 의거, WTO 출범 직후인 1995.2.10. 분쟁해결기구 (DSB) 회의에서 설립되었다.[6] 그리고 이 회의에서는 DSU가 상소기구 출범 및 운영 관련해서 구체적으로 규정하지 않은 사항을 보완하기 위한 결정도 같이 채택하였다.[7] 대표적으로 상소기구 위원 선출을 위한 구체 절차인데, DSU에서는 어떻게 상소기구 위원 후보자를 추천하고 어떤 절차를 거쳐 최종 임명할지 침묵하고 있기 때문이다. 이렇게 DSB 회의에서 결정된 절차의 내용은 회원국이 먼저 상소기구 위원 후보를 WTO 사무총장에게 추천하고, 6인으로 구성된 추천위(WTO 사무총장, 일반이사회 의장, 분쟁해결기구 의장, 3개 이사회 의장)에서 회원국 및 후보들과 협의를 거쳐서 최종 후보를 선정한 후 분쟁해결기구에 추천해서 전체 회원국의 승인을 받는 것이다. 이 절차에 따라 1995년에 상소기구 위원 7명이 선임[8]되었고 미국이 1996.1.29. *US-Gasoline* 분쟁의 패널 판정 중 일부를 상소함에 따라 최초의 상소심이 개시되었다.[9]

---

6) WTO, *Minutes of Meeting of Dispute Settlement Body*(10 February 1995), WT/DSB/M/1(28 February 1995) p. 3.

7) WTO, *Establishment of the Appellate Body*, Recommendations by the Preparatory Committee for the WTO approved by the Dispute Settlement Body on 10 February 1995, WT/DSB/1: 이 결정은 준비위원회가 작성한 문서(PC/IPL/13)에 근거해서 이루어졌으며, 주요 사항은 상소기구 위원 선임 절차, 상소기구 위원의 법적 전문성 강조, 상소기구 위원 선임 시 지역/경제발전수준/법률시스템면에서 대표성 반영, 이익충돌 회피 및 비밀준수 의무, 상소기구 위원의 다른 업무 겸직가능, 상소기구 위원 계약 방식 및 보수 수준, 상소심 담당위원 선정 방법은 작업절차에 위임, WTO 사무국으로부터 독립적으로 활동하는 상소기구 사무국 설치 등이다.

8) DSU 제17.2조에 따라 초대 상소기구 위원 7인 중 3인은 임기를 2년으로 했다. 이는 상소기구 활동의 연속성을 확보하기 위해 7명의 위원이 동시에 임기가 종료되는 것을 방지하기 위한 것으로 초대 위원 중에서 3인은 추첨으로 첫 번째 임기를 2년으로 한정한 것이다. 이들의 재임시에는 4년 임기를 부여한다.

9) 이 상소심을 담당한 3인의 상소위원은 Feliciano(필리핀, 의장), Beeby(뉴질랜드), Mastushita (일본)이었다. 이 분쟁에 대한 상세한 사항은 사례이야기 3: 미국 가솔린 분쟁 참조.

(상소기구 구성) 상소기구에는 7인의 위원이 상임으로 활동하며, 각 상소심은 이 중 3인을 뽑아서 담당시킨다.[10] 임기는 4년이고 재선 가능하다. 상소기구 위원의 자격은 법률, 국제무역 및 협정 전반에 대한 전문지식을 우선 요건으로 하며, 아울러 회원국을 폭넓게 대표하도록 하기 위해 위원 선임시 지역 대표성, 경제발전 수준, 법률시스템상의 대표성을 고려해야 한다.[11]

각 위원은 재임기간 동안 국제기구, 정부, NGO 등의 지시를 받지 않고 독립적으로 직무를 수행해야 하며 이익충돌 방지 등 WTO의 행동규칙(Rules of Conduct)을 지켜야 한다.[12] 또한, 상소기구 위원은 상임이기는 하나 상근은 아니어서 제네바에 체재하지 않고 다른 업무를 겸직할 수 있으며[13] 상소기구에서 필요할 경우에는 우선적으로 위원 직무를 수행해야 한다.[14]

(상소기구 운영) 상소기구에 위원 7명을 대표하는 의장을 두는데 위원들이 1년 임기(재선 가능)로 호선하고 의장은 상소기구의 운영 전반을 책임지며, 상소기구가 적절히 기능하도록 감독한다.[15] 각 분쟁의 상소심(3인)에도 의장을 두는데, 담당 위원이 호선하고 해당 상소심의 전반적인 운영 및 구두진술회의 주재 등의 임무를 맡는다.[16] 상소기구 전체(7인) 또는 상소심(3인)의 의사결정시에는 전원 합의가 원칙이나 어려울 경우 다수결로도 정할 수 있다.[17]

상소기구 운영 관련, 회원국 입장에서 가장 관심있는 것은 자국이 당사자인 상소심에서 누가 3인의 담당위원이 될 것인가이다. 당사국은 담당위원 구성에 관여할 수가 없으며 전적으로 상소기구에서 정해지는 것이므로 불안할 수밖에 없다. 혹시라도 담당위원 선정이 공정하지 않게 임의로 정해진다는 의구심이 대두된다면 당사국뿐

---

10) DSU 제17.1조.
11) DSU 제17.3조; *Supra* note 7, p. 1-2 각각 참조.
12) DSU 제17.3조; WTO, *Rules of Conduct for the understanding on rules and procedures governing the settlement of disputes*, WT/DSB/RC/1,(11 December 1996).
13) *Supra* note 7, p. 2.
14) DSU 제17.3조.
15) WTO, *Working Procedures for Appellate Review*, WT/AB/WP/6*(16 August 2010), (이하 "상소기구 작업절차 규정").
16) *Id.* 7항.
17) *Id.* 3항.

아니라 상소기구 입장에서도 신뢰성에 영향을 주는 심각한 문제이다. 이런 점을 고려해서 WTO 상소기구에서는 각 상소심을 담당할 3인의 위원을 그때그때 임의로 결정하지 않고, 연초에 미리 추첨으로 3명씩 묶어서 순서를 정해 놓는다. 그리고는 상소가 고지되면 자기 차례가 된 그룹이 자동적으로 담당하게 된다. 상소기구 작업절차 규정에도 각 상소심의 담당위원 3인 선정은 무작위, 불예측, 모든 위원 참여를 원칙으로 해서 로테이션으로 선정해야 한다고 규정한다.[18]

상소심에서는 특정 상소기구 위원을 국적을 이유로 거부하는 것이 불가능하다. 예를 들어, 우리나라와 미국이 당사자인 상소심에서 미국 혹은 우리나라 국적의 상소기구 위원이 담당위원이 될 수 있다. 이때, 패널절차와 달리 상소심에서는 상대국 국적의 상소기구 위원도 받아들여야만 한다.[19] 국적을 이유로 거부가 가능하다면 3인 상소심 구성에 큰 차질이 발생할 것이란 현실적인 이유가 반영된 것으로 생각된다.

(상소기구 작업절차) 상소기구에는 DSU 규정을 보완하는 별도의 작업절차가 있다. DSU 제17.9조에 근거해 상소기구가 미리 마련하는 운영규정이다.[20] 이 작업절차는 1996.2.15. 최초로 제정되었으며 5번의 개정이 있었고 현 규정은 2010.9.15.에 발효된 것이다(예시문 17). DSU에 담지 않은 구체적인 사항을 정하고 있으며 크게 두 부분으로 나누어지는데 첫 번째는 상설기구인 상소기구의 조직 및 운영 관련사항(위원의 의무 및 의사 결정, 상소기구 의장, 상소심 구성 등)이고, 두 번째는 각 분쟁을 담당하는 상소심(3인) 운영 절차를 상세히 규정한다.

패널에서는 개별 분쟁별로 상세 작업절차가 정해지는데, 왜 상소기구에서는 모든 상소심에 보편적으로 적용되는 절차를 만든 것일까? 먼저, 상소기구는 상설기구이기 때문에 특정 분쟁과 상관없이 평시 운영에 관한 규정이 필요하다. 상소기구 의장 선출 및 임기, 7인 위원의 권리와 의무, 위원들의 상소심(3인) 담당순서 사전배정 등에

---

18) *Id.* 6(2)항.
19) DSU 제17.3조에서 상소기구 위원은 어느 정부와도 연관되지 않아야 하고 세계무역기구 회원국을 폭넓게 대표한다고 규정한 것과도 관련된다고 할 수 있다.
20) *Supra* note 15: 상소기구 작업절차 규정은 모든 상소심에 적용되는 보편절차이다. 패널의 경우도 DSU 부록에서 표준 작업절차를 제공하고는 있으나, 이는 일종의 모델로 각 분쟁에서 패널이 당사국과의 협의를 거쳐 별도의 작업절차를 만드는 것이 일반적이다.

대한 규정이 여기에 해당된다. 다음은 신속하게 진행되는 상소심의 특성상, 각 분쟁별로 당사국과의 협의를 거쳐 일정과 절차를 정할 여유가 없기 때문이다. 예를 들어, 현 작업절차에 따르면 상소 고지와 동시에 상소서면입장서를 제출해야 하며, 역상소 고지는 상소후 5일 이내에 역상소 서면입장서와 같이 제시되어야 한다.[21] 만약, 사전에 결정된 보편적인 작업절차가 없다면 일정을 진행하는 데 커다란 혼란이 초래될 것이다.

깊이 보기 우리나라 최초의 상소기구 위원인 장승화 위원 피선출기

장승화 위원은 2012.6.1.자로 WTO 상소기구 위원에 선임되어 우리나라 최초로 상소기구 위원을 역임했는데, 후학들을 위해 본인이 상소기구 위원으로 선출되기 위해 거친 과정을 「국제경제법연구」에 게재했다. 이 내용을 아래에서 요약해서 소개한다.[22]

상소기구 위원 선출 과정에서 후보로서 4개의 주요 과정을 거친다. 먼저, 정부의 공식후보가 되는 과정으로 당시 담당 부처인 외교통상부에서 입후보 가능 인사들의 의사를 타진하고 관련 학회와 협의한 후 2012년 2월경에 장승화 후보를 공식 후보로 내정하였다.

두 번째는 우리 정부가 공식후보 추천문서를 WTO에 송부하였다. 여기에는 후보의 자기소개서가 포함되는데, WTO 공식문서로 회원국들에게 회람되며 제네바에서 후보자에 대한 일차적인 평가자료가 되므로 중요하게 여겨진다. 당시, 다른 후보로는 일본 추천 2명, 태국 추천 1명이 있었다.

세 번째는 WTO 주요 회원국과의 면담이다. WTO 회원국들은 후보자의 소개서 및 후보자와의 개별면담 결과 등을 바탕으로 6인 추천위원회에 후보자에 대한 의견을 표명한다. 주요 회원국들의 의견은 6인 추천위의 최종 후보자 선정시 중요한 영향을 미치며, 특히 주요 강대국들 중에서 한 회원국이라도 명시적으로 임명을 반대하는 후보는 선출이 사실상 불가능해지는 것으로 알려져 있다. 회원국 면담을 위해서 모든 회원국의 수도나 제네바 대표부를 방문하기 불가능하므로 소위 '주요국'만을 방문하게 된다. 장 위원은 거의 30개국의 제네바 대표부를 방문하였으며 미국과 유럽연합의 경우에는 수도인 워싱턴과 브뤼셀을 직접 방문하였다. 중국과는 상무부의 주요 간부가 제네바를 방문한 계기에 면담을 했다.

면담은 각국의 특색과 면담 상대의 개인적 배경/특성에 따라 다르게 진행되며, 장

---

21) *Id.* 20, 21, 23항.

위원은 각국이 특별한 관심을 가지고 있는 주제에 대해서는 그들의 입장을 충분히 이해한다는 입장을 표명하면서 어느 한쪽에 편향되지 않는 태도를 보이고자 노력했다.

또한, 회원국 중 국가로서의 영향력 자체는 크지 않지만, 이 국가가 소속된 지역이나 대륙을 대표하는 역할을 하는 나라의 대사와 제네바에서 개인적으로 영향력이 있는 대사들과의 면담도 가졌는데, 이들의 의견은 추천위원회에서도 경청하는 것으로 알려졌다.

장 위원은 제네바에 3주간 머무르면서 개별국과의 면담을 가졌는데, 육체적으로 힘든 시간이었고 어떤 날은 목에서 피가 나와 면담시간 외에는 묵언 수행을 하는 기분으로 임해야 하는 날도 있었다고 회상한다.

네 번째는 6인 추천위원회와의 인터뷰이다. 추천위원회는 후보자들에 대한 자체적인 심층 면접과 회원국들의 의견을 고려하여 최종 한 명의 후보자를 선정한 후, 분쟁해결기구(DSB)에 공식선출을 위한 추천을 하게 된다. 인터뷰는 DSB 의장이 추천위의 위원장으로서 모두 발언을 한 후에 각 추천위원들이 돌아가면서 질문을 하는 형식으로 이루어진다. 한 후보당 90분이 배정되어 있어서 답변하는 시간은 충분했으며, 장 위원의 인터뷰는 110분 정도 소요되었다. WTO 분쟁해결절차에 대한 질문이 과반수이고 질문의 수준도 심도 깊었는데, 장 위원은 각 위원들의 관심사를 미리 파악한 것에 기초해서 공감대를 형성하면서 답변을 했다. 질문의 한 예로 "그동안 나온 수많은 상소기구 결정문 중에 가장 중요하고 훌륭한 결정문은 무엇이라고 생각하며 그 이유가 무엇인가?"가 있었다. 아울러, 상소기구 업무에 대한 헌신적 자세, 이해충돌 가능성, 다른 상소기구 구성원들과 잘 융화될 수 있는 성격인지 등도 심층 테스트를 했다.

3. 상소 고지 및 상소심 절차

DSU 주요 규정(제17.4 – 13조, 제17.9조 제외)

분쟁당사자만이 패널보고서에 대하여 상소할 수 있으며 제3자는 상소할 수 없다. 패널심의 제3자는 상소기구에 서면입장을 제출하고 상소기구에서 자신의 입장을 개진할

---

22) 장승화, "WTO 상소기구 위원 피선출기(被選出記)", 「국제경제법연구」 제11권 제1호 (2013.3), p. 255-263 참조.

기회를 가질 수 있다.

일방 분쟁당사자가 자기나라의 상소결정을 공식적으로 통지한 날로부터 상소기구가 보고서를 배포하는 날까지의 절차는 원칙적으로 60일을 초과하지 아니한다. 상소기구가 60일 이내에 자신의 보고서를 제출하지 못할 경우, 지연사유를 분쟁해결기구에 통보한다. 어떠한 경우에도 90일을 초과할 수 없다.

상소는 패널보고서에서 다루어진 법률문제 및 패널이 행한 법률해석에만 국한된다.

상소기구는 자신이 필요로 하는 적절한 행정적 및 법률적 지원을 제공받는다.

상소기구의 심의과정은 공개되지 아니한다. 상소기구보고서는 제공된 정보 및 행하여진 진술내용에 비추어 분쟁당사자의 참석 없이 작성된다.

상소기구는 패널의 법률적인 조사결과와 결론을 확정, 변경 또는 파기할 수 있다.

가. 상소 여부 결정 시 고려사항 및 시기

패널 판정이 내려지면 당사국 입장에서 가장 중요한 것은 상소할지 아니면 패널 판정을 그대로 받아들일지 여부이다. 일방적으로 승소하거나 패소한 경우에는 선택이 명확하겠지만 일부는 승소하고 일부는 패소한 경우 고민이 깊어진다. 이때, 어떤 부분들을 고려해야 할까? 먼저, 상소를 할 경우에는 패널의 판정 전체를 하는 것이 아니라 자국의 주장이 인정을 받지 못해서 패소한 부분을 선택적으로 하게 되는데, 현실적으로 상소심에서 뒤집을 수 있을지가 주요 고려사항이 될 것이다.

자국의 주장과 근거가 견고함에도 불구하고 패널의 잘못된 법률해석으로 인해 불리한 판정이 도출된 것인지, 아니면 자국 입장의 근거가 약해서 상소기구에서도 번복되기 어려운 내용인지를 객관적이고 면밀히 분석해야 한다. 특히, 상소기구가 법률심인 점도 중요하다. 패소를 하게 된 핵심이유가 상소기구의 재심 대상이 아닌 사실 관계라면 상소기구에서 재심해도 뒤집어질 가능성이 희박하므로 신중히 생각해야 할 것이다. 반대로 패소의 주된 이유가 패널의 법률해석과 적용이라면 상소를 보다 적극적으로 고려할 수 있을 것이다.

둘째, 패널판정이 현 상태로 확정되었을 때 패소한 부분을 이행하기 위한 부담의 정도도 고려되어야 한다. 피소국 입장에서 패소했을지라도 이로 인해 이행해야 할 부담이 크지 않을 경우에는 굳이 상소할 필요가 없다. 잘못하면 오히려 긁어 부스럼이 되어 더 큰 부담을 안을 수도 있기 때문이다. 제소국 입장에서 본다면, 여러 가지 문제를 제기했는데 이 중 1-2가지 사안만 승소하고 다른 것은 인정받지 못했을 수 있다. 이 경우 다른 사안도 협정 위반으로 인정받기 위해 상소를 검토하게 될 것이다. 그러나 이미 패널에서 협정위반으로 인정받은 1-2가지 사안에 대해서만 이행이 되어도 제소국의 목적이 어느 정도 이루어진다면 굳이 상소를 할 이유가 없을 것이다.

이와 연관하여 '역상소(cross-appeal)'가 있는 점을 고려하는 것이 중요하다. 즉, 패널판정 중에는 제소국이 이긴 부분과 피소국이 이긴 부분이 혼재되어 있는 것이 일반적이다. 상소는 이 중에 패소한 부분이 많아서 불만인 국가가 먼저 시작한다. 그런데, 상대국은 상소를 한 국가가 제기한 사안을 방어하는 데 그치는 게 아니라, 상소한 국가가 제기하지 않았지만 자국이 불만을 가진 다른 부분도 뒤집어 달라고 요청할 수 있다. 이것이 역상소이다. 상소를 제기하려는 국가 입장에서 자국의 상소보다는 상대국의 역상소로 인해 오히려 더 큰 손해를 볼 위험이 있다면 상소를 하지 않는 것이 현명한 전략이라고 해야 할 것이다. 잘못하면 소탐대실이 되기 때문이다.

당사국이 상소를 검토하고 결정하는 시기는 이론적으로는 패널보고서가 발표되고 난 후이나, 현실적으로는 잠정보고서가 전달된 후 얼마 지나지 않아서 패소국은 상소 여부를 검토하게 된다. 잠정보고서상의 판정은 최종발표까지 거의 바뀌지 않기 때문이다. 잠정보고서 전달부터 상소 시까지는 보통 수개월이 주어진다.

나. 상소심 개시 및 과정

상소심은 패널절차에 비해 신속히 진행되는데, 상소를 원하는 당사국("상소국")이 분쟁해결기구와 사무국에 상소 고지문(Notice of Appeal)을 제출하는 것으로 시작된다. 여기에서는 상소의 대상인 패널보고서 명칭(title), 상소를 하는 당사국의 이름 및 연락처, 그리고 상소의 성격에 대한 설명이 담겨야 한다. 상소의 성격에 대한 설명에는 패널이 잘못 판정한 사항 및 패널보고서상의 해당 단락(paragraphs) 번호, 패널이 잘못 적용한 협정 규정을 포함한다(예시문 8).[23]

또한, 상소국은 상소 고지와 동시에 상소 서면입장서를 제출해야 한다. 이전에는

---

23) *Supra* note 15, 20항.

상소 고지 후 10일 이내에 서면입장서를 제출하면 되었으나 2010년부터 같은 날 제출하도록 변경되었다. 상소 서면입장서에는 상소를 하는 근거에 대한 구체적인 설명과 관련 협정 규정, 상소국이 요청하는 판정내용 등을 상세히 적시해야 한다.[24)]

상소기구에서는 상소 고지후, 이 사안에 대해 판정을 담당할 3인의 위원을 미리 정해된 순서에 따라 배정한다. 그리고 배정된 3인 위원, 상소심 일정(날짜 명시), 추가 작업절차(필요시) 등을 당사국과 3자 참여국에게 통보한다. 상소심 일정 및 작업절차는 앞서 언급한 대로 상소기구 작업절차 규정에 따르므로 별도로 당사국들과 협의하는 절차를 거치지 않는다.

패널에서 3자로 참여한 국가는 상소심에도 참여할 수 있으며, 패널심에 3자로 참여하지 않은 국가가 새롭게 참여할 수는 없다. 3자 참여국은 3자 서면입장서를 제출하고 구두진술회의의 전체일정에 참여할 수 있다.

(역상소) 피상소국은 상소국이 상소하지 않은 다른 사항에 대해 재심을 요청할 수 있다. 역상소는 상소고지 후 5일 이내에 역상소 고지문과 역상소 서면입장서를 같이 제출해야 한다.[25)] 역상소 고지문에 포함해야 하는 내용은 상소고지문의 경우와 동일하다(예시문 9).

앞서도 언급했지만, 상소 고지 후 진행되는 상소서면입장서 제출 및 역상소 고지 및 서면입장서 제출 일정은 WTO 출범 시보다 훨씬 당겨진 것이다. 당초 상소서면입장서는 상소 고지 후 10일 이내에 제출하는 것이었으나 중간에 7일로 단축되었다가 같은 날 제출로 변경된 것이다. 역상소 고지도 처음에는 상소 고지 후 15일 이내에 시행하면 되었으나 이제는 5일 이내에 하도록 변경되었다. 이렇게 상소심의 초기 일정을 단축한 주된 이유는, 분쟁당사국들 입장에서 패널의 잠정보고서 전달 이후 상소를 준비할 충분한 시간이 있으므로 상소 후 역상소 고지나 서면입장서(상소, 역상소)를 준비하는 기간을 길게 가질 필요가 없는 점을 고려한 것이다. 그리고 당사국의 입장 제시과정을 신속히 한 후 상소기구 위원들이 심리하고 판정을 준비할 기간을 확대하자는 취지이다.[26)]

---

24) *Id.* 21항.
25) *Id.* 23항.
26) WTO, *Working Procedures for Appellate Review, Communication from the Appellate*

상소입장서와 역상소입장서에 대한 상대편의 서면반박서는 상소고지 후 18일 이내에 동시에 제출하고 3자 참여국 서면입장서는 이후 3일 이내에 제출한다.[27]

당사국 입장에서 상소 서면입장서, 반박서 제출시의 대응방법은 패널절차시와 유사하다. 다만, 상소심은 패널이 이미 판정한 법률사안을 재심하는 것이므로 패널심에서의 주장과 차별화하는 게 필요하다. 특히, 패널판정을 뒤집고자 하는 상소국 입장이라면 당연히 기존의 논리와 주장을 보완하는 새로운 접근이 필요할 것이다.

아울러, 상소심은 법률사안을 다루므로 해당 WTO 협정 조문이 해석되고 적용된 과정과 법적 논리의 연결을 정치하게 보게 된다. 따라서, 상소국은 패널판정의 모든 측면을 문제삼기보다는 패널이 협정 해석과 적용의 논리를 이어가는 과정에서 상대적으로 논리가 부족하고 약했던 연결고리를 공격해서 끊을 수 있다면 패널판정이 번복될 가능성을 높일 수 있을 것이다. 우리나라가 상소기구에서 역전승한 일본 수산물 분쟁(Korea-Radionuclides)에서도 패널이 위생 및 검역 협정을 해석하고 적용하는 과정에서 충분히 검토하지 않은 부분을 지적해서 상소기구의 번복을 이끌어 낼 수 있었다.[28]

피상소국 입장에서는 역상소를 적절히 활용하는 것이 중요하다. 공격이 최선의 방어라는 격언은 여기서도 적용된다. 즉, 역상소를 할 경우 자신이 패널에서 패소한 부분을 뒤집을 수 있는 기회가 될 뿐 아니라 상대의 역량과 논리를 역상소 방어를 위해 분산시키는 의미도 있다. 실제로 상소심에서 역상소한 논점이 인정받아서 패널판정이 번복되는 경우도 흔히 나타난다.

(구두진술회의) 상소심 구두진술회의는 상소 고지 후 30-45일 내에 개최되며 패널회의와 유사하게 진행되나 몇 가지 차이가 있다.[29] 먼저, 1회만 개최되는 것이 일반

Body, Annex A: Amendments to the Working Procedures for Appellate Review: Explanatory Notes(27 July 2010), WT/AB/WP/W/11, p. 3-5.

27) Supra note 15, 22, 24(1)항: 초기 규정은 서면반박서와 3자 참여 서면입장서를 상소 고지 후 25일 이내에 같이 제출하는 것이었으나 현 규정에서는 서면반박서 일정은 18일로 당기고 3자 참여 서면입장서는 서면반박서에서 3일을 추가한 21일로 변경하였다.

28) 정해관, "WTO 일본 수산물분쟁 이해하는 법", 「통상」(2019.5), p. 20-25 참조.

29) *Supra* note 1, p. 117-118 참조. 상소심 구두진술회의도 비공개로 진행하는 것이 원칙이나, 당사국의 요청에 근거해서 상소기구가 공개회의로 진행하기도 한다. 대표적인 사례는

적이며, 다만 상소심에서 다룰 사안이 많고 복잡한 경우 예외적으로 2회 개최하기도 한다. 둘째, 회의 시작때 하는 당사국의 구두진술서 발표에 시간제한이 있어서 대개 당사국은 20-30분, 3자 참여국은 5-10분이 주어지는 것이 일반적이다. 패널심과는 달리 3자 참여 세션을 별도로 설정하지 않고 구두진술회의 숲 기간에 3자 참여국도 참석한다. 셋째, 상소심에서는 회의 후에 서면 질의/답변 절차가 당연시되지 않고 선택적으로 이루어지므로 회의시 구두 답변이 중요하다. 구두진술회의 시 진술한 자국 입장이 사실상 마지막이 될 수 있으므로 이 자리에서 자국의 입장을 명확하고 충분히 전달하는 것이 중요하다.

당사국 입장에서 상소심 구두진술회의는 담당 상소심 위원들의 질의와 반응을 보면서 상호적으로 대응할 수 있는 유일한 기회이다. 이 시기가 되면 담당 상소기구 위원들도 분쟁 사안과 당사국들의 주장에 대해 익숙해져 있을 것이다. 따라서, 상소기구 위원의 판단이나 질의의 방향을 세심히 관찰해서 간략하면서도 질의 목적에 적합하게 답변하는 것이 무엇보다 중요하다. 특히, 상소심 구두진술회의에서는 패널과 달리 회의 자리에서 반드시 답변을 해야 하므로 사전준비를 보다 철저히 할 필요가 있다. 패널절차에서는 패널의 질의에 대해 답변을 미루고 이후에 서면으로 제출할 수 있는 것과 대비되는 점이다.[30]

(전체 상소기구위원 의견 수렴) 상소심 위원(3인)은 구두진술회의를 마친 후에, 상소된 사안에 대해 다른 4명의 상소기구 위원들과 의견을 교환한다.[31] 이는 상소기구 판정의 전체적인 '합치성 원칙(principle of congeniality)'을 지키기 위한 것이다.[32] 상소기구 판정이 사례별로 일관성 없게 나타난다면 WTO 분쟁해결체제의 중요한 목적인 다자통상체제의 안정성과 예측가능성을 손상시킬 것이기 때문이다.[33] 다만,

---

US-Continued Suspension/Canada-Continued Suspension 분쟁 상소심이었다.

30) *Supra* note 1, p. 118, Footnote 304 참조. 또한, 상소심에서는 원칙적으로 당사국끼리 서로 질의할 수 있는 기회가 없다.
31) *Supra* note 15, 상소기구 작업절차 규정 4(2)항에 의거, 상소기구의 모든 위원은 담당과 관계없이 모든 상소심에 대해 파악하고 있어야 하며, 이를 위해 모든 상소심 문서는 7인의 상소기구 위원 모두에게 전달된다.
32) *Id.* 4항.
33) DSU 제3.2조; *Supra* note 1, p. 118 참조.

4인의 다른 위원들과 협의하고 의견을 듣기는 하지만 종국적인 결정은 담당 위원들의 몫이다.[34] 상소심 판정은 3인의 합의결정이 원칙이며 이를 위해 모든 노력을 기울여야 하나, 어려울 경우에는 다수결로 결정할 수도 있다.[35] 이때 다수 의견에 참여하지 않은 위원은 익명으로 별도 의견을 제시할 수 있다.[36]

(상소 철회) 상소는 상소심 과정에서 철회될 수도 있다. 상소국이 일방적으로 상소철회를 상소기구에 통보하거나 당사국이 별도로 합의하는 방식이 가능하다.[37] *India-Autos* 분쟁에서는 상소국인 인도가 일방적으로 상소를 철회함에 따라 상소기구가 상소 경위와 철회 사실만을 간략히 담은 보고서를 발표한 바 있다.[38] 한편, 상소국이 새로운 상소를 제기하기 위해 기존 상소고지를 철회하는 경우도 있다.[39] *EC-Sardines* 분쟁에서 이런 상황이 발생하였는데, 상소기구는 적법절차에 위배되지 않는 한 기존 상소를 철회하고 새로운 상소를 제기할 수 있다고 결정한 바 있다.[40]

(상소기구보고서 발표) 상소기구는 판정을 발표할 날짜가 정해지면 당사국에게 미리 알려준다. 그리고는 정해진 날짜에 보고서를 발표하는 데, 패널절차와 다른 점은 잠정보고서 절차가 없으며 최종 판정이 즉각적으로 발표된다(WTO 홈페이지에 게재). 그래서, 판정이 더욱 극적인 효과가 있다.

4. 상소기구의 주요 과제

WTO 내 상소기구 설치는 패널판정의 일관성과 신뢰성을 제고하는 역할을 하는 반면, 이로 인해 제기되는 과제들도 있다. 상소기구의 성공적 정착을 위해 이를 해결해 나가는 것이 중요하다.

---

34) *Supra* note 15, 3(1), 4(4)항.
35) *Id.* 3(2)항.
36) DSU 제17.11조.
37) *Supra* note 15, 30항.
38) 상소기구보고서(간략보고서), *India-Autos*, WT/DS146/AB/R, WT/DS175/AB/R(5 April 2002) 참조.
39) 2005년 상소기구 작업절차 규정에 상소 및 역상소 변경 절차(23bis 항)를 추가함에 따라 이렇게 기존 상소를 철회하고 새로운 상소 고지를 할 필요성은 줄어들었다.
40) Appellate Body Report, *EC-Sardines*, paras. 143-152.

첫째는 상소심이 추가됨에 따라 분쟁해결에 시간이 더 걸린다는 점이다. DSU 규정에서는 이 문제를 해결하기 위해 상소기구 심사를 신속히 진행하도록 하고 있다. 즉, 상소 고지가 있은 후, 60일 혹은 늦어도 90일 이내에 상소판정이 발표되도록 규정하고 있다.[41] WTO 출범 초기에는 이 규정이 비교적 잘 지켜졌다. 대부분의 판정이 90일 이내에 도출되고, 예외적으로 90일을 맞추기 어려운 분쟁은 당사국의 동의를 얻어서 90일 이상의 시한을 부여받았다. 그러나 2010년대 들어와서 상소기구 업무부담 또는 분쟁사안의 복잡성 등을 이유로 차츰 이 규정이 지켜지지 않게 되었다. 최근에는 상소 고지 후 1년 이상이 지난 후에야 상소판정이 발표되는 非정상이 정상이 되었다. 이런 상소 판정의 지연은 미국이 상소기구 위원 임명을 거부하며 상소기구를 무력화시킨 이유 중의 하나로 지적되기도 했다.[42] 필자의 의견으로 이 사안은 신속하고 유효한 분쟁해결시스템 유지를 위해 필수적이므로 DSU상의 90일 시한 준수를 위한 회원국과 사무국의 특별한 노력이 필요하다고 판단된다.

둘째로 상소기구가 재심할 수 있는 법률사안과, 그럴 수 없는 사실 관계 간의 경계가 모호해서 불확실성이 초래되는 경우이다.

DSU 규정에 따르면, 패널은 사실심과 법률심 모두에 대해 1차 검토를 담당하고 상소심은 패널이 판단한 것 중 법률사항만 재심토록 함으로써 분명한 역할 분담을 하였다.[43] 그러나 실제 분쟁에서는 사실과 법률 사안간에 분명히 구분되지 않고 두 가지 사안이 혼재되어 있는 경우가 나타난다.[44] *US-Upland Cotton* 이행분쟁 상소기구도 "완전히 사실에 속한 사안과 사실과 법이 혼합된 사인인지를 명백히 구분짓는 것은 어렵다"[45]고 한 바 있다.

---

41) DSU 제17.5조 참조. 금지보조금 관련사안의 경우에는 보조금 협정 제4.9조에 의거 상소고지후 30일 이내에 상소판정을 발표해야 한다.
42) 2019.12.10.부터는 상소기구의 기능이 정지되었다. 미국이 상소기구의 판정 및 운영상의 문제를 제기하며 새로운 상소기구 위원 임명을 막음에 따라, 2019.12.10.에 2명의 상소기구 위원이 퇴임한 후, 7명의 상소기구 위원중 1명만 남게 되었다. 따라서, DSU상 상소심 판정을 내리기 위해 필요한 3인 구성이 불가능하게 된 것이다. 다만, 2019.12.3 DSB 회의에서는 그때까지 이미 구두진술회의가 완료된 상소심은 판정을 마무리하기로 결정되어, 이 건들에 대해서는 2020년에 최종 판정이 발표된 바 있다.
43) DSU 제17.6조.
44) *Supra* note 1, p. 106 참조.
45) Appellate Body Report, *US-Upland Cotton(Article 21.5-Brazil)*, para. 385.

논란이 되는 대표적인 예는 분쟁에서 피소국 국내 법령의 WTO 협정 위반 여부가 문제되어, 패널이 해당 법령이 어떤 의미이고 어떤 효력을 가지는지를 검토해야 될 경우이다. 패널은 법령의 내용을 확인하기 위해 법령의 문안뿐 아니라 적용사례, 국내법원의 해석, 전문가의 의견 등을 검토하게 되는데[46] 이렇게 해서 패널이 내린 판정이 상소기구가 재심할 수 없는 사실문제일지, 아니면 재심이 가능한 법률사안인지에 대해 분쟁에서 논란이 되어 왔다.[47] 일견 국내 법령의 의미를 판단하는 것은 이미 있는 사실을 확인하는 것으로 보일 수도 있으나, 패널이 수행하는 업무의 성격은 국내법령을 법적으로 해석하는 것이므로 법률사안으로도 판단될 수 있기 때문이다.

이에 대해, 상소기구(*US-Section 211 Appropriations Act*)는 회원국 법령이 WTO 의무에 합치되는지 여부에 대한 판단은 법적 성격을 가지므로 원칙적으로 상소기구의 재심 대상이라고 하였다.[48] 그러나 패널이 조사한 모든 증거가 재심의 대상이 되지는 않으며 패널이 국내 법령의 문언을 넘어 사실관계를 추가로 조사해서 결정을 하였다면 상소기구가 이에 대해 쉽게 관여해서는 안 된다[49]는 결정도 있었다.

회원국간에도 입장이 대립되는데, 특히 미국은 심사의 대상이 법령일지라도 패널이 하는 일은 국내법령이 어떤 의미인지를 확인하는 사실심이므로 상소기구의 재심 대상이 되지 않아야 한다는 입장을 강하게 주장하는 것으로 알려진다.

법률사안과 사실관계 사이에서 혼란이 초래되는 또 다른 문제가 있다. DSU 제11조에서는 패널이 분쟁대상 사안을 객관적으로 평가/분석("make an objective assessment of the matter")해야 한다고 규정하고 있다. WTO 출범 초기부터 분쟁당사국들은 이 규정을 근거로 상소기구의 재심 권한이 없는 패널의 사실관계 판단까지 재심해 달라고 요청하는 경우가 있었다. 즉, 사실관계를 객관적으로 평가/분석하는 것이 DSU에 규정된 패널의 법적 의무인데 패널이 판정과정에서 이를 지키지 않고 자의적으로 판단했으므로 상소기구에서 패널이 '객관적 분석이라는 법적 의무'를 준수했는지를 점검하는 차원에서 패널이 판단한 사실관계도 재심해야 한다는 것이 주된 이유이다.

상소기구는 이런 요청에 대해 어떤 입장을 취했을까? 초기에는 소극적 입장을 취

---

46) Appellate Body Report, *US-Carbon Steel*, para. 157.
47) *Supra* note 1, p. 107 참조.
48) Appellate Body Report, *US-Section 211 Appropriations Act*, para. 105.
49) Appellate Body Report, *China-Auto Parts*, para. 225.

했다. 패널이 사실관계를 객관적으로 평가했는지에 대해 심사를 할 수는 있지만, 예외적인 경우에만 하도록 하였다. 즉, 상소기구가 재심을 하는 예외적인 경우는 '패널이 신의성실을 의심할 정도로 정상범위를 벗어난 분석과 판정을 한 경우'로 한정하였다.[50] 그러나 이후의 판례에서는 상소기구가 사실관계를 재심하는 기준과 범위가 넓어졌다.[51] *EC-Large Civil Aircraft* 분쟁 상소기구가 제시한 기준에 의하면 패널이 객관적 평가 의무를 완수하기 위해서는 사실에 대한 판단시 기록에 있는 증거에 기초해야 하고 사실에 대한 입증 기준을 사안별로 차별적으로나 편파적으로 적용하지 않아야 하며, 사실관계 결정에 대해서는 일관성 있는 논리에 기초한 합리적이고 충분한 설명을 제공해야 한다고 언급했다.[52]

이렇게 패널의 사실 결정에 대해 상소기구의 재심 여지를 넓힌 것은 장단점이 있다. 장점은 패널이 상소기구 재심을 염두에 두고 좀 더 사실을 주의 깊게 심리하고, 판정시 합리적이고 충분한 설명을 제공토록 함으로써 패널판정의 질을 높여준다는 점이다. 단점으로는 상소기구가 패널의 사실심에 지나치게 개입해서, 패널심을 약화시키고 협정에서 설정한 2심제의 역할 구분을 무의미하게 할 위험이 있다.

무엇이 옳은가에 대해 정답이 있는 것은 아니나, 필자 의견으로는 상소기구가 심사할 여지는 갖되 예외적인 경우로 한정했던 초기 입장으로 회귀하는 것이 바람직하다. WTO 회원국들이 모두 동의해서 설정한 2심제와 패널과 상소기구의 역할 구분은 반드시 지켜야 할 핵심가치이므로 이를 훼손할 위험은 최대한 방지하는 것이 바람직하다. 다만, 패널위원은 매 건별로 임명되는 인사들이 담당하므로 분석과 판정의 수준에 편차가 있을 수 있다. 이런 인적 위험은 일정 범위 내에서는 어쩔 수 없지만 신의성실을 의심할 정도로 지나치게 나타날 경우에는 상소기구가 개입하는 것이 적절하다고 본다.

세 번째로 상소심 제도의 운영과정에서 시스템상으로 미흡한 점이 나타났는데 상소기구에 파기환송 권한이 없는 점이다. 상소기구가 패널의 법률해석 및 적용이 잘

---

50) Appellate Body Report, *Australia-Salmon*, para. 266.

51) David Palmeter & Petros C. Mavroidis, *Dispute Settlement in the World Trade Organization*,(Cambridge Univ. 2nd ed. 2004), p. 153 참조.

52) Appellate Body Report, *EC and Certain Member States-Large Civil Aircraft*, para. 1317.

못되었다고 판단하고 패널의 판정을 번복하면 기존에 패널이 판단했던 사실관계는 의미가 없어진다. 그러면, 상소기구가 판단한 새로운 법적 기준에 따라 새로운 사실을 확인해서 적용해야 한다. 이와 관련, *Australia-Salmon* 분쟁 상소기구는 패널 판정을 번복한 후에 분석을 완료하기 위해서는 (상소기구에서 새로운 사실을 조사할 권한이 없으므로) 패널이 이미 확인한 사실과 패널 기록에서 양측간 이견이 없는 사실관계를 활용해야 한다고 언급하였다.53) 실제로 복수의 분쟁에서 상소기구가 이런 방법으로 패널판정을 번복한 후 분석을 완료하기도 했다.54)

그러나 문제는 이렇게 할 수 없는 경우가 자주 발생한다는 점이다. 패널이 이미 확인한 사실과 양측 간에 이견이 없는 사실관계가 충분치 않은 경우에는 분석을 중단하는 수밖에 없다. *Canada-Autos* 분쟁 상소기구도 특정 사안에 대해 *Australia-Salmon* 분쟁에서 정한 대로 패널이 이미 확인한 사실과 양측 간 이견이 없는 사실관계를 활용해서 분석을 완료코자 했으나 이러한 사실관계가 충분치 않아 분석을 완료할 수 없다고 언급한 바 있다.55)

국내 법체계에서는 이런 경우에 하급법원에 보내서 상급법원이 설정한 새로운 법적 기준에 따라 다시 사실관계를 조사해서 판단하도록 한다. 그러나 WTO에는 이런 절차가 없어서 상소기구가 다소 무책임하게 보이는 결론을 내리게 되는데, "확인된 사실관계가 부족해서 최종 분석을 완료할 수 없다"라고 한다. 말 자체는 중립적인 것처럼 보이나, 실상은 지극히 피소국 편향적인 결론이 된다. 즉, 상소기구가 분석을 완료하지 못한 부분은 결국 피소국의 협정위반 여부에 대해 아무런 결론을 낼 수가 없으며 이에 따라 피소국은 이행의무가 발생하지 않고, 제소국도 더 이상 협정위반을 주장할 근거를 상실한다. 이를 보완해서 파기환송절차를 신설하고자 하는 논의가 현재 DSU 개정협상에서 진행 중이다.56)

---

53) Appellate Body Report, *Australia-Salmon*, paras. 117-118.
54) Appellate Body Report, *US-Carbon Steel(India)*, paras. 4.461-4.462; *EC-Seal Products*, paras. 5.315-5.339.
55) Appellate Body Report, *Canada-Autos*, para. 145.
56) 제9장 2. 나항 '파기환송 절차' 참조.

5. 상소기구보고서 채택

> ### DSU 주요 규정(제17.14조)
>
> 상소기구보고서가 회원국에게 배포된 후 30일 이내에 분쟁해결기구가 컨센서스로 동 보고서를 채택하지 아니하기로 결정하지 아니하는 한, 분쟁해결기구는 이를 채택하며 분쟁당사자는 동 보고서를 무조건 수락한다.

패널판정이 상소된 후 상소심을 거쳐 상소기구보고서가 발표되면 이 결정은 최종적이며 DSU 규정에 따라 30일 이내에 분쟁해결기구회의(DSB)에서 패널보고서와 같이 채택되게 된다.[57]

최종 결정인 상소기구보고서뿐 아니라 패널보고서까지 채택하는 이유는 무엇일까? 상소기구보고서가 분쟁과 관련된 모든 내용을 포함하고 있지 않기 때문이다. 패널보고서가 상소되더라도 전체적으로 상소되는 것은 아니며 상소기구에서는 당사국에 의해 상소 또는 역상소된 부분만 다룬다. 그러므로 패널판정 중 상소 또는 역상소되지 않은 부분은 상소기구보고서에 언급되지 않으며 패널보고서의 내용이 그대로 채택되어야 한다.[58]

예를 들어, 특정 분쟁에서 제소국이 패널단계에서 주장한 부분은 5개 논점인데, 이 중 1, 2, 3번은 제소국이 이기고 4, 5번은 피소국이 이겼다고 가정하자. 피소국은 자국이 진 1, 2, 3번에 대해 상소기구에 재심을 요구했고 제소국은 4번에 대해 역상소를 했으나, 5번에 대해서는 상소하지 않았다. 이렇게 되면 누구도 상소하지 않은 5번 판정은 상소심 종결 후 DSB 회의시 패널보고서에 있는 내용대로 채택된다.

두 번째 이유는 상소된 논점에 대해서도 상소기구는 법률적인 사안만을 심사해서 보고서에 포함하므로, 패널 판정이 전체적으로 번복되지 않는 한, 사실 부분에 대한 분석은 패널보고서상의 내용으로 보완되어야 한다. 예를 들어, 위 사례의 상소 판정에서 1번은 번복되었으나, 2번과 3번은 패널의 판정이 지지를 받았고 역상소한 4번

---

57) DSU 제17.14조.
58) *Supra* note 1, p. 128 참조.

도 패널판정이 유지되었다고 가정하자. 이 경우, 상소심 결과 채택해야 되는 내용은 1번은 상소기구가 번복한 결론이 될 것이고, 2, 3, 4번은 상소기구 및 패널이 동의한 법률 해석과 패널이 분석한 사실 부분이다. 그런데, 상소기구보고서만 채택한다면 1번 사안은 문제가 없더라도, 2, 3, 4번에서는 사실관계에 대한 구체적인 분석은 결여된 채 법률부분 위주로 채택되는 문제가 발생한다.

이런 점을 고려해서 분쟁해결기구 의장이 DSB 회의에서 보고서 채택을 결정할 때는, 상소기구보고서와 더불어 패널보고서도 상소기구 판정에 의해 수정된 형태로 같이 채택된다는 점을 명확히 한다.

제7장

이행 단계

제7장

이행 단계

1. 개요

DSU는 신속한 판정이행이 WTO 분쟁해결의 필수사항이라고 강조한다.[1] 아무리 판정이 잘 되었어도 패소국이 이행을 하지 않으면 무용지물이고 헛수고에 불과하기 때문이다. 제소국이 분쟁을 제기하고 오랜기간 패널절차를 진행하고 때로는 상소심까지 인내한 이유는 무엇인가? 상대국의 불법, 부당한 조치를 시정하고자 하는 것이다. 그러나 판정의 이행이 없으면 조치의 시정은 불가능하다. 따라서, WTO 분쟁에서 이행이 확보되지 못한다면 WTO 분쟁을 제기할 이유가 없으며, 하더라도 재원과 시간 낭비에 불과할 것이다.

그러면, 이렇게 중요한 분쟁이행이 실제로 잘 이루어져 왔을까? 대체로 긍정적이다. 1995년 WTO 출범 이래 제기된 600여 건의 분쟁에서 당사국들은 일관되게 판정을 이행해 왔으며 이행이 되지 않은 건은 소수이다.[2] 국내재판과 달리 WTO 분쟁

---

[1] DSU 제21.1조.

[2] WTO, *Dispute settlement activity — some figures*,
https://www.wto.org/english/tratop_e/dispu_e/dispustats_e.htm 2022.9.11. 최종접속: 여기에 게재된 통계에 의하면 1995년 WTO 출범이래 2021년 말까지 607건의 양자협의 요청이 있었고, 이 중 365건에 대해 패널이 설치되었으며 패널보고서가 도출된 것은 277건이었다. 2020년 말까지 판정이 이행되지 않아 보복 중재에 회부되어 최소한 1건 이상의 중재 결정이 도출된 건은 19건이었다. 다만, 이들을 모두 불이행건으로 간주할 필요는 없는데, 보복중재 이후에 이행된 경우도 있으며, 공동 제소건의 경우 실질적으로는 한 건의 분쟁이

은 패소국이 이행을 거부하면 집행을 강제할 수단이 없는데, 그럼에도 불구하고 대부분의 판정이 이행이 되고 있는 것은 WTO의 이행시스템이 효과적으로 작동하고 있으며 회원국들이 이행을 해야 할 동기가 충분히 있기 때문이라고 해야 할 것이다. 따라서, WTO 분쟁이행시스템이 어떤 면에서 회원국들의 이행을 촉진하고 유도하고 있는가에 대해 관심을 두고 보는 것도 이행체제를 이해하는 데 도움이 되리라 생각된다.

2. WTO 권리구제의 특성 및 한계[3]

WTO의 권리구제 수준은 다른 사법절차와 차이가 있다. 국내 민사재판에서는 재판에서 이길 경우, 미래의 피해뿐 아니라 이전에 발생한 손해도 보상하도록 요구할 수 있다. 이것이 정의롭고 이상적인 권리구제라고 할 수 있을 것이다. 국제재판에서도 국제법 위반으로 발생한 과거의 피해에 대해서도 충분한 보상을 하는 것이 원칙이다.[4] 국제사법재판소(ICJ)의 *Corfu Channel* 분쟁에서도 재판부는 현재뿐 아니라 과거 피해에 대해서도 충분한 보상을 하도록 판결한 바 있다.[5]

그러나 WTO 분쟁은 다르다. 과거에 초래된 피해는 잊어버리고 미래에 대해서만 피해를 막자는 취지의 미래지향적 이행(prospective remedy)을 하고 있다. 이는 GATT 시절에 형성된 관행이 이어져 온 것이다. GATT 초기에는 과거의 피해까지 보상하라는 판정이 나온 적도 있지만,[6] 미국을 중심으로 강한 반발이 초래되었으며, 다른 주요행위자인 EC도 미국의 입장을 수용[7]하면서 이러한 관행이 굳어졌고 WTO로

나 복수의 분쟁으로 계산된 경우도 있다; WTO, *A Handbook on the WTO Dispute Settlement System*(Cambridge Univ. 2nd ed. 2017)("WTO Handbook II"), p. 3, Footnote 7에서는 WTO 분쟁해결시스템이 괄목할 만한 이행을 기록하고 있으며, 약간의 예외를 제외하고는 일관되게 이행이 이루어져 왔다고 평가한다.

3) David Palmeter & Petros C. Mavroidis, *Dispute Settlement in the World Trade Organization*,(Cambridge Univ. 2nd ed. 2004.), p. 262-264: 국제사법절차의 권리구제 특성과 GATT 사례는 여기에 실린 내용을 주로 활용하였다.

4) UN, *Report of the International Law Commission 132*, Art. 31(2000).

5) ICJ Reports 4, *Corfu Channel(United Kingdom of Great Britain and Northern Ireland v. Albania)*, (1949).

6) GATT Panel Report, *New Zealand-Imports of Electrical Transformers from Finland*, BISD 32S/55, adopted 18 July 1985, para 4:11.

7) GATT Panel Report, *Brazil-Imposition of Provisional and Definitive Countervailing*

이어지게 되었다.8)

이런 관행이 형성된 이유는 무엇일까? 현실적인 이행가능성 때문이라고 해야 할 것이다. 즉, 패널이 과거 피해를 보상하라는 판결을 할 수는 있으나, 실제로 과거에 대한 피해를 보상하는 것은 주권국 입장에서 이행하기가 어렵다. 마치 전쟁에서 지고 패전보상금을 지급하듯이 예산을 마련하고 자국의 잘못을 처절하게 인정해야 하기 때문이다. 반면에 미래지향적인 이행은 국내적으로 수용하기가 상대적으로 용이하다. 즉, 스스로는 자국이 정당하다고 믿더라도 국제사회에서 문제가 있다고 판정하였으므로 이에 맞추기 위해 제도를 변경하는 것은 덜 민감하고 국내적으로 설명하는 것도 가능하다.

그러면, WTO 분쟁의 이행체제는 불완전하고 근본적인 결함이 있는 것일까? 현 제도가 이상적인 방법은 아니다. 그러나 현실적이고 차선책이며 장점이 크다는 점도 고려되어야 할 것이다. 국제적인 분쟁해결제도는 이론적이고 절대적인 정의 실현을 추구하기보다는 현실적으로 최대한의 이행을 확보하며 분쟁을 해결해 가는 것이 중요하다. 이렇게 이행을 확보해 갈 경우 장기적으로 축적된 사례를 통해 명확하고 투명한 규범질서를 세워 분쟁을 예방하는 효과도 기대할 수 있다.9)

무리하게 과거의 피해에 대한 구제를 추구해서 빈번한 불이행 사례를 만들고 규범 질서를 취약하게 하기보다는, 현재의 잘못을 미래지향적으로 시정하고 예방하는 데 중점을 두는 것이 더 타당한 접근이라고 할 수 있다. WTO 출범 이래로 판정에 대한 이행율이 매우 높은 것도, 이행에 대해 이런 현실적인 접근을 한 것이 큰 몫을

Duties on Milk Powder and Certain Types of Milk from the European Economic Community, BISD 415/467, adopted 28 April 1994, para. 200.
8) 미국은 자국이 승소한 분쟁에서도 명시적으로 과거의 손해에 대한 보상을 추구하지 않겠다는 입장을 표명했다: GATT Panel Report, *Norway-Procurement of Toll Collection Equipment of the City of Trondheim, BISD 40S/319, adopted 13 May 1992*, para. 4.20 참조.
9) 김호철, "WTO 분쟁해결절차: 이행 및 구제절차", 「통상법률」 통권 제108호(2012.12), p. 71에서는 다른 관점에서 소급 구제를 하지 않는 이유를 아래와 같이 설명한다. "WTO 분쟁해결절차상 양허의 정지는 그 취지가 미래의 호혜적인 권리·의무 균형을 확보하려는데 있기 때문에 원칙적으로 소급적인 구제는 포함되지 않는 것으로 설계되어 있다." Pauwelyn, J., "Enforcement and Countermeasures in the WTO", *American Journal of International Law* 94/2(2000), p. 335; Grane, P., "Remedies Under WTO Law", *Journal of International Economic Law* 4(2001), p. 755도 각각 참조.

했다고 생각된다.

다만, 미래지향적 이행의 취약점이 나타나는 부분도 있다. 세이프가드 조치같이 단기간(2-4년) 시행되는 제도에서는 미래지향적인 이행이 사실상 무력하게 된다. 분쟁을 제기해서 승소한다 할지라도 결과가 나오는 시점에서는, 세이프가드 조치 자체도 시한이 도래하므로 분쟁을 제기하는 의미가 없어진다. 이렇게 '소의 이익' 자체가 없어지는 경우를 어떻게 보완할지는 DSU 개정협상에서도 논의 중이다.[10]

3. 이행과정 개시: 이행의사 표명

DSU 주요 규정(제21조)

분쟁해결기구의 권고 또는 판정을 신속하게 이행하는 것이, 분쟁의 효과적인 해결을 위해 필수적이다.

패널 또는 상소기구보고서가 채택된 날로부터 30일 이내에 개최되는 분쟁해결기구 회의에서, 이행의무국은 판정의 이행에 대한 입장을 표명한다.

WTO 분쟁에서 이행의 첫 단계는 이행의사 표명이다. 분쟁해결기구 회의(DSB)에서 패널/상소기구 보고서가 채택되면, 동 보고서상에 협정위반으로 판단된 조치를 시정할 의무가 있는 국가를 '이행의무국'이라고 한다. DSU는 이행의무국이 보고서 채택후 30일 이내에 개최되는 DSB 회의에서 판정의 이행에 대한 자국의 입장을 밝히도록 하고 있다.[11]

이 자리에서 이행의무국은 이행의사를 표명함과 동시에 이행을 위해 일정한 기간이 필요하다고 언급하는 것이 일반적이다. 이행의무국이 이행 자체를 못하겠다고 하는 것도 이론적으로 가능하나, 이렇게 입장을 표명한 사례는 거의 없다. 그렇게 할

---

10) 제9장 분쟁해결절차 개선 노력, 3. 나항 '분쟁진행 신속화(단계별 시한단축)' 참조.

11) WTO 분쟁에서 문제된 피소국의 조치가 협정 위반으로 판정된 경우, 패널보고서나 상소기구보고서에서는 이 조치가 '협정에 불합치하므로 협정에 합치되도록 조치할 것을 권고한다'고 적시하는 것이 일반적이다. 협정에 합치되기 위한 구체적인 방법까지 보고서에 적시하는 일은 적으며, 이행의 구체적인 방법은 판정을 이행할 이행의무국이 결정토록 하는 것이 WTO의 관행이다.

실질적인 이유가 없기 때문이다. 설혹, 제대로 이행을 하지 못할 사정이 있더라도 이 시점에서는 이행하겠다고 하는 것이 일반적이다. 왜냐면, 이 시점에서 이행을 하지 않겠다고 얘기하면, 노력도 안 해 보고 국제규범을 어기겠다는 것으로 여겨져서 국제사회의 비난의 대상이 되기도 하며, 불이행 의사 표명 시 상대국은 즉시 보복절차를 취할 수 있기 때문이다. 그래서, 최소한 보복을 지연시키거나 대비할 시간을 벌기 위해서라도 일단은 이행하겠다는 의사를 표명한다.

그러면, 이행의무국의 시간연장 수단으로도 사용될 수 있으며, 형식적으로 보일 수 있는 이행의사 표명절차를 둔 이유는 무엇일까? 두 가지 목적이 있다고 볼 수 있다. 첫째는 이행의무국에게 이행에 대해 스스로 검토하고 방향을 결정할 수 있는 기회를 부여하는 것이다. 이런 과정은 이행의무국 내부적으로 이행에 대한 합의를 형성하고 이후에 일관성 있게 이행조치를 해 나가는 데 도움이 된다. 아울러, 국가의 행위는 관성의 법칙이 작용하므로 한번 이행을 하겠다고 결정하고 국제적으로 공언하면 쉽게 바꾸기 어렵다는 점에서 이행의사 표명절차가 이행을 촉진하는 데 도움이 된다고 할 수 있다.

둘째는 신속하고 효율적인 이행절차 진행을 위해 필요하다. 만약 이 절차가 없다면 이행의무국은 이행을 하는 것도 아니고 하지 않는 것도 아닌 상황에서 시간만 소모할 가능성이 있다. 따라서, 이행에 관한 의사 표명을 신속히 하도록 함으로써, 이행을 하지 않을 계획이라면 제소국이 조기에 보상 및 보복을 추진토록 하고, 이행의사가 있다면 합리적 이행기간 협의 등 다음단계 절차가 진행되도록 하는 시작점 또는 촉진점으로서의 역할을 하게 된다.

한편, 이행의사를 표명하면서 동시에 이행을 위해 일정 기간이 필요하다고 언급하는 이유는 무엇인가? WTO 분쟁에서는 판정이 확정되면 즉각적으로 이행하는 것이 원칙이나 현실적으로는 어려운 경우가 많다. 개인의 행위가 아니라 국가의 행위이기 때문이다. 분쟁에서 문제가 되어 이행이 필요하게 된 조치는 피소국의 법령 혹은 제도 자체이거나 이에 기초한 공식적인 행정행위인 경우가 많으므로 이를 폐지하거나 조정하기 위해서는 정해진 행정절차를 거쳐야 된다. 수개월에서 1년 이상이 걸릴 수도 있다. 예를 들어, 반덤핑 같은 무역구제조치를 수정하기 위해서는 새로운 조사와 결정절차를 거치기도 한다.

반면, 당사국이 이행의사를 표명하면서 일정한 이행기간을 요구하지 않는 경우도 있는데 이는 이행이 간단해서 단기간 내에 시행할 수 있기 때문이다.[12]

4. 합리적 이행기간 결정

DSU 주요 규정(제21.3조)

분쟁해결기구 권고 및 판정의 즉각적인 준수가 실현불가능한 경우, 관련 회원국은 준수를 위한 합리적인 기간을 부여받는다. 합리적인 기간은 다음과 같다.

(a) 분쟁해결기구의 승인을 받는 것을 조건으로 관련 회원국이 제의하는 기간. 또는 이러한 승인이 없는 경우에는,

(b) 권고 및 판정이 채택된 날로부터 45일 이내에 분쟁당사자가 상호 합의하는 기간. 또는 이러한 합의가 없을 때에는,

(c) 권고 및 판정이 채택된 날로부터 90일 이내에 기속적인 중재를 통하여 확정되는 기간. 중재에서 결정되는 패널 또는 상소기구 권고 이행을 위한 합리적인 기간은 패널 또는 상소기구보고서가 채택된 날로부터 15개월을 초과하지 아니한다. 다만, 특별한 사정에 따라 동 기간은 단축되거나 연장될 수 있다.

이행의 두 번째 단계는 이행기간을 설정하는 것으로 이 기간을 보통 '합리적 이행기간'이라고 부른다.

DSU는 '합리적 이행기간'을 먼저 분쟁 당사국이 협의해서 합의로 결정하도록 하고 있다.[13] 그래서, 분쟁해결기구(DSB) 회의에서 이행의무국이 이행의사를 표명하

---

12) 일본수산물 분쟁(*Korea-Radionuclides*)에서 우리나라가 일부 절차적인 사항을 이행한 것이 한 예이다. 우리는 상소심에서 주요사항은 모두 승소하였음에도 절차적인 면에서 WTO 협정 위반으로 결론지어진 부분도 있었다. 즉, 2013년 일본 수산물 수입 금지와 추가 핵종 검사 조치를 하면서 이런 내용을 이해당사국이 인지할 수 있도록 명확하게 공표하지 않은 점이다. 우리 정부는 분쟁해결기구(DSB) 판정채택후 약 한달 후인 2019.5.30.일자로 식품의약품안전처에서 우리 조치의 상세사항을 관련 홈페이지에 게재하는 방식으로 이행을 완료하고 DSB에 통보한 바 있다.

13) DSU 제21.3(a)조에서는 관련 회원국의 제안에 따라 DSB가 승인하는 방안도 제시하고 있으나 현실적인 효용성이 없고 이에 따라 활용된 전례도 없다. *Supra* note 9, 김호철, p. 46, Footnote 15 참조.

고 나면 곧 양국 간에 이행기간 협의에 들어간다. 이행의무국에게 이행은 대부분 반갑지 않은 일이고 어쩔 수 없어서 하는 일이다. 그러므로 가급적이면 여유있게 긴 기간을 설정하고 싶어한다. 반면, 제소국 입장에서는 당연히 빠른 이행을 선호할 것이다. 왜냐면 이행하기 전까지 제소국은 상대국의 불법적인 제도로 인해 피해를 입고 있는 상황이기 때문이다. 더구나, WTO에서는 이행 이전에 발생한 피해에 대해서는 보상을 받을 방법이 없기 때문에 제소국이 조기에 이행을 확보하고자 하는 이유는 분명하다.

　이렇게 이행기간에 대해 당사국 간의 이해관계가 극단적으로 다른데 합의가 가능할까? 실제로 WTO 분쟁사례에서 당사국이 합리적 이행기간에 합의한 사례는 적지 않은데, 100여 건이 넘는다(예시문 10-1).[14] 이해관계는 대립되지만 합의를 촉진하는 이유가 있다. 당사국이 합의를 하지 않을 경우, 합리적 이행기간은 DSU 규정에 따라 제3자의 중재판정을 통해 결정되는데 여기서 더 불리한 결과가 도출될 수도 있기 때문이다.

　WTO 출범 이래로 2021년까지 53건 분쟁에서 이행기간에 대한 중재판정이 있었으며 이를 통해 선례와 판정기준이 형성되어 왔다.[15] 따라서, 양국 간 협의 시에, 각국은 중재에 회부될 경우 중재판정으로 결정될 이행 기간을 염두에 두고 상대국과 협상한다. 상대국과의 의견 차이가 큰 경우 합의가 어렵겠지만, 상대가 제시한 기간이 중재에서 결정될 범위와 어느 정도 일치할 경우 합의를 선호하게 된다. 중재에 대응하기 위해 들이는 노력을 절약할 수 있을 뿐 아니라, 합의는 스스로 결정하는 것이므로 중재보다는 예측가능성을 가지고 대비할 수 있는 장점이 있다. 우리나라도 미국과의 스테인레스 스틸 반덤핑 분쟁(*US-Stainless Steel*)에서 제소국으로서 피소국인 미국과 7개월간의 합리적 이행기간에 합의한 바 있으며, 이를 포함하여 DRAM 분쟁, 쇠고기 분쟁, 철강 분쟁 등 10여 건에서 합의로 합리적 이행기간을 정했다.[16]

---

14) WTO, *Analytical Index*, DSU Information Tables, p. 39-47.
　　https://www.wto.org/english/res_e/publications_e/ai17_e/ds_information_tables.pdf
　　2022.9.8. 최종접속.
15) WTO, *Dispute settlement activity ― some figures*, Implementation Period,
　　https://www.wto.org/english/tratop_e/dispu_e/dispustats_e.htm 2022.9.4. 최종접속.
16) *Supra* note 14 참조.

앞서 언급한 대로 당사국이 이행기간에 합의하지 못하면 다음 단계인 중재판정에 맡기게 된다. DSB의 판정 채택후 45일이 지났는데도 합의를 하지 못할 경우 당사국 중 누구라도 중재를 요청할 수 있으며 이렇게 개시된 중재에서 이행기간이 결정된다 (예시문 10-2).[17] 중재인은 당사국 합의 또는 사무총장 직권임명으로 선임되는데,[18] 전직 또는 현직의 상소기구 위원 중에서 1인을 선임하는 것이 일반적이다.[19]

중재심 절차는 패널절차에 비해 간략하며 양측이 1차례씩만 서면입장서를 제출하고 구두진술회의는 개최하지 않는다. 심리 기간은 DSB 회의에서 최종 판정이 채택된 후 90일 이내에 중재 결정을 내리는 것이 원칙이나 대부분 당사국 간 합의로 연장하게 된다. 당사국간의 최소 협의기간(45일)과 중재인 선임기간을 거치고 나면 이미 60일이 지나기 때문에 90일 시한은 현실적으로 지키기가 어렵기 때문이다.[20] 주목할 만한 점은 중재인의 결정은 최종적이며 상소할 수 없고 DSB 회의에서 채택될 필요도 없다.[21] 합리적 이행기간은 회원국의 권리/의무가 아닌 이행에 필요한 기간만을 정하는 것이므로 법률사안이 아닌 사실관계 판단이라는 점, 신속한 결정을 통해 이행을 원활히 하는 것이 중요하다는 점 등이 고려된 것으로 생각된다.

그렇다면 중재에서 이행기간 결정 시의 판단 기준은 무엇일까? 원칙적으로 이행의무국은 즉시 이행하는 것이 원칙이다. 그런데, 국가가 법령이나 제도를 개정하기 위해서는 국내적으로 요구되는 행정절차가 있으므로 이를 위해 불가피하게 필요한 기간을 주는 것이다. *EC-Export Subsidies on Sugar* 중재심에서도 합리적 이행기간은 이행의무국의 법률 체제하에서 가능한 최단기간이며, 이행 의무국은 최단기간 내 이행을 위해 자국의 법률 및 행정 체제하에서 가능한 모든 노력과 재량을 다해야 한다고 강조했다.[22]

---

17) DSU 제21.3(c)조; *Supra* note 2, p. 133 참조.
18) DSU 제21조 Footnote 12에 의거해서, 중재인은 당사국의 합의로 선임하거나, 중재 회부후 10일 이내에 당사국이 합의하지 못하면 당사국과 협의를 거쳐 사무총장이 임명한다.
19) 한국국제경제법학회, 「新국제경제법」 제4판, (박영사, 2022), p. 63 참조; *Supra* note 3, p. 236-237에 따르면 DSU 제21.3(c)조 Footnote 13에서 중재인은 개인 또는 그룹이라고 규정하므로 중재인이 반드시 1인일 필요는 없으며 그룹도 가능하다. 실제로, *EC-Hormones* 분쟁에서 사무총장이 전임 분쟁해결기구 의장과 일반이사회 의장 2인을 중재인으로 지명한 바 있으나, 후자가 수락하지 못함에 따라 1인으로 진행되었다.
20) *Supra* note 2, p. 135.
21) DSU 제21.3조.

그러므로, 중재심에서는 이행의무국이 이렇게 불가피하게 요구되는 기간의 근거를 제시해서 인정받아야 한다. *Canada-Pharmaceutical Patents* 중재심은 이행의무국은 자기가 제안한 합리적 이행기간 중 각 단계에서 이러한 기간이 필요함을 보여야 하며, 주장하는 이행 기간이 길수록 입증의 부담은 더 커지게 된다고 언급했다.[23]

다만, 이행의 방법에 대해서는 이행의무국이 선택할 권한이 있다. *EC-Hormones* 중재심은 이행의 방법과 수단을 제시하는 것은 중재인의 임무가 아니며, 이행의무국이 WTO 협정 및 DSB의 권고와 이행에 합치되는 한은 이행의 방법을 선택할 재량을 가진다고 하였다.[24]

합리적 이행기간은 15개월 이내에서 설정하되, 특별한 상황을 고려하여 조정할 수 있다.[25] *EC-Hormones* 중재심은 이행기간을 단축하거나 늘려야 하는 특별한 상황이 있을 경우에는 이를 주장하는 측이 근거를 제시하고 입증해야 한다고 언급했다.[26]

WTO 출범 후 2021.12.31.까지의 중재심에서 결정된 합리적 이행기간은 평균 11.5개월, 최단 6개월, 최장 15개월 1주였던 것으로 나타난다.[27] 이는 중재심이 대부분 15개월 이내의 가이드라인을 지켰으며, 특수한 상황을 고려해서 15개월을 넘은 경우에도 1주를 추가하는 상징적인 수준에 그쳤음을 볼 수 있다.

그러면, 구체적으로 어떤 기간들이 이행을 위해 불가피하다고 인정되는 기간일까? 이행의무국이 제시하는 전형적인 예로는 '이행의 방식을 결정하고 계획을 세우는 기간', '관계부처 또는 기관간에 협의하는 기간', '민간 이해관계자의 의견을 수렴하는 기간', '이행조치 발표후 법적 효력의 발동을 위해 기다리는 기간' 등이다.[28] 이런 기간은 중재에서 인정받는 경우가 많았다. 다만, 이런 기간이 허용될 때에도 필수 기간만 주어지며 이행의무국이 자의적으로 늘릴 수는 없다. 행정절차법 등에 구체적인 기준이 있으면 인정받기 용이하나, 명시적인 기준이 없을 때에는 일정 기간이 필요

---

22) Award of the Arbitrator, *EC-Export Subsidies on Sugar(Article 21.3(c))*, para. 61.
23) Award of the Arbitrator, *Canada-Pharmaceutical Patents(Article 21.3(c))*, para. 47.
24) Award of the Arbitrator, *EC-Hormones(Article 21.3(c))*, para. 38.
25) DSU 제21.3조, 제21.4조.
26) Award of the Arbitrator, *EC-Hormones(Article 21.3(c))*, para. 27.
27) WTO, *Analytical Index*, Annex II: Dispute Settlement Understanding, Art. 21(Jurisprudence), p.14, https://www.wto.org/english/res_e/publications_e/ai17_e/dsu_art21_jur.pdf 2022. 9.4. 최종접속.
28) Award of the Arbitrator, *US-COOL(Article 21.3(c))*, para. 83 참조.

한 이유를 입증해야 하는 부담이 있다. 상대적으로 제소국 입장에서는 이행의무국이 제시한 절차중에 필수적이지 않은 부분이나 필요하더라도 더 짧은 기간 내에 할 수 있는 부분을 지적해서 이행기간을 줄이는 것이 주된 논점이다.

중재판정의 선례에 기초해 이행기간으로 인정받은 경우와 인정받지 못한 구체적인 예를 보면 판단 기준을 이해하는 데 도움이 될 것이다.

이행을 담당하는 기관이나 공무원이 다른 일로 바쁘다는 점이 기간을 늦추는 근거가 될까? 안 된다.[29] 이것은 협정을 위반한 국가가 내세울 수 있는 사유가 아니다. 이행의무국은 모든 가용자원을 동원해 이행을 최대한 신속히 해야 할 의무가 있다. 국내적으로 이행에 대해 반대가 많고 정치적으로 예민한 사안이라 늦추어야 한다고 할 수 있을까? 안 된다.[30] 국내적 예민성은 이행의무국이 책임져야 하며 협정상의 위반을 치유하는 데 국내적 어려움은 변명의 이유가 될 수 없다. 비용을 줄이기 위해 이행을 늦추는 것은 인정받을 수 있을까? 없다. 이행의무국은 신속한 이행을 위해 자국의 법적 시스템 내에서 가능한 어떤 수단과 융통성도 활용해야 한다.[31] 이행 과정에서 국내 이해관계자들의 의견을 수렴하는 기간은 인정받을 수 있을까? 그렇다. 이해관계자 의견수렴은 민주국가에서 적법하게 의사결정을 하고 시행하기 위해 필수적인 절차로 인정된다.[32] 개도국의 경제위기 상황은 고려가 될까? 그렇다. 인도네시아-자동차 분쟁(*Indonesia-Autos*) 중재심에서는 DSU(제21.2조)가 이행 관련 개도국의 이해에 대해 특별한 고려를 하도록 한 점과 인도네시아가 당면한 경제위기를 매우 특별한 상황으로 간주해서 6개월의 구조조정 기간을 추가로 부여한 바 있다.[33]

---

29) Award of the Arbitrator, *US-Washing Machines(Korea)(Article 21.3(c))*. para. 3.63.

30) Award of the Arbitrator, *Canada-Patent Term(Article 21.3(c))*. para. 58.

31) Award of the Arbitrator, *Colombia-Ports of Entry(Article 21.3(c))*, para. 65.

32) Award of the Arbitrator, *China-GOES(Article 21.3(c))*. para. 3.46.

33) Award of the Arbitrator, *Indonesia-Autos(Article 21.3(c))*, para. 24 참조. 다만, 개도국의 제21.2조를 인용한 합리적이행기간 연장 요청에 대해, 고려해야 할 개도국의 이해가 분명하지 않다고 판정한 경우도 있다. 이에 대해서는 *Supra* note 3, p. 246 참조. 또한, *Ukraine-Ammonium Nitrate* 분쟁에서 (합리적이행기간) 중재인은 코로나 팬더믹으로 인해 이행에 어려움이 있는 상황을 이행기간 설정에 반영해야 할 필요성을 인정하였다. 이행의무국인 우크라이나가 반덤핑 조치 관련 이행을 위해 필요한 청문회를 화상으로 개최해야 하고 현장 실사를 가질 수 없으며 이해관계자들의 관련 자료 접근도 제약되는 점 등을 고려하였다: Award of the Arbitrator, *Ukraine-Ammonium Nitrate(Article 21.3(c))*, para. 3.41 참조.

합리적 이행기간 관련해서 또 다른 흥미있는 주제가 있다. 이행의무국에게 합리적 이행기간이 부여되지 않는 경우에는 즉시(immediately) 이행해야 한다.[34] 그런데 "즉시"라는 것은 무엇을 의미하는 것일까? 말 그대로 "즉시" 이행하자면 판정이행은 DSB의 보고서 채택 당일 또는 늦어도 며칠내로 이행해야 한다. 그러나 이는 국가 행위의 특성상 현실적으로 어려우며, DSU 제21조의 '이행의사 표명' 규정과도 모순된다. DSB 판정 채택 후 패소국은 30일 내 개최되는 다음 번 DSB 회의에서 이행의사를 밝히게 되어 있다. 즉, 길게는 한달 정도 이행을 할지 안 할지를 결정할 기간이 부여되므로 최소한 이 기간 동안은 이행할 의무가 없다고 할 것이다.

그렇다면, 현실적으로 DSB 판정채택 후 언제까지가 별도의 합리적 이행기간을 설정할 필요가 없는, '즉시 이행'으로 간주될 수 있는 기간일까? 정해진 기준은 없으나 관행상으로는 당사국간의 합리적 이행기간 협의 시한인, 판정 채택 후 45일로 간주되고 있다. 즉, DSU 제21.3(b)조에서 양국이 합리적 이행기간의 필요성과 구체적 기간에 대해 협의하는 기간으로 설정한 45일의 기간은 제소국이 이행을 기다려야 하는 최소한의 기간으로 여겨진다. 따라서, 이 기간 내에 이행을 할 수 있다면 굳이 합리적 이행기간을 정할 필요가 없을 것이나 각 사례별로 점검은 필요하다.

5. 이행의무국의 이행현황 보고 의무(다자적인 이행촉진책)

> **DSU 주요 규정(제21.6조)**
>
> 분쟁해결기구는 채택된 권고 또는 판정의 이행상황을 지속적으로 감시한다. 모든 회원국은 판정 및 권고가 채택된 후 언제라도 이행문제를 분쟁해결기구에 제기할 수 있다. 분쟁해결기구가 달리 결정하지 아니하는 한, 권고나 판정의 이행문제는 제21조 제3항에 따라 합리적 이행기간이 확정된 날로부터 6월 이후에 분쟁해결기구 회의의 의제에 상정되며, 동 문제가 해결될 때까지 계속 분쟁해결기구의 의제에 남는다.

DSU에서는 합리적 이행기간 결정 후 6개월이 지난 시점부터는 이행의무국이 매달 개최되는 분쟁해결기구(DSB)에 이행상황을 보고토록 규정하고 있다(예시문 11-1). 실

---

34) DSU 제21.3조.

제로 이행의무국들은 이렇게 하고 있으며 이 규정이 보이지 않는 압력(peer pressure)이 되어 이행의무국의 이행을 유도하고 촉진하는 역할을 한다.

이행의무국이 이행을 완료하지 않은 상황에서는 제소국과 관련 국가들이 매달 개최되는 DSB 회의에서 이행을 촉구하고 이행의무국은 궁색한 변명을 해야 하는 상황이 된다. 국가의 격과 수준을 중시하는 국제사회에서 이런 압박을 오랫동안 견디기는 쉽지 않다. 더구나, 이행의무국이 다른 분쟁에서는 반대 입장(제소국의 입장)에서는 경우도 있을 텐데, 이 경우 자국이 이행을 못해서 매달 감시받는 상태에서 다른 국가의 협정 위반을 공격하는 것은 스스로도 이율배반으로 느낄 수밖에 없을 것이다.

6. 이행분쟁

DSU 주요규정(제21.5조)

분쟁해결기구 권고 및 판정의 준수를 위한 조치가 취해지고 있는지 여부 또는 동 조치가 대상협정에 합치하는지 여부에 대하여 의견이 일치하지 아니하는 경우, 이러한 분쟁은 가능한 한 원패널에 회부하는 것을 포함하여 이러한 분쟁해결절차의 이용을 통하여 결정된다.

패널은 사안이 회부된 날로부터 90일 이내에 보고서를 배포한다. 패널이 동 시한내에 보고서를 제출할 수 없다고 판단하는 경우, 지연 사유를 패널보고서 제출에 필요하다고 예상되는 기간과 함께 서면으로 분쟁해결기구에 통보한다.

이행의무국이 합리적 이행기간에 맞추어 이행을 완료하게 되면 분쟁해결기구(DSB)에 의제로 상정하여 보고하고 상대국에게도 통보한다(예시문 11-2). 상대측의 이의가 없으면 분쟁은 종료되고 역사가 된다.

문제는 이행 결과에 대해 논란이 생기는 경우다. 이행의무국은 충분히 이행했다고 하더라도 상대국은 이행조치의 미흡 등을 이유로 적절한 이행조치가 취해지지 않았다고 하거나 새로운 조치가 WTO 협정에 비합치된다고 주장할 수 있다.[35] 이 경우

---

35) DSU 제21.5조.

DSU 제21.5조에서는 다시 원심 패널로 회부해서 '이행적합성'을 판단하도록 정하고 있으며 이를 흔히 '제21.5조 이행분쟁'이라고 한다.

이행분쟁 절차는 일견 분쟁해결을 위해 당연히 있어야 할 것으로 판단되나, 다른 국제사법절차에서는 드문 것으로 국제환경협정상의 경험에 기반하고 있으며 규범 중심의 분쟁해결을 강화한 것으로 평가되고 있다.[36] 만약 이행분쟁 절차가 없다면 이행결과에 대해 논란이 있을 경우 분쟁은 무한정 교착되거나 제소국이 일방적으로 보복을 추진하고 이행의무국은 버티는 형국이 초래될 것이다. 이는 분쟁을 해결하기 위해 오랜 시간과 자원을 투자하고서도 분쟁 제소 전과 다를 바 없는 상황이 초래된다는 점에서 분쟁해결시스템의 큰 결함이 되었을 것이다. 이런 점에서 이행분쟁절차의 유용성은 아무리 강조해도 지나침이 없다.

가. 이행분쟁의 절차

이행분쟁은 이행의무국이 취한 이행결과가 종국적으로 WTO 협정에 합치하는지를 다룬다는 점에서 내용상으로 원심과 유사하며, 이에 따라 절차도 비슷하게 진행된다. DSU(제21.5조)에서는 이행분쟁의 절차를 상세히 규정하지 않고 이행분쟁을 해결하기 위해 "이러한 분쟁해결절차를 이용(reference to these dispute settlement procedures)"하라고 규정하고 있는 데, 이는 DSU상의 원심 절차를 의미하는 것으로 해석되어 왔다.[37] 따라서, 양자 협의, 패널 설치, 패널심리, 패널보고서 채택, 상소 등의 절차는 원심의 관련 절차를 준용하는 것이 원칙이자 관행이다.

다만, 원심과 크게 구별되는 것으로 2가지가 있다. 즉, DSU 제21.5조는 이행패널에서 별도로 패널위원을 선임하지 않고 가급적 원심 패널위원에게 이행분쟁을 맡기고, 아울러 일정을 단축해서 분쟁 회부 후 90일 이내에 결정을 내리도록 규정하고 있다. 원심 패널위원에게 맡기는 이유는 이들이 이미 분쟁 내용에 익숙하며 원심에서 얻은 경험을 활용해서 분쟁사안을 효율적으로 다룰 수 있기 때문이다.[38] 일정 단축은 이행

---

36) *Supra* note 9, 김호철, p. 53-54; Kearns, J.E, and Steve Charnovitz, "Adjudicating Compliance in the WTO; A Review of DSU Article 21.5", *Journal of International Economic Law* 5(2)(2002), 332-337 각각 참조.

37) *Supra* note 2, WTO Handbook Ⅱ, p. 136-137 참조.

38) Appellate Body Report, *US-Softwood Lumber IV(Aticle 21.5-Canada)*, para. 71.

분쟁의 목적이 이행 논란에 대해 새롭게 분쟁(원심)을 제기할 필요 없이 기존 분쟁의 연장선상에서 분쟁을 신속하고 효율적으로 해결코자 하는 점을 반영한 것이다.[39]

각 단계별 절차를 살펴보면, 먼저 이행 분쟁은 어느 당사국이든 요청할 수 있으나[40], 일반적으로 승소한 제소국이 제기한다. 이행분쟁 자체가 이행조치의 부적합성을 문제 삼는 것이므로 적합한 이행을 요구하는 입장인 승소한 제소국이 신청하는 것이 자연스럽다. 분쟁 제기 후 양자 협의는 원심 절차와 같이 패널 설치에 선행하는 것으로 간주되기는 하나 당사국 간의 합의로 생략되거나 관행적으로 완화해서 적용되기도 한다.[41]

이행패널 설치요청[42] 및 설치과정[43]과 3자 참여는 원심의 경우와 거의 동일하며, 패널위원은 원심을 담당한 인사들이 선임되지만, 이중 개인적인 사정이 있거나 당사국이 합당한 이유(conflict of interests 등)를 들어 반대할 경우에는 다른 인사로 대체하게 된다. 다른 인사를 임명하는 방법은 당사국 간 합의를 통해서 하는 것이 우선이나, 합의가 안 되면 WTO 사무총장이 당사국과 협의한 후, 직권 임명한다(예시문 12-2).

패널심리 절차는 원심패널 진행과 유사한데, 전체 진행기간이 짧은 점을 고려해서 원심보다 간략히 진행한다. 특히, 구두진술회의는 1회만 개최(원심은 2회)하는 것이 일반적이며 이로 인해 각 당사국이 2회씩 서면입장서를 제출한 후에 구두진술회의를 개최한다.[44] 또한, 잠정검토 단계를 생략하는 경우도 있다.[45]

---

39) *Id.* para. 72; *Supra* note 2, WTO Handbook Ⅱ, p. 136 각각 참조.
40) *Supra* note 2, WTO Handbook Ⅱ, p. 136, Footnote 36.
41) *Supra* note 9, 김호철, p. 55-56 참조.
42) 예시문 12-1 참조. 이행패널설치요청서에 기재해야 하는 조치와 법적 근거의 내용은 이행패널의 특성상 원심패널과 차이가 있다. Appellate Body Report, *US-FSC(Article 21.5-EC II)*, para. 62 에서는 이행패널설치요청서의 내용 요건을 다음과 같이 적시하였다. "먼저, 제소국은 아직 이행되지 않고 있는 DSB의 권고와 판정을 인용해야 한다. 둘째는 DSB 권고와 판정을 이행하기 위해 취해진 조치 관련, 조치 자체가 취해지지 않았거나 조치가 취해졌지만 부족하거나 일부 생략하고 있는 점 등을 자세하게 적시해야 한다. 세 번째로 새로운 조치 또는 조치의 결핍이 DSU 판정에서 지적된 협정 비합치성을 제거하는 데 실패하였거나, 이전의 비합치는 제거했으나 새로운 비합치를 야기했다는 법적 근거를 제시해야 한다."
43) 원심은 패널설치가 요청된 첫 번째 DSB 회의에서는 피소국이 거부권을 가지므로 두 번째 DSB 회의에서 설치되게 되나, 이행분쟁의 경우 당사국 간 사전 합의로 패널설치가 요청된 첫 번째 DSB 회의에서 설치되는 경우가 많다.
44) *Supra* note 2, WTO Handbook Ⅱ, p. 137 참조.

DSU 규정은 분쟁이 회부된 날로부터 90일 이내에 보고서를 발표하도록 요구하고 있으나 현실적으로는 이 시한을 넘어서는 경우가 많다. 이행패널의 판정은 상소가 가능[46]하며 DSB의 보고서 채택 등은 원심과 동일하게 진행된다.

나. 이행패널의 권한 범위

(1) 대상 조치의 범위

원심에서는 제소국이 피소국의 어느 조치이든 제한 없이 분쟁의 대상으로 제기할 수 있는 반면, 이행분쟁에서는 제소국이 패널의 임무범위에 포함시킬 수 있는 조치에 제한이 있다. 즉, '이행을 위해 취해진 조치(measures taken to comply, 이하 이행조치)'로만 한정된다. 이행조치는 DSB 권고와 판정을 준수하기 위해 회원국이 채택했거나 채택해야 하는 조치로서 이행을 달성하기 위해 또는 이행을 하기 위한 방향으로 취해진 새로운 조치를 의미한다.[47]

US-Softwood Lumber IV 이행분쟁 상소기구는 이렇게 이행분쟁에서 대상조치에 제한을 두는 점이 당사국간의 이해관계에 균형을 이루는 하나의 요소로 언급한다. 즉, 제소국은 상대가 이행을 적절히 하지 않은 상황에서 새로운 분쟁을 제기할 필요가 없이 이행분쟁에 회부하여 신속한 분쟁해결을 추구할 수 있는 반면, 이행의무국 입장에서는 제소국의 문제 제기가 원심처럼 전방위적으로 행해지지 않고 이행과 관련해서만 행해지도록 한정할 수 있다.[48]

그러면, 실제 분쟁에서 이행패널의 심리대상인 이행조치의 범위는 어떻게 정해지게 될까? 먼저 이행의무국이 DSB에 자국이 이행을 위해 취한 조치로 통보한 사항은 당연히 해당된다. 제소국이 이행패널설치요청서에서 문제를 제기한 이행 조치가 이

---

45) *Supra* note 3, p. 248 참조: *EC-Banana III(Article 21.5-Ecuador)* 분쟁에서는 전체적인 기간 단축을 위해 잠정검토 단계를 생략한 바 있으며, 다른 이행 분쟁에서는 각 사례별로 달리 결정되어 왔다.

46) *Supra* note 19, 한국국제경제법학회, p. 64에서는 예전에 이행분쟁의 상소가능 여부에 대해 논란이 있기도 했으나, 현재는 WTO 회원국 사이에 상소가 가능한 것으로 공감대가 형성되었다고 언급한다.

47) Appellate Body Report, *US-Softwood Lumber IV(Aticle 21.5-Canada)*, para. 66; *Canada-Aircraft(Article 21.5-Brazil)*, para. 36.

48) Appellate Body Report *US-Softwood Lumber IV(Article 21.5-Canada)*, para. 72.

범위 내에 있으면 문제될 것이 없다. 반면, 논란이 되는 경우는 이행의무국이 DSB에 이행조치로 통보하지 않았으나 상대국은 이행에 관련된 조치로 간주하고 이행패널설치요청서에서 패널의 임무 범위로 요청한 경우이다.

이 경우, 패널이 최종적으로 이행조치 해당 여부를 결정한다.49) 이유는 이행조치의 범위를 이행의무국이 통보한 사항으로 한정한다면 이행의무국이 조치의 범위에 대한 결정권을 가져 이행을 회피하는 데 활용될 수 있는 반면, 제소국이 이행패널설치요청서에 기재한 조치를 모두 인정한다면 제소 대상을 이행조치로 한정한 취지에 맞지 않을 것이기 때문이다.50) 이런 맥락에서 *US-Softwood Lumber IV* 이행분쟁 상소기구도 제21.5조 이행패널은 이행의무국이 이행조치라고 선언한 것만 조사하는 데 머물 필요가 없는 동시에, 원심과 달리 제소국의 이행패널설치요청서도 결정적이지 않다고 확인하였다.51)

그러면 이행패널의 임무범위에 대해 패널이 최종결정을 하는 기준은 무엇일까? 실제 분쟁에서는 문제가 된 조치가 이행의무국이 DSB에 통보한 이행조치와 '특별히 가까운 관계(particularly close relationship)'를 갖고 있는지가 기준이 되어 왔다. 이러한 기준을 만족시키는지를 검토하기 위해서는 관련 조치들이 취해진 시기, 조치의 성격(nature) 및 효과(effect)를 고려하였으며 아울러 DSB에 통보된 이행조치를 채택하게 된 사실적 및 법적인 배경이 고려되기도 했다.52)

예를 들어, *US-Softwood Lumber IV* 분쟁에서 이행의무국인 미국은 원심에서 협정위반으로 판정된 캐나다산 Softwood Lumber 상계관세 결정을 DSB 판정에 맞게 개정한 후에 이행조치로 고지하였다. 반면, 캐나다는 최종결정 개정만이 아니라 이어진 연례 재심(annual review)53)에서 보조금의 이전(pass-through) 여부를 판단한

---

49) *Id.* para. 73; Panel Report, *EC-Bed Linen(Article 21.5-India)*, para. 6.15.

50) *Supra* note 9, 김호철, p. 58; Panel Report, *Australia-Salmon(Article 21.5-Canada)*, para. 7.10.22 각각 참조.

51) Appellate Body Report, *US-Softwood Lumber IV(Article 21.5-Canada)*, para. 73 and 77.

52) *Id.* para. 77; Appellate Body Report, *US-Zeroing(EC)(Article 21.5-EC)*, paras. 203 and 207.

53) 연례재심은 미국의 반덤핑, 상계관세 등 무역구제제도의 독특한 면이다. 상계관세가 결정된 경우 이를 수출자에게 부과해서 즉시 정산하지 않고 먼저 예탁을 받아 놓은 후에 1년이 지난 후 연례재심을 통해 상계관세율을 다시 산정해서 예탁율보다 낮으면 환급하고, 높으면 추가 징수하는 제도이다. 그리고 다시 산정된 상계관세율이 다음 번 연례 재심까지 예탁을

결정54)도 이행조치에 포함된다고 주장하였다. 이에 대해, 미국은 연례 재심은 DSB 판정 및 권고와는 별개로, 별도의 법률규정, 일정 및 절차에 따라서 시행된 것이므로 관계가 없다고 반박하였다.

이행패널은 최종결정 개정과 연례재심간의 관계를 보기 위해 시행 시기, 성격, 효과상의 연관성을 검토하였다. 시기적 측면에서 연례재심이 최종결정 이행조치 후 단 10일 만에 발표되었으며 미국당국자도 DSB의 판정과 권고가 연례재심에서 고려되었다고 인정한 점을 주목하였다. 둘째, 성격적 측면에서 최종결정 개정과 연례재심은 검토 대상이 동일하며 연례재심에서 보조금 이전(pass through)여부에 대한 분석 시 최종결정 개정시와 동일한 방법을 적용한 것으로 나타났다. 셋째, 효과 측면에서 최종결정 개정 후 이루어진 연례재심이 직접적으로 이행조치에 영향을 준 것이 확인되었다. 즉, 수출자가 예탁해야 하는 상계관세율이 연례재심 결과에 따라 변경되었기 때문이다. 결론적으로 패널과 상소기구는 이행조치로서의 최종결정 개정과 연례재심(보조금 이전에 대해 분석/판단한 부분)은 긴밀한 관계(close connection)을 갖고 있으므로 연례재심(보조금 이전 판단)도 이행조치의 일부로 이행패널의 심리 범위에 포함해야 한다고 판정하였다.55)

(2) 이행부적합 주장의 법적 근거

제소국이 이행조치의 문제점에 대해 제기할 수 있는 협정상의 법적 근거는 원심의 경우와 같이 제한 없이 자유롭게 할 수 있으며 원심에서 제기했던 협정 근거에 묶일 필요는 없다.

Canada-Aircraft 이행분쟁 상소기구는 이행패널에서 심리하는 사항은 원심에서 제기되지 않았던 새로운 조치와 관련되어 있으며, 관련된 사실들도 다를 수 있다고

받는 기준율이 된다.

54) 이 분쟁에서는 캐나다 정부가 원목 생산자에게 제공한 보조금이, 이 원목을 Softwood Lumber로 가공해서 미국에 수출한 회사에게로 이전(pass-through)되었는지 여부가 주된 논점중의 하나가 되었다. 원심에서는 미국이 상계관세율을 산정하면서 보조금 이전을 적절히 분석하지 않은 점이 협정위반으로 판정되었고 이행분쟁에서도 이 사안이 검토되었다.

55) Appellate Body Report, *US-Softwood Lumber IV(Article 21.5-Canada)*, paras. 6-7 and 80-90.

하고 만약, 이행패널에서 원심 조치와 관련된 주장과 사실의 관점에서만 새로운 조치를 조사하도록 제한한다면 이행패널이 새롭게 이행된 조치의 협정 합치성을 충분히 조사할 수 없을 것이라고 언급했다.[56]

US-Shrimp 이행분쟁 상소기구에서도 이행패널의 임무는 새로운 이행조치가 전체적(in totality)으로 협정과 합치하는가를 조사하는 것이므로 원심에서 이미 제기되었던 주장을 다루는 것이 아니라는 점을 분명히 했다.[57]

다만, 이와 별개로 이행패널에서 제기될 수 있는 법적 근거에는 몇 가지 제한이 있기도 하다.[58] 먼저 동일한 조치에 대해 원심에서 제소국이 문제를 제기할 기회에 있었음에도 제기하지 않은 사항[59]과 원심에서 협정 합치로 판단된 사항을 다시 제기할 수는 없다.[60] 이행패널은 원심에서 당사국이 누락한 사항이나 이미 판단된 사항을 재심하는 자리가 아니라 원심 및 그 이후의 절차에서 판단되지 못한 사항을 해결하기 위한 절차이기 때문이다.

반면, 원심에서 제기는 했으나 사법 경제나 상소기구의 분석 미완료 등의 이유로 최종 판정이 되지 않은 사항은 다시 제기할 수 있다.[61] 또한, 이행조치가 이전(以前) 조치의 요소뿐 아니라 이와 분리할 수 없는 새로운 요소를 같이 포함하고 있는 경우에는 새로운 조치로 간주되어 원심에서 제기한 사항을 다시 주장할 수 있다.[62]

Sequencing Agreement(이행패널과 보복절차간 순서 합의): 예시문 13

앞서 언급한 대로 당사국 간에 이행적합성에 대해 이견이 있으면, 우선적으로 이행패널에서 심리해서 이행이 적합하면 분쟁을 종료하고 부적합하면 다음 장에서 논의할

---

56) Appellate Body Report, *Canada-Aircraft(Article 21.5-Brazil)*, paras. 40-42.
57) Appellate Body Report, *US-Shrimp(Article 21.5-Malaysia)*, paras. 86-87.
58) *Supra* note 2, WTO Handbook Ⅱ, p. 138-139 참조.
59) Appellate Body Report, *US-Upland Cotton(Article 21.5-Brazil)*, para. 211.
60) Appellate Body Report, *EC-Bed Linen(Article 21.5-India)*, para. 93.
61) Appellate Body Report, *EC-Fasteners(China)(Article 21.5-China)*, para. 5.15; *US-Upland Cotton(Article 21.5-Brazil)*, para. 210.
62) Appellate Body Report, *US-Zeroing(EC)(Article 21.5-EC)*, para. 432.
63) 제9장 분쟁해결절차 개선 노력, 2. 가항 '이행 여부 판단-보복절차 순서(Sequencing issue)' 참조.

'불이행시의 구제'를 진행하는 것이 논리적인 순서이다. 그러나 현행 DSU 규정은 이러한 순서를 명확하게 규정하지 못해서 혼란을 초래할 여지를 가지고 있다. 회원국들은 이에 대해 중장기적으로는 DSU 개정을 추진하되 우선적으로 당면한 분쟁에서는 당사국 간에 약정을 체결해서 해결하는 경우가 많았는데 일반적으로 이를 '순서 합의(Sequencing Agreement)'라고 부른다.

구체적으로 살펴보면, 이행패널에 대해 규정한 DSU 제21.5조는 당사국 간의 이행적합성에 대한 이견발생 시 이행패널에 회부할 것을 규정하는 반면, 이행패널과 불이행 시의 구제절차(보상/보복) 간의 순서에 대해서는 침묵하고 있다. 이로 인해, 제소국 입장에서 이행의무국의 이행조치가 불충분하다고 생각하는 경우, 이행패널을 통해 객관적인 판정을 받지 않고도 일방적으로 보복을 진행할 여지를 주고 있는 것이다. 실제로 *EC-Banana III* 분쟁에서 제소국인 미국은 이행패널을 거치지 않고 일방적으로 보복 승인을 요청한 전례가 있다.

더구나, DSU 규정상 이행패널 절차와 보복승인 시한간에는 조화될 수 없는 충돌까지 발생한다. 즉, DSU 제22.6조에 따르면 이행에 실패한 경우 합리적 이행기간 종료 후 30일 이내에 보복을 승인해야 한다. 그러나 합리적 이행기간 종료 후 이행에 대해 이견이 있는 경우 이행패널에서 이행적합성에 대해 결론을 내기 위해서는 30일 시한이 도과할 수 밖에 없다. 따라서, 협정 문언에만 따르면 당사국 간에 이행에 대해 이견이 있어서 이행패널을 거칠 경우에는 이행적합성에 대한 결론과 관계없이, 규정상의 합리적 이행기간 종료 후 30일 시한이 도과되어 보복 승인이 불가능하게 되는 모순이 발생한다.

DSU 규정에 문제가 있으면 개정하면 되지, 왜 일일이 당사국 간 합의를 통해 해결해야 하느냐는 의문이 제기될 수 있다. 그러나 DSU 개정은 WTO 164개 회원국이 모두 합의하고 국내적으로 법령화해야 하는 절차라서 각 건별로 해결하기는 어렵다. 따라서, 중장기적으로 DSU 개정을 추진하되[63] 우선은 각 분쟁별로 당사국 간에 해결하는 방식을 취해 온 것이다.

순서합의의 주된 내용을 보면, 양국 간에 이행결과에 대해 의견이 다른 경우, 제소국은 이행패널절차를 먼저 진행해서 이행적합성을 객관적으로 판단받은 후 부적합 시 보상 혹은 보복절차를 진행하겠다고 약속한다. 다만, 제소국이 이행패널절차로 인해 보복승인을 받을 수 있는 '합리적 이행기간 후 30일' 기한을 놓치는 것을 방지하기 위한 안전장치를 넣는다. 즉, 이행패널절차가 진행될 경우에는 보복승인을 받을 수 있는 시한을 잠정중단 시키거나, 시한이 지나서 요청하더라도 이 요건은 충족된 것으로 간주하기로 합의한다. 아울러, 이행패널절차를 신속히 하기 위해 협의, 패널설치, 패널진행 일정, 보고서 채택 등을 원심보다 단축하는 내용에도 합의한다.

이행의무국 입장에서 이렇게 이행패널절차를 빠르게 하면 손해인데 왜 절차를 단축하는 데 합의할까? 제소국이 당장 일방적인 보복절차를 취하지 않고 이행패널절차를 기다리는 것에 대한 보상의 성격이라고 할 수 있다. 제소국 입장에서는 피소국의 불법적인 조치를 참으며 패널(상소의 경우 상소심)과 이행기간을 거쳐왔는데 또다시 이행패널절차를 기다려야 하는 입장이다. 따라서, 피소국으로서도 제소국이 기다리겠다고 약속한 이행패널절차가 신속히 진행하도록 협조하는 것은 당연한 상호적 조치라고 할 것이다.

제8장

불이행 시의 구제

불이행 시의 구제

WTO 분쟁에서 불이행으로 판단되는 상황은 크게 두 가지이다. 먼저는 이행의무국이 이행조치를 아예 하지 않은 경우이다. 다음은 이행조치를 했으나 상대측에서 이행이 적절히 되지 않았다고 이의를 제기해서 제21.5조 이행패널 절차를 거친 결과 이행이 부적합한 것으로 최종판정된 경우이다.

이 경우에 DSU는 보상 혹은 보복을 구제 방법으로 제공한다. 그러나 한 가지 강조할 점은 불이행 상황에서도 이행을 포기하는 것은 아니며 보상 혹은 보복이 취해질지라도 적합한 이행은 분쟁의 궁극적인 해결수단으로 계속해서 추구된다. DSU 제22.1조도 DSB의 권고와 판정이 이행되지 않았을 경우에 보상과 보복을 구제 방법으로 사용할 수 있지만 이는 이행조치로 가기 위한 일시적인 수단이며 이행을 영구적으로 대체하는 것은 아니라는 점을 분명히 한다. *EC-Banana III(US)(Art. 22.6-EC)* 보복중재심에서도 보복은 이행을 유도하기 위한 임시적인 조치이며 징벌적으로 사용되어서는 안 된다고 한 바 있다.[1]

같은 맥락에서 DSU 제22.8조는 보상이 제공되거나 보복이 취해진 상황에서도 이행이 완료될 때까지는 DSU(제21.6조)에 따른 이행의무국의 DSB 이행현황 보고 및 DSB의 이행 감독이 계속되어야 한다고 명시한다.

---

1) Decision by the Arbitrator, *EC-Banana III(US)(Article 22.6-EC)*, para. 6.3.

1. 보상 협상

> ### DSU 주요 규정(제22.1 - 2조)
>
> 보상 및 "양허 또는 그 밖의 의무의 정지"(이하 "보복")는 DSB 권고 및 판정이 합리
> 적인 기간내에 이행되지 아니하는 경우 취할 수 있는 잠정적인 조치이다. 그러나 보상
> 이나 보복은 완전한 이행에 우선하지 아니한다. 보상은 자발적인 성격을 띠며, 대상협
> 정과 합치하여야 한다.
> 이행의무국이 판정을 이행하지 않는 경우, 제소국의 요청에 따라 이행의무국은 합리적
> 인 기간이 종료되기 전에 보상을 위하여 협상을 개시한다.

불이행 시에 우선적인 구제방법은 보상이다. DSU 제22.2조는 이행의무국이 정해
진 이행기간 내에 이행을 하지 못하는 경우 상대의 요청이 있으면 합리적 이행기간
종료이전이라도 보상을 위한 협의를 시작해서, 이행기간 종료 후 20일까지 이에 임
하도록 하고 있다.

보상은 일견 금전적인 보상을 의미하는 것으로 이해되기 쉬운데, 일반적으로는 이
행의무국이 관세 감면 등의 방식을 통해 상대국에게 피해를 준 것과 동등한 수준으
로 보상이익을 제공하는 것을 의미한다.[2]

보상은 적합한 이행을 통해 문제를 해결하는 것만은 못하지만 당사국이 자발적으
로 합의하는 방안이며 조치의 성격이 무역을 촉진하는 성격을 가진다는 점에서 무역
제한적인 보복조치보다는 선호된다고 할 수 있다.[3] DSU에서 보복으로 가기 전에
보상을 우선적으로 추구하도록 규정한 것도 이러한 이유로 생각된다.

그러나 현실적으로는 보상에 합의한 사례가 많지 않은데, 그럴 만한 이유가 있다.

첫째는 보상의 방법상의 문제이다. 일반적인 보상의 방법은 앞서 언급한 대로 승
소국에게 무역상의 이익을 주는 것으로, 예를 들자면 철강 교역에서 협정을 위반해

---

2) WTO, *A Handbook on the WTO Dispute Settlement System*(Cambridge Univ. 2004),
   p. 80.
3) David Palmeter & Petros C. Mavroidis, *Dispute Settlement in the World Trade
   Organization,* (Cambridge Univ. 2nd ed. 2004.), p. 265 참조.

서 상대국에게 피해를 준 경우, 농산물 분야에서 상대국에게 관세를 감면해 주는 경
우가 있을 수 있다. 그런데 여기에는 제약이 있다. 관세 감면의 대상국을 제한하면 안
된다. 분쟁 상대국가에게만 관세를 감면해 주는 것이 보상목적으로 보면 적합한 방
법이지만 이는 WTO 협정상 금지된다.4) 분쟁 당사국 외의 다른 회원국의 이해가 관
련되기 때문이다. 즉, 보상의 대상이 된 품목을 수출하는 다른 회원국 입장에서는
승소국에게만 낮은 관세가 적용되므로 해당 시장에서 승소국에 비해 불리한 경쟁조
건에 처하게 되고 이는 최혜국 대우에 위반되는 불합리한 차별이 된다.5) 따라서, 보
상을 하기 위해서는 제소국만이 아니라 모든 WTO 회원국들에게 동일한 조건으로
혜택을 주어야 한다. 문제는 이렇게 하면 이행의무국 입장에서는 치러야 할 비용이
크나 제소국에게 돌아가는 보상은 많지 않으므로 보상을 통해 문제를 해결할 유인이
현저히 낮아지게 된다.6)

둘째로, 정치적인 이유로 보상이 이행의무국 국내적으로 설득되기 어려운 점도 있
다. 위의 예와 같이 철강 분야에서의 협정 위반을 농산물 관세감면으로 보상할 경우,
농민들이 가만히 있을 리가 없다. 왜 우리가 잘못도 없이 희생양이 되어야 하느냐는
목소리가 강하게 제기될 것이다.

셋째는 WTO 시스템상 보상의 정당성과 장기적으로 바람직한 해결방법이냐의 문
제도 논란이 될 수 있다. 보상을 하게 되면 협정 위반으로 판정된 조치는 면죄부를
받게 되는데 이는 전체적인 규범체계에서 불법행위인 일탈을 허용하는 결과를 초래

---

4) DSU 제22.1조는 "보상은 자발적인 성격을 띠며, 대상협정과 합치하여야 한다"고 규정한다.
이는 WTO 협정상의 최혜국원칙에 의거 보상시에 특정 국가에게만 차별적 혜택을 줄 수
없다는 점을 분명히 한다.
5) 예를 들어, 이행의무국이 보상조치 전(前)에는 오렌지에 대해 모든 회원국에게 50% 수입관
세를 부과하다가 제소국에게만 관세를 면제해 주면, 제소국 기업들은 관세를 면제받은 훨씬
싼 가격에 오렌지를 수출할 수 있으므로 경쟁력이 올라가고 수출량도 증가할 것이다. 그러
나 다른 오렌지 수출국들은 여전히 50% 관세를 납부해야 하므로 제소국에 비해 경쟁력이
낮아지고 수출량이 감소하는 피해를 받을 수밖에 없다. 제3의 국가들 입장에서는 이행의무
국의 잘못을 자국의 손해로 보상하는 셈이 되는 것이다.
6) 이를 보완하기 위해 이행의무국이 승소국의 수출 비중이 크고 다른 회원국들의 수출 이해
는 작은 분야를 보상 대상으로 선택하는 방법도 고려될 수 있다: 장승화, "WTO 판정의 집
행과 구제수단: DSU 제22.6조 중재를 중심으로", 「통상법률」 통권 제127호, (2016.2), p.
16; WTO, *A Handbook on the WTO Dispute Settlement System*(Cambridge Univ. 2nd
ed. 2017)("WTO Handbook II"), p. 140 각각 참조.

한다.7) 또한, 보상은 취지와 달리 장기화될 위험이 있다. 보상과 보복은 협정위반이 해결되지 않는 상태에서 이익균형을 맞추기 위해 취하는 일시적인 수단인데, 보상의 경우에는 양측이 적절한 수준에서 합의해서 비차별적으로 취한 조치이므로 변화를 추구하기보다는 현 상황을 계속 유지할 동기가 클 수 있다. 특히, 이행의무국 입장에서 보상을 한다는 것은 국내적으로 이행을 하기 어려운 사정이 있음을 의미하므로 어렵게 이행하기보다는 보상상태를 유지하는 것이 보다 용이한 선택이 될 것이다.8)

한편, 보상의 일반적인 방식은 아니나, WTO 분쟁에서 금전적 보상에 합의한 사례도 있다. *US-Section 110(5) Copyright Act* 분쟁에서 미국 저작권법의 소규모 영업자 예외규정이 지적재산권(TRIPS) 협정(제13조) 위반으로 판정받은 후 이행을 하지 못함에 따라 미국과 EC가 금전적인 보상에 합의하였다. 미국 정부가 승소측인 EC의 공연권리단체가 만든 기금(회원 후원 및 저작권 촉진 목적)에 DSU 제25조 중재에서 결정된 연간 110만 불의 3년분 총 330만 불을 공여하는 내용이다.9) 필자의 제네바 근무시 EC 분쟁담당관 사무실을 방문한 적이 있는데, 당시 이 담당관은 미국이 저작권법 보상으로 제공한 수표의 사본을 만들어서 사무실에 전시해 두고 자랑스럽게 보여준 기억이 있다. 다른 사례로 *US-Upland Cotton* 분쟁에서도 패소국인 미국이 브라질 면화단체(Brazil Cotton Institute)에 3억 불을 제공하여 기술지원 및 역량배양 등에 사용토록 하는 보상 합의를 하였다.10)

---

7) *Supra* note 3, p. 266 참조; Won-Mog Choi, "To Comply or Not to Comply?-Non-implementation Problems in the WTO Dispute Settlement System", *Journal of World Trade*, Volume 41(5), (Kluwer Law International, 2007), p. 1065-1067: 이 논문에서는 특히 금전적 보상이 국제의무의 위반을 돈을 주고 구입할 수 있는 것을 의미하며, 이는 결국 선진국-개도국, 선진국-선진국 간에 불법을 거래케 하고 분쟁해결절차에서 가장 중요한 적합한 이행을 더 어렵게 할 것이라는 점을 지적한다.

8) *Id.* Choi: 금전적 보상의 경우 이행의무를 가진 국가의 일반 재정에서 지불함에 따라 특정 집단이 반대할 이유가 적고, 보복조치의 경우와 달리 불이행으로 인해 피해를 받는 국내 이해집단도 없음에 따라 적합한 이행을 촉진하는 역할이 약한 점을 지적한다.

9) Notification of a Mutually Satisfactory Temporary Arrangement, *US-Section 110(5) Copyright Act*, WT/DS160/23(26 June 2003); Award of the Arbitrator, *US-Section 110(5) Copyright Act(Article 25); Supra* note 6, WTO Handbook II, p.140, Footnote 53; 김호철, "WTO 분쟁해결절차: 이행 및 구제절차", 「통상법률」 통권 제108호, (2012.12), p. 65 각각 참조.

10) Notification of a Mutually Agreed Solution, *US-Upland Cotton*, WT/DS267/46(23 October 2014) 참조.

2. 보복(양허 혹은 다른 의무의 정지) 승인 요청

DSU 주요 규정(제22조)

합리적인 이행기간이 종료된 날로부터 20일 이내에 만족할 만한 보상에 대하여 합의가 이루어지지 아니하는 경우, 제소국은 보복 승인을 분쟁해결기구에 요청할 수 있다. 보복승인 요청 시 제소국은 다음의 원칙과 절차를 적용한다.

일반 원칙으로 협정 위반 또는 이익의 침해가 있었던 분야와 동일한 분야에서 우선 보복을 추진한다.

(i) 동일 분야 보복이 비현실적 또는 비효과적이라고 간주하는 경우, 동일 협정상의 다른 분야에서의 보복을 추구할 수 있다.

(ii) 동일 협정상의 다른 분야에서의 보복도 비현실적 또는 비효과적이며 상황이 충분히 심각하다고 간주하는 경우, 다른 대상 협정상의 보복을 추구할 수 있다.

위의 원칙을 적용하는 데 있어서 제소국은 다음 사항을 고려한다.

(i) 패널 또는 상소기구가 위반 또는 그 밖의 무효화 또는 침해가 있었다고 판정을 내린 분야 또는 협정상의 무역, 그리고 동 무역이 제소국에서 차지하는 중요성

(ii) 무효화 또는 침해에 관련된 보다 더 광범위한 경제적 요소와 보복이 초래할 보다 더 광범위한 경제적 파급효과

이 항의 목적상 "분야"란 다음을 의미한다.

(i) 상품: 모든 상품

(ii) 서비스: 현행 "서비스분야별분류표"에 명시된 11개 분야

(iii) 무역관련 지적재산권: 무역관련지적재산권에관한협정 제2부 제1절, 또는 제2절, 또는 제3절, 또는 제4절, 또는 제5절, 또는 제6절, 또는 제7절에 규정된 각 지적재산권의 범주, 또는 제3부 또는 제4부상의 의무

이 항의 목적상 "협정"이란 다음을 의미한다.

(i) 상품과 관련, 세계무역기구협정 부속서 1가에 열거된 협정 전체와 관련 분쟁당사자가 그 회원국인 경우 복수국 간 무역협정

(ii) 서비스와 관련, 서비스무역에 관한 일반협정

(iii) 지적재산권과 관련, 무역관련 지적재산권에 관한 협정

분쟁해결기구가 승인하는 보복의 수준은 무효화 또는 침해의 수준에 상응한다.

이행기간 종료 후 20일 이내에 보상에 합의하지 못하면, 제소국은 분쟁해결기구(DSB)에 보복 승인을 요청할 권리를 갖는다.

보복은 편의적으로 사용되는 용어이고 정확하게는 "양허 혹은 다른 의무의 정지"이다. 즉, WTO 협정상으로 상대국에게 약속해서 지키고 있는 양허(관세상한 등)나 다른 의무를 일시적으로 지키지 않을 권리를 획득하는 것이다. 예를 들어, A국이 쇠고기에 대해 WTO 협정 양허상으로 관세를 10%를 초과해서는 부과하지 않겠다고 약속했다고 하자. A국은 평소에는 이 약속을 위반할 수 없으나 B국의 DSB 판정 불이행에 대한 "양허 혹은 다른 의무의 정지"로서는 B국에 대해서만 쇠고기 관세를 100%로 올리는 것이 가능하다. 또한, 보복은 특정국(B국)에 대해서만 불리한 조치를 하는 것이므로 최혜국대우 의무 위반에 해당되나 이러한 관련 의무에서도 면제된다.[11]

GATT에서도 이러한 보복조치에 대한 승인을 요청할 수 있었으나 패널설치나 패널보고서 채택과 동일하게 전체 회원국의 총의가 있어야만 허용되는 취약점이 있었다. 따라서, 회원국의 총의를 얻어 보복조치가 승인된 사례는 극히 드물며, 승인된 경우에도 실제 보복조치는 시행되지 못했다.[12]

그러나 WTO에서는 패널설치 및 패널보고서 채택의 경우와 동일하게 역총의제로 변경되었다. DSU 제22.6조에서는 제소국이 상대국의 DSB 판정 불이행에 근거해서 보복조치 승인을 요청하면 회원국 모두가 반대하지 않는 한 허용되어야 한다고 규정한다. 다만, 보복조치의 대상국에게는 이 요청을 보복중재에 회부할 수 있는 권한이 있다. 즉, 제소국이 보복승인요청서에 적시한 보복 수준이나 보복 분야 등에 대해 이의를 제기할 수 있으며 이를 통해 보복조치 승인은 보류되고 보복중재에 회부되게 된다. 보복중재에 대해서는 3항에서 후술한다.

보복 승인을 요청하기 위해서는 제소국이 보복승인요청서를 작성해서 DSB 회의 의제로 상정하게 되는데, 이 요청서는 DSB가 보복을 승인하는 근거 문서가 된다(예시문 14). 동시에 상대국(피보복요청국)에게는 보복 수준, 보복 분야를 포함한 보복 계획을 알려서 대응할 기회를 주는 적법절차 목적을 수행하고, 보복중재심이 개시될

---

11) *Supra* note 6, WTO Handbook II, p. 142 참조.
12) John H. Jackson, "Dispute Settlement and the WTO Emerging Problems", *Journal of International Economic Law*(Oxford Univ. Press, 1998), p. 333 참조.

경우 중재인의 임무범위를 정하는 역할을 하게 된다.[13)]

  보복승인요청서에는 크게 세 가지 내용이 포함되어야 한다.[14)] 첫째는 보복대상 금액이다. DSU 제22.4조는 보복수준이 제소국이 입은 무효화 또는 침해(이하 '피해')와 동등해야 한다고 규정하고 있으므로, 이행의무국의 협정 위반으로 인해 발생한 피해를 금액으로 산정해서 이를 보복수준으로 제시하게 된다. 피해 금액을 산정하는 일반적인 방법은 불이행조치의 무역 효과(trade effect)를 계산[15)]하는 것으로, 협정 위반하에서의 실제 무역액과 협정 위반조치가 협정에 합치되도록 이행되었을 경우를 가정한 확대된 무역액을 비교하는 것이다.[16)] 이 금액은 연간 피해액으로 계산하며, 협정에 합치되게 이행되었을 것으로 가정하는 시점은 합리적 이행기간 종료일로 한다. 이행의무국은 합리적 이행기간 종료일 이전에는 이행을 완료할 의무가 없으므로 그 이후에 이행이 되지 않고 있는 부분만 피해로 계산되는 것이다.[17)]

  협정에 합치되도록 이행되었을 상황은 현실이 아닌 가상의 상황이므로 어떤 시나리오(가정과 변수)를 사용하느냐에 따라 결과에 차이가 날 수 밖에 없다. 제소국은 자국이 보복할 수 있는 여지를 넓히기 위해 피해 금액을 최대화하는 방식으로 산정하는 경향을 가지며 이에 따라 보복중재심에서는 제소국의 요청액보다 훨씬 적은 금액으로 결론이 나는 경우가 많다. 예를 들어, *US-Tuna II* 분쟁에서 제소국인 멕시코는 연간 보복수준으로 USD 472.3백만 불을 승인 요청했으나, 보복중재심에서 요청액의 35% 수준인 163.23백만 불만 인정된 바 있다.[18)]

---

13) Decision by the Arbitrator, *EC-Banana III(Ecuador)(Article 22.6-EC)*, para. 20.
14) Decision by the Arbitrator, *EC-Hormones(US)(Article 22.6-EC)*, para. 16 and Footnote 16: 이 분쟁에서 중재인은 보복승인요청서에는 첫째, DSU 제22.4조에 따라 WTO 비합치 조치가 야기하는 '무효화 또는 침해'와 동일한 수준이 되는 특정 보복 수준을 적시하고, 둘째 DSU 제22.3조에 따라 보복대상 협정과 분야를 적시해야 한다고 언급한다. 아울러, 보복 대상 품목 범위, 종류, 정도 등에서 보복 요청이 정확할수록 좋으며, 이런 정확성은 다자통상체제의 안정성과 예측가능성뿐 아니라 분쟁의 신속하고 긍정적인 해결을 추구함에도 도움이 된다고 부연한다.
15) Decision by the Arbitrator, *US-Offset Act(Byrd Amendment)(Article 22.6-Brazil)*, para. 3.71; *Supra* note 6, 장승화, p. 19 참조.
16) *Supra* note 6, WTO Handbook II, p. 144 참조.
17) Decision by the Arbitrator, *EC-Hormones(US)(Article 22.6-EC)*, para. 38; *Supra* note 9, 김호철, p. 71 각각 참조.
18) Decision by the Arbitrator, *US-Tuna II(Mexico)(Article 22.6-US)*, paras 1.5 and 7.1.

둘째는 보복의 대상이 되는 협정과 분야를 적시한다. DSU 제22.3조에서는 보복은 우선적으로 피해를 입은 분야에서만 시행하도록 하고 있으므로 이를 지키는 것이 필요하다. 다만, 예외적인 경우에는 피해를 입은 분야나 협정을 넘어서 보복을 하는 것이 가능하다. 즉, 같은 분야 보복이 비현실적 또는 비효과적이라고 판단될 경우 동일 협정의 다른 분야에서의 보복도 신청할 수 있다. 더 나아가서 동일 협정상의 다른 분야에서의 보복조차도 비현실적 또는 비효과적이며 상황이 충분히 심각하다고 간주하는 경우, 다른 협정상의 보복도 신청할 수 있다.[19]

이렇게 피해를 입은 분야를 넘어서 동일 협정의 다른 분야나 다른 협정 분야에서 보복조치를 신청할 때는 보복승인요청서에 반드시 그 이유를 제시해야만 한다.[20]

그러면 어디까지가 같은 분야이고 어디가 다른 분야일까? 먼저, 가장 큰 분류인 협정은 3개로 나누어진다. 상품협정, 서비스협정, 지적재산권 협정이다. 각 협정내에서의 분야를 보면 상품협정의 경우 모두가 한 분야로 정해져 있다.[21] 따라서, 같은 협정의 다른 분야는 있을 수 없으며 상품분야의 한 영역에서 피해를 입은 경우 다른 모든 영역이 같은 분야로서 보복의 대상이 될 수 있다.[22] 서비스 협정의 경우는 다르다. 현행 "서비스분야별분류표"에 명시된 11개 주요 서비스 분야가 각각 다른 분야로 간주된다.[23] 따라서, 통신서비스 분야에서 피해를 입은 것으로 판정된 경우 보복은 통신서비스 내에서만 하는 것이 원칙이며, 이 방안이 비현실적이거나 비효과적으로 간주되는 경우 서비스협정내의 다른 분야인 교통서비스나 비즈니스서비스 등에서의 보복을 요청할 수 있다. 지적재산권 협정의 경우도 여러 개의 분야를 가진다. 지적재산권의 종류를 기준으로 7개 범주, 의무를 기준으로 2개 분야로 나누어져 총 9개 분야를 가진다.[24] 예를 들어 저작권 분야에서 피해를 입은 경우 이 분야 내에서만

---

19) DSU 제22.3(b)(c)조.
20) DSU 제22.3(e)조.
21) DSU 제22.3(f)(i)조.
22) 반덤핑협정, 보조금협정, 정부조달서비스(복수국) 협정을 포함한 상품과 관련된 모든 협정상의 의무도 같은 상품 분야로 간주된다.
23) 11개 주요 서비스는 비즈니스서비스, 통신서비스, 건설 및 엔지니어링 서비스, 유통서비스, 교육서비스, 환경서비스, 금융서비스, 보건서비스, 관광여행서비스, 휴양문화스포츠 서비스, 교통서비스 분야이다.
24) 7개 분야는 저작권, 상표권, 지리적표시권, 산업디자인권, 특허권, 폐쇄회로설계권, 비공개 정보보호권이고 2개 의무 분야는 지적재산권 집행 의무(Part III), 지적재산권의 취득 및 관

보복조치를 하는 것이 원칙이며, 이 방법이 비현실적이거나 비효과적으로 여겨지는 경우 특허권, 상표권 등 같은 협정의 다른 분야에서의 보복을 신청할 수 있다.

셋째는 보복의 대상이 되는 품목 리스트이다. 앞의 보복 수준(금액)과 보복 분야는 DSU 규정이 보복승인요청서에 적시토록 요구하는 부분이나, 보복대상 품목리스트 제출 요건은 이와 달리 분쟁사례를 통해 관행화된 경우이다. 보복중재심에 회부된 첫 번째와 두 번째 사례인 *EC-Banana III(US)* 분쟁과 *EC-Hormone* 분쟁에서 제소국이 보복품목 리스트를 보복승인요청서에 포함하였고 중재심에서도 그 필요성을 인정하면서 이후에 품목리스트를 포함하는 것이 일반화되었다.[25] *EC-Hormones* 보복중재심은 DSU 제22.4 조가 요구하는 피해 수준과 보복 수준간의 동등성을 보장하기 위해 제소국이 자국이 제 안하는 보복 수준을 분명히 하는 것이 전제 조건이며, 이를 위해 동 분쟁의 제소국인 미 국이 보복의 대상이 되는 품목들을 제시(identify)하는 것이 필요하다고 강조했다.[26]

한편, 제소국의 보복대상 품목리스트 제출이 규정상으로 요구되지 않을지라도 제 소국 입장에서는 이를 제시할 실질적인 이유도 있다. 즉, 보복대상 품목리스트가 발 표되면 보복대상국(피소국)의 해당분야 종사자들은 당장 생업에 위협이 될 것이며, 자국 정부에 가서 보복을 피하기 위해 조속히 이행할 것을 요구할 것이다. 따라서 제소국 입장에서는 피소국의 이행을 촉구하는 간접적인 방법이 될 수도 있다.[27]

3. 보복 중재심

DSU 주요 규정(제22조)

피소국이 제안된 보복의 수준에 이의를 제기하거나, 보복요청의 원칙과 절차가 준수되

리 분야(Part IV)이다.
25) *Supra* note 3, p. 267 참조.
26) Decision by the Arbitrator, *EC-Hormones(US)(Article 22.6-EC)*, paras. 20-21 참조: 한 편, 이 보복중재심에서 제소국인 미국이 보복대상 품목을 보복수준보다 더 넓은 범위로 제 시한 것이 문제되었는데, 중재판정에서는 이를 협정위반으로 간주하지 않고 다만, 실제 조 치에서는 최종결정된 보복수준의 범위내에서 적절한 품목을 선정해서 보복조치를 시행해야 한다는 점을 확인했다.
27) *Supra* note 3, p. 268 참조.

지 않았다고 주장할 경우, 동 사안은 중재에 회부된다. 이러한 중재는 원 패널위원의 소집이 가능한 경우 원 패널, 또는 사무총장이 임명하는 중재인(들)에 의하여 수행되며 합리적인 기간의 만료일로부터 60일 이내에 완결된다.

중재 패널은, 보복의 성격은 검토하지 아니하며, 보복수준이 무효화 또는 침해의 수준에 상응하는지를 판정한다. 또한 제안된 양허 또는 그 밖의 의무의 정지가 대상협정에 따라 허용되는지 여부를 판정할 수 있다. 보복 요청의 원칙 및 절차 준수 여부도 검토한다.

당사국은 중재인의 판정을 최종적인 것으로 수락하며, 제2차 중재를 추구하지 아니한다.

앞에 언급한 바와 같이, 제소국이 보복승인 요청을 하면 분쟁해결기구(DSB)는 이행의무국이 이의를 제기하지 않는 한 역총의제에 의거 보복 요청을 승인해야 한다.[28] 그러나 이행의무국 입장에서 보면 제소국이 일방적으로 신청한 보복 수준과 방법이 지나치다고 느끼고 동의하지 않을 가능성이 크다. 이행을 하지 못한 입장에서 보복은 불가피하다고 생각하더라도 지나치게 높은 수준의 보복은 불공정하다고 생각할 것이다. 또한, 제소국이 보복 분야를 협정의 다른 분야나 다른 협정 영역으로 확대해서 요청할 경우 이행의무국의 반대 입장은 더 강해질 것이다. 이를 해결하기 위해 DSU 제22.6조는 보복수준 및 방법에 대한 중재절차를 두고 있다. 제소국이 승인 요청한 보복수준 및 방법에 대해 이행의무국이 이의를 제기할 경우 자동적으로 중재에 회부되며[29] 보복조치는 중재결정이 나온 후 이에 맞추어 시행되어야 한다.

중재에 회부되는 일반적인 과정은 보복승인 요청이 다루어지는 DSB 회의 자리에서 이행의무국이 이의를 제기함으로써 이루어지는 것이나, 최근에는 DSB 회의에서 논의되는 과정을 거치지 않고 사전에 서면으로 시행되는 경우도 있다.[30] 즉, 제소국이 DSB의 보복승인을 요청하는 문서를 사무국에 접수하면 사무국은 이를 DSB 회의 의제로 이행의무국을 포함한 모든 회원국들에게 회람한다. 이행의무국이 의제에

---

28) DSU 제22.6조.
29) 보복중재심 회부를 위해 DSB의 결정이 반드시 필요하다는 주장이 제기되기도 하나, *US-COOL* 보복중재심에서는 DSU의 문맥상 반드시 DSB 결정을 통해 시행될 필요가 없다는 점을 분명히 하였다: Decision by the Arbitrator, *US-COOL(Article 22.6-US)*, paras. 2.12-2.18 참조.
30) Decision by the Arbitrator, *US-COOL(Article 22.6-US)*, paras. 2.1-2.2 참조.

첨부된 보복승인 요청의 내용을 확인한 후 DSB 회의를 기다리지 않고 제소국의 보복요청 수준 및 방법에 동의하지 않는다는 서한을 사무국에 보내면, 이 의제는 취소되고 보복승인 요청은 중재에 회부되게 된다(예시문 15-1). 이행의무국이 보복승인 요청에 대한 반대 의사를 표명한 상황에서는 DSB 회의에서 논의해도 결론은 같으므로 사전에 중재에 회부하는 게 더 효율적이라고 할 수 있다.

가. 보복중재심 중재인 구성 및 진행절차

보복중재심 중재인은 DSU 제22.6조가 정한 대로 원심 패널위원으로 구성되는 것이 원칙이다. 이행패널의 경우처럼 원심에서의 경험과 지식을 활용해서 보다 효율적으로 임무를 수행할 수 있는 점을 고려한 것으로 판단된다. 다만, 원심 패널위원이 담당하기 어려운 경우에는 WTO 사무총장이 직권으로 임명한다(예시문 15-2).[31]

보복중재심의 진행은 전반적으로 이행 패널절차와 유사하게 진행된다. 즉, 원심보다 기간이 짧은 점을 고려해서 당사국의 2차례 서면입장 제출 후 구두진술회의를 1회만 개최하는 것이 일반적이다.[32]

3자 참여는 DSU에 근거가 없으므로 원칙적으로 허용되지 않으나 예외적으로 3자 참여를 허용한 사례는 있다.[33] *EC-Hormones* 분쟁의 공동제소국인 미국과 캐나다는 상대방이 당사국인 보복중재심[34]에 서로 3자 참여를 요청했는데, 이들 국가들의 권리가 서로 다른 보복중재심의 결과에 영향받을 수 있다는 점이 인정되어서 사실상의 3자 참여가 허용되었다.[35] *US-COOL(Article 22.6-US)* 분쟁에서는 유사한 이유로 멕시코와 캐나다가 제소국인 2개 보복중재심에서 구두진술회의를 합동으로 개최하

---

31) DSU 제22.6조.

32) *Supra* note 6, WTO Handbook II, p. 148 참조; 구체적인 과정을 설명하자면, 먼저 제소국이 피해수준 산정근거에 대한 방법론 문서(Methodology Paper)를 제출하고, 양측의 서면입장서 제출, 패널질의에 대한 답변서 제출후 구두진술회의로 이어지는 것이 일반적이다.

33) *Supra* note 6, WTO Handbook II, p. 148, Footnote 77 참조.

34) 보복조치의 대상은 동일하나, 이 조치로 인한 무역상의 영향(trade effects)은 제소국별로 다르게 되므로 별개의 보복중재건으로 심리를 하게 된다.

35) Decision by the Arbitrator, *EC-Hormones(US)(Article 22.6-EC)*, para. 7; Decision by the Arbitrator, *EC-Hormones(Canada)(Article 22.6-EC)*, para. 7 각각 참조. 이 보복중재심에서 미국과 캐나다는 상대방이 당사국인 보복중재심의 구두진술회의에 참석하고 서면입장서를 받아볼 수 있도록 허용되었다.

고 모든 서면입장서는 서로 간에 공유할 수 있도록 하였다.[36]

전체적인 보복중재심 기간에 대해, DSU 제22.6조에서는 합리적이행기간 종료 후 60일 이내에 중재를 완료하도록 규정하고 있지만 이는 현실적으로 한계가 있어서 거의 지켜지지 않고 있다. 보복을 요청하고 중재에 회부하는 과정에서 이미 30일 이상이 소요되므로 규정에 따르자면 30일도 안 되는 기간 내에 결론을 내야 하며, 특히, 보복중재를 하기 전에 이행패널 절차를 거칠 경우에는 이 시한은 물리적으로 불가능하게 된다.

그래서, 근래의 관행은 중재에 회부된 일자로부터[37] 90일 이내에 중재판정을 도출하는 것을 원칙으로 하고 있는데, 최근에는 사안의 복잡성이나 사무국의 업무부담 등을 이유로 이 시한마저도 지켜지지 않고 중재회부 후 1년 이상이 지나서 결정이 내려지는 경우가 흔하다. 예를 들어 우리나라가 미국의 세탁기 반덤핑/상계관세조치를 제소한 분쟁에서는 보복중재심에서 1년 이상이 소요된 후에 결과가 발표(2019.2.8.)된 바 있다.

또한, 보복중재심 결과는 재심 기회가 없는 최종적인 결정이다.[38] 잠정보고서나 DSB의 보고서 채택 절차가 없고 중재심 판정이 발표되는대로 효력이 발생한다.[39]

나. 보복중재심 임무 범위 및 판정 기준

(1) 임무 범위

중재심의 임무는 피해수준과 동등(equivalent)한 보복 수준을 결정[40]하고, 보복을 요청한 분야가 피해 분야와 동일하지 않은 경우 DSU 제22.3항의 기준에 비추어 이

---

36) Decision by the Arbitrator, *US-COOL(Article 22.6-US)*, paras. 1.10 and 2.20-2.24.
37) 이행패널 절차를 거칠 경우에는 이행패널의 최종판정이 확정된 후에 중재에 회부하는 것을 전제로 한다.
38) DSU 제22.7조.
39) *Supra* note 6, 장승화, p. 14: 여기서는 보복중재심의 판정을 최종적인 것으로 하고 상소 기회를 배제한 것에 대해 타당성 논란도 있다고 언급한다.
40) 보복중재심이 최종적인 보복수준을 결정하는 과정에서, 우선적으로는 제소국이 요청한 보복대상 금액의 타당성을 검토해서 적절하다고 인정되면 이 금액이 보복 수준으로 확정되나, 제소국의 요청이 타당하지 않다고 판단될 경우에는 중재인이 양측의 의견을 들어 자체적으로 산정하게 된다.

제8장 불이행 시의 구제 · 193

를 인정할 만한 타당성이 있는지를 판단하는 것이다.[41]

피해수준과 동등한 보복 수준을 결정하기 위해서는 먼저 피해 수준을 도출하는 것이 핵심이 된다.[42] 피해 수준이 양적으로 산정되면 이 금액이 피해와 동등한 보복 수준이 된다. 또한 중재인은 제소국이 제출한 보복대상 품목리스트 등에 근거해서 보복 조치가 피해 수준의 범위 내에서 이루어질지도 점검한다.

특히, 주목할 점은 DSU 제22.7조에서 중재심은 제소국이 제출한 보복조치의 성격 (nature)에 대해서는 판단하지 못하도록 규정하므로 실제 조치에 관여해서는 안 된다.[43] EC-Banana III 보복중재심에서는 예를 들어서 제소국이 비스켓에 대해 보복하고자 하는데 치즈로 대체하라고 하거나 100% 관세를 150%로 높이라고 하거나 종가세가 아닌 종량세를 부과하라고 하는 것은 보복의 성격을 판단하는 것에 해당되므로 중재심의 권한 밖이라고 명시한 바 있다.[44]

보복 분야는 보복중재심에서 자주 문제되지는 않는다. 제소국이 요청한 보복 분야가 피해 분야와 동일하면 중재심의 검토 대상이 되지 않기 때문이다. 그러나 제소국이 피해 분야와 같은 협정의 다른 분야나 혹은 다른 협정 분야로 보복 범위를 넓히고자 할 경우에는 이를 정당화할 수 있는 같은 분야 보복의 비현실성, 비효과성, 상황의 심각성 등이 중재심의 검토 대상이 된다.

(2) 보복수준과 피해수준의 동등성 여부 판단

'동등성'의 의미에 대해서는 DSU에는 명확한 기준이 없으나 이전 중재판정례에 따르면 '가치, 중요성, 의미에서 동일함'을 의미하며,[45] 동등성 여부는 양적으로 판단된다고 해석되어 왔다.[46]

US-1916 Act(EC) 보복중재심에서 제소국인 EC는 양적으로뿐 아니라 질적인 기

---

41) DSU 제22.3조, 제22.4조, 제22.7조.
42) 제소국이 제출한 보복승인요청서에는 보복 수준(금액)이 제시되는데, 이는 제소국이 산정한 피해액과 동일한 것으로, 피해액이 이 수준이므로 이와 동등한 수준의 보복을 하겠다는 의미를 담고 있는 것이다.
43) Decision by the Arbitrator, *US-Offset Act(Byrd Amendment)(Article 22.6-Canada)*, para. 2.29.
44) Decision by the Arbitrator, *EC-Hormones(US)(Article 22.6-EC)*, paras 18-20.
45) Decision by the Arbitrator, *EC-Bananas III(US)(Article 22.6-EC)*, para. 4.1.
46) Decision by the Arbitrator, *EC-Hormones(US)(Article 22.6-EC)*, para. 20.

준으로도 동등성이 확인될 수 있다고 주장하기도 했으나 받아들여지지 않았다. 구체적으로, 이 사례에서 EC는 협정 위반으로 판정된 미국의 1916 반덤핑법에 대한 보복조치로 동일한 내용의 대응 입법을 하겠다고 하면서 이를 통해 질적인 동등성을 확보할 수 있다고 주장하였다. 그러나 중재심은 동일한 조치도 다양한 무역 또는 경제효과를 가질 수 있으며, 양적인 수치로 제시되지 않을 경우 보복이 피해수준을 넘어 징벌적 조치가 될 수 있고 보복이 피해범위 내에서 이루어짐을 보장할 수 없다고 하면서 EC의 주장을 인정하지 않았다.[47]

피해수준과 보복수준이 양적으로 동등한지를 판정하기 위해, 중재심은 먼저 제소국이 보복승인요청서에서 제시한 피해 금액(보복대상 금액)이 합리적이고 타당한지를 검토하게 된다. 그런데, 제소국이 DSB에 제출한 보복승인요청서에서는 보복대상 금액은 명시하나 구체적인 산정근거를 제시하지는 않는다. 따라서, 중재심은 제소국에게 먼저 보복대상 금액이 산출된 근거(Methodology Paper)를 제출할 것을 요청한다. 이에 대해, 법 원칙상의 문제가 제기되었는데, 보복중재를 요구한 것은 이행의무국(피소국)이므로 동 국가가 먼저 입증책임을 부담하는 것이 원칙이나, 중재인이 제소국에게 먼저 서면(Methodology Paper)을 제출토록 함으로써 입증책임을 부당하게 전이한다는 주장이다.[48]

이에 대한 *EC-Hormones* 중재심의 해명이 이후 중재심에서도 인정되어 왔다. 즉, 입증책임은 미국의 보복요청을 중재심에 회부한 EC가 부담하는 것이 분명하다고 전제하고, 다만, 중재심에서 필요한 증거를 생산하고 제시하는 데 협조하는 것은 모든 당사국들의 의무로서 입증책임의 문제와는 구별된다고 하였다.[49] 아울러, 제소국인 미국이 먼저 어떻게 자기들의 제안에 도달했는지를 설명해야만 반대 주장이 가능하

---

47) Decision by the Arbitrator, *US-1916 Act(EC)*(Article 22.6-US), paras. 5.9-5.35; *Supra* note 9, 김호철, p. 70 각각 참조.

48) *Supra* note 3, p. 272 참조.

49) Decision by the Arbitrator, *EC-Hormones(US)(Article 22.6-EC)*, paras. 9-11; *US-Gambling (Article 22.6-US)*, paras. 2.22-2.25 참조; *Supra* note 6, 장승화, p. 17에서는 이에 대해 다음과 같이 언급했다. "기본적인 입증책임과 별도로 어느 당사자이든지 자신이 주장하는 부분에 관한 사실 자료를 제출할 의무가 있음은 민사분쟁절차의 기본 원칙임에 비추어, 승소당사국이 수권을 요청하는 보복조치 수준에 관한 계산방법과 그 적절성에 관한 주장과 증거는 그 승소당사국이 제출할 책임이 있다."

며, 현실적으로 보복 제안의 근거가 되는 무역통계와 미국 수출자의 수출잠재력 및 피해를 입은 수출자에 대한 정보는 피해를 입은 당사국으로서 미국만 보유하고 있으므로 먼저 방법론 paper를 제출하라는 요구는 당연하다고 설명하였다.[50]

중재심은 이렇게 제출받은 제소국의 피해금액 산정근거(Methodology paper)와 이행의무국의 의견서 등을 종합해서 제소국이 제시한 피해금액이 합리적이고 타당한지에 대해 결론을 내린다. 앞에 언급했듯이 피해금액을 산정하는 일반적인 기준은 불이행조치의 무역 효과를 산정하는 것으로[51] 협정위반 조치 불이행하의 실제 무역액과 합리적이행기간까지 이행이 완료된 것을 가정한 반대상황(counterfactual)의 무역액의 차이를 계산한다. 이때, 중재심의 검토의 중점은 제소국이 제시한 반대상황을 가정한 시나리오의 개연성(plausibility)과 합리성(reasonability) 여부가 된다.[52] *US-Gambling* 분쟁 중재심도 반대상황은 현실에 없는 상황을 가정해야 하는 특성상 불확실성이 내재하므로, 최선의 가정("most likely")을 할 수는 없더라도 최소한의 개연성과 합리성이 반영되어야만 한다고 했다.[53]

또한, 불이행조치의 피해액에 직접적인 피해만이 아니라 간접적인 피해를 포함할 수 있는지도 논란이 되어 왔다. 이에 대해 중재심은 간접적 피해를 배제하지는 않되, 실제 '조치와의 관련성'과 '의미 있게 계량화'가 가능한지 등에 기준을 두어 판단하였다. 예를 들어, *EC-Banana III(US)* 분쟁 보복중재심에서 미국은 EC의 조치로 남미의 바나나 수출이 줄어서 이로 인해 자국이 對남미 바나나 투입재 및 장비 수출이 감소하는 간접적 피해를 입었고 이 부분도 피해액에 포함해야 한다고 주장했다. 그러나 중재심은 EC의 바나나 수입제도와 미국의 제3국에 대한 수출과의 관련성을 인정하기 어려우며 투입요소에 대한 무역손실까지 포함할 경우 완성품에 대한 피해와 중복산정하는 문제가 있을 수 있다고 지적하였다.[54]

또한, *US-1916 Act(EC)* 중재심에서 제소 측인 EC는 협정 위반으로 판단된 미국 반덤핑법이 유럽 회사들에게 위협으로 작용하여 사업을 위축시키는 효과가 있다고

---

50) Decision by the Arbitrator, *EC-Hormones(US)(Article 22.6-EC)*, para. 11.
51) Decision by the Arbitrator, *US-Offset Act(Byrd Amendment)(Article 22.6-Brazil)*, para. 3.71.
52) Decision by the Arbitrator, *US-Tuna II(Mexico)(Article 22.6-US)*, paras. 4.4-4.5.
53) Decision by the Arbitrator, *US-Gambling(Article 22.6-US)*, paras. 3.25-3.27.
54) Decision by the Arbitrator, *EC-Banana III(US)(Article 22.6-EC)*, para. 6.6-6.19.

하고 이를 일종의 간접적 피해로 제시하였다. 그러나 중재심은 이는 추정에 의존한 관련성이 낮은 효과라고 하면서, 이러한 효과가 인정되기 위해서는 피해수준을 결정하기 위한 목적으로 의미 있게 계량화될 수 있어야 하나 당사국들도 동의하듯이 계량화가 불가능하므로 피해수준 계산에 포함될 수 없다고 결정했다.[55]

　이렇게 제소국이 제시한 피해액에 대해 중재심이 검토한 결과, 피해액과 산정 근거가 타당하고 합리적이라고 인정되면 이를 승인하는 결정을 하겠지만 다수의 경우 이를 그대로 인정하지 않는 경우가 많다.[56] 그러면, 중재심은 제소국 제안이 부적절하다고 판단하는 데 그치지 않고 보복수준에 대해 자체적인 분석을 통해 최종적인 결론을 내린다.[57] 이를 위해 제소국이 사용한 방법론을 기초로 일부 조정을 하기도 하고 완전히 새로운 방법론으로 자체 산정해서 적용하기도 한다.[58]

　이는 원심 패널이나 상소기구 판정과 다른 점이다. 즉, 패널이나 상소기구가 문제된 조치가 협정을 위반한다고 판정한 경우 단순히 동 조치를 WTO 협정에 합치시키도록 권고하는데 그치는 것과 대비된다.[59] *EC-Hormones*(US) 중재심은 그 이유를 다음과 같이 설명한다.

　"우리 중재심과 패널의 임무는 다른 점이 있다. 우리가 미국의 보복 제안이 WTO에 비합치(예를 들어 피해 수준 과대계상)한다고 결정한 경우에 우리는 패널이 하듯이 비합치조치를 WTO 의무에 합치토록 권고하는 선에서 중단해서는 안 된다. … 분쟁의 신속하고 긍정적인 해결이라는 DSU의 목적을 이루기 위해 우리는 피해에 상응하는 최종 보복수준을 산정해야만 한다. 이는 DSU 제22.7조에서 중재심의 결정은

---

55) Decision by the Arbitrator, *US-1916 Act(EC)(Article 22.6-US)*, para. 5.72.
56) 제소국은 자국에 유리한 최대 금액을 추구하는 경향이 있으므로 보복중재심이 객관적이고 균형적인 관점에서 판단할 경우에는 제소국의 요청이 과대해서 조정이 필요한 경우가 많다.
57) *Supra* note 6, WTO Handbook II, p. 148-149 참조.
58) *Id.* p. 149; Decision by the Arbitrator, *US-Gambling(Article-22.6-US)*, para. 3.174; *US-Offset Act(Byrd Amendment)(Mexico)(Article 22.6-US)*, paras. 3.69-3.79 각각 참조.
59) 한국국제경제법학회, 「新국제경제법」 제4판, (박영사, 2022), p. 64에서는 "실제 이 중재결정은 법적인 판단과 경제학적인 판단을 모두 요구하는 매우 힘든 작업이다. 문제된 조치로 인한 협정관련 이익의 무효화·침해 수준을 객관적으로 확정짓는 것은 매우 어렵기 때문에 이 과정에서는 WTO 사무국 내부의 경제학자나 통계학자들이 함께 참여하여 중재인을 보조하면서 보복조치의 수준을 결정한다"고 언급한다.

최종적으로 추가적인 중재심을 추구해서는 안 되고 중재 결정에 의거 보복승인을 요청하면 DSB에서 승인(역총의)해야 한다는 규정이 내재적으로 요구하고 있는 점이다. ... (이하 각주내용) 만약 이렇게 안한다면, 제소국은 양허정지 수준을 다시 산정해서 제출해야 하고 이 제안은 다시 이행의무국의 반대로 인해 중재에 회부되고 중재에서 다시 비합치로 판정될 수 있다. 이렇게 잠재적으로 끝없는 절차가 이어지는 상황을 피하기 위해서는-제소국 제안이 무역피해와 동등하지 않다고 결정한 경우-중재인의 산정치를 자신의 방법으로 제시해야 한다. 이것은 분쟁을 해결하기 위해 중재자에게 부여된 필수적인 임무이고 책임이다. 이런 접근은 제22.7조에서 내재적으로 요구되는 바이다."[60]

사례 보기 버드수정법 분쟁 보복중재심[61]

US-Offset Act(Byrd Amendment) 분쟁에서는 미국이 반덤핑관세나 상계관세를 부과한 후, 징수된 관세를 미국내에서 피해를 입은 관련 기업에게 지급하는 버드수정법 법안이 문제되었다. 우리나라를 포함한 11개 국가가 공동제소를 할 정도로 국제적인 이목을 끈 분쟁이었고 WTO 분쟁해결기구(DSB)는 미국의 동 법안이 WTO 협정(GATT, 보조금 협정, 반덤핑 협정)에 위배된다고 판정하고 협정에 합치시킬 것을 권고하였다. 그러나 미국은 이행에 실패하였고 공동제소국들의 보복승인 요청이 미국의 이의 제기로 인해 보복중재심에 회부되었다.

제소국은 피해 및 보복 수준으로 미국이 버드수정법에 따라 관련 기업에게 지급하는 교부금 전체를 제시하였다. 다만, 교부액 중 해당국의 미국 내 수출과 관련이 없는 부분은 제외하였다. 반면, 미국은 버드수정법의 교부금은 무역에 미치는 영향이 없으므로 피해도 없다는 주장을 하였다.

중재인은 피해수준 산정을 위해 무역효과 접근방법을 사용했다. 이 방법이 이전 보복중재에서도 사용되어 왔으며, 회원국들도 일반적으로 받아들이는 방법인 점에 근거한 것이다.

중재인은 제소 측이 주장한 교부금액 전체는 무역 효과에 따른 피해 수준으로 부적절하다고 판단하고, 교부금이 무역에 미치는 효과를 산정하기 위해 당사국 자료와 관련 통계 등

---

60) Decision by the Arbitrator, *EC-Hormones(US)(Article 22.6-EC)*, para. 12 and Footnote 9.

을 검토한 후 경제적 모델을 자체적으로 세워서 제시한다. 이 모델은 교부금으로 인해 야기된 상품의 가격하락분, 수입대체탄력성, 수입시장 침투율을 곱해서 교부금이 무역효과로 나타나는 '무역효과 지수'를 산출하는 방식이다. 이 모델에 따라 계산된 무역효과 지수는 0.72로 나타났고, 결론적으로 무역 효과는 교부 금액×무역효과지수 0.72(가격하락분×수입침투율×대체탄력성)로 산정되었다.[62]

이에 따라, 각 국가가 보복할 수 있는 금액은 각 제소국으로부터 수입되는 상품에 부과된 반덤핑 및 상계관세와 연관되어 가장 최근년도에 지급된 교부금에 대해 무역효과 지수 0.72를 곱한 금액이 되었다.[63]

이전에는 보복수준으로 단일금액을 연간단위로 산정하는 것이 일반적이었으나, 이 건에서는 중재인이 과감하게 경제적 모델을 수립해서 복수의 보복수준이 도출되는 공식(Formula)을 보복수준으로 제시했다는 점에서 새로운 시도를 한 것으로 여겨졌다.

(3) 보복 분야 변경의 적합성 여부

앞서 언급한 대로 보복을 동일 협정의 다른 분야 혹은 다른 협정 분야에서 추구할 경우 DSU 제22.3조의 정당화 요건을 만족시키는지 검토가 필요하다.

동일 협정의 다른 분야에서의 보복이 정당화되려면 같은 분야에서의 보복이 '비현실적'이거나 '비효과적'이라는 점을 제시해야 한다. 비현실성 또는 비효과성 중 하나의 조건만 만족시키면 되며 둘 모두를 입증시킬 필요는 없다. '비현실성'은 현실적으로 구체적 상황에 맞는 이용가능한 대안이 없는 경우에 해당되며,[64] '비효과성'은 상대의 이행을 유도할 정도로 영향을 줄 수 없는 경우가 해당되는 것으로 해석되어 왔다.[65]

더 나아가, 다른 협정으로 보복범위를 넓히는 것은 동일 협정의 다른 분야로 보복을 넓혀도 여전히 비현실적이거나 비효과적이고 동시에 상황이 충분히 심각한 경우에 가능하다. 여기서, 비현실성 및 비효과성은 위와 동일한 개념이며 '상황의 심각성'은 DSU 제22.3(d)조에서 적시한 피해 분야에서의 무역 양상 및 제소국에게 갖는

---

61) Decision by the Arbitrator, *US-Offset Act(Byrd Amendment)(Article 22.6-Brazil)* 참조.
62) *Id.*, paras. 3.117-3.118 and 3.147-3.151.
63) *Id.* para. 5.2.
64) Decision by the Arbitrator, *EC-Banana III(Ecuador)(Article 22.6-EC)*, para. 70.
65) *Id.* para. 72.

중요성, 피해와 관련된 경제 요소 및 보복 조치의 경제적 영향을 고려해서 판단한다.66) 이렇게 같은 협정내 다른 분야나 다른 협정 분야에서 보복조치를 하는 데 단계별로 제한을 둔 것은 보복이 피해와 관계없는 분야로 확산되는 것을 가급적 줄이고자 하는 취지이다.67)

보복조치가 피해 분야와 다른 협정 분야에서 취해지는 것을 교차보복(cross-retaliation)이라고 하는데, WTO 출범 후 최초로 보복 요청이 이루어진 *EC-Banana III* 분쟁에서 제소국 중 일원이었던 에콰도르가 교차보복을 요청해서 승인받았다. 피해 분야는 상품(바나나)과 서비스협정의 유통서비스 분야였으나, 다른 협정인 지적재산권 협정의 저작권, 지리적표시권, 산업디자인권에 대한 보복이 승인되었다.68) *US-Gambling* 분쟁 제소국인 안티구아와 *US-Upland Cotton* 분쟁의 제소국인 브라질도 피해 분야는 상품협정이나 서비스 협정이었음에도 지적재산권 협정 분야에서 보복이 가능하도록 교차보복을 요청해서 승인받은 바 있다.69) 특히, 제소국이 소규모 개도국인 경우 교차보복의 중요성이 커지는데, 이들은 교역규모 자체가 작아서 같은 분야 내에서는 피해수준과 동등한 보복을 하기 어려운 점, 보복 대상이 대규모 교역국인 경우 이행에 영향을 줄 정도로 효과적인 보복을 할 수 없는 점, 국내적으로 보복으로 인한 수입감소나 가격상승을 감내하는데 취약성이 있는 점 등이 주로 고려되는 점이다.70)

(4) 보조금 협정 특별규정

보조금 협정은 금지보조금 혹은 조치가능보조금 관련해서 불이행 시 보복조치에 대한 특별규정을 갖고 있으며 이는 일반규정인 DSU 제22조에 우선하여 적용된다.71)

절차적인 면에서는 특별규정과 일반규정이 거의 동일하다. DSB 판정과 권고에 따라 정해진 기간내에 이행이 되지 않을 경우 승소국은 보복조치에 대한 승인을 요청할 수 있고 이행의무국이 이에 대해 이의를 제기할 경우 보복중재심에 회부되어 보

66) Decision by the Arbitrator, *EC-Banana III(Ecuador)(Article 22.6-EC)*, para. 122.
67) *Supra* note 6, WTO Handbook II, p. 145 참조.
68) Decision by the Arbitrator, *EC-Banana III(Ecuador)(Article 22.6-EC)*, para. 173(d).
69) Decision by the Arbitrator, *US-Gambling(Article-22.6-US)*, paras. 4.117-4.119; *US-Upland Cotton(Article 22.6-US II)*, paras. 6.2-6.3 각각 참조.
70) *Supra* note 6, WTO Handbook II, p. 146 참조.
71) DSU 제1.2조.

복수준 및 방법 등에 대해 최종 결론을 내리게 된다.[72]

대표적인 차이는 보복조치의 수준을 산정하는 기준이 다른 점이다. 일반규정에서는 '피해수준과 **동등한 수준의 보복조치**'가 되도록 정하고 있는 반면에 보조금협정은 금지보조금에 대해서는 '**적절한 대응조치**(appropriate countermeasures)', 조치가능보조금에 대해서는 '부정적 효과의 정도와 성격에 **비례하는**(commensurate with the degree and nature of the adverse effects) 대응조치'를 기준으로 하고 있다.

Brazil-Aircraft 분쟁 보복중재심에서는 금지보조금에 대한 '적절한 대응조치'는 일반규정의 동등성 기준보다는 보복조치에 유연성을 허용한다고 해석하면서[73] 승소국인 캐나다가 요청한 금지보조금 금액 전체를 보복수준으로 인정하였다.[74] 아울러, 이행을 효과적으로 유도(induce)할 수 있는지도 적절성의 척도로 고려하였다.[75]

다만, *US-FSC* 분쟁 보복중재심에서는 적절한 대응조치가 일반규정의 동등성 기준보다 융통성을 가질지라도 '금지보조금 혹은 그 피해'와 불균형적(disproportionate)인 수준까지 과도하게 가서는 안 된다고 했다.[76]

조치가능보조금 관련, *US-Upland Cotton* 분쟁 보복중재심은 '부정적 효과의 정도와 성격에 비례(commensurate)' 한다는 것은 일반규정의 동등성처럼 부정적 효과와 보복조치가 정확히 상응하는 것을 의미하는 것은 아니며 상응(correspondence)과 균형(proportionality) 사이에서 고려되어야 한다고 언급했다.[77] 아울러, 조치의 양적인 측면뿐 아니라 질적인 측면도 고려해야 하는데, 비례를 판단하는 지표로 협정에 명시된 (부정적 효과의) '정도'는 양적인 측면이나 '성격'은 질적인 측면을 가리키기 때문이라고 판시했다.[78]

---

72) 보조금 특별규정에는 보복 분야의 결정에 관한 규정은 없다. 이렇게, 일반 규정을 대체하는 특별규정이 없는 부분은 일반규정이 적용되는 것이 원칙이므로 보복 분야에 대한 사항은 DSU 제22.3조의 일반 규정이 적용된다.

73) Decision by the Arbitrator, *Brazil-Aircraft(Article 22.6-Brazil)*, paras. 3.44 and 3.51 (Footnote 51) 참조.

74) *Id.* para. 3.60.

75) *Id.* para. 3.44.

76) Decision by the Arbitrator, *US-FSC(Art. 22.6-US)*, paras. 5.26 and 6.23-6.25. 다만, 이 중재심에서도 결론적으로는 금지보조금 전액을 보복수준으로 인정하였다.

77) Decision by the Arbitrator, *US-Upland Cotton(Article 22.6-US II)*, para. 4.39.

78) *Id.* paras. 4.40-4.41.

4. 보복수준 확정 후 절차

> **DSU 주요 규정(제22.7조 – 제22.8조)**
>
> 분쟁해결기구는 중재패널의 판정에 합치하는 보복승인 요청이 있는 경우, 분쟁해결기구가 컨센서스로 동 요청을 거부하기로 결정하지 아니하는 한, 승인한다.
> 양허 또는 그 밖의 의무의 정지는 잠정적이며, 협정위반 판정을 받은 조치가 철폐되거나, 이행의무국이 이익의 무효화 또는 침해에 대한 해결책을 제시하거나 상호 만족할 만한 해결에 도달하기 전에만 적용된다. 분쟁해결기구는 판정의 이행을 계속해서 감독한다.

보복중재심에서 결정이 도출되면, 제소국은 이전에 제출했던 보복조치 승인요청에 중재판정 결과를 반영해서 다시 분쟁해결기구(DSB)에 승인을 요청해야 한다. 특히, 기존에 자국이 산정했던 보복대상 금액을 중재판정에서 조정하는 경우가 많으므로 이렇게 조정된 최종금액에 맞추어 보복승인요청서를 제출해야 한다(예시문 16).

중재 결정을 반영한 새로운 요청에 대해 더 이상 이행의무국이 제동을 걸 수단은 없으며 사실상 DSB에서 자동적으로 승인이 되고 제소국은 언제든 자국이 원하는 시기에 보복조치를 시행할 수 있다.

보복조치를 승인받으면 반드시 시행해야 하는가? 그렇지 않다. 승인된 보복조치 시행여부는 전적으로 제소국의 권리이며, 실제로 승인을 받고서 시행을 하지 않은 경우도 상당히 있다. 어렵게 승인을 받고도 시행을 하지 않는 이유는 상대에게 보복을 할 경우 자국이 받는 손해도 각오해야 하기 때문이다. 예를 들어, 우리나라가 미국에 대한 보복조치로 미국산 쇠고기에 대한 관세를 100%로 인상하여 부과한다고 가정하자. 이 경우 보복의 목적대로 미국의 쇠고기 생산자와 수출자는 경쟁여건 악화로 우리나라 한우 생산업자 및 호주 등 제3국 쇠고기 수출자에게 시장을 잃게 될 것이다. 그러나 동시에 우리나라의 소비자와 수입업자에게도 상당한 피해가 초래될 것은 명확하다. 먼저, 미국 쇠고기의 수입 감소로 소비자의 선택폭이 좁아지고 가격상승 등이 초래될 것이며 국내의 미국산 쇠고기 수입 및 유통업자는 사업상 심각한 어려움을 겪을 가능성이 상당하다. 따라서, WTO 회원국은 보복조치를 승인받았더라도 실제 시행에는 신중을 기하는 경향이 있다.[79] 우리나라도 미국의 버드수정법에 대해 DSB에서 보복조치 승인을 받았으나 실제 조치를 취하지는 않았다.[80]

5. 보복 후 이행 시 철회

DSU 제22.8조에 의거해서 보복 조치는 불이행 조치가 철폐되거나, 이를 대체할 다른 해결책에 도달하면 철회되어야 한다. 그러나 이행의무국이 이행조치를 하고 보복 철회를 요구해도 승소국이 이행 완료에 동의하지 않고 보복조치를 유지하는 경우에 논란이 될 수 있다. *US/Canada-Continued Suspension* 분쟁 상소기구는 보복후 실질적인 이행이 성취되었는지에 대해 논란이 될 경우 다자적인 결정이 필요하다고 하였다. 이행의무국의 일방적인 이행선언만으로 보복조치를 종료해야 한다면 적합한 이행을 확보하기 위한 보복의 역할을 약화시킬 것이며, 이는 WTO 분쟁해결시스템의 유효성뿐 아니라 다자통상체제에 안정성과 예측가능성을 제공하는 능력도 약화시킨다는 점이 이유였다.[81]

그러면, 이런 상황에서 다자적 결정을 얻기 위해 어떤 절차를 활용해야 할까? DSU에서는 이에 해당되는 절차를 제공하지 않는다. *EC-Hormones* 분쟁에서 이런 상황이 발생했을 때, EC는 보복조치국인 미국과 캐나다를 상대로 새로운 원심 분쟁을 제기했다.[82] 다만, 이렇게 새롭게 제기된 분쟁의 상소심에서는 이런 상황에서 새

---

79) *Supra* note 7, Choi, p. 1067-1068에서는 보복조치의 이행촉진 효과를 높이기 위한 방안으로, 보복조치의 강도를 점진적으로 높여가는 방법, 보복수준(금액)을 이행패널이나 중재절차(DSU 제25조) 등에서 미리 도출함으로써 이행의무국의 국내이해관계자에게 불이행이 초래할 결과를 미리 보여주고 이를 통해 이행의무국의 이행을 촉진하는 방법, 불이행국에게 국제기구 투표권 박탈이나 법률비용 지급의무를 부과하는 방법 등을 제시한다.

80) Decision by the Arbitrator, *US-Offset Act(Byrd Amendment)(Article 22.6-Korea)*; *Supra* note 9, 김호철, p.77, Footnote 108 각각 참조.

81) Appellate Body Report, *US/Canada-Continued Suspension*, paras. 380-381 참조.

82) *EC-Hormones* 분쟁에서는 원심을 거쳐 DSB에서 협정위반으로 최종 판정된 조치에 대해 피소국인 EC가 이행에 실패함에 따라 제소국인 미국과 캐나다가 보복조치를 시행하였다. 이후에 EC는 일정한 이행조치를 취하고 나서 제소국에게 보복조치를 철회할 것을 요구했으나 제소국은 여전히 이행이 부적합하다고 주장하며 이를 거부하였다. 이에 따라 EC는 새로운 분쟁을 제기해서 자국의 이행 완료를 입증하고 제소국의 보복조치 철회를 실현코자 하였다.

로운 분쟁을 제기하는 것이 틀린 방식은 아니나, 제21.5조 이행패널이 이행의 적합성에 대해 객관적 판단을 하는 절차이므로 보복조치 후의 이행에 대해 논란이 있는 경우에도 이행패널이 적절한 방법으로 간주된다는 입장을 표명한 바 있다.[83] DSU 개선협상에서도 이에 관한 보다 구체적인 절차를 명문화하기 위한 방안이 논의되고 있다.

---

[83] Appellate Body Report, *US/Canada-Continued Suspension*, para 345: 한편, 동 상소기구의 주목할 만한 다른 판정으로 보복조치후 이행분쟁에서는 제소국이 아닌 이행의무국이 자국의 조치가 협정 비합치성을 치유했다는 것을 입증할 책임을 가진다는 판정을 했다. 주요 내용은 다음과 같다. 양허정지 조치는 다자적인 분쟁해결 과정의 결과로 부과된 최후의 구제조치라는 점에서, 양허정지 조치를 유발한 원심의 피소국이 자신의 이행조치가 DSB 권고와 판정에서 확인된 문제를 치유했다는 것을 보일 의무가 있다. 이를 입증하기 위해 이행조치에 대해 분명하게 기술하고 어떻게 이 조치가 비합치성을 시정했는지 설명해서, 제21.5조 이행패널이 이 사안에 대해 객관적인 평가를 하도록 해야 한다: 위의 내용에 대해 Appellate Body Report, *US/Canada-Continued Suspension*, paras. 361-362 참조.

제9장

분쟁해결절차 개선 노력

분쟁해결절차 개선 노력

1. 개요

WTO 분쟁해결절차(DSU)는 유례가 없는 제도의 창설이었다. 국제재판에서 유래를 찾아보기 어려운 2심제, 확고한 강제관할권, 절차진행상의 신속성, 사실상 자동적으로 이루어지는 패널설치 및 패널보고서 채택, 보상/보복의 이행촉진장치 등 이전에는 시도해 보지 못한 혁명적인 요소들을 갖고 있었다.

이런 제도의 도입은 커다란 성과이기도 했지만 동시에 새로운 제도에 대한 불안감도 같이 주었다. 그래서, WTO 회원국은 1994년 마라케쉬 각료회의에서 새로운 제도를 4년간 시행해 보고 '유지', '수정', 혹은 '종료' 여부를 결정[1]하기로 하였다. 극단적인 경우 '종료'까지 할 수 있도록 한 점은 각국이 새로운 규정에 대해 확신이 없었음을 보여준다.

이에 따라, WTO 분쟁해결기구(DSB)는 1997년 11월부터 DSU 운영현황에 대한 회원국들의 의견을 수렴하였고 1998년 2월에 결과를 담은 보고서를 발표하였다. 이 보고서에서 DSB 의장은 회원국들이 전반적으로 DSU가 효과적으로 작동되고 있다는 의견이었다고 하고, 따라서 향후 DSU의 검토는 유지 또는 수정이 될 것이며, 종

---

1) Uruguay Round Ministerial Decisions and Declarations, *Decision on the Application and Review of the Understanding on Rules and Procedures Governing the Settlement of Disputes* 참조.

료를 선호한 국가는 없었다고 언급했다. 실제로 WTO 초기단계에서 DSU는 몇 가지 미비점을 노출하기는 했으나, 회원국들의 적극적 활용, 절차의 신속한 진행, 2심제 정착, 효과적인 이행 등의 성과를 나타내었다.[2]

미비점으로는 이행패널과 보복절차 간의 충돌, 파기환송제 미비 등의 시스템적인 문제에서 시작하여 3자 참여국 권리 미흡, 패널위원 역량 편차 등이 제기되었다. 이런 문제해결을 위해 회원국은 1998년부터 DSU 개선협상을 시작하였고, 그동안 몇 차례 수정안이 마련되었으나 최종 합의에 이르지 못하고 현재는 소강상태에 있다.[3]

필자도 2001-2006년 DSU 개선협상을 서울 및 제네바에서 담당하며 참여한 경험이 있다. 이 협상은 쉽게 말해서 재판의 절차에 대한 것이므로 회원국들 간에 주고받기 협상이 아니며, 당장의 이해관계가 첨예하게 대립되지도 않는다. 반면, 다양한 상황을 염두에 두고 분쟁해결절차의 공정성을 확보하면서 최선의 결과를 도출하기 위한 방법을 논의하므로 회원국들이 공통의 이해를 지향하는 동시에 향후 분쟁에서 자국의 이해에 미칠 영향도 염두에 두는 치열한 이론적/실질적 논의가 진행된다. DSU 협상은 아직 회원국들 간에 이견이 많아서 구체적인 합의안이 도출되지는 않았으나, 20년이 넘는 협상을 통해 회원국들이 많은 논의를 해 왔으므로 향후 적절한 계기가 마련되면 합의를 할 준비는 된 것으로 평가된다.

이 책에서는 DSU 개정 협상을 소개하는 것이 주안점은 아니나, 현 규정을 보다 입체적으로 이해하는 데 도움이 된다는 점에서 주요 개정이슈와 쟁점사항 위주로 다루어 보고자 한다. 구체적인 개정사항을 종합적으로 제시한 2008년 DSB 특별회의 의장 텍스트[4] 및 후속 논의 보고서(2011.4.21.)[5]에 반영된 12개 개정 필요사항[6]을

---

2) WTO, *Procedures for the Review of the Dispute Settlement Understanding*, WT/DSB/W/74, (26 February 1998); WTO, *A Handbook on the WTO Dispute Settlement System* (Cambridge Univ. 2nd ed. 2017), p. 2-3 각각 참조.

3) 상세 협상과정은 김호철, "WTO 분쟁해결양해(DSU) 개정협상 현황 및 쟁점", 「통상법률」 통권 104호, (2012.4), p. 99-120 참조. 이 글은 2011년까지의 협상 과정을 담고 있으며 이후에도 DSU 협상은 진행되었으나 뚜렷한 성과는 내지 못하고 있다.

4) WTO, Special Session of the Dispute Settlement Body, *Report by the Chairman*, JOB(08)/81, (18 July 2008). 이 문서는 아래 각주 5에 인용된 공개 문서(TN/DS/25)에 부록 1로 첨부되어 있다. 이후에도 DSB 특별회의 의장이 회원국과의 논의 결과를 반영해서 새로운 의장 텍스트를 제시하기도 했으나, 주로 2008년 텍스트에 부가하거나 조정하는 내용이며 이 글에서는 상세한 변경 내용은 다루지 않았다.

5) WTO, Special Session of the Dispute Settlement Body, *Report by the Chairman to*

목적에 따라 몇 개의 범주로 분류해서 살펴본다.

2. 분쟁절차의 흠결을 보완하기 위한 개정 필요사항

가. 이행 여부 판단 - 보복절차 순서(Sequencing Issue)

앞서 이행분야에서 언급했듯이 WTO 분쟁에서 판정이 내려지고, 패소국이 이행을 한 경우에, 결과는 3가지로 나타날 수 있다.

첫째는 누가 보아도 이행이 제대로 되지 않았고 패소국도 이를 인정하는 경우이다. 이 경우 승소국은 다시금 이행을 촉구하면서, 자국이 받는 피해에 대한 보상이나 보복을 추진하면 된다. 둘째는 완벽하게 이행을 한 경우이다. 승소국도 이의를 제기할 이유가 없고 분쟁은 그대로 종료된다. 예를 들어, 문제가 된 반덤핑 조치를 철회하는 것이 이에 해당된다.

셋째, 이행 결과를 놓고 승소국과 패소국의 의견이 다른 경우이다. 패소국은 자신이 최선을 다해 이행을 완료했다고 하나, 승소국은 이행이 미흡하다고 주장하는 경우이다. 이런 경우를 위해, DSU는 제21.5조 이행분쟁을 설정하고 있는데, 이행 패널을 통해 이행 여부를 객관적으로 판정해서 이행이 적절히 된 것으로 나타나면 분쟁을 종료하고 불이행 시에는 보상 또는 보복절차를 진행토록 하기 위한 것이다.

그러나 현행 DSU 규정은 이렇게 절차를 이끌어 가는 데 있어 흠결이 있다. 우선, 이행패널에 대해 규정한 DSU 제21.5조는 당사국 간의 이행결과에 대한 이견발생시 이행패널을 우선적으로 진행해야 한다는 점을 명시하고 있지 않다. 또한, 보복을 규정한 DSU 제22.2조는 이행의무국의 이행조치가 불충분하다고 여겨지는 상황에서 이행패널을 통해 이를 객관적으로 판단받지 않고도 제소국이 일방적으로 보상 및 보복절차를 진행할 여지를 주고 있다.

---

the Trade Negotiation Committee, TN/DS/25, (21 April 2011). 이 보고서 발표 이후의 DSU 개선협상 현황은 WTO, Special Session of the Dispute Settlement Body, *Report by the Chairman to the Trade Negotiation Committee*, TN/DS/26-32(7건)에서 확인할 수 있다.

6) 12개 사항은 이행여부 판단-보복절차 순서, 파기환송, 보복 후 이행패널 절차, 패널 구성, 분쟁진행 신속화, 비밀정보 보호절차, 3자 참여국 권리, 상호합의 해결 통보, 투명성 및 소송비당사자 의견, 회원국 통제, 개도국 관심사안(분쟁해결기금), 효과적 이행 확보이다.

또 다른 흠결은 현 규정상으로 이행패널절차를 거칠 경우, 보복승인 시한을 놓치게 되는 문제가 있다. 즉, DSU 제22.6조에 따르면 DSB는 합리적 이행기간 종료 이후 30일 이내에 보복을 승인해야 하며 예외도 없다. 그러나 이행에 대한 이견을 해소하기 위해 이행패널 절차를 거칠 경우 이 기간은 도과할 수밖에 없다. 비록, 제소국이 이행패널에서 이행부적합 판정을 얻어 보복을 추진하더라도 이제는 협정상의 30일 시한이 도과되어 보복을 승인받을 수 없게 되는 결과가 초래되는 것이다.

이 문제는 WTO 출범 초기부터 절차상의 흠결로 제기되었고, DSU 규정개정을 통해 이 문제를 해결해야 한다는 데 대해서는 회원국들이 대부분 의견을 같이하고 있으며, 개정제안이 의장 통합문안에도 반영되었다.

의장 통합문안에서는 당사국간에 이행결과에 대해 이견이 있으면 우선적으로 이행패널에 회부해서 이행 여부를 객관적으로 결정하고 보상이나 보복은 그 이후에 추구해야 한다는 대(大)원칙을 정한다. 또한 이행패널 기간을 단축하기 위해 양자협의 기간 생략, 패널설치를 요청하는 첫 번째 DSB회의에서 이행패널 설치, 패널설치 후 90일 내에 이행패널보고서 회람, 패널위원은 원심 패널이 맡되 가능하지 않은 위원이 있으면 사무총장이 패널설치 후 7일 이내에 선임, 이행실패로 판정된 경우 추가적인 합리적 이행기간은 허용되지 않는 점 등을 규정하고 있다.

아울러서, 제소국이 보복승인을 요청할 수 있는 경우를 3가지로 명확히 하고 있다. i) 처음부터 이행의사를 표명하지 않는 경우, ii) 합리적 이행기간 후에 이행을 완료했다고 보고하지 않는 경우, iii) 이행패널에서 판정을 이행하지 못했다고 결정된 경우이다. 그리고 눈에 뜨이는 점은 보복수준 및 방법에 대한 중재 판정(DSU 제22.6조)에 대해 상소가 가능하도록 하고 있는 점인데, 이는 현 DSU상으로는 허용되지 않는 절차이다.

개정의 취지와 주요 방향에 대해서는 회원국들의 의견이 모아지고 있으나, 아직 구체적인 사항에 대해서는 추가적인 검토가 필요한 것으로 알려진다.[7] 특히, 논란이 있는 부분은 보복중재보고서의 상소가능성이다. 이에 대해서는 회원국 간에 이견이 많으며, 필자의 의견으로는 보복중재는 사안이 사실관계 위주라는 점과 분쟁의 신속한 해결이 우선된다는 점에서 상소가 부적합하다고 생각된다.

---

7) *Supra* note 3, p. 137-138 참조.

나. 파기환송 절차

WTO 분쟁 초기부터 파기환송 절차가 없는 것이 문제점으로 지적되어 왔다.

그러면, 왜 파기환송절차가 필요한 것일까? WTO 분쟁해결절차는 이례적으로 2심제를 채택하고, 1심인 패널에서는 사실관계와 법률사안을 모두 심사할 수 있도록 하고, 2심인 상소기구는 법률사안만 재심할 수 있도록 규정하였다. 따라서, 상소기구에서 패널 판정중 법률해석에 대한 판단을 뒤집었을 경우 새로운 법률해석에 따라 분쟁의 사실관계를 다시 심리해서 적용해야 하나 상소기구에는 사실조사 기능이 없으므로 다시 패널로 보내서 이를 보충하는 것이 필요하다.[8] 국내법원에서는 이 경우 상급법원이 하급법원에 파기 환송해서 이 역할을 하도록 하고 있으나 현 DSU 규정에서는 이런 절차를 두고 있지 않다.

구체적인 예를 들어 설명해 보자. WTO 보조금협정에서는 보조금이 성립하기 위한 핵심 요건으로 혜택 부여(conferral of benefit)를 규정하고 있다. A국의 금융시장에서 시장 대출이자율이 3%인데, 정부가 B회사에 대해 1%나 2%에 대출해 주었다고 가정해 보자. 여기서 패널이 최종 판정을 하기 위해 검토해야 할 법률 해석과 사실 판단은 무엇인가? 법률 해석은 협정상의 혜택 부여(conferral of benefit)가 어떤 의미이고 어떤 경우에 성립하는지에 대한 법적 기준을 정하는 것이다. WTO 분쟁 선례는 주로 시장기준에 따라 '상업적으로 합리적인 조건보다 유리'할 때 혜택이 부여되는 것으로 해석해 왔다.

그러면 사실 판단은 무엇일까? 먼저는 믿을 만한 증거를 기초로 시장이자율(3%)과 B회사에 정부가 대출한 이자율(1-2%)의 사실 여부 및 두 개 이자율 간의 비교가능성을 확인하는 것이다. 이자율의 수치를 확인하는 것은 간단할 수 있으나, 시장에서 확인된 3% 이자율과 B회사에 제공된 1-2% 이자율이 비교 가능한 조건인지는 별개의 문제이다. 예를 들어, 시장이자율(3%)은 신용 대출에 기초한 것이나 B회사에 대한 대출은 담보를 조건으로 한 것이라면 이자율 차이만으로 상업적 조건이 유리하다

---

8) 상소기구가 기존에 패널이 확인한 사실과 당사국간 이견이 없는 사실에 근거해서 새로운 결론을 내리는 것도 가능하나 많은 경우에 상소기구가 판정의 기초로 삼을 사실이 부족해서 최종 분석을 완료하지 못하는 경우가 발생했다.

고 할 수 없다. 또한, 대출 기간상의 차이도 이자율에 영향을 줄 수 있다. B회사의 신용도가 시장의 다른 기관에 비해 현격히 좋다면 이 또한 낮은 이자율이 혜택이라고 할 수 없는 이유가 된다. 이런 요소들을 종합적으로 고려해서 시장이자율과 B회사에 대한 정부대출 간의 상업적 조건의 차이를 판단하는 것이 패널이 해야 할 역할이다.

위의 사례를 파기환송 상황에 적용해 본다. 패널이 종합적으로 검토한 결과, 담보, 신용, 기간 등이 유사한 조건하에서 시장이자율이 3%, 정부가 B회사에 제공한 대출 이자율이 2%이므로 혜택이 부여되었고 보조금에 해당한다고 판단했다고 가정하자. 이에 대해 피소국이 상소를 하고 상소기구에서 혜택부여에 대한 법적 해석과 기준을 번복하는 경우를 상정할 수 있다. 즉, 혜택부여 여부를 판단할 때 수요자를 중심한 시장이자율을 기준으로 하면 안 되고, 대출의 공급자인 정부 입장에서 대출로 인해 손해가 발생했는지 여부를 기준으로 해야 한다고 협정해석을 바꿀 수 있다. 그러면 패널이 기존에 확인한 사실관계 및 보조금 판정은 무효가 되고, 상소심에서 설정한 새로운 기준에 따라 증거자료들을 다시 검토해야 한다. 이제는 정부가 B회사에 대한 대출을 위해 소모한 비용과 대출을 통해 얻은 수익을 조사해서 비교해야 한다. 그러나 상소기구는 사실관계에 대한 관할권이 없기 때문에 이 작업을 할 수가 없으므로 패널심에 파기 환송해서 검토토록 해야 한다.

그러나 WTO에는 이렇게 상소기구가 패널에 돌려보내서 다시 판단하게 하는 절차가 없으므로 이런 경우에 해당 사안은 미결의 과제로 남게 되는 것이 현실이다. 그래서, 이런 상황을 막기 위해 파기환송 절차를 신규로 마련하자는 것이 DSU 개정 협상에서 '파기환송권한의 도입'에 해당된다.

의장 통합문안상의 제안에 따르면, 상소기구가 새로운 법적 기준을 설정한 후 이에 적용할 새로운 사실 심리가 필요할 경우, 상소기구보고서의 해당 부분에 이를 구체적으로 적시토록 한다. 이후에 제소국은 상소기구보고서에서 이렇게 적시된 부분을 판단해 달라고 원 패널에 회부할 수 있고, 원 패널은 원칙적으로 90일 이내에 판정을 발표(보고서 회람)한다. 파기환송 패널에서 내려진 판정도 상소 가능하다.

이렇게 환송절차를 도입하는 데 있어서 회원국간에 논란의 대상이 되는 점은 무엇일까? 첫째는 환송절차 도입으로 인해 분쟁해결이 지연될 가능성에 대한 우려이다. 즉, 위와 같이 환송을 할 경우 패널이 다시 판단하고 필요시 상소를 거치면서 추가적으로 몇 개월에서 1년여의 시간이 소요될 수 있다. 분쟁을 보다 분명히 해결한다는 점에서는 바람직하지만, 분쟁을 신속히 마무리하는 데는 지장을 주는 것이 현실이다. 더구나, 환송절차에서 판단된 사안이 상소된 후, 상소기구에서 뒤집혀서 다시 환송되는 상황이 발생할 경우, 절차가 돌고 도는 악순환이 초래될 수도 있다.

아울러, 이행이 복잡하게 될 수 있다. 동일한 분쟁에서 여러가지 사안에 대한 판정이 내려진 경우, 상소기구가 적시한 환송사안 외에도, 패널과 상소기구가 이미 결론을 내리고 이행을 권고한 사안도 있을 수 있다. 그러면, 환송절차 때문에 이렇게 판정이 확정된 사안까지 이행을 미루고 기다려야 하는가라는 문제가 제기된다. 이런 점을 감안해서 의장 문안에서는 제소 측9)만 파기환송심을 개시할 수 있도록 하고 있다. 즉, 제소국 입장에서 이미 판정이 확정된 사안만으로 충분하다고 판단한다면 굳이 파기환송을 요청하지 않을 수 있는 선택지를 부여한 것이다. 반면, 제소국에게 환송사안이 더 중요하다면 시간이 추가로 소요되는 것을 감내하면서도 파기환송심을 요청할 수 있을 것이다.

의장 통합안과 달리, 제소국뿐만 아니라 피소국도 환송절차를 개시할 권한을 주자는 의견도 있다. 해결되지 않은 사안을 명확히 하는 것은 피소국에게도 중요하므로 절차의 공정성 차원에서 피소국도 환송절차를 개시할 권리를 가져야 한다는 논리이다.10) 이 방안도 논리적으로는 일리가 있으나 현실적으로 피소국의 절차 지연과 남용 위험이 커서 의장안대로 제소국만 파기환송심 요청 권리를 갖는 것이 바람직하다고 생각된다. 만약, 피소국에게도 환송권한이 부여된다면 피소국은 다른 사안에 대한 이행의무을 미루기 위해 전략적으로 환송절차를 개시할 가능성도 있다. WTO 분쟁의 최우선되는 목적은 신속한 분쟁해결이므로 이렇게 피소국이 지연 목적으로 불필요한 환송절차를 개시하는 상황은 피해야 할 것이다.

위에 대한 대안으로, (피소국에게도 환송심 요청권한을 주되) 상소기구보고서상의 환송대상 사안과 이행이 확정된 사안을 분리해서, 판정이 확정된 부분은 이행을 먼저

---

9) 피소국이 GATT 제XX조의 일반적 예외와 같이 독립적인 주장을 제기하고 이 사안이 파기환송의 대상이 되는 경우에는 예외적으로 피소 측도 이를 파기환송절차에 회부할 수 있는 여지를 주고 있다.

10) *Supra* note 3, p. 130 참조.

진행하고 환송사안은 결론이 도출된 후에 다시 이행토록 하자는 의견이 제시되기도 한다. 그러나 이는 이론적으로는 가능하나 현실에서는 적용하기 어려울 수 있다. 즉, 피소국 입장에서 판정이 미리 확정된 사안과 환송사안에 대한 이행을 시차를 두고 두 번 또는 세 번해야 한다는 것은 부담이 지나치게 크다. 행정의 일관성과 이해관계자의 예측가능성 면에서도 부적절하다.

마지막으로 제기되는 사안은, 상소기구가 환송사안을 누락하거나 충분히 적시하지 않는 경우의 문제이다. 이로 인해 당사국 간에 환송절차를 개시하는 것이 적법한 것인가의 문제가 논쟁이 될 수 있다. 의장 통합문안은 상소기구가 분석완료를 위한 충분한 사실적 기초가 없는 경우, 분석을 완료하기 위해 확인이 필요한 사항에 대해 상세하게 기술하고, 환송심은 이렇게 기술된 사항에 대해서만 회부할 수 있도록 함으로써 논란의 여지를 줄이기 위한 노력을 하고 있다.

다. 보복 후 이행패널 절차(Post-retaliation)

WTO 분쟁에서 이행의무국이 판정을 이행하지 않을 경우, 제소국은 보복조치를 취할 수 있다. 그런데, 보복 후에 이행의무국이 판정을 이행할 경우에는 제소국은 보복조치를 철회해야 한다. DSU 제22.1조 및 제22.8조에서는 보복조치는 판정이 이행되지 않아 피해가 발생하는 동안에만 취하는 일시적인 조치라는 점을 명확히 하고 있기 때문이다.

그런데, 보복후에 이행의무국이 이행조치를 했음에도 불구하고 제소국이 보복조치 철회를 거부하는 경우가 문제가 된다. 제소국이 이행의무국의 이행조치가 아직도 미흡하므로 보복조치를 철회할 수 없다고 주장하는 경우이다. EC 호르몬 쇠고기 분쟁(EC-Hormones)에서 바로 이런 상황이 발생하였다. 논리적으로는 이런 상황이 발생하면, 이행패널에 회부해서 이행의무국의 보복 후 이행조치가 판정을 제대로 이행하고 있는지 객관적으로 판정하고, 결과에 따라 보복조치 유지 또는 철회를 결정해야 할 것으로 생각된다.

그러나 현 DSU에는 이렇게 절차를 진행할 명시적인 근거가 없다. 그래서, EC 호르몬 쇠고기 분쟁에서 이행 측인 EC는 미국과 캐나다의 보복조치 철회를 위해 새로운 원심 분쟁을 제기했다.[11]

　DSU 개선협상에서는 이런 점을 보완하고자 논의를 진행해 왔고 큰 흐름에 대해서는 의견이 모아지고 있으나 구체적인 방향에 대해서는 아직도 회원국간 이견이 있는 상태이다. 그래서, 의장 통합문안에서는 하나의 제안이 아닌 2개의 상이한 제안을 병렬하여 제시하였다.[12) 각 쟁점별로 나누어서 2개 제안의 내용과 의견을 언급한다.

　먼저, 보복후 이행의무국이 이행을 했을 경우, 당사국 간에 이행적합성에 대해 이견이 있으면 제21.5조 이행패널과 유사한 절차('보복 후 이행패널'이라고 명명한다)를 거쳐서 이행적합성을 판단한다는 커다란 틀에 대해서는 2개 제안 간에 이견이 없다.

　반면, 보복후 이행패널에 분쟁을 제기하는 역할을 이행의무국이 할 것인가, 아니면 보복조치를 한 제소국이 할 것인가의 문제에서 2개 제안의 내용이 달라진다. 분쟁에 누가 회부하느냐의 문제는 패널절차시 입증책임과 연관되므로 민감하게 의견이 대립되는 사항이다. 6개국의 공동제안인 G6[13) 제안은 제소국이 그동안 원심, 이행패널 등에서 입증부담을 져 왔으므로 보복 후 이행패널에서는 이행의무국이 이를 부담해야 한다는 주장이다. 반면, EU/일본 제안은 이행 부적합성에 대한 입증책임은 이행에 이의를 제기하는 입장인 제소국이 가지는 것이 법 원칙에 합치한다는 입장이다. G6는 공정성에 중점을 두고 있는 반면, EU/일본은 국제법 원칙을 강조하는 것이다. 이 사안에 대한 의견 차이는 가치판단까지 결부되어 있어 쉽게 결론을 내리기 어려운 부분이다.

　아울러, 보복 후 이행패널에서 이행이 아직 부적합하다고 판정한 경우에, 보복을 철회하지는 않더라도 보복수준을 조정할 수 있을 것인가도 문제가 된다. 보복 후 이행패널에서 이행이 여전히 미흡하다고 판정했을지라도, 보복시점에 비해 이행에 진전이 있었고 이로 인해 제소국에 피해를 주는 정도는 달라졌을 수 있다. 그러면, 피해에 상응해야 하는 보복조치 수준도 조정하는 것이 논리적인 순서이다. G6 제안과

---

11) 앞에 언급한 바와 같이, 이 분쟁의 상소기구는 보복후 이행조치의 적합성이 문제된 경우에 새로운 원심을 제기하기보다는 제21.5조의 이행분쟁을 활용하는 것이 더 적합하다는 의견을 제시한 바 있다: Appellate Body Report, *US/Canada-Continued Suspension*, para 345 참조.

12) 2개의 제안은 G6(아르헨티나, 브라질, 캐나다, 인도, 뉴질랜드, 노르웨이) 제안과 EU-일본 공동제안이다.

13) G6는 아르헨티나, 브라질, 캐나다, 인도, 뉴질랜드, 노르웨이 6개국으로 구성된 공동제안 그룹을 칭한다.

EU/일본 제안 모두 부분이행의 경우에도 보복수준을 조정할 수 있도록 한다. 다만, 이행의무국이 보복수준 조정을 요청하는 권한을 가질 경우 이를 전략적으로 활용해서 이행은 제대로 하지 않고 보복조치만 약화시키려고 할 수 있는 점에 대한 우려는 제기되고 있다.[14]

보복후 절차는 DSU 개선협상에서 반드시 보완되어야 하는 시스템적인 흠결로 간주된다. 다만, 이를 DSU에 반영하는 방법에 대해 현재 회원국들 간에 이견이 있고, 이 이견이 가치판단과도 결부되어 있어, 쉽게 의견을 통일하기는 어려울 것으로 보인다.[15]

3. 분쟁해결의 효율과 효과를 높이기 위한 개정사안

가. 패널구성 방식

WTO 분쟁해결기구회의에서 재판정에 해당하는 패널이 설치되면, WTO 사무국이 주도하여 패널의장 및 위원 선정을 위한 협의가 개시된다. WTO 분쟁패널은 상설기구가 아니므로 일정한 임기를 가진 재판관이 존재하지 않고, 분쟁이 제기되고 패널이 설치되면 그때그때 분쟁사안을 판단하기에 적합한 전문가를 양국의 합의 또는 (일방당사국의 요청 시) 사무총장 직권으로 임명하게 된다.

이에 대해 문제가 제기되어 온 사안은, 전문성을 가진 적합한 패널위원이 원활히 임명될 수 있을 것인가의 문제와 자기의 별도 직업을 가지고 명예직으로 일하는 패널위원들이 얼마나 충실하게 판정을 할 수 있을지의 문제이다.

더구나, 앞서 언급한 대로 WTO 사무국의 담당 변호사가 판정에 지나친 영향을 미칠 수 있다는 우려도 제기된 바 있다.[16]

이런 이유로, DSU 개정협상 초기부터 패널을 국내법원처럼 상설화하여, 재판관을 미리 임명해 놓자는 의견이 제시된 바 있다. 특히, EU는 상소기구처럼 10-20명의 임기직 패널위원을 임명해서 이들이 돌아가면서 분쟁을 담당토록 하자는 제안을 제출하기도 했으나, 미국 등 여타회원국들의 반대에 부딪쳤었다.[17] WTO 패널의 법원화

---

14) *Supra* note 3, p. 139 참조.
15) *Supra* note 3, p. 140 참조.
16) 제5장 패널 절차에서 제기되는 주요 사안들, 7항 'WTO 사무국의 역할' 참조.

를 반대하고, 회원국이 주도하는 중재적 성격을 유지하는 데 더 중점을 두는 입장 등이 반영된 것으로 보인다.

이에 따라 EU는 한발 물러서서, 대안으로 패널구성을 신속하게 하고 당사국이 까다롭게 패널위원을 선택하는 것을 완화하기 위한 새로운 제안을 제시하였다. 이 문안이 의장 통합문안에 포함되어 있으며 이를 중심으로 개선 논의가 진행되고 있다.

의장 문안에 반영된 개선안은 다음과 같다. 분쟁의 패널이 설치되면 사무국은 패널의장 및 위원 후보자 명단(총 12-20인)을 당사국에게 제시하는데, 이 후보자들은 모두 당사국이 사전에 표명한 기준(혹은 선호)을 최소 1개 이상 반영해야 한다. 당사국은 이 명단에서 10명당 1명꼴로만 거부할 수 있으며 거부하지 않은 인사들에 대해서는 선호 랭킹을 매겨서 사무국에 제출한다.[18] 사무국은 당사국들이 제출한 랭킹을 반영하여 양측의 선호도를 가장 높일 수 있는 후보자를 패널의장 및 위원으로 선정하고 당사국의 동의를 받는다.[19]

이 방식의 장점은 무엇보다도 시간을 절약할 수 있다. 현재와 같이 몇 개월에 걸쳐 수차례 후보자를 추천하고 의견을 받는 절차를 하지 않고, 1차례 다수의 후보자 추천을 통해 패널구성을 마무리지을 수 있기 때문이다. 또한, 당사국들의 자의적이고 지나치게 까다로운 패널위원 선택을 방지한다. 이 방법이 효과적으로 작동한다면 WTO 사무총장 직권임명은 현저히 줄어들 것이다.

위와 같은 장점에도 불구하고 이 제안에 대해 회원국들의 총의를 모으기는 쉽지 않을 것으로 생각된다. 왜냐하면 회원국들의 패널위원 선택 권한을 현저히 제한하고 있기 때문이다. 현재는 사무국이 추천한 모든 후보자에 대해 거부가 가능하나, 상기 개정안에서는 10명 중 1명 수준으로만 거부가 가능하다. 사무국이 회원국이 원하는 후보자를 적절히 추천할지에 대해 충분한 신뢰가 없는 상태에서 이 방식은 당사국의 권한을 지나치게 제약하고 불확실성을 높이는 것으로 인식될 수 있다. 실제로 회원

---

17) *Supra* note 3, p. 126, Footnote 117 참조.

18) 이해충돌 사안이 있는 후보자가 있으면, 추가로 거부할 수 있다.

19) 당사국이 공동으로 요청할 경우에는 1차에서 결정하지 않고 사무국이 2차 명단을 제시할 수도 있다. 그리고 개도국과 선진국 간 분쟁에서는 개도국 요청 시 최소 1인의 개도국 출신 패널위원이 포함되어야 한다. 이 방식으로 패널 구성이 되지 않으면 사무총장에게 직권임명을 요청할 권리가 보장된다.

국들 사이에 이와 관련해서 상당한 이의가 제기되고 있다.[20]

필자의 의견으로는 앞으로 이 방식이 수용되기 위해서는 2가지가 조정되어야 할 것으로 판단된다. 먼저는 당사국이 거부할 수 있는 범위를 넓혀야 한다. 가령, 15명 정도를 추천하면 과반 이상인 8명까지 거부가 가능하고 남은 7명에 대해 선호를 표명토록 해야 할 것이다. 절반 이상의 거부가 가능할 경우 당사국은 자국의 선호를 반영할 수 있는 공간을 느낄 수 있을 것이다. 둘째는 사무국이 추천하는 12-20명이 자의적으로 선택된 것이 아니라, 불편부당하게 선정된 전문가라는 신뢰가 있어야 한다. 현재는 담당 사무국에서 적합한 후보자를 추천하고 있으나, 이는 담당자의 재량에 좌우될 위험도 갖고 있다. 따라서, 사무국 직원 및 관련 전문가로 구성된 독립위원회에서 최종 추천명단을 확정하도록 하는 방식 등으로 당사국의 신뢰를 높일 수 있는 대안을 마련하는 것이 필요하다.

다른 개정사항으로, 의장문안에는 패널위원의 자격요건으로 '관련 전문성'을 추가로 포함하였다. 현 DSU 제8.2조에서는 '독립성'과 '다양한 배경'과 '광범위한 경험'을 선정기준으로 명시하고 있는데, 미국 등이 전문성 요건을 추가하자는 주장을 함에 따라 반영한 것이다. 이 내용은 당연한 내용을 확인하는 성격으로 회원국간에 이견도 적은 것으로 알려진다.[21]

나. 분쟁진행 신속화(단계별 시한 단축)

WTO 분쟁은 국제사법재판소(ICJ) 등 다른 국제사법절차에 비해 신속히 진행해서 결과를 도출하는 것이 장점으로 알려져 있다. 그럼에도 경제통상 문제를 다루는 특성을 고려하여 더 단축하자는 목소리가 지속적으로 제기되어 왔다.

의장 통합문안에도 이러한 내용이 상당부분 반영되었다. 주요 내용은 양자협의기간 60일을 30일로 단축, 패널설치가 첫 번째 요청되는 DSB회의에서 패널설치(현재는 두 번째 회의), 제소국의 1차 서면입장서 제출시기 단축(패널구성 후 3-6주에서 14일로 변경), 패널보고서 채택을 위한 최소한의 경과규정(회람 후 20일) 삭제, 세이프가드에 대한 신속절차 도입이다.

---

20) *Supra* note 3, p. 128 참조.
21) *Id*.

이 사안들에 대해 아직은 회원국 간 논란이 있다. 특히, 개도국들은 자신들의 분쟁 대응을 지나치게 몰아세워서 부실대응 및 적법절차 위반이 초래될 수 있다는 목소리를 내고 있다.[22] 그래서, 의장안과 같이 단축하되 개도국에게는 예외적으로 단축 전(前)의 기간을 허용하는 방안이 대안으로 논의되기도 한다.

다만, 패널보고서 채택 전 20일 경과요건 삭제는 당사국 입장에서 이미 잠정보고서 단계부터 판정결과를 알고 있으므로 큰 문제는 되지 않는 것으로 판단된다. 반면, 다른 회원국들은 회람 시에 처음으로 보고서를 접하므로 채택을 위한 DSB 회의까지 보고서를 검토하고 의견을 제시할 준비를 하는 데 촉박할 수 있다. 따라서, 이렇게 개정할 경우에는 다른 회원국이 최종보고서에 접근하는 시점을 현재의 회람시점보다 앞당기는 방안이 전제될 필요가 있을 것이다.

세이프가드 조치에 대한 신속진행 특례는 가장 논란이 있는 부분이다. 논리적으로 보면, 세이프가드 조치에 대한 분쟁은 신속진행이 필요하다. 세이프가드 조치는 3-4년간 단기적으로 적용되고 폐지되는 경우가 많으므로 WTO 분쟁을 제기해서 2-3년에 걸쳐 승소하더라도 결과적으로 의미가 없을 수 있다. 그러므로 1년 내에 결론을 보는 신속절차를 적용해야만 불법적인 세이프가드 조치를 조기에 철회시킬 수 있다는 것이 제안의 취지이다.

그러나 쉽게 동의할 수 없는 현실적인 제약도 있다. 세이프가드 조치는 다른 조치들이 여의치 않을 때 긴급하게 시행하는 구제조치이다. 그런데, 이러한 조치가 1년 내에 WTO에서 협정위반으로 판정되어 조치를 철회해야 되는 상황이 될 경우, 피소국들이 국내적으로 이를 수용하기가 어려울 수 있다. 아울러, 세이프가드 조치는 WTO 분쟁에서 합법으로 인정받은 사례가 거의 없을 정도로 현 규정과 판례가 엄격한 편이다. 반덤핑이나 상계관세와 달리, 상대의 불법 책임이 없는 상태에서 자국의 필요 때문에 긴급하게 취하는 조치이므로 WTO 분쟁패널 및 상소기구가 엄격한 기준을 적용해 온 결과로 보인다. 이렇게 분쟁에서 불법조치로 판단될 가능성이 높은 점도 회원국들이 세이프가드 분쟁 신속화를 저어하는 이유 중 하나일 것이다.

---

22) *Id.* p. 145.

다. 비밀정보 보호

WTO 분쟁은 비공개주의가 원칙이며, 양자협의, 구두진술회의, 서면입장서 모두 비밀로 처리되는 것이 원칙이다.[23] 그럼에도 불구하고, WTO 분쟁에서 당사국이 제출한 정보를 더 엄격하게 보호하는 별도절차의 필요성이 제기되고 시행된 선례가 있다. 예를 들어, EC와의 조선분쟁(DS273)에서 우리나라는 선박금융 정보(이자율, 보증율 등)와 선박가격 정보 등을 패널에 증거자료로 제출하였는데, 이 정보는 분쟁에 참여하는 분쟁당사국 및 3자 참여국(EU, 일본, 중국 등)의 금융기관이나 조선회사에 어떤 방식으로든 알려지면 우리 조선회사에게 피해가 갈 수 있는 영업비밀정보였다. 그래서, 우리는 사전에 패널과 협의해서 이러한 민감한 정보가 최소한의 분쟁담당자에게게만 제공되고 이익충돌이 있는 기관에는 알려지지 못하도록 하는 절차를 수립한 후에 정보를 제공하였다. 기존의 비공개주의만으로는 정보보호가 불충분하기 때문이었다. 이후, 보잉-에어버스 분쟁 등에서도 엄격한 비밀정보 보호장치를 별도로 마련한 후 패널심리가 진행된 바 있다.

의장 통합문안에서는 이런 논의와 관행을 반영해서, DSU 부록으로 민감정보 보호를 위한 규정(안)을 제공하고 있다. 여기에는 민감정보[24] 지정 및 제출, 제출된 비밀정보 취급방법(접근, 저장, 사용, 환수 또는 파기 등), 비밀접근자 지정절차 등이 규정되어 있다.

사실 비밀정보 보호는 DSU 개정 맥락에서 회원국들 간에 관심이 큰 분야는 아니며, 민감정보 보호규정의 필요성에 대해서는 일정한 공감대가 있으나 구체적인 사항에 대해서는 아직 추가적인 논의가 필요한 것으로 여겨지고 있다.[25]

실제로 분쟁 사안에 따라 그때그때 패널이 민감정보 보호를 위한 절차를 마련하는 것도 무리 없이 이루어지는 편이다. 당사국의 이해가 반대가 아닌 같은 방향으로 향하기 때문이다. 제소국은 비밀보호절차의 미비를 이유로 피소국의 자료가 부족하게 제출되는 것을 바라지 않으며, 피소국도 자국의 자료를 충분히 제출해서 자국의

---

23) 다만, 당사국이 일방적으로 자국의 입장에 한해 공개하는 것은 가능한 것으로 관행이 형성되어 왔다.
24) SCI: Strictly Confidential Information.
25) *Supra* note 3, p. 133 참조.

조치가 합법적이라는 것을 소명하길 원하는 것이 일반적이다.

4. 당사국 분쟁을 넘어 분쟁해결시스템 운영에 관련된 사안

가. 3자 참여국 권리 확대

3자 참여는 분쟁 당사국은 아니지만, 분쟁 내용에 이해관계를 가진 국가들이 분쟁에 부분적으로 참여할 수 있도록 해 주는 제도이다. 그리고 WTO 분쟁절차가 비공개로 진행되는 상황에서, 제한적인 형태로나마 분쟁의 투명성을 확보하고 다자적인 모니터링을 하는 기능도 한다고 볼 수 있다.

3자 참여는 분쟁의 3가지 단계에서 허용되는데, 각 단계별로 협정개정 사항이 어떻게 논의되는지 살펴본다.

먼저, 양자협의 단계이다. DSU 제4.11조는 제소국의 양자협의요청서가 WTO 홈페이지에 게재된 후 10일 이내에, 다른 회원국들이 양자협의 3자 참여를 요청할 수 있도록 한다. 그러나 피소국이 사실상의 거부권을 가지고 있어서 받아들여지는 경우가 많지 않다. 더구나 이 거부권은 명시적으로 표명하지 않고 그냥 협의요청을 무시하고 답하지 않아도 거부로 간주되는 것이 관행이다.

의장 통합문안은 이 부분을 실질적으로 바꾸기보다는 절차를 명확히 하는 데 중점을 두고 있다. 즉, 회원국의 3자 참여 요청 시에 서면으로 하고, 피소국의 거부시에도 3자 참여요청이 접수된 날로부터 7일 이내에 서면으로 통보하도록 규정하고 있다. 거부 시한을 설정하고 시한 내에 거부 의사를 서면으로 보내지 않을 경우 자동으로 3자 참여가 허용되도록 한 것이 현행규정과 다른 점이다. 실질적인 권리의무상의 변동보다는 절차를 명확히 하는 데 중점을 두고 있으므로 개정 방향에 대한 회원국들의 반론의 여지는 적은 것으로 보인다.

둘째는 패널단계이다. 현 규정상 패널단계에서의 3자 참여는 가장 용이하다. 회원국중 원하는 국가는 누구든 3자로 참여할 수 있으며, 당사국 누구의 거부권도 없다.

그래서, 개정 논의는 참여 여부가 아닌 참여 수준에 초점이 맞추어져 있다. 현 규정상, 당사국은 패널 과정에서 2차례의 서면입장서를 제출하고 2차례의 구두진술회의에 참석하는 반면, 3자 참여국은 당사국의 1차 서면입장서만 받아볼 수 있고, 구두진술회의도 1차 회의의 일부에만 참석할 수 있는데, 이를 확대하자는 것이다.

의장 통합문안에서는 3자 참여국들도 당사국과 동일하게 1, 2차 구두진술회의에 모두 참석하고 당사국들의 서면입장서도 1, 2차 모두 받을 수 있도록 제안하고 있다. 다만, 구두진술회의 기간 중 3자 참여국의 의견제시를 위해 마련된 1차 회의의 일부 세션을 제외하고는 나머지 회의 기간중에는 방청 위주로 피동적으로만 참여하도록 하고 있다.[26] 3자 참여의 범위는 확대하되 구두진술회의 진행상의 효율은 유지코자 하는 취지가 반영된 것이다.

다음은 상소심 단계이다. 상소심에서는 현재도 3자 참여국의 참여수준에 제약이 거의 없다. 당사국의 서면입장서를 모두 받아보고 구두진술회의에도 전체적으로 참여할 수 있다. 따라서, 개정 논의는 기존에 패널심 3자 참여국이 아닌 국가가 상소심에 새롭게 참여할 수 있을지 여부로 집중된다. 현 규정상 패널심에서 3자로 참여한 국가는 상소심에서도 참여할 권리를 갖는다. 그러나 패널심에 참여치 않은 국가는 상소심에서 새로이 참여할 수 없다. 그래서, 3자 참여 권리를 확대하기 위해 패널심에서 3자 참여하지 않았더라도 상소심 단계에서 새로이 참여할 수 있게 하자는 제안이 있었고, 의장 통합법안에서 이를 포함하였다. 구체적으로는 패널심에 참여하지 않은 국가도 상소고지 회람후 5일 이내에 요청하면 상소심에 3자 참여할 수 있도록 제안하고 있다. 이에 대해 회원국들 사이에서는 논란이 있다. 3자 참여국의 권리를 강화하는 것은 바람직하나, 지나치게 많은 국가들이 3자로 참여하면 신속히 진행되어야 할 상소심에 지연요인이 될 것이라는 우려 때문이다.[27]

현실적으로 상소심에서 새로이 3자로 참여하는 것을 허용하면 3자 참여국이 많아질까? 그럴 가능성이 상당하다. 상소심에 가는 분쟁은 패널절차를 마치고 나서 당사국이 추가적인 판단의 필요성을 제기한 건이므로 국제적으로 관심이 큰 분쟁일 가능성이 크다. 그래서, 패널에서는 참여하지 않았더라도 상소심 단계에서 새로이 3자로 참여코자 하는 동기가 충분히 생길 수 있다. 그리고 상소심에서는 3자도 서면 절차와 구두진술회의에 충분히 참여할 수 있기 때문에, 해당 분쟁에 관심이 있는 국가들은 3자로 참여할 동기가 충분하다.

---

26) 서면입장서도 1차 구두진술회의 이전에만 제출할 수 있다.
27) *Supra* note 3, p. 124 참조.

또 다른 개정사항으로 의장 통합문안은 3자참여 서면입장서를 상소기구보고서에 반영해야 한다는 내용을 포함하였다. 내용적으로 중요한 사안은 아니고, 패널심의 규정과 차이 나는 부분을 기술적으로 일치시키고자 하는 목적이다. 상소기구보고서에 반영한다고 해서 상소기구의 주요 판정의 근거로 삼는다는 것은 아니며 보고서에 3자 참여국의 주장을 사실관계로 포함한다는 의미이다.

제21.5조 이행 패널절차와 제22.6조 보복수준 중재심 3자 참여는 현 협정상 규정되어 있지 않고 의장통합 문안에도 구체적으로 제안된 내용은 없다. 현재 관행을 보면 제21.5조 이행분쟁은 원심 절차에 준하여 3자 참여 권리가 부여되고 있으며, 제22.6조 보복중재심은 3자 참여가 이루어지고 있지 않다. 그래서, 회원국 간에 보복중재심 3자 참여도 신규로 포함하자는 주장이 있는데, 보복중재심의 경우는 보복 금액과 방법 등 3자 참여국의 이해가 관여될 여지가 적은 점 등으로 인해 폭넓은 지지는 얻지 못하고 있다.[28]

나. 상호합의(Mutually agreed solution) 통보 및 공식화

필자가 일본 수출제한조치 분쟁의 양자협의를 담당하면서, 언론으로부터 양자 협의에서 합의가 안 되면 패널(재판)로 가는 것인가에 대한 질문을 많이 받았다. 이에 대해 이렇게 답했다. "협의를 통해 해결이 안되면 당연히 패널(재판)을 통한 해결을 추진해야 할 것입니다. 다만, WTO 분쟁에서는 모든 단계에서 상호합의를 통한 해결의 가능성이 열려있다는 점을 말씀드리고 싶습니다."

WTO 분쟁에서는 패널에서 치열하게 법리논쟁을 하다가도 상호합의로 해결되는 일이 드물지 않게 있다. 우리나라가 일본을 제소한 김 수입쿼터 분쟁(*Japan-Quotas on Laver*)에서도 양자 협의에서 합의가 안 되어서 패널 절차로 가고 패널 절차를 대부분 진행한 후 판정을 앞둔 시점에서, 일본이 우리가 받아들일 만한 쿼터확대 방안을 제시함에 따라 상호합의로 해결한 바 있다.

이렇게 상호합의하면 양국은 분쟁해결기구에 통보해야 하는데, 현재는 언제 어떤 내용으로 통보해야 하는지에 대한 명확한 규정이 없어서 문제로 지적되어 왔다. 그래서, 의장 통합문안에서는 당사자가 상호합의를 이룬 후에는 합의의 상세내용을 10

---

28) *Id.* p. 125 참조.

일 이내에 서면으로 통보해야 한다는 내용을 포함하였다. 다만, 이후 논의과정에서 10일은 촉박하다는 의견이 제기되어 이 기간을 늘리고 합의의 통보 방식으로 개별 통보와 공동 통보가 모두 가능하나 공동 통보가 선호된다는 문구를 넣는 방향으로 추진 중이다.[29]

다. 투명성

WTO 분쟁은 비공개주의가 원칙이다. 그래서, 패널절차에서 당사국이 제출하는 서면입장서는 대중에게 공개되지 않으며, 구두진술회의도 비공개로 진행된다. 이에 대해 미국 등을 중심으로 WTO 분쟁절차의 투명성이 부족하며 당사국 이외의 다른 이해관계자들도 절차의 진행과정을 알 권리가 있다는 점이 제기되어 왔다. 이런 취지에서 미국, 캐나다, 호주 등은 일방적으로 자국의 서면입장서를 웹사이트를 통해 공개하기도 한다.

DSU 개정협상에서도 이 사안이 지속적으로 제기되어 왔으며, 의장 통합문안에서는 이를 반영하여 당사국 서면입장서 및 구두진술회의를 비공개에서 공개로 바꾸는 제안을 포함하고 있다.

그러나 아직 회원국 간에는 이견이 많은 상황이다. 특히 선진국들은 공개를 선호하는 편이나, 개도국들은 분쟁의 정치화 위험성, 소송절차 공개로 인한 부담 등을 이유로 비공개를 고수하겠다는 입장이다.[30]

따라서 앞으로 어떤 결론이 도출될지 예상하기는 어려우나, 두 가지 방향을 생각해 볼 수 있다. 먼저, 현재의 비공개주의를 유지하되 각 분쟁별로 당사국간 합의를 통해 공개범위를 결정하도록 권장하는 것이다. 다른 방안은 의장 통합문안처럼 공개주의로 전환하되 당사국의 일방이 개도국이거나 특별한 상황이 있을 경우에는 비공개로 할 수 있는 선택지를 주는 방안이 될 수 있다.

---

29) *Id.* p. 131-132; WTO, Special Session of the Dispute Settlement Body, *Report by the Chairman*, TN/DS/26, (30 January 2015), p. 25; WTO, Special Session of the Dispute Settlement Body, *Report by the Chairman*, TN/DS/31, (17 June 2019). p. 11-12 각각 참조.
30) *Supra* note 3, p. 144 참조.

(소송비당사자 의견: 투명성의 일부) WTO 출범 이래 분쟁진행 과정에서 환경단체 등 NGO들이 자발적으로 패널이나 상소기구에 의견서를 보낸 사례가 있었다. 그러나 현 DSU에는 이에 대한 명확한 규정이 없어 이를 어떻게 처리할지에 대한 논란이 있어 왔다. 현재의 관행은 이러한 의견서가 제출될 경우 패널이나 상소기구가 접수해서 참고하는 수준에서 활용하는 것이 일반적이다.

그래서, 미국, EU 등 선진국들은 소송비당사자 의견을 소극적으로 사용하기보다는, DSU에 공식적으로 비당사자 의견을 접수하고 검토에 반영하는 절차를 만들어서 투명하게 운영하는 것이 바람직하다는 입장을 제시해 왔다. 반면, 개도국들은 이러한 의견제출을 정식절차로 만들 경우 분쟁절차가 더 복잡해지고 당사국이 NGO의 의견에도 대응해야 하는 부담 등을 들어 반대하고 있다.[31]

라. 회원국 통제

미국은 WTO 초기부터 패널이나 상소기구가 국내법원처럼 독립적인 역할을 하기보다는, 회원국들의 통제를 받으며 당사국 간의 분쟁해결을 도와주는 보조기관의 역할에 충실해야 한다는 입장을 고수해 왔다. 따라서, 패널 및 상소기구절차 진행도 당사국의 의사에 따라 융통성 있게 운영하며, 판정 중에서도 문제 있는 부분에 대해서는 당사국들이 조정할 수 있도록 해야 한다는 입장이다.

의장 통합문안에도 이런 의견을 반영한 아래 3가지 주요 변경사항이 포함되었다. i) 당사국 합의 시 패널보고서나 상소기구보고서의 일부내용 삭제가 가능하고 DSB 회의에서도 보고서를 전체가 아닌 일부분만 채택할 수 있도록 한다 ii) 상소심에도 당사국이 의견을 낼 수 있는 잠정보고서 단계를 신설한다. iii) 당사국이 합의할 경우 언제든 패널이나 상소기구 절차를 정지한다.

각 제안을 구체적으로 보면 첫 번째 개정사항은 실질적으로 분쟁해결에 미치는 영향은 거의 없을 것으로 보인다. 분쟁에서 당사국의 입장은 서로 상반되므로 양 당사국의 합의로 보고서 부분 삭제 또는 일부 채택을 추진하는 경우는 극히 드물 것이기 때문이다. 다만, 이런 규정이 신설될 경우 일방당사국이 자신의 정치적 힘을 이용해 상대국에게 합의를 강요하거나, 보고서 삭제의 대가로 다른 부분에서 보상을

---

31) *Id.* p. 143 참조.

하는 거래가 나타날 가능성을 경계할 필요가 있다. 이는 공정한 분쟁해결도 아니며 절차와 판정의 신뢰성이 훼손될 수 있기 때문이다.

둘째, 상소기구에 잠정보고서 단계를 신설하는 것은, 최종판정 전에 당사국들에게 잘못된 부분을 점검하고, 판정에 미리 대비할 수 있도록 하는 면에서 장점이 있다. 그러나 상소기구 판정은 법률관계를 심리하므로 잘못 기술된 부분을 점검할 필요성이 패널 절차에 비해 적다. 그리고 무엇보다 이 절차로 인해 전체 심리기간이 길어지는 것이 해결해야 할 부분이다.

셋째, 패널작업을 정지할 수 있는 근거는 이미 DSU 제12.12조에 있으며, 실제로 종종 사용되고 있다. 현 규정에 따르면, 제소국의 요청이 있을 경우, 패널은 1년까지 작업을 정지할 수 있으며 정지기간이 1년이 넘으면 패널은 자동으로 종료된다. 따라서, 의장 통합문안상의 패널절차 중지규정은 큰 의미가 없다. 다만, 현 규정은 패널 작업 정지에 대해 패널에게 종국적인 결정 권한이 있는 반면, 개정 제안에서는 당사국이 합의할 경우 반드시 정지하도록 하고 있는 점이 다르다고 할 수 있다.

상소심은 현 규정상 정지규정이 없으므로 이를 새로이 규정하는 것은 의미를 가진다. 당사국이 합의할 경우 상소심 절차를 정지하는 것이 원칙적으로는 문제가 없으나, 상소기구의 전체적인 상소심 운영에 불확실성과 부담을 줄 수 있는 점은 고려가 필요하다. 아울러, 상소심 진행과정에서 당사국 합의로 취하한 경우에 상소심을 기다리며 계류상태에 있는 패널보고서는 어떻게 처리할 것인지의 문제가 남을 것이다. 원칙적으로는 당사국 간 합의에 따라야 할 것이나, 이러한 합의가 없을 경우에는 상소가 없었던 것으로 간주해서 패널보고서를 DSB에서 채택하고 필요한 이행절차를 진행해야 할 것으로 생각된다.

(판결기준에 대한 가이드라인) 회원국 통제 관련해서 미국의 제안으로 의장 통합문안에 포함된 다른 사안은 회원국들이 패널 및 상소기구의 판결기준에 대해 가이드라인을 설정할 수 있도록 하는 것이다. 제안된 가이드라인의 주된 내용은 다음과 같다.

첫째는 WTO 패널 및 상소기구는 WTO 분쟁을 해결하기 위해 WTO 협정을 해석하는 데 중점을 두어야 하며, WTO 협정 이외의 다른 국제공법의 원칙이나 권리, 의무에 대해 판단을 하고 이를 WTO 분쟁에 그대로 적용하는 것은 바람직하지 않다는 것이다.

둘째는 WTO 패널 및 상소기구가 협정을 해석/적용하면서 WTO 협정상의 권리나 의무를 더하거나 빼는 결과를 초래해서는 안 된다는 것이다. 특히, 협정규정이 모호할 때는 모호한 대로 두어야지 다른 규정을 근거로 억지로 추정해서 의무를 추가해서는 안 된다는 것이다. 또한, 판정 선례는 참고만 하고 협정 규정과 같이 기속력을 가지고 사용되어서는 안 된다는 내용이다.

셋째는 WTO 패널 및 상소기구의 판단범위 관련, 분쟁해결에 필요한 부분에 한정해서 심리해야 하며, 자체판단에 의거 분쟁해결에 불필요한 부분까지 판정해서는 안 된다는 것이다. 예를 들면 피소국의 조치가 A 기능을 하기 때문에 WTO 협정에 위배된다고 제소된 경우 피소국이 자국의 조치는 제소국 주장과 달리 A라는 기능을 하지 않는다고 반박할 수 있다. 그러면, 패널이나 상소기구는 이 부분을 조사해서 피소국 조치가 A 기능을 하지 않는 것으로 밝혀지면 판단을 종료하는 것이 원칙이다. 그러나 재판부가 더 나아가서 피소국 조치와 관계없는 것으로 확인된 A 기능의 WTO 협정 합치성까지 검토하는 것은 명백히 불필요하고 부적절한 판정이라는 것이다.

위의 판결기준 가이드라인을 보면 원칙적으로는 대부분 당연한 내용이다. 그러나 세세히 보면 패널 및 상소기구에게 사법 소극주의를 주문하는 성격을 가진다. 즉, 협정상에 있는 문언만 존중하고, 협정의 취지나 국제법 원칙 등을 도입해 합목적적으로 해석하는 것을 자제하라는 의미를 담고 있다. 위의 가이드라인을 엄격하게 준수할 경우에는 WTO 협정규범 중에서 규정의 불명확성으로 인해 패널이나 상소기구에서 결론을 내리지 못하는 사안이 많아지고, 협정을 변화하는 현실에 맞게 해석하고 적용하는 고유의 사법기능도 현저히 저하될 것이라는 점이 우려사항이 될 수 있다.

따라서, 판결기준 가이드라인에 대한 향후 논의과정에서는 균형을 찾는 노력이 중요할 것으로 생각된다. 아울러, 이 사안은 일률적인 규정이나 가이드라인으로 해결 가능한 사안이 아니라, WTO 패널 및 상소기구의 판정과 회원국의 경험이 쌓여나가면서 관행으로 정착되어야 할 부분도 있을 것으로 생각된다.

회원국 통제 제안에 대해 아직 많은 회원국들이 회의적인 반응을 보이는 것으로 알려지나 미국의 관심이 큰 사안이므로 향후 논의가 계속될 것으로 보인다.[32]

5. 개도국 특별적용 사안

가. 분쟁해결기금

개도국들이 WTO 분쟁해결절차를 적극적으로 활용할 수 있도록 지원하기 위한 방안은 WTO에서 지속적으로 논의되어 왔는데, 이번 의장 통합문안에도 아프리카 그룹의 제안이 반영되었다. 주요 내용은 WTO 예산과 기부금으로 분쟁해결기금을 신설하여 개도국의 분쟁해결절차 대응을 재정적으로 지원하는 것이다. 이 제안에 대해 논의가 이루어지고 있으나 이 제도를 시행하기 위해서는 별도의 재원을 마련해야 하며 기존의 개도국 지원제도(사무국 기술지원, WTO법 자문센터 등)와 겹치는 면도 있어서 최종 합의에 포함될지 여부는 불확실한 것으로 생각된다.[33]

나. 효과적인 이행 확보(Effective Compliance)

WTO 분쟁에서는 패소국이 판정을 이행하지 못할 경우에 제소국이 구제수단으로 보상, 보복을 추진할 수 있도록 규정하고 있다. 그런데 특히, 보복을 추구하는 국가가 개도국인 경우에는 보복을 승인받았더라도 현실적으로 상대에게 타격을 줄 만한 무역 혹은 경제적 역량이 부족해서 보복이 의미 있는 수단이 되지 못하며, 보상의 경우에도 보상으로 관세감면 등을 부여받더라도 이를 활용할 수 있는 수출 역량이 부족하다는 문제가 제기되어 왔다.

이런 견지에서, 의장 통합문안에 개도국을 위한 특별규정이 보복 부분에서 3가지, 보상 부분에서 1가지가 포함되었다.

보복 부분의 3가지 제안을 보면, 첫째는 집단적 보복이 가능하도록 하는 것이다. 즉, 분쟁당사국이 아닌 다른 개도국들도 보복에 참여할 수 있도록 함으로써 보복이 유명무실화되는 것을 방지하자는 것이다. 둘째는 교차보복 허용이다. 현재는 피소국이 상품 분야의 협정을 위반한 경우 상품분야에서만 보복을 하는 것이 원칙이다.[34]

---

32) *Id.* p. 149 참조; 또한, 미국은 '판결기준에 대한 가이드라인'은 DSU 규정 개정을 통해서가 아닌 별도의 분쟁해결기구(DSB) 결정을 통해서 추진코자 하는 입장을 밝힌 바 있다.

33) *Id.* p. 146 참조.

34) 동일 협정의 다른 분야나 다른 협정 분야 보복도 가능하기는 하나, DSU 제23.3조상의 같은 분야 보복의 비현실성, 비효과성, 상황의 심각성 등의 요건을 만족시켜야만 한다.

그런데, 개도국에게는 분야 구분 없이 보복이 가능하도록 해서 예를 들어, 서비스 분야의 피해를 상품이나 지재권 분야에서도 자유롭게 보복할 수 있도록 하는 것이다. 셋째는 보복수준을 높이자는 것이다. 현 규정상으로는 보복수준 산정시 합리적 이행기간중에 초래된 피해는 포함되지 않도록 하고 있으나, 앞으로는 이 부분도 포함해서 보복가능한 수준을 높이자는 것이다.35)

실제로 보복조치를 개도국이 시행하기는 어려움이 많다. 우리나라도 세계 10위권의 경제력을 갖고 있으나, 아직까지 WTO 분쟁에서 보복조치를 시행한 일은 없다. 왜냐면, 보복조치를 할 경우 자국의 경제에도 피해가 있을 뿐더러 상대국에게 아픔이 느껴질 정도로 강력하지 않으면 보복의 실효성이 없기 때문이다. 이런 점에서 개도국에게 보복시에 집단보복이나 교차보복을 허용하는 것은 보복의 효과를 위해 의미가 있다고 볼 수 있다. 다만, 집단보복은 경제적 동기보다는 정치적 동기로 시행될 위험성을 안고 있으며, 진영간 대립으로 비화될 수도 있어서 신중한 검토가 필요하다. 교차보복은 현 협정에서도 같은 분야의 보복이 비현실적거나 비효과적이고 상황이 심각한 경우에는 가능하도록 하고 있는데, 개도국의 보복조치를 보다 용이하게 하고 활용도를 높인다는 면에서 제안을 긍정적으로 검토할 수 있을 것이다.

합리적 이행기간에 발생한 피해를 보복액수에 포함하는 것은, 이행의 촉진 면에서는 도움이 될 것이다. 다만, WTO 분쟁이행의 장래효(prospective remedy)원칙에서 벗어나는 문제가 있다. 따라서, 개도국이 보복의 실효성 확보를 위해 필요한 경우 예외적으로 요청해서 허용되는 방향으로 검토되는 것이 바람직할 것이다.

보상에 대한 1가지 개선 제안은, 개도국에게 보상을 할 경우에는 금전적 보상을 우선으로 한다는 것이다. 관세 인하 등 다른 방식의 보상은 개도국이 수출을 통해 활용하는데 어려움이 있으므로 실질적인 보상을 위해 금전적 보상을 촉진하자는 것이다. 개도국에게 보상 시 금전보상을 우선으로 하면 개도국이 실질적인 보상 혜택을 얻는 효과가 있을 것으로 보인다. 다만 국가간의 금전적 보상이 현실적으로 쉽지 않은 점은 고려해야 할 것이다.

---

35) 이 부분에 대해서는 개도국이 아니더라도 적용할 수 있도록 제안하고 있는 점이 예외적이다.

부록 1

사례이야기

사례이야기 1

일본 수산물 분쟁
(Korea – Radionuclides)[1]

1. 분쟁 개략

일본과의 WTO(세계무역기구) 수산물 분쟁은 2011.3.11.로 거슬러 올라간다. 동일본 대규모 지진으로 후쿠시마 원자력발전소(1-4기)가 폭발해 방사능 물질이 바다와 대기 중에 유출되는 사고가 발생한 것이다. 우리나라는 일본산 수입식품에 대한 방사능 검사를 개시하고 사고발생지역 인근의 농산물, 수산물 일부를 수입 금지하였다. 상황이 악화되었다. 도쿄전력은 2013년 8월에 후쿠시마의 방사능 오염수가 인근바다에 유출됐다고 밝혔다. 인접국인 우리에게 특히 심각한 소식이었다. 우리 정부는 다음 달인 9월 9일부터 후쿠시마 인근 8개 현에서 처리하는 수산물을 전면 수입금지하고, 다른 모든 일본산 식품도 수입시 미량의 방사능원소(세슘)라도 발견될 경우 추가핵종 17종에 대한 검사[2]를 하도록 하였다.

일본은 반발했다. 우리 조치가 과도하다는 것이다. 자연 상태에도 방사능이 있고 자기들이 후쿠시마 바닷물이 아니라 그곳의 수산물을 수출하는 것이니, 이 수산물에

---

1) 정해관, "WTO 일본 수산물분쟁 이해하는 법", 「통상」 (2019.5), p. 20-25 참조. 필자가 기고한 이 글을 보완하여 작성하였다. 전반적인 내용은 Appellate Body and Panel Report, *Korea-Radionuclides*에 기초하였다.
2) 추가핵종 17개 검사에 대한 구체내용은 아래 2항 참조.

서 방사능이 기준치(100Bq(베크렐)/kg) 이하로 검출되면 문제가 없다는 주장이었다. 특히, 일본은 방사능이 미량이라도 검출될 경우 추가 핵종검사를 요구하는 것에 대해 심각한 우려를 제기하였다.

우리는 이에 동의할 수 없었다. 일본은 원전 사고로 방사능에 오염돼 정상적인 상태가 아니므로 다른 나라 수입식품처럼 기준치(100Bq/kg) 점검만으로는 불충분하고, 미량의 세슘검출만으로도 추가 핵종검사의 이유가 된다고 반박했다.

결국, 일본이 2015년 5월 21일 우리나라를 WTO에 제소했고 양국이 합의를 위해 협의했으나 양쪽의 입장 차가 컸다. 3년이 소요된 패널 심리 절차에 들어가게 된다. 패널심의 결과는 우리나라의 일방적인 패소였다. 상소심으로 가도 승리를 장담하기 어려웠다. 1995년 WTO가 출범한 이래 주요 위생검역 분쟁에서 우리나라와 같은 피소국이 승리한 전례가 없었고, 더구나 1심에서 지고 2심에서 이긴 사례는 찾아보기 힘들었다. 그러나 국민의 식품안전 문제는 상황이 어떠하든 포기할 수 없는 일이므로 2심이자 최종심인 상소로 가서 패널의 일방적 판정을 바꾸기로 결정한다.

WTO 규정상 상소심은 사실 관계를 다투는 것이 아니라 법률 사안만 다루게 돼 있다. 그래서 우리는 패널이 우리에게 불리한 판정을 하는 과정에서 사용한 법적 기준과 해석의 문제점을 찾아내 집중 공략했다. 패널은 일본산 '식품'에서 검출되는 방사능 수치에 중점을 두고 판정하였으나, 우리는 일본의 원전사고로 오염된 환경하에서는 식품 조사만으로 불충분하고 '환경'의 잠재적 위험성도 반드시 고려해야 한다고 주장했다. 결국 상소기구는 우리 손을 들어줬다. 구체적인 내용은 아래에서 상술한다.

2. 우리나라의 수입안전 검역조치(추가핵종 검사)

우리나라는 일본 후쿠시마 원전 폭발 및 원전 오염수 유출을 계기로 수입금지 및 검역조치를 했는데 이 중 일본이 문제를 제기한 주요 조치는 2가지로 ① 동일본 8개 현(후쿠시마 포함) 수산물 전면수입 금지와 ② 일본산 모든 식품에 대해 적용되는 '추가핵종 17개 검사' 제도다.

수산물 수입 금지는 쉽게 이해되지만, 추가핵종 검사는 일반인에게 익숙지 않다. 국제식품규격위원회(이하 CODEX)에 따르면 식품으로서의 적합성을 판단하기 위해 검사해야 하는 방사능원소는 20개 종류가 있다. 그러나 수입식품에 대해 이를 모두 검사하는 것은 현실적으로 어렵다. 기간이 10주 이상 소요되고 비용도 만만찮기 때문이다. 그래서 현실적으로 '세슘 2종과 요오드(이하 세슘)' 검사만 실시하는 것이다. 이 검사에는 세 가지 장점이 있다. 단시간 내에 결과를 확인할 수 있고, 비용이 저렴하며, 자연 상태에서는 식품에 세슘과 다른 방사능원소가 일정한 비율로 존재하므로 세슘이 일정 수치 이하인 것만 검증하면 다른 방사능원소도 문제가 없음을 알 수 있다는 점이다. 이번 분쟁에서 일본도 우리나라가 세슘 검사만 하면 충분한 것을 추가 핵종 검사(17개)까지 요구해서 수출에 큰 애로가 있다고 주장했다. 세계 대부분의 국가가 방사능 검사 시 세슘 검사만 하고 있으며, 우리나라도 미국·유럽 국가 등 일본 이외의 국가에서 수입하는 식품에 대해서는 수입 전에 세슘 검사만 해서 일정치 이하(100Bq(베크렐)/kg)면 수입을 허용한다. 그러나 일본은 원전 사고로 세슘과 다른 방사능원소 간의 비율이 일정하다고 믿을 수 없으므로 추가핵종 검사를 하고 있다. 구체적으로 세슘 검사를 해서 100Bq/kg보다 훨씬 적은 0.5Bq/kg이라도 검출되면 17개 추가 핵종에 대한 검사를 요구한다. 이 검사는 시간과 비용이 꽤 소요되기 때문에 일단 추가 핵종 검사가 요구되면 요건을 맞추어서 검역을 통과하기가 쉽지 않은 것으로 알려져 있다.

3. 1심 패널 판정의 주요 내용

재판부에 해당하는 패널위원은 WTO 사무총장이 직권으로 구성했는데, 의장은 윌리암 엘레르스(Mr. William Ehlers, 우루과이), 위원은 에제딘 부트리프(Mr. Ezzeddine Boutrif, 튀니지/프랑스), 민 나잉 오(Mr. Minn Naing Oo, 싱가포르)였다.

가. 일본산 식품에 대한 차별적 조치의 정당성 여부 판정

WTO 패널은 우리가 일본산 식품(수산물 포함)에 대해서만 부과하는 더 엄격한 조치(예: 추가핵종 17개 검사요구 등)가 WTO 협정에 위배된다고 판단했다. 즉 미국, 유럽 등 다른 나라에서 우리나라에 수입되는 식품과 일본산 식품에서 나타나는 방사능 위해성이 동일하거나 유사한데 이를 차별하는 것은 잘못됐다는 것이다. 우리나라는 일본은 원전 사고로 환경이 오염되었으므로 다른 나라와 '유사한 조건'하에 있지 않고 따라서, 차별적 조치가 정당화된다고 주장했다. 그러나 패널은 '유사한 조건'은 조치의 목적에 따라 달라지는데 한국의 조치목적이 식품의 위해성을 방지하기 위한 것이므로 식품 자체의 오염 가능성과 현존하는 검출치가 유사하다면 문제되지 않는다고 하였다. 그리고 이 기준에 의거하여, 전문가들의 자문과 일본식품 샘플 검사 등을 통해 일본 바닷물의 오염 정도가 낮으며 일본산 수입식품의 방사능 수준도 다른 나라 식품에 비해 높지 않다는 점을 확인하고 일본의 손을 들어주었다.

나. 우리나라의 조치가 '과도한 무역 제한적 조치'인지 여부

모든 주권국가는 자국민의 안전을 보장하기 위해 '적절한 보호수준(ALOP: Appropriate Level Of Protection)'을 설정할 권한이 있다. 국제기구에서 제시하는 표준이 있지만 각 국은 이 기준을 조정해서 자체 기준을 마련하며 이는 국제적으로 정당한 것으로 인정받는다. 우리나라도 적정한 보호수준으로 3개의 기준을 세웠다. 첫째는 정량적인 기준으로 CODEX에서 제시하는 국제표준인 1mSv(밀리시버트)/year다. 둘째는 정성적 기준으로 자연 상태에 최대한 근접한 수준을 유지하는 것이다. 셋째도 정성적 기준으로 합리적으로 성취할 수 있는 가장 낮은 수준(ALARA: As Low As Reasonably Achievable)으로 보호하는 것이다.

일본은 우리나라가 설정한 3개의 보호수준에 비해 현재 시행 중인 조치(추가 핵종 검사 등)가 과도하다고 주장했다. 보호수준을 만족시키기 위해 세슘 100Bq/kg을 적절한 대안으로 제시하면서 일본 식품에 대한 방사능 검사에서 이 기준보다 낮다는 것만 확인되면 우리나라의 보호수준이 만족된다고 하였다. 따라서, 우리나라가 시행 중인 미량의 세슘(0.5 Bq/kg)이라도 검출되면 추가핵종 검사를 요구하는 것은 과도한 무역제한 조치라고 주장했다. 우리는 방사능 유출사고가 있었던 일본에 대해서는 최대한 사고가 없었던 자연 상태에 근접하게 방사능 노출을 관리해야 하므로 다른 나라처럼 세슘 100Bq/kg 기준치만으로는 부족하고 더 엄격한 조치가 필요하다고 피력했다. 결론적으로 패널은 일본의 주장을 인정했다. 일본이 제시한 세슘 100Bq/kg 기준만으로도 한국의 정량 기준인 1mSv/year보다 낮은 수준의 방사능 노출이 보장되며 1mSv/year 기준 자체가 한국의 정성적 기준인 '자연 상태에 근접'하고 '합리적으로 성취 가능한 가장 낮은 수준'을 포괄하는 것으로 판단하였다. 따라서, 한국의 보호수준 충족을 위해 일본이 제시한 100Bq/kg 기준 점검만으로도 충분한데 이보다 훨씬 적은 0.5Bq/kg만 나와도 추가핵종 검사를 요구하는 것은 과도한 무역제한 조치에 해당한다고 판정했다.

깊이 보기 전문가 자문 과정

　이 분쟁에서 패널은 문제되는 쟁점에 대한 판정을 위해서는 전문가로부터 과학적/기술적 자문이 필요하다고 결정하고 원자력 및 식품 관련 국제기구인 IAEA, FAO, CODEX 등에 전문가 추천을 의뢰했고, 이들 기관은 25명을 추천하였다(2016.5-6월). 패널은 이들과 접촉하여 이들의 참여가 가능한지를 점검하였고 결과적으로 이중 15명의 전문가가 참여 가능하며 협력 의사가 있다는 것을 확인한다. 그리고 이들 15명의 이력서(CV)와 관련 서류를 당사국(우리나라와 일본)에게 제공하여 이해충돌 및 편견 가능성 등에 대한 의견을 받은 후 3개 분야(방사능 물질의 환경 유출, 방사능으로 인한 식품오염, 해양환경의 방사능 물질)의 전문가 총 5인을 선정하게 된다. 이 과정에서 우리나라는 방사능 유출 사고지역 전문가와 방사능이 인체 건강에 미치는 영향에 대한 전문가를 추가로 포함할 것을 요청했으나 해당 분야에 대해 이미 선정된 전문가가 조언할 수 있으며 주된 분쟁 이슈도 아니라는 이유 등으로 받아들여지지 않았다.

　패널은 최종 선정된 5인의 전문가들과 관련 국제기구에 질의서를 보내 의견을 받았다(질의서를 보내기 전에 미리 당사국에게 전달해서 당사국이 질의를 희망하는 추가 질문을 제안할 기회를 주었다). 전문가들과 국제기구의 답변을 받은 후, 최종절차로 2017.2.9.-10.간 패널이 주재하고 당사국이 참여하는 전문가 회의가 개최되었다. 3.13.에는 전문가회의 기록을 당사국과 전문가에게 보내서 내용을 검증할 기회를 주었다.

---

4. 상소기구 승소 전략 및 판정 결과

　위에 언급했듯 우리는 상소심이 법률사항만을 재심하는 점을 감안해서, 일본산 식품의 위해성과 우리 조치의 정당성을 주장하는 동시에 패널이 결정의 기초로 사용한 법률 해석과 기준을 공격해서 무너뜨리는 데 초점을 맞췄다.

238 · 공정과 경쟁의 장: WTO 분쟁해결절차 이야기

가. 일본산 수입식품 차별 조치 여부

WTO 협정상의 법적 기준을 볼 때, 우리가 일본산 수입식품에 대해서만 특별히 엄격한 조치를 할 수 있는지는 방사능 위해성과 관련해 제3국과 일본간의 조건이 동일하거나 유사한지에 달려 있다(SPS 협정[3] 제2.3조). 즉, 유사하면 차별하면 안 되고 유사하지 않으면 차별이 가능한 것이다. 상소기구는 이 유사조건 여부를 결정할 때, 일본산 식품에 대한 방사능 검사 결과뿐 아니라 다른 관련 조건(other relevant conditions)을 고려하는 것이 법적 요구사항인데 패널이 이를 지키지 않았다고 판단했다. 특히, 한국의 주장과 같이 '일본내 방사능 오염으로 인한 환경적인 위험'도 이러한 조건 중 일부인데, 패널은 실제 식품에 현존하는 방사능 수치 검사 결과만 중점을 두고 이런 지리환경상의 잠재적 위험을 고려치 않은 것이다. 더구나, 패널이 일본산 식품의 오염에 영향을 미칠 수 있는 지리적 조건이 있다고 스스로 인정하고서도 이를 적절히 고려치 않은 점도 지적했다.

나. 조치의 과도한 무역 제한성 여부

우리나라는 상소심에서 정량적 기준과 정성적 기준이 별개이므로 패널이 정성적 기준을 정량적 기준에 부속된 것으로 간주한 것은 법적 분석의 오류라고 주장하였다. 특히, 우리나라의 보호수준은 정량적 기준(1mSv/year)을 일종의 상한으로 하고 정성적 기준에 따라 그 이하 수준(일반적 환경하에서 합리적으로 가능한 최저수준)으로 유지하는 것이 목표이나, 패널이 정량적 기준만으로 우리나라의 보호수준을 대표한다고 판단한 것은 잘못이라고 지적하였다.

상소기구는 우리의 주장을 인정해 주었다. 패널이 우리나라의 보호수준이 3개로 이루어져 있음을 인정한 사실을 확인하고, 그럼에도 정량적인 첫 번째 기준(1mSv/year)만을 고려하고 정성적인 2개의 기준을 적절히 검토하지 않은 것은 패널 결정의 오류라고 판정했다. 특히, 패널이 정성적 기준에 대해 일부 고려하기는 했지만 궁극적으로 일본이 대안으로 제시한 기준(100Bq/kg)이 한국의 정성적 보호기준을 어떻게 만

---

3) WTO 위생 및 식물위생 조치에 관한 협정(Agreement on the Application of Sanitary and Phytosanitary Measures).

족시키는 지에 대한 설명은 제공하지 못했다고 지적했다.

다. 상소심의 다른 판단들

위의 두 가지 점이 상소심에서 가장 중요한 부분이지만 상소기구는 다른 쟁점에 서도 의미 있는 판단을 했다. 첫째는 위생 및 검역(SPS) 협정 제5.7조로 우리나라의 일본식품 관련 조치가 잠정조치로 인정될 수 있는지 여부이다. 패널은 우리나라의 조치가 잠정조치 요건을 만족시키지 못하므로 협정에 위배된다고 판정했다. 이에 대해 우리는 패널판정의 실질적인 내용과 더불어 절차법적인 문제점을 지적했다. 즉, 판정의 내용을 떠나서 당사국이 판단을 요청하지도 않은 사항을 패널이 독단적으로 판정한 것은 월권이라고 주장했다. 상소기구는 일본이 이 규정에 대한 심리를 요청하지 않았으며 우리나라도 다른 규정을 해석하기 위한 맥락에서 제5.7조를 언급했을 뿐 이에 대한 판단을 패널에 요청하지 않았음을 확인하고, 그럼에도 패널이 이를 판정한 것은 자신에게 부여된 권한을 넘어선 것으로 무효이며 법적효과가 없다고 판정하였다.

둘째로 상소기구는 우리나라가 수입제한 조치를 하면서 절차상 SPS 협정상의 의무를 준수하지 않은 점을 최종 확인하였다. 즉, 우리나라가 2013년 일본 수산물 수입 금지와 추가핵종 검사 조치를 하면서 이런 내용을 이해당사국이 인지할 수 있도록 명확하게 공표하지 않은 점이다. 예를 들어, 후쿠시마 인근 8개현 수산물 전체의 수입 금지를 고지하면서 구체적으로 어떤 수산물이 수입 금지에 해당하는지를 명확히 하지 않았다. 그리고 추가핵종 검사가 요구되는 기준인 0.5Bq/kg도 당시에는 고지한 바가 없었다. 이에 따라 우리는 WTO 분쟁해결기구(DSB) 판정 채택후 약 한 달 후인 2019.5.30.일자로 식품의약품안전처에서 우리 조치의 상세사항을 관련 홈페이지에 게재하는 방식으로 이행을 완료하고 DSB에 통보하였다.

5. 결론

일본 수산물 분쟁에서의 승리는 무엇보다도 후쿠시마 사고후 우리 국민이 일본산 식품에 대해 가지고 있던 방사능 오염 우려를 해소할 수 있었던 것이 가장 중요했다. 분쟁에서의 승소를 통해 일본산 모든 식품에 대해 미량의 세슘이라도 검출되면 추가핵종 검사를 요구함으로써 방사능 오염식품이 우리 시장에 들어올 여지를 차단한 것이었다. 만약, 우리가 패소해서 현재의 엄격한 조치를 변경해야 한다는 판정을 받았다면 일본산 식품에 대한 국민의 우려와 국제적 의무 준수 사이에서 어려운 고민을 해야 했을 것이다.

일본 수산물 분쟁은 1995년 WTO 출범후 우리나라가 당사자였던 40여건의 분쟁에서 가장 큰 승리로 기록될만 했다. WTO 위생 및 검역 관련 주요 분쟁에서 피소국이 승리한 것도 드물뿐더러 1심에서 패소하고 2심에서 극적으로 역전한 경우는 없다는 점에서 어려운 여건에서 극적으로 거둔 승리이며, 우리 정부의 분쟁 대응능력이 성숙했다는 것을 보여준다. 또한, 우리 국민의 일본산 식품에 대한 우려와 관심이 정부가 불리한 상황에서도 끝까지 포기하지 않고 최선을 다해 최선의 전략을 도출하도록 동기부여를 했다는 점에서 민주 사회의 힘을 보여준다고 할 수 있을 것이다.

〈분쟁의 주요 경과〉

2011. 03. 14.
후쿠시마 원전 사고 직후, 일본산 식품에 대한 수입규제 조치 실시
- 일본 수입식품 방사능 검사
- 후쿠시마 인근 13개현 농산물 등 일반식품 26개 품목, 8개현 수산물 50여 종 수입금지

2013. 09. 09.
도쿄전력 원전 오염수 유출 발표(2013.8.8.)후 우리 정부는 임시 특별조치* 시행
* ① 후쿠시마 주변 8개 현의 모든 수산물 수입 금지
  ② 일본산 식품에서 세슘 미량 검출 시 추가 17개 핵종 검사증명서 요구
  ③ 국내외 식품에 대한 세슘 기준 강화(370 → 100Bq/kg)

2015. 05. 21.
일본 정부, 우리 측 조치 중 일부*에 대해 WTO 제소
* ① 8개 현의 28종 수산물 수입 금지
  ② 일본산 식품(농·축·수산물)에서 세슘 미량 검출 시 추가 17개 핵종 검사증명서

요구

2018. 02. 22.
WTO 패널(1심), 판정 보고서 全 회원국 회람 및 대외 공개

2018. 04. 09.
우리 정부, 패널 판정에 대해 WTO 상소 제기

2019. 04. 11.
WTO 상소기구(최종심), 판정 보고서 全 회원국 회람 및 대외 공개
* 일본 측 제기사항 중 일부 절차적 쟁점을 제외한 사실상 모든 쟁점에서 우리 측 승소 판결

사례이야기 2

EC - 조선 분쟁
(Korea - Commercial Vessels)[1]

1. 분쟁에 이르게 된 배경

밀레니엄 전후에 우리나라 조선산업은 세계 시장에서 점유율 1위로 올라섰다. 이에 따라 기존에 세계시장을 양분하다시피 했던 EC(현재 EU[2])와 일본의 우리나라에 대한 견제가 강력히 들어왔는데, 특히 EC는 한국의 조선소들이 정부의 지원을 받아서 저가 수주로 불공정 경쟁을 하고 있다는 주장을 하고 있었다.

우리나라는 EC의 주장이 부당하다고 여기면서도 통상마찰이나 WTO 분쟁으로 비화되면 이제 세계적인 지위를 차지한 조선산업 발전에 지장을 줄 수도 있으므로 EC 측과의 타협 여지도 고려하였다. 이런 맥락에서 2000년 4월에는 보조금 지급 배제 및 선박 수주 시 상업적 가격유지 등을 약속하는 한-EC 조선합의록에 동의하기도 했다. 그러나 세계 조선시장의 경쟁구도 자체가 바뀌는 상황하에서 기존의 조선 강국인 EC와 일본이 만족할 만한 상황으로 진전되지는 않았다. 더구나, 1999-2000년에는 한국의 3대 조선사 중 하나인 대우중공업이 IMF 금융위기로 인해 어려움을 겪

---

1) 전반적으로 Panel Report, *Korea-Commercial Vessels*에 기초하였다.
2) European Union(EU)은 2009년 11월 30일까지는 European Communities(EC)로 명명되었고, 리스본 조약 발효 후 현재의 EU로 명칭이 변경되었다.

다가 구조조정을 거쳐 회생하게 되는데, EC는 이에 대해 한국 정부의 부당한 지원
이 있었다는 불만까지 가지고 있었다.

2001년 10월 EC는 드디어 법적인 조치를 시작하게 된다. 자체의 불공정무역조사
제도인 '무역장벽규정(TBR)'에 따라 한국 조선업계의 불공정 무역관행에 대한 조사
에 들어가게 된다. 이후 우리나라와 EC는 타협의 여지를 보기도 했으나 결국 EC는
한국 정부가 조선업에 부당한 지원을 함으로써 EC 조선업이 피해를 보고 있다고 단
정 짓고 2002년 10월 WTO에 제소하게 된다.

2. 피소국인 우리나라의 우려

EC는 크게 두 가지 사항을 WTO에 제소하였는데, 당시 잘 나가는 조선국이었던
우리나라는 EC와의 WTO 분쟁이 우리나라 조선업의 발목을 잡을 뿐 아니라, IMF
위기로 구조조정을 거친 기업들에 전방위적인 영향을 미칠까 우려하였다.

먼저, IMF 구조조정 관련해서 EC가 제소한 사항은, 금융위기로 인해 일시적인 위
기를 맞은 대우중공업(현재 대우조선해양), 한라중공업(현재 현대삼호중공업), 대동조선
(STX로 합병)에 대해 채권금융기관들이 채무재조정(채무감면, 만기연장, 출자전환 등)을
한 것이 부당한 보조금이라고 문제 삼은 것이다. 이 사안은 3개 회사에 국한되지 않
았다. 즉, 우리나라는 IMF 금융위기로 인해 어려움에 처한 기업들의 회생을 위해
200여 개 채권기관이 참여한 기업구조조정 프로그램(Workout)을 시행하였고, 이 프
로그램에 따라 주요 산업분야에서 약 50개 기업이 구조조정을 통해 정상화되었다.[3]
만약, 대우중공업 등에 적용된 구조조정 조치가 WTO 협정상 불법보조금에 해당된
다는 판결이 나올 경우 반도체 등 다른 분야에서 유사한 조치를 한 기업들도 외국의
보조금 규제조치의 대상이 될 가능성이 우려되었다. 더 나아가, 향후 우리 기업들이
일시적인 유동성 위기를 겪을 경우 탄력적으로 구조조정 조치를 취하는 데도 제약이
될 수 있었다.

둘째로 EC는 조선 관련 금융제도를 문제시하였다. 특히, 우리나라 수출입은행이

---

3) 허재성, 유혜미, "외환위기 이후 금융 및 기업구조조정에 대한 평가와 향후 과제", 「한은조
   사연구」, (2002-4), p. 30 참조: 이 조사에 따르면 1998-1999년 중 선정된 83개 워크아웃
   적용기업 중 2002년 2월 말 현재 47개 기업이 정상화되었다고 한다.

제공하는 선수금환급보증과 제작금융을 공격해서 우리 조선산업의 경쟁력에 영향을 주려는 목적이 있었다. 선수금환급보증은 선박을 주문한 회사가 미리 일정금액을 선금으로 주어 제작을 지원하되, 대신 선박이 제대로 인도되지 않을 경우에는 선금을 반환하도록 금융기관이 보증하는 제도이다. 선박은 선종에 따라 다르지만 대당 가격이 1-2천억에 이르기도 하므로 조선회사는 선금을 받는 것이 중요하다. 반면, 선박을 주문한 측에서는 문제 발생시 선금에 대한 확실한 반환이 필요하므로 당시 신용도가 낮았던 우리 민간은행보다는 국책은행인 수출입은행이나 외국계 글로벌 금융기관의 보증을 요구하는 상황이었다.

따라서, 만약 WTO 판정으로 인해 수출입은행이 더 이상 선수금환급보증을 하지 못하게 된다면 우리 조선사는 외국의 글로벌 은행에서 선수금환급보증을 받을 수밖에 없을 것이며 이들은 보증료율도 높을뿐더러 우리나라 조선사들에게 유연하게 선수금환급보증을 하지도 않을 것이므로 우리 조선사들의 수주에 상당한 타격이 될 수 있는 사안이었다.

제작금융은 선박을 건조하는 비용 중 선금으로 채워지지 않는 부분을 금융기관에서 대출받는 제도인데, 당시 우리나라 은행들은 구조조정을 마친지 얼마되지 않고 대출 여력이 많지 않아 덩치가 큰 선박 제작금융을 원활하게 제공하기가 어려운 상황이었다. 신용도가 높은 국책은행인 수출입은행에 의존하는 부분이 컸다. 따라서, 이 경우도 WTO에서 제작금융을 불법보조금으로 판단할 경우 우리 조선사는 높은 이자율을 요구하는 외국 금융기관에 가거나 민간 금융기관으로부터 제한적으로 조달할 수밖에 없어 수주경쟁력은 낮아질 수 밖에 없었다.

더구나, EC의 양자협의요청서(제소장)을 보면 이러한 우리 측 우려가 더 커지게 된다. 즉 EC는 이미 이루어진 개별 거래뿐 아니라 우리나라의 법령(수출입은행법 등)과 제도 자체가 WTO 금지보조금에 해당된다고 제소한 것이다. 만약, 우리 법령이나 제도 자체가 WTO 금지보조금으로 판단된다면 우리는 이 제도를 철폐해야 하고 수출입은행은 더 이상 선수금환급보증이나 제작금융을 제공하기 어려워지므로 우리 조선업에는 심각한 타격이 될 수 있었다.

3. 주요 패널 판정

가. 구조조정

WTO 협정에서 규율하는 보조금으로 판정되려면 '정부 또는 공공기관의 재정적 기여'와 이를 통한 '혜택 부여'가 성립해야 한다.

'정부 또는 공공기관의 재정적 기여' 관련해서 우리 기업들의 구조조정을 위한 금융지원(채무 혹은 이자감면, 만기연장, 출자전환 등)이 말 그대로 재정적 기여(financial contribution)에 해당되는 점은 명확했다. 따라서, 구조조정에 참여한 기관이 '정부 또는 공공기관'인지가 주된 논점이었다. 구조조정에 참여한 금융기관은 수출입은행, 산업은행 등 국책은행과 시중은행, 제2금융권 등 민간기관으로 구성되어 있었다. 먼저, 우리나라는 수출입은행이나 산업은행이 정부가 다수지분을 보유하고 있으나 운영은 영리기관처럼 상업적으로 하므로 공공기관에 해당되지 않는다고 하였다. 그러나 이는 패널에서 인정받지 못했다. 법에 따라 특수목적으로 설립되고 정부의 재정지원을 받으며 정부가 다수지분을 가지고 있는 기관이라는 이유 때문이었다.

시중은행이나 제2금융권은 원칙적으로 공공기관이 아니므로 재정적 기여가 인정되지 않으나, WTO 협정에서는 이들의 지원이 스스로의 결정이 아니라 정부나 공공기관의 지시(direct)나 위임(entrust)에 의한 것이면 공공기관의 재정적 기여로 인정하고 있다. EC는 이 점을 주장했다. 즉, 직접적인 증거는 없으나, 우리 정부가 IMF에 제출한 의향서, 금융시장 안정대책, 관련 언론 보도 등 정황 증거를 볼 때 정부가 시중은행이나 제2금융권에도 구조조정 참여를 지시 또는 위임하였다고 주장하였다. 그러나 패널은 EC가 제출한 정황 증거가 어느 정도의 가능성은 보이나 협정상의 지시나 위임을 성립할 정도는 되지 않는다고 판단하였다. 따라서, 민간기관의 지원은 대상에서 제외되고 수출입은행, 산업은행 등 공공기관의 지원이 혜택을 부여했는지가 다음 단계로 검토되게 되었다.

'혜택 부여' 여부를 판단할 때는 시장에서 상업적 합리성을 가지고 제공하는 조건보다 유리한지가 판단기준이 된다. 우리로서는 구조조정이라는 특수한 상황을 인정받는 것이 중요했다. 일반적인 상황이라면 유동성 위기로 신뢰도가 추락한 기업에게 금융지원을 제공하는 것은 상업적으로 합리적이라 하기 어려울 것이다. 그러나 이미 위기의 회사에 채권을 가지고 있는 입장에서 신규 지원은 기존 채권의 회수율을 높여 손실을 줄이기 위한 불가피한 선택이라는 면에서 상업적 합리성이 고려되어야 한다. 다행히, 이 사안에 대해서는 당사국간에도 논란이 많지 않았고 패널도 기존채권자가 회수율을 높이기 위해 하는 선택은 상업적 합리성을 다른 관점에서 판단해야 한다는 점을 인정하였다.

다음은, 우리나라 공공기관이 구조조정이라는 특수한 상황하에서 시행한 금융지원(채무감면, 만기연장, 신규출자 등)이 상업적 합리성에 따른 근거를 갖고 있는지 여부였다. 우리나라가 제시한 주된 근거는 안진, Rothchild 등 회계 전문회사의 구조조정 회사에 대한 실사보고서였다. 이들은 구조조정 회사의 재정상태 등을 분석한 후 기업에 대해 추가 지원 없이 당장 청산하는 가치와 추가적인 지원을 통해 회생시킨 후 기대할 수 있는 계속기업가치를 분석해서 제시하였다. 이들 보고서에서는 청산가치보다 계속기업가치가 더 크다고 분석하였고 채권기관은 이에 근거해서 구조조정 지원조치를 했으므로 상업적으로 합리적이며 보조금 협정상의 혜택에도 해당되지 않는다는 것이 우리측의 주장이었다.

EC는 회계보고서의 흠결을 지적하는 동시에, 상업적 합리성이 있다면 기존 투자자인 외국기관들이 자기 지분을 매각하고 구조조정에 참여하지 않았을 리가 없다고 반박하였다. 패널은 이에 대해 회계보고서의 일부 흠결은 인정되나 구조조정 참가자들의 결정을 바꿀 정도의 문제는 아니며, 외국기관들의 불참은 여러 가지 이유가 있을 수 있고 당시 한국의 금융위기로 인해 외국기관들이 대대적으로 철수하던 경향이 있었던 점도 무시할 수 없다는 점에서 상업적 합리성을 부정하는 근거가 될 수 없다고 결정하였다. 패널은 정부의 지시가 없었다고 판단된 시중은행 및 제2금융권이 동일한 조건으로 구조조정에 참여하여 추가지원을 한 것도 하나의 반증으로 언급하였다.

나. 조선 금융제도(선수금 환급보증, 제작금융)

위에서도 언급한 대로, 우리나라의 선수금환급보증과 제작금융이 WTO 협정상 규율되는 보조금이 되려면, 이러한 금융이 '정부 또는 금융기관의 재정적 기여' 및 '혜택 부여'에 해당되는지가 관건이며, 이 보조금이 수출과 연계될 경우에는 금지보조금에 해당되는데, EC는 우리 조선 금융을 수출과 연계된 금지보조금이라고 주장했다.

금융을 제공하는 수출입은행은 공공기관에 해당한다는 것이 패널의 판단이며 보증이나 대출의 제공은 재정적 기여(financial contribution)에 해당하므로 '공공기관의 재정적 기여' 부분은 분명했다. 그리고 조선 금융이 수출거래에 제공된다는 점에서 수출연계성도 부인하기 어려웠다.

그래서, 핵심 쟁점은 '혜택 부여' 여부, 즉 수출입은행의 선수금환급보증 보증료와 제작금융 이자율이 시장에서 제공되는 상업적으로 합리적인 조건보다 더 유리한지 여부였다. 더구나, EC의 요구에 따라 개별거래뿐 아니라 우리나라의 법령과 제도 자체가 검토의 대상이 되었다.

EC는 우리나라 수출입은행법 제24조가 시중 금융기관과의 경쟁을 금지하고 있는 점, 수출입은행이 정부의 재원을 지원받으나 반환 의무는 없는 점, 이자율 가이드라인상으로 시장금리 요건도 없고 특별한 경우 시장금리를 벗어날 수 있도록 한 점 등에 근거해서 법령이나 제도 자체가 '혜택을 부여'토록 하고 있으며 민간은행이 하지 않는 비상업적 기능을 요구하고 있다고 주장하였다. 이에 대해 우리나라는 수출입은행은 시중은행과 모든 분야에서 경쟁하고 있으며 다른 금융기관과 경쟁하지 않도록 한 조항은 관련 조항의 개정을 통해 실질적으로 변경되었다고 반박했다.

패널은 우리 법령과 제도 자체가 협정 위반이라고 주장한 것과 관련해서, 원칙상 법령이나 제도가 불법임을 입증하기 위해서는 각각의 조치 시 이러한 불법이 강제되는 근거가 필요하며 불법이 될 여지나 가능성만으로는 불충분하다고 전제하였다. 이에 기초하여 볼 때, 수출입은행법이나 가이드라인 등으로 인해 개별 조치가 금지보조금이 될 가능성은 있으나 이들이 반드시 불법이 되도록 강행하는 근거는 없으므로 법령과 제도 자체로 금지보조금이 성립되지는 않는다고 판정했다.

한편, 패널은 이전에 수출입은행이 제공한 선수금환급보증이나 제작금융을 개별 건별로도 조사했다. 그 결과, 당시 시중은행이나 외국 금융기관이 제공한 보증료율이나 대출이자율과 비교해서 유리한 조건이었다고 판단된 복수의 건에 대해서는 금지보조금에 해당되므로 90일 이내에 철회하라고 판정하였다. 다만, 우리로서는 이 건들은 대부분 일정시간이 경과된 것으로 철회나 변경의 의미가 크지 않아서 한숨을 돌리는 상황이었다.

4. EC 조선분쟁에서 있었던 특별한 절차

WTO 보조금 협정은 WTO 협정 중에서 유일하게 '정보수집절차'를 가지고 있는 데, EC 조선분쟁이 WTO 출범 후 이 절차를 수행한 최초의 사례가 되었다. 보조금 중에서 금지보조금은 아니나 다른 나라의 이익에 부정적 효과(adverse effects)를 줄 수 있는 보조금을 '조치가능보조금(actionable subsidy)'이라고 하는데, 정보수집절차 는 이 보조금의 부정적 효과를 조사하기 위해 상대국의 보조금 규모, 보조 혜택을 받은 회사의 영업실적, 보조금이 초래한 영향 등에 대해 정보를 요구할 수 있도록 마련된 제도이다. 부정적 효과는 보조금 혜택을 받은 피소국 기업이 제소국 기업과 경쟁하는 과정에서 초래되는 것이므로 피소국이 관련 정보를 제공하지 않으면 누구 도 얻기가 어려운 점을 고려한 것으로 생각된다.

EC는 패널설치 시 정보수집절차를 요구했고 우리도 이를 거부할 경우 오히려 패널 의 불리한 추론(adverse inferences)을 받을 수 있는 점을 고려해 소극적으로 임하지 않 고 적극적으로 당당히 임하였다. 이에 따라, 수천 페이지에 달하는 자료를 작성하고 영어로 번역하는 과정에서 실무진의 부담이 컸지만 결과적으로는 우리 입장을 소명 하는 근거자료의 역할도 하였으므로 적절한 대응이었던 셈이다.

두 번째로는 특별한 비밀보호절차를 설정하였다. WTO 패널절차는 원칙적으로 비 공개이므로 일반적으로는 이런 절차를 설정할 필요가 없다. 그러나, 조선분쟁에서는 우리 조선회사의 금융비용, 이자율, 선박가격 등 민감하고 핵심적인 영업정보가 제 출될 가능성이 높은 점을 고려해서 우리나라는 패널작업절차 논의과정에서 특별 비 밀보호절차를 요청했고 EC와 패널도 이런 점을 인정해서 특별 비밀보호절차가 채택 되게 되었다.

특별비밀보호절차의 내용은 지정된 비밀에 접근할 수 있는 사람들을 분쟁을 수행 하는 필수인원으로 제한(양측이 서로 간에 알려서 동의한 사람으로 한정)하고 제공된 자 료가 유출되지 않도록 안전한 장소에서 관리하며, 사용 후 반환 또는 폐기를 보장하 는 내용이다. 우리로서는 우리나라 조선회사의 민감한 정보가 미래 경쟁자인 EC 내 조선회사 관계자에게 공유되는 것을 최대한 방지하고자 한 것이다. 분쟁이 마무리된 후에도 분쟁시 제출된 우리 조선회사의 영업 정보가 EC 회사와의 경쟁 등에서 문제된 적이 없었던 점에서 이 절차는 어느 정도 목적을 이룬 것으로 보인다.

5. 마무리

우리 측이 핵심 쟁점에서 승소하였으므로 EC로서는 상소를 고려할 수 있는 상황이었다. 그러나, EC는 상소를 하지 않았고 2005.4.11. 분쟁해결기구 회의에서 패널 보고서가 채택되면서 분쟁은 사실상 막을 내렸다. EC가 상소를 하지 않은 이유를 밝히지는 않았지만 두 가지 이유를 생각할 수 있다. 첫째, 상소심은 법률사항만 재심할 수 있는데, 이번 분쟁의 패널판정 중에서 핵심 부분은 혜택부여 여부에 대한 사실 판단이었으므로 상소에 가더라도 의미 있는 판정의 변화를 기대하지 못했을 것이다. 둘째는 우리나라가 맞제소한 분쟁(DS301)에 대해서도 의식하지 않을 수 없었을 것이다. EC는 우리나라를 WTO에 제소하면서 문제해결 전까지 EC 조선업계가 입게 될 피해를 줄이기 위해 우리나라와 수주경쟁을 하는 경우에는 수주가의 6%까지 정부에서 지원할 수 있도록 하였다. 우리나라는 2003년 9월에 이 지원제도가 WTO 협정에 위배된다고 맞제소했다. WTO 분쟁해결절차 규정(DSU)는 상대국이 부당한 조치를 한 경우 WTO 제소를 통해 해결하는 것외에 자체적인 대응조치는 금지하고 있는데 EC의 지원제도는 명백히 이를 위반하고 있었다. EC로서는 우리에 대해 제소한 건을 상소해서 시간을 끌면 자국에 불리한 맞제소건도 같이 진행되며 더 큰 부담이 될 것이라는 점에서, 조선 분쟁을 조기에 마무리 짓고 이와 연계된 맞제소 분쟁도 종결되는 것이 바람직하다는 판단을 했을 수 있다.

EC 조선분쟁은 우리나라의 WTO 분쟁역사에서 가장 중요한 분쟁 중의 하나로, 세계시장을 주도하기 시작한 우리나라 조선산업의 미래가 걸려 있었고, IMF 위기후 구조조정을 통해 새로운 도약을 하려는 우리 경제에 전방위적으로 예상치 못한 부담을 초래할 위험이 있었다. 결과적으로 최선의 방어를 함으로써 우리 조선산업이 더 이상 보조금 논란에 휘말리지 않고 수십 년간 주도적인 위치를 확보하는 기반이 되었고 당시 구조조정을 받았던 많은 기업들도 무역에 지장이 없이 신속히 회생했을 뿐 아니라, 우리나라의 구조조정 제도는 일시적으로 위기에 처한 기업을 효율적으로 회생시키는 역할을 지속적으로 수행하게 된다.

미국 가솔린 분쟁
(US – Gasoline)[1]

WTO 출범후 첫 번째 상소기구 판정인 미국 가솔린 분쟁(*US-Gasoline*)은 협정 해석 관련 기준을 설정하는 데 많은 공헌을 한 사례로 알려져 있다. 이런 맥락에서 이 사례에서는 상소기구가 협정을 해석하고 판단을 하는 과정에 중점을 두어 살펴보기로 한다.

1. 경위

미국 의회와 정부는 1990년에 대기질 저하를 막기 위해 휘발유의 오염성분을 규제하는 입법 조치를 했으며, 이 조치가 환경청 규정 등을 통해 구체화하면서 수출국들에게 불리해지는 것을 보고 베네수엘라와 브라질이 1995년 1월과 4월에 각각 WTO에 제소하였다.

미국 조치의 구체적인 내용으로, 오존층을 포함한 대기오염이 심각한 지역에 대해서는 오염성분을 줄인 특별한 휘발유(reformulated gas)만 사용토록 하고, 다른 지역에서는 기존의 휘발유를 사용할 수 있도록 하되 오염물질 배출이 입법년도인 1990

---

[1] 전반적인 내용을 Appellate Body and Panel Report, *US-Gasoline*에 기초하였다. 아울러, 이 사례의 경우, 판정의 내용보다는 협정을 해석하는 과정에 중점을 두고 있으므로, 상소기구보고서 주요 판정의 각 해당 부분을 각주로 명시하고자 한다.

년보다 악화되지 않도록 했다. 이를 위해서 국내 정유회사와 외국 정유회사(미국 수출자)가 생산하는 휘발유가 1990년의 오염물질 포함 수준을 넘어서지 않도록 했다. 문제는 이를 보장하기 위해 허용되는 오염물질 기준을 설정하는 방법에 국내정유회사와 외국 정유회사간 차이를 둔 것이었다.

미 환경보호청의 규정상 국내 정유회사는 자체적인 자료를 기초로 개별적인 1990년 기준을 설정할 수 있었으나, 수출자인 외국 정유회사는 환경보호청이 산정한 통일적인 기준을 받아들여야 했다. 구체적으로는 국내 정유회사는 1990년 자료가 있으면 이에 의거해서 자체 기준을 설정하되 자료가 없을 경우에는 혼합한 휘발유 자료를 사용하고 이 자료마저 없으면 1990년도 이후의 자료를 대안으로 사용할 수 있도록 했다. 외국 정유회사의 경우 규정상으로는 1990년 자료를 사용해서 개별적인 기준을 설정하는 것이 가능했으나 현실적으로 엄격한 자료 요건 등으로 인해 개별기준이 인정된 경우가 없었고 모두 환경보호청이 일률적으로 정한 통일기준을 적용해야 했다.[2] 이로 인해 외국 수출자의 시장에서의 경쟁조건이 악화된 것으로 나타났다.

2. 패널 판정

패널에서는 2가지 주요 판정을 했는데, 먼저 이 규정이 국내 정유사와 외국 정유사간에 유사제품에 대한 시장 경쟁조건을 차별한다는 점에서 GATT 제III.4조 내국민 대우 위반이라고 판정했다.[3]

둘째는 미국이 이 조치가 (내국민 대우에 위반되더라도) GATT 제XX조의 일반적 예외로서 정당화된다고 주장한 데 대한 판정이다. GATT 제XX조에서는 다른 조항에 위반되더라도 공공질서 유지, 인간/동물/식물의 생명과 건강보호, 고갈자원 보존, 국제조약에 합치되는 법령 이행 등을 위한 조치는 일정한 조건하에 정당화해 주는 내용을 담고 있다. 미국은 특히, 자국의 조치가 고갈자원 보존, 인간/동물/식물의 생명과 건강보호, 국제조약에 합치되는 법령 이행을 위한 조치라고 주장하며, 이 중 하나에라도 해당되면 예외로서 인정받아야 한다고 주장했는데, 패널은 위의 3가지 경우를 모두 부인하였다.[4]

---

2) Appellate Body Report, *US-Gasoline*, p. 6.
3) *Id*. p. 7.
4) *Id*. p. 8; Panel Report, *US-Gasoline*, para. 6.29(XX(b)) and 6.33(XX(d)) and 6.40(XX(g)):

3. 상소심 분석

미국이 패널 판정을 상소함에 따라 WTO 출범 후 최초의 상소심이 개시되었다. 미국은 패널의 다른 판정들은 상소하지 않고 GATT 제XX(g)조의 '고갈자원 보존' 목적으로서 예외로 인정받아야 한다는 점에 대해서만 상소기구에서 재심해 줄 것을 요청했다. 미국이 이 주장을 인정받기 위해서는 2가지 조건을 만족시켜야 했다. 먼저, 미국의 조치가 GATT 제XX(g)조의 고갈자원 보존과 관계되어야 하며, GATT 제XX조 서문상의 조건에 따라 방법상으로 자의적이거나 정당화되지 않는 차별 혹은 위장된 국제무역 제한의 수단이 아니라는 점을 입증해야 했다.[5]

상소기구는 먼저 DSU 제3.2조에서 협정 해석의 준거로 언급한 '국제공법의 해석에 관한 관습법'은 조약법에 관한 비엔나협약 제31조의 '해석 일반규칙'이 해당된다고 확인하고[6] 이 협약의 해석기준에 의거해서 미국의 조치가 고갈자원 보존에 해당되는 지를 분석했는데, 이와 연관된 해석 과정을 설명한다.

GATT 제XX(g)조에서 제시한 기준(영문)은 "relating to the conservation of exhaustible natural resources if such measures are made effective in conjunction with restrictions on domestic production or consumption"이다.

상소기구는 이 기준을 두 가지로 나누어서 분석했다. 앞 부분의 고갈가능한 자연자원의 보존과 관계("relating to")가 있는지를 판단하기 위해 상소기구는 미국의 조치가 고갈가능한 자연자원의 일부인 청정공기 보존과 관계되는지 여부를 검토했다.[7] 이를 결정하기 위해서는 조약법에 대한 비엔나협약 제31조에 따라서 "relating to"의 통상적 의미를 봐야 하는데 우선적으로 문언(text)을 보는 것이 순서이다.[8] 그

고갈자원 보존과 관련해서는 미국의 조치가 고갈자원 보존을 목적이라고 할 수 없으며, 인간/동물/식물의 보호를 위해 반드시 필요하다고 볼 수도 없고, 대기질 저하방지를 위한 국내법령이 GATT 제III조 위반이라고 판단된 상황에서 국제법에 합치하는 법령이행을 위해 필요하다고 볼 근거도 없다고 판시하였다.

5) 이미 협정위반으로 판정된 사안을 예외로서 인정받기 위해서는 예외를 주장하는 측에서 이를 입증해야 할 책임이 있다.

6) Appellate Body Report, *US-Gasoline*, p. 17.

7) 이 검토의 전 단계인 청정 공기가 고갈 가능한 자연자원에 해당되는지 여부는 패널 단계에서 이미 인정되었고, 상소심에서도 문제되지 않고 받아들여졌다: Panel Report *US-Gasoline*, para. 6.37 참조.

런데 "relating to"는 워낙 광범위하고 모호한 의미를 담고 있어서 문언 자체로 판단하기는 어려웠던 것으로 보인다. 그래서, 상소기구는 통상적 의미를 밝히기 위해 문맥(context)과 목적을 고려하였다. 먼저, 문맥으로 GATT의 다른 규정인 내국민 대우 규정 등을 검토하였다.9) 즉, 협정에서는 실질적 의무인 내국민 대우 등을 규정하면서 특별한 경우에만 GATT 제XX조의 예외를 인정한 것이므로 예외를 광범위하게 해석해서 이런 실질적 의무들을 무의미하게 만드는 것은 적절치 않다는 점이 문맥상 나타났다.10) 둘째로 예외 규정의 목적을 고려했는데, 제XX조의 서문에서 예외조치가 차별이나 무역제한의 수단이 되어서는 안 된다고 규정한 것을 볼 때, 이 조항의 목적은 협정을 위반하는 예외를 폭넓게 허용하기 위함이 아니라 내국민 대우 등 협정 의무로 인해, 회원국의 필수적인 정책 추구가 아예 막히는 제한적인 상황을 피하기 위한 것임이 확인되었다. 상소기구는 이러한 문맥과 목적에 대한 검토를 반영하여 선례인 GATT *Herring and Salmon* 분쟁에서 제시된 해석을 받아들였다. 즉, 규정에 있는 "관계된(relating to)"은 단순히 모든 관계를 의미하는 것이 아니라 고갈 자원의 보존을 "주된 목적(primarily aimed at)"으로 하는 경우를 의미하는 것으로 해석하였다.11) 상소기구는 이 해석에 기초해서 미국의 대기질 저하를 방지하기 위한 법령이 청정공기라는 고갈 가능한 자연자원 보존을 주된 목적으로 하는지를 검토하였으며 결론적으로 이를 인정하였다.12)

두 번째 요건인 하단의 "if such measures are made effective in conjunction with restrictions on domestic production or consumption"을 해석하면서 상소기구는 문언을 우선했는데, 주된 논점은 "made effective"와 "in conjunction with"의 의미를 명확히 하는 것이었다. 문언의 의미를 파악하기 위해 상소기구는 'The New Shorter Oxford 영어사전'을 사용했다.13) "made effective"는 정부의 조치와 연관

---

8) Appellate Body Report, *US-Gasoline*, p. 17.
9) *Id.* p. 18: 문맥(context)으로서 내국민대우(제III조) 규정뿐 아니라 최혜국민 대우(제I조), 수출입제한 금지(제XI조)규정도 유사한 맥락에서 고려되었다.
10) Appellate Body Report, *US-Gasoline*, p. 18.
11) *Id.* p. 18-19.
12) *Id.* p. 19.
13) The New Shorter Oxford English Dictionary on Historical Principles(L. Brown, ed., 1993).

해서 사용될 때는 "operative", "in force" 혹은 "come into effect"를 의미하는 것으로 나타났다. "in conjunction with"는 "together with" 혹은 "jointly with"로 나타났다. 결국, 두 문구의 문언상 의미를 종합하면 해당 조치가 수입산만이 아니라 국내 생산 혹은 소비에 대해서도 **함께**(together with) **시행**(operative or in force)되는 경우를 의미한다고 해석되었다. 상소기구는 미국의 대기질 저하 방지를 위한 기준 규정은 외국정유사뿐만 아니라 국내정유사에게도 같이 시행하는 조치라는 점에서 이 조건도 만족시킨다고 판시하였다.[14]

이제 남은 것은 외국정유사와 미국내 정유사가 휘발유에 포함되는 오염물질 수준에 대한 기준(1990년 수준에 근거)을 설정할 때, 방법상의 차이를 둔 것이 '자의적이거나 정당화되지 않는 차별' 혹은 '위장된 무역제한'의 수단에 해당되는지 여부이다.

상소기구 판단에 GATT 제XX조 서문 조항은 문구 자체를 명확화할 필요는 없었던 것으로 보인다. 반면, GATT 제XX조 서문 규정의 목적에 주목했는데, 협상 기록 등에 기초할 때 이 조항은 조치가 적용된 방법을 규율하기 위한 것으로 예외 조항의 남용을 방지하는 목적을 가진다고 판단했다.[15]

따라서 이를 근거로, 미국 당국이 규정을 정하면서 국내정유사와 외국정유사 간에 다른 방식을 사용토록 한 것이 여건상 정당화될 수 있는지를 보았다. 만약, 국내정유사와 외국정유사가 극복하기 어려운 상이한 조건하에 있다면 차별적인 조치도 정당화될 수 있을 것이다.

미국 당국은 국내정유사와 외국정유사 간에 다른 방법을 설정한 이유로, 외국정유사는 외국에 소재하기 때문에 개별기준 설정을 위해 사용한 자료를 당국이 검증하고 필요한 법 집행을 하는데 행정적인 어려움이 있다고 제시하였다.[16] 그러나, 상소기구는 외국정유사의 경우도 반덤핑 조사의 경우와 같이 자료를 검증할 수 있으며 필요하면 외국 정부와 협력하는 방법도 가능했을 것이라고 하고 미국 당국이 이러한 노력없이 외국정유사에게 더 큰 부담을 지운 것은 정당화되지 않는 차별에 해당한다고 하였다.[17] 아울러, 미국이 국내정유사에게 통일기준을 적용하지 않는 이유로 물

---

14) Appellate Body Report, *US-Gasoline*, p. 20-21.
15) *Id.*, p. 22; Panel Report, *US-Imports of Certain Automotive Spring Assemblies*, BISD 30S/107, para. 56, adopted on 26 May 1983 각각 참조.
16) Appellate Body Report, *US-Gasoline*, p. 25-26.

리적, 재정적으로 무리한 부담이 될 것을 우려했다고 언급한 점에 비추어,[18] 국내정유사에 대해서는 통일기준 적용시의 어려움을 고려하면서 외국정유사에 대해서는 통일기준 적용과정에서 발생할 부담을 피하기 위한 충분한 노력을 하지 않은 점도 지적했다. 따라서, 결론적으로 외국정유사에 대한 정당화되지 않는 차별이며 국제무역에 대한 불필요하고 위장된 제한에 해당된다고 판정했다.[19]

---

17) *Id.* p. 27-29.
18) *Id.* p. 28.
19) *Id.* p. 28-30.

부록 2

인용된 분쟁보고서 목록
(Table of Reports Cited)

인용된 분쟁보고서 목록(Table of Reports Cited)

DS#	Short title	Citation
438 444 445	*Argentina-Import Measures*	Appellate Body Reports, *Argentina-Measures Affecting the Importation of Goods*, <u>WT/DS438/AB/R</u> / <u>WT/DS444/AB/R</u> / <u>WT/DS445/AB/R</u>, adopted 26 January 2015.
56	*Argentina-Textiles and Apparel*	Panel Report, *Argentina-Measures Affecting Imports of Footwear, Textiles, Apparel and Other Items*, <u>WT/DS56/R</u>, adopted 22 April 1998, as modified by Appellate Body Report WT/DS56/AB/R.
18	*Australia-Salmon*	Appellate Body Report, *Australia-Measures Affecting Importation of Salmon*, <u>WT/DS18/AB/R</u>, adopted 6 November 1998.
46	*Brazil-Aircraft*	Appellate Body Report, *Brazil-Export Financing Programme for Aircraft*, <u>WT/DS46/AB/R</u>, adopted 20 August 1999.
46	*Brazil-Aircraft(Article 22.6-Brazil)*	Decision by the Arbitrator, *Brazil-Export Financing Programme for Aircraft-Recourse to Arbitration by Brazil under Article 22.6 of the DSU and Article 4.11 of the SCM Agreement*, <u>WT/DS46/ARB</u>, 28 August 2000.

22	*Brazil-Desiccated Coconut*	Appellate Body Report, *Brazil-Measures Affecting Desiccated Coconut,* WT/DS22/AB/R, adopted 20 March 1997.
332	*Brazil-Retreaded Tyres*	Appellate Body Report, *Brazil-Measures Affecting Imports of Retreaded Tyres,* WT/DS332/AB/R, adopted 17 December 2007.
472 497	*Brazil-Taxation*	Appellate Body Reports, *Brazil-Certain Measures Concerning Taxation and Charges,* WT/DS472/AB/R and Add.1 / WT/DS497/AB/R and Add.1, adopted 11 January 2019.
70	*Canada-Aircraft*	Appellate Body Report, *Canada-Measures Affecting the Export of Civilian Aircraft,* WT/DS70/AB/R, adopted 20 August 1999.
70	*Canada-Aircraft(Article 21.5-Brazil)*	Appellate Body Report, *Canada-Measures Affecting the Export of Civilian Aircraft-Recourse by Brazil to Article 21.5 of the DSU,* WT/DS70/AB/RW, adopted 4 August 2000.
139 142	*Canada-Autos*	Appellate Body Report, *Canada-Certain Measures Affecting the Automotive Industry,* WT/DS139/AB/R, WT/DS142/AB/R, adopted 19 June 2000.
321	*Canada-Continued Suspension*	Appellate Body Report, *Canada-Continued Suspension of*

		Obligations in the EC-Hormones Dispute, WT/DS321/AB/R, adopted 14 November 2008.
170	*Canada-Patent Term(Article 21.3(c))*	Award of the Arbitrator, *Canada-Term of Patent Protection-Arbitration under Article 21.3(c) of the DSU,* WT/DS170/10, 28 February 2001.
114	*Canada-Pharmaceutical Patents(Article 21.3(c))*	Award of the Arbitrator, *Canada-Patent Protection of Pharmaceutical Products-Arbitration under Article 21.3(c) of the DSU,* WT/DS114/13, 18 August 2000.
276	*Canada-Wheat Exports and Grain Imports*	Appellate Body Report, *Canada-Measures Relating to Exports of Wheat and Treatment of Imported Grain,* WT/DS276/AB/R, adopted 27 September 2004.
207	*Chile-Price Band System*	Appellate Body Report, *Chile-Price Band System and Safeguard Measures Relating to Certain Agricultural Products,* WT/DS207/AB/R, adopted 23 October 2002.
339 340 342	*China-Auto Parts*	Appellate Body Reports, *China-Measures Affecting Imports of Automobile Parts,* WT/DS339/AB/R / WT/DS340/AB/R / WT/DS342/AB/R, adopted 12 January 2009.
339 340 342	*China-Auto Parts*	Panel Reports, *China-Measures Affecting Imports of Automobile Parts,* WT/DS339/R, Add.1 and

		Add.2 / WT/DS340/R, Add.1 and Add.2 / WT/DS342/R, Add.1 and Add.2, adopted 12 January 2009, upheld (WT/DS339/R) and as modified (WT/DS340/R / WT/DS342/R) by Appellate Body Reports WT/DS339/AB/R / WT/DS340/AB/R / WT/DS342/AB/R.
427	*China-Broiler Products*	Panel Report, *China Anti-Dumping and Countervailing Duty Measures on Broiler Products from the United States*, WT/DS427/R and Add.1, adopted 25 September 2013.
414	*China-GOES*	Appellate Body Report, *China-Countervailing and Anti-Dumping Duties on Grain Oriented Flat-Rolled Electrical Steel from the United States*, WT/DS414/AB/R, adopted 16 November 2012.
414	*China-GOES(Article 21.3(c))*	Award of the Arbitrator, *China-Countervailing and Anti-Dumping Duties on Grain Oriented Flat-Rolled Electrical Steel from the United States-Arbitration under Article 21.3(c) of the DSU*, WT/DS414/12, 3 May 2013.
363	*China-Publications and Audiovisual Products*	Appellate Body Report, *China-Measures Affecting Trading Rights and Distribution Services for Certain Publications and Audiovisual Entertainment Products*, WT/DS363/AB/R, adopted 19 January 2010.

366	*Colombia-Ports of Entry*	Panel Report, *Colombia-Indicative Prices and Restrictions on Ports of Entry*, WT/DS366/R and Corr.1, adopted 20 May 2009.
366	*Colombia-Ports of Entry(Article 21.3(c))*	Award of the Arbitrator, *Colombia-Indicative Prices and Restrictions on Ports of Entry-Arbitration under Article 21.3(c) of the DSU*, WT/DS366/13, 2 October 2009.
27	*EC-Bananas III*	Appellate Body Report, *European Communities-Regime for the Importation, Sale and Distribution of Bananas*, WT/DS27/AB/R, adopted 25 September 1997.
27	*EC-Bananas III(US)*	Panel Report, *European Communities-Regime for the Importation, Sale and Distribution of Bananas, Complaint by the United States*, WT/DS27/R/USA, adopted 25 September 1997, as modified by Appellate Body Report WT/DS27/AB/R.
27	*EC-Bananas III(Article 21.5-EC)*	Panel Report, *European Communities-Regime for the Importation, Sale and Distribution of Bananas-Recourse to Article 21.5 of the DSU by the European Communities*, WT/DS27/RW/EEC, 12 April 1999, and Corr.1, unadopted.
27	*EC-Bananas III(Ecuador)(Article 22.6-EC)*	Decision by the Arbitrator, *European Communities-Regime for the Importation, Sale and Distribution of Bananas-Recourse to Arbitration by the European Communities under Article 22.6 of*

		the DSU, <u>WT/DS27/ARB/ECU</u>, 24 March 2000.
27	*EC-Bananas III(US)(Article 22.6-EC)*	Decision by the Arbitrator, *European Communities-Regime for the Importation, Sale and Distribution of Bananas-Recourse to Arbitration by the European Communities under Article 22.6 of the DSU*, <u>WT/DS27/ARB</u>, 9 April 1999.
269 286	*EC-Chicken Cuts*	Appellate Body Report, *European Communities-Customs Classification of Frozen Boneless Chicken Cuts*, <u>WT/DS269/AB/R</u>, <u>WT/DS286/AB/R</u>, adopted 27 September 2005, and Corr.1.
265 266 283	*EC-Export Subsidies on Sugar*	Appellate Body Report, *European Communities-Export Subsidies on Sugar*, <u>WT/DS265/AB/R</u>, <u>WT/DS266/AB/R</u>, <u>WT/DS283/AB/R</u>, adopted 19 May 2005.
265 266 283	*EC-Export Subsidies on Sugar(Article 21.3(c))*	Award of the Arbitrator, *European Communities-Export Subsidies on Sugar-Arbitration under Article 21.3(c) of the DSU*, <u>WT/DS265/33</u>, <u>WT/DS266/33</u>, <u>WT/DS283/14</u>, 28 October 2005.
397	*EC-Fasteners(China)*	Panel Report, *European Communities-Definitive Anti-Dumping Measures on Certain Iron or Steel Fasteners from China*, <u>WT/DS397/R</u> and Corr.1, adopted 28 July 2011, as modified by Appellate Body Report WT/DS397/AB/R.

397	*EC-Fasteners(China)(Article 21.5-China)*	Appellate Body Report, *European Communities-Definitive Anti-Dumping Measures on Certain Iron or Steel Fasteners from China-Recourse to Article 21.5 of the DSU by China,* <u>WT/DS397/AB/RW </u>and Add.1, adopted 12 February 2016.
26 48	*EC-Hormones*	Appellate Body Report, *European Communities-Measures Concerning Meat and Meat Products(Hormones),* <u>WT/DS26/AB/R</u>, <u>WT/DS48/AB/R</u>, adopted 13 February 1998.
26	*EC-Hormones(US)*	Panel Report, *European Communities-Measures Concerning Meat and Meat Products(Hormones), Complaint by the United States,* <u>WT/DS26/R/USA,</u> adopted 13 February 1998, as modified by Appellate Body Report WT/DS26/AB/R, WT/DS48/AB/R.
26 48	*EC-Hormones(Article 21.3(c))*	Award of the Arbitrator, *European Communities-Measures Concerning Meat and Meat Products(Hormones)-Arbitration under Article 21.3(c) of the DSU,* <u>WT/DS26/15</u>, <u>WT/DS48/13</u>, 29 May 1998.
48	*EC-Hormones(Canada)(Article 22.6 -EC)*	Decision by the Arbitrator, *European Communities-Measures Concerning Meat and Meat Products(Hormones), Original Complaint by Canada-Recourse to Arbitration by the European Communities under*

		Article 22.6 of the DSU, <u>WT/DS48/ARB</u>, 12 July 1999.
26	*EC-Hormones(US)(Article 22.6-EC)*	Decision by the Arbitrator, *European Communities-Measures Concerning Meat and Meat Products(Hormones), Original Complaint by the United States -Recourse to Arbitration by the European Communities under Article 22.6 of the DSU,* <u>WT/DS26/ARB</u>, 12 July 1999.
69	*EC-Poultry*	Appellate Body Report, *European Communities-Measures Affecting the Importation of Certain Poultry Products,* <u>WT/DS69/AB/R</u>, adopted 23 July 1998.
231	*EC-Sardines*	Appellate Body Report, *European Communities-Trade Description of Sardines,* <u>WT/DS231/AB/R</u>, adopted 23 October 2002.
400 401	*EC-Seal Products*	Appellate Body Reports, *European Communities-Measures Prohibiting the Importation and Marketing of Seal Products,* WT/DS400/AB/R / <u>WT/DS401/AB/R</u>, adopted 18 June 2014.
315	*EC-Selected Customs Matters*	Appellate Body Report, *European Communities-Selected Customs Matters,* <u>WT/DS315/AB/R</u>, adopted 11 December 2006.
290	*EC-Trademarks and Geographical Indications(Australia)*	Panel Report, *European Communities-Protection of Trademarks and Geographical Indications for Agricultural Products and Foodstuffs,*

		Complaint by Australia, <u>WT/DS290/R</u>, adopted 20 April 2005.
316	*EC and certain member States-Large Civil Aircraft*	Appellate Body Report, *European Communities and Certain Member States-Measures Affecting Trade in Large Civil Aircraft,* <u>WT/DS316/AB/R</u>, adopted 1 June 2011.
442	*EU-Fatty Alcohols(Indonesia)*	Appellate Body Report, *European Union-Anti-Dumping Measures on Imports of Certain Fatty Alcohols from Indonesia,* <u>WT/DS442/AB/R</u> and Add.1, adopted 29 September 2017.
60	*Guatemala-Cement I*	Appellate Body Report, *Guatemala-Anti-Dumping Investigation Regarding Portland Cement from Mexico,* <u>WT/DS60/AB/R</u>, adopted 25 November 1998.
146 175	*India-Autos*	Appellate Body Report, *India-Measures Affecting the Automotive Sector,* <u>WT/DS146/AB/R</u>, <u>WT/DS175/AB/R</u>, adopted 5 April 2002.
79	*India-Patents(EC)*	Panel Report, *India-Patent Protection for Pharmaceutical and Agricultural Chemical Products, Complaint by the European Communities and their member States,* <u>WT/DS79/R</u>, adopted 22 September 1998.
50	*India-Patents(US)*	Appellate Body Report, *India-Patent Protection for*

		Pharmaceutical and Agricultural Chemical Products, WT/DS50/AB/R, adopted 16 January 1998.
90	*India-Quantitative Restrictions*	Panel Report, *India-Quantitative Restrictions on Imports of Agricultural, Textile and Industrial Products*, WT/DS90/R, adopted 22 September 1999, upheld by Appellate Body Report WT/DS90/AB/R.
54 55 59 64	*Indonesia-Autos(Article 21.3(c))*	Award of the Arbitrator, *Indonesia-Certain Measures Affecting the Automobile Industry-Arbitration under Article 21.3(c) of the DSU*, WT/DS54/15, WT/DS55/14, WT/DS59/13, WT/DS64/12, 7 December 1998.
490 496	*Indonesia-Iron or Steel Products*	Appellate Body Report, *Indonesia-Safeguard on Certain Iron or Steel Products*, WT/DS490/AB/R, WT/DS496/AB/R, and Add.1, adopted 27 August 2018.
76	*Japan-Agricultural Products II*	Appellate Body Report, *Japan-Measures Affecting Agricultural Products*, WT/DS76/AB/R, adopted 19 March 1999.
8 10 11	*Japan-Alcoholic Beverages II*	Appellate Body Report, *Japan-Taxes on Alcoholic Beverages*, WT/DS8/AB/R, WT/DS10/AB/R, WT/DS11/AB/R, adopted 1 November 1996.

336	*Japan-DRAMs(Korea)*	Appellate Body Report, *Japan-Countervailing Duties on Dynamic Random Access Memories from Korea*, <u>WT/DS336/AB/R</u> and Corr.1, adopted 17 December 2007.
44	*Japan-Film*	Panel Report, *Japan-Measures Affecting Consumer Photographic Film and Paper*, <u>WT/DS44/R</u>, adopted 22 April 1998.
75 84	*Korea-Alcoholic Beverages*	Panel Report, *Korea-Taxes on Alcoholic Beverages*, <u>WT/DS75/R</u>, <u>WT/DS84/R</u>, adopted 17 February 1999, as modified by Appellate Body Report WT/DS75/AB/R, WT/DS84/AB/R.
273	*Korea-Commercial Vessels*	Panel Report, *Korea-Measures Affecting Trade in Commercial Vessels*, <u>WT/DS273/R</u>, adopted 11 April 2005.
98	*Korea-Dairy*	Appellate Body Report, *Korea-Definitive Safeguard Measure on Imports of Certain Dairy Products*, <u>WT/DS98/AB/R</u>, adopted 12 January 2000.
504	*Korea-Pneumatic Valves(Japan)*	Appellate Body Report, Korea − Anti−Dumping Duties on Pneumatic Valves from Japan, <u>WT/DS504/AB/R</u> and Add.1, adopted 30 September 2019.
504	*Korea-Pneumatic Valves(Japan)*	Panel Report, *Korea-Anti-Dumping Duties on Pneumatic Valves from Japan*, <u>WT/DS504/R</u> and Add.1, adopted 30 September 2019, as modified by Appellate Body Report WT/DS504/AB/R.

495	*Korea-Radionuclides*	Appellate Body Report, *Korea-Import Bans, and Testing and Certification Requirements for Radionuclides*, WT/DS495/AB/R and Add.1, adopted 26 April 2019.
495	*Korea-Radionuclides*	Panel Report, *Korea-Import Bans, and Testing and Certification Requirements for Radionuclides*, WT/DS495/R and Add.1, adopted 26 April 2019, as modified by Appellate Body Report WT/DS495/AB/R.
295	*Mexico-Anti-Dumping Measures on Rice*	Appellate Body Report, *Mexico-Definitive Anti-Dumping Measures on Beef and Rice, Complaint with Respect to Rice*, WT/DS295/AB/R, adopted 20 December 2005.
132	*Mexico-Corn Syrup(Article 21.5-US)*	Appellate Body Report, *Mexico-Anti-Dumping Investigation of High Fructose Corn Syrup(HFCS) from the United States-Recourse to Article 21.5 of the DSU by the United States*, WT/DS132/AB/RW, adopted 21 November 2001.
204	*Mexico-Telecoms*	Panel Report, *Mexico-Measures Affecting Telecommunications Services*, WT/DS204/R, adopted 1 June 2004.
499	*Russia-Railway Equipment*	Panel Report, *Russia-Measures Affecting the Importation of Railway Equipment and Parts Thereof*, WT/DS499/R and Add.1, adopted 5 March 2020, as modified by Appellate Body Report WT/DS499/AB/R

485	*Russia-Tariff Treatment*	Panel Report, *Russia-Tariff Treatment of Certain Agricultural and Manufacturing Products*, WT/DS485/R, Add.1, Corr.1, and Corr.2, adopted 26 September 2016.
567	*Saudi Arabia-IPRs*	Panel Report, *Saudi Arabia-Measures Concerning the Protection of Intellectual Property Rights*, WT/DS567/R and Add.1, circulated to WTO Members 16 June 2020.
371	*Thailand-Cigarettes(Philippines)*	Appellate Body Report, *Thailand-Customs and Fiscal Measures on Cigarettes from the Philippines*, WT/DS371/AB/R, adopted 15 July 2011.
371	*Thailand-Cigarettes(Philippines)(Article 21.5-Philippines)*	Panel Report, *Thailand-Customs and Fiscal Measures on Cigarettes from the Philippines-Recourse to Article 21.5 of the DSU by the Philippines*, WT/DS371/RW and Add.1, circulated to WTO Members 12 November 2018.
122	*Thailand-H-Beams*	Appellate Body Report, *Thailand-Anti-Dumping Duties on Angles, Shapes and Sections of Iron or Non-Alloy Steel and H-Beams from Poland*, WT/DS122/AB/R, adopted 5 April 2001.
34	*Turkey-Textiles*	Panel Report, *Turkey-Restrictions on Imports of Textile and Clothing Products*, WT/DS34/R, adopted 19 November 1999, as modified by Appellate Body Report WT/DS34/AB/R.

493	*Ukraine-Ammonium Nitrate(Article 21.3(c))*	Award of the Arbitrator, *Ukraine-Anti-Dumping Measures on Ammonium Nitrate-Arbitration under Article 21.3(c) of the DSU*, WT/DS493/RPT.
136	*US-1916 Act(EC)*	Panel Report, *United States-Anti-Dumping Act of 1916, Complaint by the European Communities*, WT/DS136/R and Corr.1, adopted 26 September 2000, upheld by Appellate Body Report WT/DS136/AB/R, WT/DS162/AB/R.
379	*US-Anti-Dumping and Countervailing Duties(China)*	Appellate Body Report, *United States-Definitive Anti-Dumping and Countervailing Duties on Certain Products from China*, WT/DS379/AB/R, adopted 25 March 2011.
213	*US-Carbon Steel*	Appellate Body Report, *United States-Countervailing Duties on Certain Corrosion-Resistant Carbon Steel Flat Products from Germany*, WT/DS213/AB/R and Corr.1, adopted 19 December 2002.
436	*US-Carbon Steel(India)*	Appellate Body Report, *United States-Countervailing Measures on Certain Hot-Rolled Carbon Steel Flat Products from India*, WT/DS436/AB/R, adopted 19 December 2014.
165	*US-Certain EC Products*	Appellate Body Report, *United States-Import Measures on Certain Products from the European Communities*, WT/DS165/AB/R, adopted 10 January 2001.

320	*US-Continued Suspension*	Appellate Body Report, *United States-Continued Suspension of Obligations in the EC-Hormones Dispute*, WT/DS320/AB/R, adopted 14 November 2008.
384 386	*US-COOL*	Panel Reports, *United States-Certain Country of Origin Labelling(COOL) Requirements*, WT/DS384/R / WT/DS386/R, adopted 23 July 2012, as modified by Appellate Body Reports WT/DS384/AB/R / WT/DS386/AB/R.
384 386	*US-COOL(Article 21.3(c))*	Award of the Arbitrator, *United States-Certain Country of Origin Labelling(COOL) Requirements-Arbitration under Article 21.3(c) of the DSU*, WT/DS384/24, WT/DS386/23, 4 December 2012.
384 386	*US-COOL(Article 22.6-US)*	Decisions by the Arbitrator, *United States-Certain Country of Origin Labelling(COOL) Requirements-Recourse to Article 22.6 of the DSU by the United States*, WT/DS384/ARB and Add.1 / WT/DS386/ARB and Add.1, circulated to WTO Members 7 December 2015.
244	*US-Corrosion-Resistant Steel Sunset Review*	Appellate Body Report, *United States-Sunset Review of Anti-Dumping Duties on Corrosion-Resistant Carbon Steel Flat Products from Japan*, WT/DS244/AB/R, adopted 9 January 2004.

449	*US-Countervailing and Anti-Dumping Measures(China)*	Appellate Body Report, *United States-Countervailing and Anti-Dumping Measures on Certain Products from China*, WT/DS449/AB/R and Corr.1, adopted 22 July 2014.
296	*US-Countervailing Duty Investigation on DRAMS*	Panel Report, *United States-Countervailing Duty Investigation on Dynamic Random Access Memory Semiconductors(DRAMS) from Korea*, WT/DS296/R, adopted 20 July 2005, as modified by Appellate Body Report WT/DS296/AB/R.
108	*US-FSC(Article 21.5-EC II)*	Panel Report, *United States-Tax Treatment for "Foreign Sales Corporations"-Second Recourse to Article 21.5 of the DSU by the European Communities*, WT/DS108/RW2, adopted 14 March 2006, upheld by Appellate Body Report WT/DS108/AB/RW2.
108	*US-FSC(Article 22.6-US)*	Decision by the Arbitrator, *United States-Tax Treatment for "Foreign Sales Corporations"-Recourse to Arbitration by the United States under Article 22.6 of the DSU and Article 4.11 of the SCM Agreement*, WT/DS108/ARB, 30 August 2002.
285	*US-Gambling*	Appellate Body Report, *United States-Measures Affecting the Cross-Border Supply of Gambling and Betting Services*, WT/DS285/AB/R, adopted 20 April 2005.

285	*US–Gambling*	Panel Report, *United States–Measures Affecting the Cross–Border Supply of Gambling and Betting Services*, WT/DS285/R, adopted 20 April 2005, as modified by Appellate Body Report WT/DS285/AB/R.
285	*US–Gambling(Article 22.6–US)*	Decision by the Arbitrator, *United States–Measures Affecting the Cross–Border Supply of Gambling and Betting Services–Recourse to Arbitration by the United States under Article 22.6 of the DSU*, WT/DS285/ARB, 21 December 2007.
2	*US–Gasoline*	Appellate Body Report, *United States–Standards for Reformulated and Conventional Gasoline*, WT/DS2/AB/R, adopted 20 May 1996.
2	*US–Gasoline*	Panel Report, *United States–Standards for Reformulated and Conventional Gasoline*, WT/DS2/AB/R, adopted 20 May 1996, as modified by Appellate Body Report WT/DS2/AB/R.
353	*US–Large Civil Aircraft(2nd complaint)*	Panel Report, *United States–Measures Af.fecting Trade in Large Civil Aircraft(Second Complaint)*, WT/DS353/R, adopted 23 March 2012, as modified by Appellate Body Report WT/DS353/AB/R, DSR 2012:II, p. 649
138	*US–Lead and Bismuth II*	Appellate Body Report, *United States–Imposition of Countervailing Duties on Certain Hot-Rolled Lead

		and Bismuth Carbon Steel Products Originating in the United Kingdom, WT/DS138/AB/R, adopted 7 June 2000.
217 234	*US-Offset Act(Byrd Amendment)*	Appellate Body Report, *United States-Continued Dumping and Subsidy Offset Act of 2000*, WT/DS217/AB/R, WT/DS234/AB/R, adopted 27 January 2003.
217	*US-Offset Act(Byrd Amendment)(Korea)(Article 22.6-US)*	Decision by the Arbitrator, *United States-Continued Dumping and Subsidy Offset Act of 2000, Original Complaint by Korea-Recourse to Arbitration by the United States under Article 22.6 of the DSU*, WT/DS217/ARB/KOR, 31 August 2004.
234	*US-Offset Act(Byrd Amendment)(Canada)(Article 22.6-US)*	Decision by the Arbitrator, *United States-Continued Dumping and Subsidy Offset Act of 2000, Original Complaint by Canada-Recourse to Arbitration by the United States under Article 22.6 of the DSU*, WT/DS234/ARB/CAN, 31 August 2004.
234	*US-Offset Act(Byrd Amendment)(Mexico)(Article 22.6-US)*	Decision by the Arbitrator, *United States-Continued Dumping and Subsidy Offset Act of 2000, Original Complaint by Mexico-Recourse to Arbitration by the United States under Article 22.6 of the DSU*, WT/DS234/ARB/MEX, 31 August 2004.

268	US-Oil Country Tubular Goods Sunset Reviews	Appellate Body Report, United States-Sunset Reviews of Anti-Dumping Measures on Oil Country Tubular Goods from Argentina, WT/DS268/AB/R, adopted 17 December 2004.
577	US-Ripe Olives from Spain	Panel Report, United States-Anti-Dumping and Countervailing Duties on Ripe Olives from Spain, WT/DS577/R and Add.1, adopted 20 December 2021.
160	US-Section 110(5) Copyright Act(Article 25)	Award of the Arbitrator, United States-Section 110(5) of the US Copyright Act-Recourse to Arbitration under Article 25 of the DSU, WT/DS160/ARB25/1, 9 November 2001.
176	US-Section 211 Appropriations Act	Appellate Body Report, United States-Section 211 Omnibus Appropriations Act of 1998, WT/DS176/AB/R, adopted 1 February 2002.
58	US-Shrimp	Appellate Body Report, United States-Import Prohibition of Certain Shrimp and Shrimp Products, WT/DS58/AB/R, adopted 6 November 1998.
58	US-Shrimp	Panel Report, United States-Import Prohibition of Certain Shrimp and Shrimp Products, WT/DS58/R and Corr.1, adopted 6 November 1998, as modified by Appellate Body Report WT/DS58/AB/R.
343 345	US-Shrimp(Thailand) / US-Customs Bond Directive	Appellate Body Report, United States-Measures Relating to Shrimp from Thailand / United

		States-Customs Bond Directive for Merchandise Subject to Anti-Dumping/Countervailing Duties, WT/DS343/AB/R / WT/DS345/AB/R, adopted 1 August 2008.
257	*US-Softwood Lumber IV(Article 21.5 -Canada)*	Appellate Body Report, *United States-Final Countervailing Duty Determination with Respect to Certain Softwood Lumber from Canada-Recourse by Canada to Article 21.5 of the DSU,* WT/DS257/AB/RW, adopted 20 December 2005.
179	*US-Stainless Steel(Korea)*	Panel Report, *United States-Anti-Dumping Measures on Stainless Steel Plate in Coils and Stainless Steel Sheet and Strip from Korea,* WT/DS179/R, adopted 1 February 2001.
344	*US-Stainless Steel(Mexico)*	Appellate Body Report, *United States-Final Anti-Dumping Measures on Stainless Steel from Mexico,* WT/DS344/AB/R, adopted 20 May 2008.
248 249 251 252 253 254 258 259	*US-Steel Safeguards*	Panel Reports, *United States-Definitive Safeguard Measures on Imports of Certain Steel Products,* WT/DS248/R and Corr.1 / WT/DS249/R and Corr.1 / WT/DS251/R and Corr.1 / WT/DS252/R and Corr.1 / WT/DS253/R and Corr.1 / WT/DS254/R and Corr.1 / WT/DS258/R and Corr.1 / WT/DS259/R and Corr.1, adopted 10 December 2003, as modified by Appellate Body Report

		WT/DS248/AB/R, WT/DS249/AB/R, WT/DS251/AB/R, WT/DS252/AB/R, WT/DS253/AB/R, WT/DS254/AB/R, WT/DS258/AB/R, WT/DS259/AB/R.
505	*US-Supercalendered Paper*	Appellate Body Report, *United States-Countervailing Measures on Supercalendered Paper from Canada*, <u>WT/DS505/AB/R</u> and Add.1, adopted 5 March 2020.
381	*US-Tuna II(Mexico)*	Appellate Body Report, *United States-Measures Concerning the Importation, Marketing and Sale of Tuna and Tuna Products*, <u>WT/DS381/AB/R</u>, adopted 13 June 2012.
381	*US-Tuna II(Mexico)(Article 22.6-US)*	Decision by the Arbitrator, *United States-Measures Concerning the Importation, Marketing and Sale of Tuna and Tuna Products-Recourse to Article 22.6 of the DSU by the United States*, <u>WT/DS381/ARB</u>, 25 April 2017.
267	*US-Upland Cotton*	Appellate Body Report, *United States-Subsidies on Upland Cotton*, <u>WT/DS267/AB/R</u>, adopted 21 March 2005.
267	*US-Upland Cotton*	Panel Report, *United States-Subsidies on Upland Cotton*, <u>WT/DS267/R</u>, Add.1 to Add.3 and Corr.1, adopted 21 March 2005, as modified by Appellate Body Report WT/DS267/AB/R.
267	*US-Upland Cotton(Article 21.5-Brazil)*	Appellate Body Report, *United States-Subsidies on Upland Cotton-Recourse to Article 21.5 of*

		the DSU by Brazil, WT/DS267/AB/RW, adopted 20 June 2008.
267	*US-Upland Cotton(Article 22.6-US I)*	Decision by the Arbitrator, *United States-Subsidies on Upland Cotton-Recourse to Arbitration by the United States under Article 22.6 of the DSU and Article 4.11 of the SCM Agreement*, WT/DS267/ARB/1, 31 August 2009.
267	*US-Upland Cotton(Article 22.6-US II)*	Decision by the Arbitrator, *United States-Subsidies on Upland Cotton-Recourse to Arbitration by the United States under Article 22.6 of the DSU and Article 7.10 of the SCM Agreement*, WT/DS267/ARB/2 and Corr.1, 31 August 2009.
464	*US-Washing Machines(Article 21.3(c))*	Award of the Arbitrator, *United States-Anti-Dumping and Countervailing Measures on Large Residential Washers from Korea-Arbitration under Article 21.3(c) of the DSU*, WT/DS464/RPT, 13 April 2017.
33	*US-Wool Shirts and Blouses*	Appellate Body Report, *United States-Measure Affecting Imports of Woven Wool Shirts and Blouses from India*, WT/DS33/AB/R, adopted 23 May 1997.

부록 3

———

예시문

예시문 목차

1-1. 양자협의요청서(1)

WORLD TRADE

ORGANIZATION

WT/DS323/1
G/L/724
G/AG/GEN/67
G/LIC/D/38
3 December 2004

(04-5280)

Original: English

JAPAN – IMPORT QUOTAS ON DRIED LAVER AND SEASONED LAVER

Request for Consultations by Korea

The following communication, dated 1 December 2004, from the delegation of Korea to the delegation of Japan and to the Chairperson of the Dispute Settlement Body, is circulated in accordance with Article 4.4 of the DSU.

————————

My authorities have instructed me to request consultations with the Government of Japan pursuant to Article 4 of the Understanding on Rules and Procedures Governing the Settlement of Disputes (DSU), Article XXIII:1 of the General Agreement on Tariffs and Trade 1994 (GATT 1994), Article 19 of the Agreement on Agriculture, and Article 6 of the Agreement on Import Licensing Procedures regarding Japan's import quotas on dried laver (1212.20-1-(1)) and seasoned laver (2106.90-2-(2)-E-(b)).

The Republic of Korea believes that the extremely restrictive import quotas on dried laver and seasoned laver maintained by Japan are inconsistent with Japan's obligations under Article XI of the GATT 1994 and in particular, but not necessarily exclusively, Article 4.2 of the Agreement on Agriculture. Moreover, these quotas are administered in a partial and unreasonable manner, and in violation of Japan's obligations under Article X:3 of the GATT 1994 and in particular, but not necessarily exclusively, Article 1.2 and 1.6 of the Agreement on Import Licensing Procedures.

Through these violations of WTO rules, the import quotas have created trade distortions between Japan and Korea and undermined important objectives of the GATT 1994 and other relevant WTO agreements.

The Republic of Korea reserves its right to raise further factual claims and legal matters during the course of consultations.

We look forward to receiving your reply to the present request and to fixing a mutually convenient date for consultations.

————————

1-2. 양자협의요청서(2)

WORLD TRADE
ORGANIZATION

WT/DS590/1, G/L/1325
G/TFA/D3/1, G/TRIMS/D/45
S/L/431, IP/D/42

16 September 2019

(19-5900)

Page: 1/5

Original: English

JAPAN – MEASURES RELATED TO THE EXPORTATION OF
PRODUCTS AND TECHNOLOGY TO KOREA

REQUEST FOR CONSULTATIONS BY THE REPUBLIC OF KOREA

The following communication,dated 11 September 2019, from the delegation of the Republic of Korea to the delegation of Japan, is circulated to the Dispute Settlement Body in accordance with Article 4.4 of the DSU.

_____

1.   Upon instructions from my authorities, and on behalf of the Government of the Republic of Korea ("Korea"), I hereby request consultations with the Government of Japan ("Japan") pursuant to Articles 1 and 4 of the *Understanding on Rules and Procedures Governing the Settlement of Disputes* ("DSU"), Article XXII:1 of the *General Agreement on Tariffs and Trade 1994* ("GATT 1994"), Article 24 of the *Agreement on Trade Facilitation* ("TFA"), Article 8 of the *Agreement on Trade-Related Investment Measures* ("TRIMs Agreement"), Article XXIII of the *General Agreement on Trade in Services* ("GATS"), and Article 64.1 of the *Agreement on Trade-Related Aspects of Intellectual Property Rights* ("TRIPS Agreement") regarding certain measure of Japan restricting exports of fluorinated polyimide, resist polymers and hydrogen fluoride, and their related technologies destined for Korea.

2.   Korea considers that this measure is inconsistent with Japan's obligations under variousprovisions of the covered agreements.

3.   Korea's request also concerns any amendments, reviews, or extensions of this measure, as well as any laws, regulations or administrative decisions closely related to the challenged measure identified in more detail below.   Korea's request also concerns any and all individual export licenses granted or denied by Japan in connection with the measure identified herein.

4.   Below,Korea identifies the measure at issue and indicates the legal basis for its complaint.

I.   IDENTIFICATION OF THE MEASURE

5.   On 1 July 2019, the Ministry of Economy, Trade and Industry of Japan ("METI") announced[1] that it would apply different licensing policies and procedures on the export and transfer of certain controlled products and their relevant technologies destined for Korea based on Article 25(1) and Article 48(1) of the Foreign Exchange and Foreign Trade Act of Japan.[2]

6.   In accordance with the announcement, with effect from 4 July 2019, Japan began subjecting three specific products and their related technologies to unduly stringent export licensing policies and procedures whenever export of such products and technologies are destined for Korea (the "Amended Export Licensing Policies and Procedures").   These specific products are (i) fluorinated

_____

[1]"Update of METI's licensing policies and procedures on exports of controlled items to the Republic of Korea" (1 July 2019, Ministry of Economy, Trade and Industry)
<https://www.meti.go.jp/english/press/2019/0701_001.html>.
[2]Kanpou (Official Gazette) Gougai No. 135 (1 December 1949).

WT/DS590/1 • G/L/1325 • G/TFA/D3/1 • G/TRIMS/D/45 • S/L/431 • IP/D/42

- 2 -

polyimide;[3] (ii) resist polymers;[4] and (iii) hydrogen fluoride.[5]These products are used primarily in the production of smartphone and TV displays and of semiconductors.

7.   Japanalleged that it had "recently found that certain sensitive items have been exported to Korea with inadequate management by companies"[6] and that it was thus necessary to apply more stringent export licensing procedures in relation to these products and their relevant technologies.[7] However, Korea considers that the changes to Japan's export control treatmentsvis-à-vis Korea have been based instead on political considerations unrelated to any legitimate export control considerations with respect to Korea or to the three identified products.[8]In Korea's view, the implementation of the Amended Export Licensing Policies and Procedures constitutespolitically-motivated, disguised restrictions on trade.

8.   Japan's Amended Export Licensing Policies and Procedures have been implemented by certain amendments to the following four notifications:[9]

---

[3] Ordinance of the Ministry Specifying Goods and Technologies Pursuant to Provisions of the Appended Table 1 of the Export Control Order and the Appended Table of the Foreign Exchange Order (Ordinance of the Ministry of International Trade and Industry No. 49 of 1991), Kanpou (Official Gazette) Gougai No. 151 (14 October 1991), Article 4(xiv)(b). This product is classified within Export Control Classification Number ("ECCN") 1C009.b under the US Export Administration Regulations ("EAR"), to which the Japanese export control regulation refers.

[4] Ordinance of the Ministry Specifying Goods and Technologies Pursuant to Provisions of the Appended Table 1 of the Export Control Order and the Appended Table of the Foreign Exchange Order (Ordinance of the Ministry of International Trade and Industry No. 49 of 1991), Kanpou (Official Gazette) Gougai No. 151 (14 October 1991), Article 6(xix). These products are broadly classified within ECCN 3C002 under the US EAR, to which the Japanese export control regulation refers.

[5] There is no additional definition of hydrogen fluoride under Japan's export control regulation, but this product (also identified under C.A.S. #7664-39-3) is classified within ECCN 1C350.d.10 under the US EAR. Ordinance of the Ministry Specifying Goods and Technologies Pursuant to Provisions of the Appended Table 1 of the Export Control Order and the Appended Table of the Foreign Exchange Order (Ordinance of the Ministry of International Trade and Industry No. 49 of 1991), Kanpou (Official Gazette) Gougai No. 151 (14 October 1991), Article 2(1)(i)(f).

[6]"Update of METI's licensing policies and procedures on exports of controlled items to the Republic of Korea" (1 July 2019, Ministry of Economy, Trade and Industry) <https://www.meti.go.jp/english/press/2019/0701_001.html>; "Regarding the Notification (*tsuutatsu*) to amend parts of notifications including the 'Notification (*tsuutatsu*) on the implementation of the Export Trade Control Order'" (1 July 2019, Security Export Licensing Division, Ministry of Economy, Trade and Industry) < https://www.meti.go.jp/policy/anpo/law_document/tutatu/190701_gaiyo.pdf >

[7]"Regarding the Notification (*tsuutatsu*) to amend parts of notifications including the 'Notification (*tsuutatsu*) on the implementation of the Export Trade Control Order'" (1 July 2019, Security Export Licensing Division, Ministry of Economy, Trade and Industry) <https://www.meti.go.jp/policy/anpo/law_document/tutatu/190701_gaiyo.pdf >

[8]https://www.reuters.com/article/southkorea-japan-laborers/japans-seko-says-export-curbs-for-skorea-not-in-violation-of-wto-rules-idUSL4N2422V4

[9]"Regarding the Notification (*tsuutatsu*) to amend parts of notifications including the 'Notification (*tsuutatsu*) on the implementation of the Export Trade Control Order'" (1 July 2019, Security Export Licensing Division, Ministry of Economy, Trade and Industry) <https://www.meti.go.jp/policy/anpo/law_document/tutatu/190701_gaiyo.pdf>; Notification (*tsuutatsu*) to amend parts of notifications including the 'Notification (*tsuutatsu*) on the implementation of the Export Trade Control Order' (dated 1 July 2019, Trade and Economic Cooperation Bureau Notification No. 2 of 25 June 2019 / Export Caution No. 28 of 2019) <https://www.meti.go.jp/policy/anpo/law_document/tutatu/190701_jyobun.pdf>, which amended four Notifications: Notification (*tsuutatsu*) on the implementation of the Export Trade Control Order (dated 6 November, 1987, Trade and Economic Cooperation Bureau Notification No. 322 of 1987 / Export Caution No. 11 of 1987) <https://www.meti.go.jp/policy/anpo/law_document/tutatu/190701_1.pdf>; Notification (*tsuutatsu*) on licensed technology transfer conducted in conformity with the provisions of Article 25(1) of the Foreign Exchange and Foreign Trade Act and Article 17(2) of the Foreign Exchange Order (dated 21 December 1992, Trade and Economic Cooperation Bureau No. 492 of 1992) <https://www.meti.go.jp/policy/anpo/law_document/tutatu/190701_2.pdf>; Notification (*tsuutatsu*) on guidelines for bulk licenses (dated 25 February 2005, Trade and Economic Cooperation Bureau Notification No. 1 of 23 February 2005 / Export Caution No. 7 of 2005) <https://www.meti.go.jp/policy/anpo/law_document/tutatu/190701_3.pdf>; Notification (*tsuutatsu*) on documents and cautions for application for export license, service transaction license and export license for specific recorded media (dated 2 April 2012, Trade and Economic Cooperation Bureau Notification No. 1 of 23 March 2012 / Export Caution No. 18 of 2012) <https://www.meti.go.jp/policy/anpo/law_document/tutatu/190701_4.pdf>.

WT/DS590/1 • G/L/1325 • G/TFA/D3/1 • G/TRIMS/D/45 • S/L/431 • IP/D/42

- 3 -

- Notification (*tsuutatsu*) on the implementation of the Export Trade Control Order (dated 6 November, 1987, Trade and Economic Cooperation Bureau Notification No. 322 of 1987 / Export Caution No. 11 of 1987);

- Notification (*tsuutatsu*) on licensed technology transfer conducted in conformity with the provisions of Article 25(1) of the Foreign Exchange and Foreign Trade Act and Article 17(2) of the Foreign Exchange Order (dated 21 December 1992, Trade and Economic Cooperation Bureau No. 492 of 1992);

- Notification (*tsuutatsu*) on instructions for bulk licenses (dated 25 February 2005, Trade and Economic Cooperation Bureau Notification No. 1 of 23 February 2005 / Export Caution No. 7 of 2005); and

- Notification (*tsuutatsu*) on documents and instructions for application for export license, service transaction license and export license for specific recorded media (dated 2 April 2012, Trade and Economic Cooperation Bureau Notification No. 1 of 23 March 2012 / Export Caution No. 18 of 2012).

9.   Pursuant to the Amended Export Licensing Policies and Procedures, Japan has removed Korea from the category "Region I①" and placed it alone in the newly established category "Region Ri". As a result, (i) "bulk licenses"are no longer applicable to the three identified products when the export of such products and their related technologies are destined for Korea; (ii) all previously granted "bulk licenses" for the three identified products and their related technologies destined for Korea were effectively terminated; (iii) exporters of the three identified products and their related technologies can now apply for export licenses on individual contract basisonly (as Japan defines, "individual export licenses") when such exports are destined for Korea; (iv) the licensing procedures for exports of the three identified products and their related technologies when such exports are destined for Korea are now administered exclusively byMETI's Security Export Licensing Division; and (v) METIsubjects exporters seeking to export the three identified products and their technologies to Korea to unduly complex and burdensome export formalities.[10]

10.   In sum, no form of "bulk license" is applicable to export of the three identified products and their related technologies when destined for Korea. Applications for individual export licenses are placed under increased scrutiny, causing unnecessary delay and other serious restrictions to the exportation of these products and their related technologies destined for Korea. Moreover, the Amended Export Licensing Policies and Procedures effectively restrict various other forms of international trade, including investments, licensing or other transfer of intellectual properties, and supply of certain services relating to the technology transfer.

II.   LEGAL BASIS

11.   Korea considers that Japan's implementation of its Amended Export Licensing Policies and Proceduresis inconsistent with Japan's obligations under various provisions of the covered agreements. Specifically, the Amended Export Licensing Policies and Proceduresare inconsistent with:

- Article I of the GATT 1994because, with respect to all rules and formalities in connection with exportation, Japan fails to accord immediately and unconditionally any advantage, favor, privilege or immunity granted to products destined for other countries to like products destined for Korea. In particular, Japanno longer allows "bulk licenses"when the exportation of the three identified products and their related technologies are destined for Korea while not imposing similar restrictionson the exportation of the like products destined for other WTO Members.

- Article XI:1 of the GATT 1994 because theAmended Export Licensing Policies and Proceduresconstitute restrictions other than a duty, tax or other charge, that is made

---

[10]For hydrogen fluoride, simplified export formalities applicable to exports destined for countries placed in the category "Region I ①" are no longer applicable to exports destined for Korea. For fluorinated polyimide and resist, simplified export formalities applicable to exports destined for countries placed in the category "Region To①" are no longer applicable to exports destined for Korea for the sole reason that Korea is now placed in the category "Region Ri".

2-1. 양자협의요청서 제출 후 새로운 사항 추가사례(1차 요청서)

WORLD TRADE

ORGANIZATION

WT/DS296/1
G/L/633
G/SCM/D55/1
8 July 2003
(03-3687)

Original: English

UNITED STATES – COUNTERVAILING DUTY INVESTIGATION
ON DYNAMIC RANDOM ACCESS MEMORY SEMICONDUCTORS
(DRAMS) FROM KOREA

Request for Consultations by Korea

The following communication, dated 30 June 2003, from the Permanent Mission of Korea to the Permanent Mission of the United States and to the Chairman of the Dispute Settlement Body, is circulated in accordance with Article 4.4 of the DSU.

My authorities have instructed me to request consultations with the Government of the United States pursuant to Article 4 of the Understanding of the Rules and Procedures Governing the Settlement of Disputes ("DSU"), Article 30 of the Agreement on Subsidies and Countervailing Measures ("SCM Agreement"), and Article XXII of the General Agreement on Tariffs and Trade 1994 ("GATT 1994"), with regard to US Department of Commerce's ("DOC") affirmative preliminary and final countervailing duty determinations, published on 7 April 2003 at 68 Fed. Reg. 16766 and 23 June 2003 at 68 Fed. Reg. 37122 in *Dynamic Random Access Memory Semiconductors from the Republic of Korea* (case number C-580-851), US International Trade Commission's affirmative preliminary injury determination published on 27 December at 67 Fed. Reg. 79148 and any subsequent determinations that may be made during the Commission's injury investigation in *DRAMS and DRAM Modules from Korea* (Inv. No. 701-TA-431), and the related laws and regulations including Section 771 of the Tariff Act of 1930 and 19 CFR 351 respectively.

The Government of Korea considers these determinations by the Government of the United States to be inconsistent with its obligations under the relevant provisions of the GATT 1994 and the SCM Agreement, including, but not limited to:

1.   Article 1 of the SCM Agreement because, *inter alia*, DOC failed to demonstrate the existence of a financial contribution by the Government of Korea within the meaning of Article 1 of the SCM Agreement.

2.   Article 1 of the SCM Agreement because, *inter alia*, DOC failed to examine each separate alleged government measure at issue in the investigation.

3.   Articles 1 and 14 of the SCM Agreement because, *inter alia*, DOC failed to demonstrate that a benefit was conferred on the respondent Hynix Semiconductor Inc., given available market benchmarks.

./.

WT/DS296/1
G/L/633
G/SCM/D55/1
Page 2

4. Articles 1 and 14 of the SCM Agreement because, *inter alia,* the "creditworthy," "equityworthy," and other analysis required by Section 771(5) of the Tariff Act of 1930 and 19 CFR 351 are as such inconsistent with DOC's obligations under the SCM Agreement.

5. Articles 1 and 2 of the SCM Agreement because, *inter alia*, Section 771(5) and (5A) of the Tariff Act of 1930 and 19 CFR 351 impose and DOC applied an improper burden of proof on respondents and, in turn, DOC did not base its decisions on affirmative, objective, and verifiable evidence.

6. Articles 11 of the SCM Agreement because, *inter alia*, DOC did not base its decision to initiate its countervailing duty investigation on sufficient evidence.

7. Article 12 of the SCM Agreement because, *inter alia*, DOC conducted various verification meetings over the explicit objection of the Government of Korea.

8. Article 17 of the SCM Agreement because, *inter alia*, DOC imposed provisional measures based on flawed analysis of financial contribution, benefit, and other factual and legal issues that were inconsistent with the US obligations under the SCM Agreement.

9. Article 22 of the SCM Agreement because, *inter alia*, DOC failed to provide all relevant information on the matters of fact and law and reasons for its determinations.

10. Articles 10 and 32.1 of the SCM Agreement and Articles VI:3 and X:3 of the GATT 1994 because, *inter alia*, DOC failed to conduct its investigation and make determinations in accordance with fundamental substantive and procedural requirements.

The Government of Korea reserves its rights to raise additional factual and legal issues during the course of the consultations and in the request for the establishment of a panel.

We look forward to the response of the Government of the United States to this request so that we can schedule a mutually convenient date to begin consultations.

———

2-2. 양자협의요청서 제출 후 새로운 사항 추가사례(추가 요청서)

<table>
<tr><td>

WORLD TRADE

ORGANIZATION

</td><td>

WT/DS296/1/Add.1
G/L/633/Add.1
G/SCM/D55/1/Add.1
21 August 2003
(03-4353)

</td></tr>
</table>

Original: English

UNITED STATES – COUNTERVAILING DUTY INVESTIGATION
ON DYNAMIC RANDOM ACCESS MEMORY SEMICONDUCTORS
(DRAMS) FROM KOREA

Request for Consultations by Korea

Addendum

The following communication, dated 18 August 2003, from the Permanent Mission of Korea to the Permanent Mission of the United States and to the Chairman of the Dispute Settlement Body, is circulated in accordance with Article 4.4 of the DSU.

With reference to document WT/DS296/1, G/L/633, G/SCM/D55/1 circulated on 8 July 2003, my authorities have instructed me to request further consultations with the Government of the United States pursuant to Article 4 of the Understanding of the Rules & Procedures Governing the Settlement of Disputes ("DSU"), Article 30 of the Agreement on Subsidies and Countervailing Measures ("SCM Agreement"), and Article XXII of the General Agreement on Tariffs and Trade 1994 ("GATT 1994"), with regard to the US International Trade Commission's ("ITC") final determination of material injury, as reported on 4 August 2003 and as reflected in *DRAMs and DRAM Modules from Korea*, Inv No. 701-TA-431 (Final), USITC Pub 3617 (August 2003) and the US Department of Commerce's ("DOC") final countervailing duty order, both published on 11 August 2003 at 68 Fed. Reg. 47607 and 68 Fed. Reg. 47546, respectively. Both of these actions relate to the same underlying measures at issue in our previous request for consultations.

The Government of Korea considers these determinations by the Government of the United States to be inconsistent with its obligations under the relevant provisions of the GATT 1994 and the SCM Agreement, including, but not limited to:

1. Article 15.1 of the SCM Agreement, because the ITC determination was not based on positive evidence and an objective assessment of the effects of allegedly subsidized imports;

2. Article 15.2 of the SCM Agreement, because the ITC determination improperly assessed the significance of the volume and price effects of subject imports;

3. Article 15.4 of the SCM Agreement, because the ITC improperly assessed the condition of the domestic industry;

./.

WT/DS296/1/Add.1
G/L/633/Add.1
G/SCM/D55/1/Add.1
Page 2

4.   Article 15.5 of the SCM Agreement, because the ITC improperly assessed the role of other factors, and improperly attributed the effect of other factors to the allegedly subsidized imports.

The Government of Korea reserves the right to raise additional factual and legal issues during the course of the consultations and in the request for the establishment of a panel.

We look forward to the response of the Government of the United States to this request for further consultations on the countervailing duties imposed on DRAMs from Korea, so that we can schedule a mutually convenient date to resume consultations following the first set of consultations scheduled for 20 August in Geneva.

—————

3-1. 양자협의 3자참여 요청서한

WORLD TRADE

ORGANIZATION

WT/DS336/3
31 March 2006

(06-1511)

Original: English

JAPAN – COUNTERVAILING DUTIES ON
DYNAMIC RANDOM ACCESS MEMORIES FROM KOREA

Request to Join Consultations

Communication from the European Communities

The following communication, dated 29 March 2006, from the delegation of the European Communities to the delegation of Japan, the delegation of Korea and to the Chairman of the Dispute Settlement Body, is circulated in accordance with Article 4.11 of the DSU.

Pursuant to Article 4.11 of the *Understanding on Rules and Procedures Governing the Settlement of Disputes* (DSU), the European Communities hereby notifies the Governments of Japan, Korea and the Dispute Settlement Body that, in the light of the substantial trade interest of the European Communities, it desires to be joined in the consultations requested by Korea in a communication circulated to WTO Members on 20 March 2006 (WT/DS336/1, G/L/765, G/SCM/D65/1) entitled *Japan – Countervailing Duties on Dynamic Random Access Memories from Korea*.

A substantial part of imports of DRAMs into the European Communities originates in Korea, and on 23 August 2003, the European Communities also imposed a duty on imports of Dynamic Random Access Memories ("DRAMs") from Korea to countervail the subsidies granted by Korea to its DRAMs producers. This measure was also subject to a dispute between Korea and the European Communities (WT/DS299). The European Communities has therefore a substantial trade interest in the present dispute and in the correct application of the *Agreement on Subsidies and Countervailing Measures*.

3-2. 양자협의 3자참여 수락고지

WORLD TRADE ORGANIZATION
ORGANISATION MONDIALE DU COMMERCE
ORGANIZACIÓN MUNDIAL DEL COMERCIO

WT/DS336/4
5 April 2006
(06-1609)

**JAPAN – COUNTERVAILING DUTIES ON
DYNAMIC RANDOM ACCESS MEMORIES FROM KOREA**

Acceptance by Japan of the Requests to Join Consultations

The European Communities and the United States notified the Dispute Settlement Body (DSB) of their desire to be joined in the consultations requested by Korea, pursuant to Article 4.11 of the DSU.

The delegation of Japan informed the DSB that it had accepted the requests of the European Communities and the United States to join the consultations.

**JAPON – DROITS COMPENSATEURS VISANT LES MÉMOIRES RAM
DYNAMIQUES EN PROVENANCE DE CORÉE**

Acceptation par le Japon des demandes de participation aux consultations

Les Communautés européennes et les États-Unis ont fait savoir à l'Organe de règlement des différends (ORD) qu'ils désiraient être admis à participer aux consultations demandées par la Corée, conformément à l'article 4:11 du Mémorandum d'accord sur le règlement des différends.

La délégation du Japon a informé l'ORD qu'elle avait accepté les demandes de participation aux consultations présentées par les Communautés européennes et les États-Unis.

**JAPÓN - DERECHOS COMPENSATORIOS SOBRE MEMORIAS DINÁMICAS
DE ACCESO ALEATORIO PROCEDENTES DE COREA**

Aceptación por el Japón de las solicitudes de asociación a las consultas

Las Comunidades Europeas y los Estados Unidos notificaron al Órgano de Solución de Diferencias (OSD) su deseo de que se les asociara a las consultas solicitadas por Corea, de conformidad con el párrafo 11 del artículo 4 del ESD.

La delegación del Japón ha informado al OSD de que ha aceptado las solicitudes de asociación a las consultas presentadas por las Comunidades Europeas y los Estados Unidos.

4-1. 패널설치요청서(1)

WORLD TRADE

ORGANIZATION

WT/DS323/2
7 February 2005

(05-0501)

Original: English

JAPAN – IMPORT QUOTAS ON DRIED LAVER AND SEASONED LAVER

<u>Request for the Establishment of a Panel by Korea</u>

The following communication, dated 4 February 2005, from the delegation of Korea to the Chairperson of the Dispute Settlement Body, is circulated pursuant to Article 6.2 of the DSU.

On 1 December 2004, the Government of the Republic of Korea requested consultations with the Government of Japan pursuant to Article 4 of the Understanding on Rules and Procedures Governing the Settlement of Disputes (DSU), Article XXIII:1 of the General Agreement on Tariffs and Trade 1994 (GATT 1994), Article 19 of the Agreement on Agriculture, and Article 6 of the Agreement on Import Licensing Procedures (Licensing Agreement) regarding Japan's import quotas on dried laver (1212.20-1-(1)) and seasoned laver (2106.90-2-(2)-E-(b)). Korea and Japan held consultations on 23 December 2004 and 21 January 2005, but these consultations have failed to resolve the dispute.

Japan's import restrictions on dried laver and seasoned laver pre-date Japan's accession to the GATT almost 50 years ago. The Republic of Korea believes that these measures are inconsistent with Japan's obligations under Article XI of the GATT 1994, as the quotas constitute restrictions other than duties, taxes or other charges on the importation of laver. Korea also believes that these measures are inconsistent with Article 4.2 of the Agreement on Agriculture, as the quotas constitute the maintenance of measures of the kind which have been required to be converted into ordinary customs duties.

Korea also believes that the manner of administration of these quotas is partial and unreasonable, and thus is inconsistent with Japan's obligations under Article X:3(a) of the GATT 1994, as significant portions of quotas that considerably restrict market access for imports are allocated to associations of domestic producers.

Finally, these quotas are also inconsistent with Articles 1.2 of the Licensing Agreement, because they are import licensing regimes that are not in conformity with the provisions of the GATT 1994 cited above, and are not applied with a view to preventing trade distortions. Specifically, given the special characteristics of laver production, Japan's annual announcement of allocations under the quotas is issued at a time that prevents Korean producers from taking advantage of the limited market access allowed under the quota regime. Similarly, these quotas are inconsistent with Article 1.6 of the Licensing Agreement, because the application procedures and periods are not reasonable.

./.

WT/DS323/2
Page 2

　　Accordingly, Korea respectfully asks the Dispute Settlement Body to establish a panel pursuant to Article 6 of the DSU, Article XXIII:2 of the GATT 1994, Article 19 of the Agreement on Agriculture, and Article 6 of the Licensing Agreement, with standard terms of reference as set out in Article 7.1 of the DSU. Korea further requests that this request be placed on the agenda for the meeting of the Dispute Settlement Body on 17 February 2005.

_____

4-2. 패널설치요청서(2)

WORLD TRADE

ORGANIZATION

WT/DS273/2
13 June 2003

(03-3145)

Original: English

KOREA – MEASURES AFFECTING TRADE IN COMMERCIAL VESSELS

Request for the Establishment of a Panel by the European Communities

The following communication, dated 11 June 2003, from the Permanent Delegation of the European Commission to the Chairman of the Dispute Settlement Body, is circulated pursuant to Article 6.2 of the DSU.

On 21 October 2002, the European Communities requested consultations with the Government of the Republic of Korea (Korea) pursuant to Article 4 of the *Understanding on Rules and Procedures Governing the Settlement of Disputes* (DSU), Article XXIII:1 of the *General Agreement on Tariffs and Trade 1994* (GATT 1994) and Articles 4, 7 and 30 of the *Agreement on Subsidies and Countervailing Measures* (SCM Agreement) with regard to measures affecting trade in commercial vessels. This request was circulated to the WTO Members on 24 October 2002 as document WT/DS273/1, *"Korea – Measures Affecting Trade in Commercial Vessels"*.

Consultations were held on 22 November, 13 December 2002 and 7 May 2003. Unfortunately, these consultations failed to settle the dispute.

The European Communities therefore requests that a panel be established pursuant to Article 6 of the DSU, Article XXIII:2 of GATT 1994, Articles 4, 7 and 30 of the *SCM Agreement* (to the extent that Article 30 incorporates by reference Article XXIII of GATT 1994).

The measures that are the subject of this request are prohibited and actionable subsidies. In particular, the European Communities considers that the following measures are inconsistent with Korea's obligations under the *SCM Agreement*:

- The Act Establishing the Export-Import Bank of Korea ("KEXIM"), any implementing decrees and other regulations, that specifically allow and enable KEXIM to provide Korean exporters of capital goods with financing at preferential rates.

- The pre-shipment loan and advance payment refund guarantee schemes established by KEXIM. Under the *pre-shipment loans programme*, KEXIM provides pre-delivery loans at preferential rates to finance production costs of export contracts, such as raw material cost, labour and overheads until delivery of the goods. Under the *advance payment refund guarantees programme,* KEXIM provides guarantees at preferential premium rates that a foreign buyer will be refunded any advance payments given to a Korean exporter, including any accrued interest on the advance payments, if the Korean exporter fails to perform his obligations under the relevant export contract. The individual granting of pre-shipment loans and advance payment refund guarantees by KEXIM to Korean shipyards, including Samho Heavy Industries,

WT/DS273/2
Page 2

> Daedong Shipbuilding Co., Daewoo Shipbuilding and Marine Engineering, Hyundai Heavy Industries, Hyundai Mipo, Samsung Heavy Industries and Hanjin Heavy Industries & Construction Co.

- • The provision by the Korean Government, through government-owned and government-controlled banks, of corporate restructuring subsidies in the form of debt forgiveness, debt and interest relief and debt-to-equity swaps. These subsidies were granted to at least three shipyards (Daewoo Shipbuilding and Marine Engineering, Samho Heavy Industries, Daedong Shipbuilding Co).

- • The Special Tax Treatment Control Law, more specifically, the special taxation on in-kind contribution (Article 38) and the special taxation on spin-off (Article 45-2) scheme, establishes two tax programmes limited to companies under corporate restructuring and provides tax concessions to Daewoo, the combined benefit of which is estimated at won 78 billion.

The European Communities considers that the Korean measures are in breach of Korea's obligations under the provisions of the *SCM Agreement*, in particular, but not necessarily exclusively of:

- – Articles 3.1(a) and 3.2 of the *SCM Agreement*, because, *inter alia*, the KEXIM Act, the advance payment refund guarantees and the pre-shipment loans provided by KEXIM and the corporate restructuring packages and tax concessions are specific subsidies within the meaning of Articles 1 and 2 of the *SCM Agreement* and are *de jure* or *de facto* export contingent.

- – Article 5(a) of the *SCM Agreement*, because, *inter alia*, the above-mentioned KEXIM subsidies, the corporate restructuring packages and tax concessions are specific subsidies within the meaning of Articles 1 and 2 of the *SCM Agreement* and are causing injury to the Community industry.

- – Article 5(c) of the *SCM Agreement*, because, *inter alia*, the above-mentioned KEXIM subsidies, the corporate restructuring packages and tax concessions are specific subsidies within the meaning of Articles 1 and 2 of the *SCM Agreement* and cause serious prejudice to the interests of the European Communities, in particular through significant price undercutting, price suppression, price depression or lost sales within the meaning of Articles 6.3 and 6.5 of the *SCM Agreement*.

The European Communities requests that a Panel be immediately established with standard terms of reference, in accordance with Articles 4.4 and 7.4 of the *SCM Agreement* and Article 7 of the DSU.

The European Communities asks that this request for the establishment of a Panel be placed on the agenda for the next meeting of the Dispute Settlement Body, which is scheduled to take place on 24 June 2003.

The European Communities further requests that the DSB at that meeting initiate the procedures provided for in Annex V of the *SCM Agreement* pursuant to paragraph 2 of that Annex. In particular, the European Communities requests that the DSB designate a representative to serve the function of facilitating the information-gathering process of Annex V. The European Communities is prepared to propose names to the DSB and is consulting with Korea on this matter. The European Communities also intends to put forward suggestions as to the information that should be sought under this procedure once the panel is established.

5. 패널설치요청서 요건 부족이 문제된 사례(Korea - Pneumatic Valves)

 **WORLD TRADE ORGANIZATION**

WT/DS504/2

10 June 2016

(16-3171)

Page: 1/2

Original: English

KOREA - ANTI-DUMPING DUTIES ON PNEUMATIC VALVES FROM JAPAN

REQUEST FOR THE ESTABLISHMENT OF A PANEL BY JAPAN

The following communication, dated 9 June 2016, from the delegation of Japan to the Chairperson of the Dispute Settlement Body, is circulated pursuant to Article 6.2 of the DSU.

―――――――――

My authorities have instructed me to request the establishment of a panel with respect to the measures by the Republic of Korea ("Korea") imposing anti-dumping duties on valves for pneumatic transmission ("pneumatic valves") from Japan. Japan submits this request pursuant to Articles 4.7 and 6 of the Understanding on Rules and Procedures Governing the Settlement of Disputes ("DSU"), Article XXIII of the General Agreement on Tariffs and Trade 1994 ("GATT 1994"), and Article17.4 of the Agreement on Implementation of Article VI of the General Agreement on Tariffs and Trade 1994 ("AD Agreement").

On 15 March 2016, Japan requested consultations with Korea.[1] Japan and Korea held consultations on 28 April 2016, with a view to reaching a mutually satisfactory solution. Unfortunately, the consultations failed to settle the dispute.

Korea's measures imposing anti-dumping duties on pneumatic valves from Japan are set forth in the Korea Trade Commission's "Resolution of Final Determination on Presence of Dumped Facts of Valves for Pneumatic Transmissions from Japan and Injury to the Domestic Industry", a determination based on the Office of Trade Investigation's "Final Report on Dumping Fact and Injury to Domestic Industry of Japanese Produced Valves for Pneumatic Transmissions" in Investigation Trade Remedy 23-2013-5, both dated 20 January 2015, including any and all annexes and amendments thereto.[2]

Japan considers that these measures are inconsistent with Korea's obligations under the following provisions of the AD Agreement:

1. Articles 3.1 and 3.2 of the AD Agreement because Korea's analysis of a significant increase of the imports under investigation did not involve an objective examination based on positive evidence;

2. Articles 3.1 and 3.2 of the AD Agreement because Korea's analysis of the effect of the imports under investigation on prices in the domestic market for like products did not involve an objective examination based on positive evidence; and because Korea failed to properly consider whether the effect of the imports under investigation was to depress prices to a significant degree or prevent price increase, which otherwise would have occurred, to a significant degree;

3. Articles 3.1 and 3.4 of the AD Agreement because Korea's analysis of the impact of the imports under investigation on the domestic industry at issue did not involve an objective examination based on positive evidence, including an evaluation of all relevant economic factors and indices having a bearing on the state of the domestic industry at issue;

―――――――――

[1] WTO/DS504/1, circulated on 16 March 2016
[2] These anti-dumping measures are identified in Korea's notification G/ADP/N/280/KOR dated 6 April 2016.

WT/DS504/2

- 2 -

4.   Articles 3.1 and 3.5 of the AD Agreement because Korea failed to demonstrate that the imports under investigation were, through the effects of dumping, causing injury to the domestic industry based on an objective examination of the alleged causal relationship between the imports under investigation and the alleged injury to the domestic industry, on the basis of all relevant positive evidence before the authorities;

5.   Articles 3.1 and 3.5 of the AD Agreement because Korea failed to consider adequately all known factors other than the imports under investigation that were injuring the domestic industry at the same time and therefore incorrectly attributed injury caused by these other factors to the imports under investigation;

6.   Articles 3.1 and 3.5 of the AD Agreement because Korea's demonstration of causation lacks any foundation in its analyses of the volume of the imports under investigation, the effects of the imports under investigation on prices, and/or the impact of the imports under investigation on the domestic industry at issue, irrespective and independent of whether Korea's flawed analysis of the volume and/or flawed analysis of the effects of the imports under investigation on prices, on the one hand, and Korea's flawed analysis of the impact of the imports under investigation on the domestic industry on the other, would be inconsistent with, respectively, Articles 3.1 and 3.2 of the AD Agreement and Articles 3.1 and 3.4 of the AD Agreement;

7.   Articles 3.1 and 4.1 of the AD Agreement because Korea failed to make an objective examination based on positive evidence in defining the domestic industry producing the like product and consequently in making a determination of injury;

8.   Article 6.5 of the AD Agreement because Korea treated allegedly confidential information provided by the interested parties as confidential without good cause shown;

9.   Article 6.5.1 of the AD Agreement because Korea: (a) failed to require the applicants to furnish non-confidential summaries of their submissions, questionnaire responses, and amendments thereof; and (b) where such summaries were provided, they were not in sufficient detail to permit a reasonable understanding of the substance of the information submitted in confidence;

10.   Article 6.9 of the AD Agreement because Korea failed to inform the interested parties of the essential facts under consideration which formed the basis for the decision to impose definitive anti-dumping measures;

11.   Article 12.2 of the AD Agreement because Korea failed to provide in sufficient detail the findings and conclusions reached on all issues of fact and law the investigating authorities considered material by the investigating authorities; and

12.   Article 12.2.2 of the AD Agreement because Korea failed to make available all relevant information on the matters of fact and law and reasons which have led to the imposition of final measures.

As a consequence of the apparent breaches of the AD Agreement described above, Korea's anti-dumping measures on the imports under investigation are also inconsistent with Article 1 of the AD Agreement and Article VI of the GATT 1994.

Korea's measures also nullify or impair the benefits accruing to Japan directly or indirectly under the cited agreements.

Accordingly, Japan respectfully requests that, pursuant to Articles 4.7 and 6 of the DSU, Article XXIII of the GATT 1994, and Article 17.4 of the AD Agreement, the Dispute Settlement Body establish a panel to examine this matter, with the standard terms of reference as set out in Article 7.1 of the DSU.

Japan asks this request to be placed on the Agenda for the meeting of the Dispute Settlement Body to be held on 22 June 2016.

———————

6-1. 패널구성 결과 고지문(패널임무도 포함)

WORLD TRADE

ORGANIZATION

WT/DS273/6
27 August 2003

(03-4459)

KOREA - MEASURES AFFECTING TRADE IN COMMERCIAL VESSELS

Constitution of the Panel Established at the Request of the European Communities

Note by the Secretariat

1.   At its meeting on 21 July 2003, the Dispute Settlement Body established a Panel pursuant to the request by the European Communities in document WT/DS273/2, in accordance with Article 6 of the Dispute Settlement Understanding (DSU).

2.   At that meeting, the parties to the dispute also agreed that the Panel should have standard terms of reference. The terms of reference are, therefore, the following:

> "To examine, in the light of the relevant provisions of the covered agreements cited by the European Communities in document WT/DS273/2, the matter referred to the DSB by the European Communities in that document, and to make such findings as will assist the DSB in making the recommendations or in giving the rulings provided for in those agreements."

3.   On 11 August 2003, the European Communities requested the Director-General to determine the composition of the Panel, pursuant to paragraph 7 of Article 8 of the DSU. This paragraph provides:

> "If there is no agreement on the panelists within 20 days after the date of the establishment of a Panel, at the request of either party, the Director-General, in consultation with the Chairman of the DSB and the Chairman of the relevant Council or Committee, shall determine the composition of the panel by appointing the panelists whom the Director-General considers most appropriate in accordance with any relevant special or additional rules or procedures of the covered agreement or covered agreements which are at issue in the dispute, after consulting with the parties to the dispute. The Chairman of the DSB shall inform the Members of the composition of the panel thus formed no later than 10 days after the date the Chairmen receives such a request."

4.   On 20 August 2003, the Director-General accordingly composed the Panel as follows:

Chairman: Mr. Said El Naggar

Members: Mr. Gilles Gauthier
                Ms. Ana Novik Assael

5.   China, Japan, Mexico, Norway, Chinese Taipei and the United States reserved their third-party rights.

6-2. 패널구성 변경 고지문

WORLD TRADE

ORGANIZATION

WT/DS273/7
19 May 2004

(04-2184)

KOREA - MEASURES AFFECTING TRADE IN COMMERCIAL VESSELS

Replacement of the Chairman of the Panel

Note by the Secretariat

Following the passing away on 11 April 2004 of Dr. Said El-Naggar, Chairman of the Panel, and pursuant to a joint request of the parties on 6 May 2004, the Director-General on 11 May 2004 has appointed a new Chairman to the Panel. Accordingly, the composition of the Panel is as follows:

Chairman: Mr. Julio Lacarte-Muró

Members: Mr. Gilles Gauthier
                  Ms. Ana Novik

7-1. 패널중지 고지문

WORLD TRADE

ORGANIZATION

WT/DS391/7
6 July 2011

(11-3320)

Original: English

KOREA – MEASURES AFFECTING THE IMPORTATION OF BOVINE MEAT AND MEAT PRODUCTS FROM CANADA

Communication from the Chairperson of the Panel

The following communication, dated 4 July 2011, addressed to the Dispute Settlement Body (DSB), is circulated in accordance with Article 12.12 of the Dispute Settlement Understanding (DSU).

———————

The Panel recalls its letter of 21 April 2011 informing the DSB that it would issue its final report to the parties no later than 31 August 2011.

On 28 June 2011, the Panel received a letter from Canada requesting the Panel to suspend its proceedings in accordance with Article 12.12 of the Understanding on Rules and Procedures Governing the Settlement of Disputes (DSU), until further notice. Upon invitation from the Panel, Korea informed the Panel on 1 July 2011 that it agrees with Canada's request.

Article 12.12 of the DSU provides that the Panel may suspend its work at any time at the request of the complaining party for a period not exceeding 12 months. This provision also indicates that if the work of the Panel has been suspended for more than 12 months, the authority for establishment of the Panel shall lapse.

The Panel hereby informs the DSB of its decision of 4 July 2011 to grant Canada's request and suspend its work.

———————

7-2. 당사국 합의문(1)

WORLD TRADE

ORGANIZATION

WT/DS391/9
G/L/883/Add.1
G/SPS/GEN/918/Add.1
21 June 2012

(12-3308)

Original: English

KOREA – MEASURES AFFECTING THE IMPORTATION OF BOVINE MEAT AND MEAT PRODUCTS FROM CANADA

Notification of a Mutually Agreed Solution

The following communication, dated 19 June 2012, from the delegation of Canada and the delegation of Korea to the Chairperson of the Dispute Settlement Body, is circulated pursuant to Article 3.6 of the DSU.

The Governments of Canada and of the Republic of Korea ("Korea") hereby wish to notify the Dispute Settlement Body ("DSB") that, in accordance with Article 3.6 of the *Understanding on Rules and Procedures Governing the Settlement of Disputes*, they have reached a mutually agreed solution to the matters raised by Canada in the above-referenced dispute.

In accordance with this mutually agreed solution, Korea confirms that it is applying the Import Health Requirements for Canadian Beef published in the Korean Gazette on January 20, 2012, as Notice 2012-3. Canada and Korea confirm that these requirements embody those on which they agreed prior to the suspension of the above-referenced dispute on July 4, 2011, which were notified to the DSB and circulated to WTO Members as document WT/DS391/8.

This mutually agreed solution is without prejudice to the rights and obligations of Canada and Korea under the *Marrakesh Agreement Establishing the World Trade Organization*.

We would be grateful if you could circulate this notification to the relevant Councils and Committees, as well as to the DSB.

For Canada   For the Republic of Korea

(Signed)   (Signed)
H.E. Mr. John Gero   H.E. Mr. PARK Sang-ki
Ambassador   Ambassador
Permanent Representative to the WTO   Permanent Representative

Geneva, Switzerland on this 19th day of June 2012

7-3. 당사국 합의문(2)

WORLD TRADE

ORGANIZATION

WT/DS323/5
G/L/724/Add.1
G/AG/GEN/67/Add.1
G/LIC/D/38/Add.1
27 January 2006

(06-0361)

Original: English

JAPAN – IMPORT QUOTAS ON DRIED LAVER AND SEASONED LAVER

Notification of Mutually Agreed Solution

The following communication, dated 23 January 2006, from the delegation of Korea and the delegation of Japan to the Chairman of the Dispute Settlement Body, is circulated pursuant to Article 3.6 of the DSU.

_____

Korea and Japan wish to notify the Dispute Settlement Body in accordance with Article 3.6 of the DSU that they have reached a mutually agreed solution, elements of which are attached hereto, to the matter raised by Korea in document WT/DS323/1 dated 3 December 2004.

We would ask you to circulate this notification to the relevant Councils and Committees, as well as to the Dispute Settlement Body.

<table>
<tr><td>(signed)
Mr CHOI Hyuck
Ambassador
Permanent Representative
of the Republic of Korea</td><td>(signed)
Mr Ichiro FUJISAKI
Ambassador
Permanent Representative of Japan</td></tr>
</table>

WT/DS323/5, G/L/724/Add.1,
G/AG/GEN/67/Add.1, G/LIC/D/38/Add.1
Page 2

ATTACHMENT

1.   Product Coverage

      The products covered by this mutually agreed solution are all the laver products (hereafter, the "Laver Products") classified under the HS Codes 1212 and 2106, as further described in Annex A hereto.

2.   Annual Import Quota Amounts

(a)   An annual import quota will be allocated exclusively for Korean Laver Products in an amount (hereafter, the "Annual Import Quota Amount") which will not be less than 340 million sheets in 2006 and thereafter the Annual Import Quota Amount will be increased so that the Annual Import Quota Amount allocated for 2015 will be no less than 1.2 billion sheets.

(b)   Both sides will discuss to determine a conversion formula with respect to Laver Products that are not in sheet form pursuant to the consultation procedures in paragraph 9.

3.   Sub-Quotas

(a)   Japan's import quota system with respect to Korean Laver Products will comprise the sub-quotas set forth in Annex B hereto.

(b)   User Quota: In the User Quota Notification [Hacchugendo Naiji sho], the amount of the User Quota exclusively allocated to applicable Korean Laver Products will be expressly stated.

(c)   Trading Company A Quota (provisional name):

    A.   In an annual import quota announcement, it will be expressly stated that all laver imported under the Trading Company A Quota must be exclusively applicable Korean Laver Products.

    B.   With respect to any past import record requirement for the Trading Company A Quota, no applicant will be disqualified except for those who have failed to achieve a quota use ratio of 80% or more of the allocated quota during the most recent two year period.

(d)   Other Laver Products (as defined in Annex A) of Korea may be imported under any of the sub-quotas, including the First-Come-First-Served Quota from 2007, in accordance with the arrangement based on the consultations pursuant to paragraph 9. In 2006, Other Laver Products of Korea may be imported under the First-Come-First-Served Quota.

(e)   Necessary arrangements will be maintained so as not to impose any maximum quota volume per applicant in allocating the Trading Company A Quota unless it is necessary due to excess demand for quota allocation.

(f)   With respect to the First-Come-First-Served Quota or in re-allocating any unutilized amounts of the User Quota pursuant to paragraph 7, if any amount of the quota remains unallocated due to the maximum quota volume per applicant notwithstanding existing demand, such maximum quota volume per applicant will be either increased or otherwise it will be ensured that all quotas are allocated to the extent that demand exists for such quotas.

WT/DS323/5, G/L/724/Add.1,
G/AG/GEN/67/Add.1, G/LIC/D/38/Add.1
Page 3

4.   Sub-Quota Allocations

Unless otherwise decided pursuant to paragraph 11(b), no more than 60% of the Annual Import Quota Amount will be allocated to the User Quota and the remaining portion will be allocated to the Trading Company A Quota.

5.   Import Quota Announcement and Completion of Quota Allocation

The import quota announcement for 2006 will be made in February 2006 and quota allocation to applicants of the Trading Company A Quota will be completed within 2 months from the date of announcement. The timing of the import quota announcements from 2007 to 2015 will be decided by no later than 31 October 2006, so that the import quota announcements will be made earlier than that in 2006.

6.   Timing of the Auction of the User Quota

Both sides will cooperate to promote an efficient auction process for the products traded under the User Quota for the laver products imported from Korea, through encouraging relevant organization(s) to hold auctions once or more a year. Further details of the auction process will be discussed by the relevant organizations of Korea and Japan.

7.   Unutilized Amount of the User Quota for Korea

(a)   If more than 5% of the Annual Import Quota Amount allocated to the User Quota pursuant to Paragraph 4 above is not utilized, such unutilized portion will be re-allocated to any applicant wishing to import applicable Korean Laver Products as set forth in Annex C hereto in the same annual period on the earliest date(s) that the non-utilization of such portion can be determined.

(b)   The Japanese side will make its best efforts to ensure that the re-allocation pursuant to this paragraph is effective in facilitating quota use.

8.   Effective Implementation

(a)   Both sides will take all necessary steps to fully and effectively implement the matters in this mutually agreed solution. No new measures that adversely affect, directly or indirectly, the market access for any of the Laver Products in Japan will be taken. Both sides will not take any action which has the direct or indirect purpose or effect of undermining or offsetting the basis of this mutually agreed solution.

(b)   Prior to the introduction of any formal or informal measures that affect, directly or indirectly, the market access for any of the Laver Products, both sides confirm that they will provide information, in a timely manner, on such measures.

9.   Consultations

Both sides will hold consultations regularly once a year and will hold additional consultations, at the request of either side, to discuss matters relating to the implementation of the matters in this mutually agreed solution and other matters relating to improving the market access for the Laver Products. Such consultations will begin at the earliest possible date, but no later than 30 days from the date of the receipt of a request for consultations pursuant to this paragraph, unless otherwise decided.

WT/DS323/5, G/L/724/Add.1,
G/AG/GEN/67/Add.1, G/LIC/D/38/Add.1
Page 4

10.   Implementing Agency

        As to the Japanese side, the matters in this mutually agreed solution will be implemented by
the Fisheries Agency, the Ministry of Agriculture, Forestry and Fisheries of Japan.

11.   Other Matters

(a)   This mutually agreed solution is without prejudice to the rights or obligations of either Korea
        or Japan including, without limitation, under the Agreement Establishing the World Trade
        Organization.

(b)   The matters in this mutually agreed solution may be rearranged, when necessary, by mutual
        consent based on the consultations set forth in paragraph 9.

(c)   Both sides will implement the matters in this mutually agreed solution, together with
        Annexes A, B and C hereto, upon notice to the DSB.

WT/DS323/5, G/L/724/Add.1,
G/AG/GEN/67/Add.1, G/LIC/D/38/Add.1
Page 5

Annex A

Product Coverage

For purposes of this mutually agreed solution, Laver Products, as defined in paragraph 1, are categorized as follows:

- Dried Laver: All dried laver (hoshi nori) classified under 1212.20-1.

- Seasoned Laver Not Containing Sugar: All seasoned laver classified under 2106.90-2-(2)-E-(b).

- Other Laver Products: All Laver Products other than Dried Laver, Seasoned Laver Not Containing Sugar.

WT/DS323/5, G/L/724/Add.1,
G/AG/GEN/67/Add.1, G/LIC/D/38/Add.1
Page 6

Annex B

Sub-Quotas under Japan's Import Quota System for Korean Laver Products

Trading Company A Quota (this naming is provisional, and can be renamed during the process of import quota announcement)

- Qualified importers: An applicant that has been allocated trading company quota under past laver Import Announcements, and that meets all of the following requirements:

  (i)   has a record of clearing laver imports through customs from Korea during the preceding one year period,

  (ii) and has a record (quota use ratio) of clearing 80% or more of the allocated laver import quota through customs during the most recent two year period on an average basis, if allocated a trading company quota in the year before the last.

- All of the laver products listed in Annex A may be imported under the Trading Company A Quota from 2007.

User Quota

- The User Quota is allocated to applicants that receive purchase orders from customers that have received a notification of the maximum amount of orders ("User Quota Notification").

- All of the laver products listed in Annex A may be imported under the User Quota from 2007.

Annex C

Timetable for Reallocation of Unutilized Amount of the User Quota

Around February:

Annual Import Quota Announcement

Around March:

The Fisheries Agency is to issue the User Quota Notification (Hacchugendo Naiji sho) and to make it clear that "if purchase orders has not been placed until the specific date (as early as practicable within 6 months after the User Quota Notification), the unused amount of the Notification expires".

Around May:

The User Quota organization is to hold an auction of laver. The organization places the purchase orders of the laver, which are successfully bidden at the auction. Ministry of Economy, Trade and Industry (METI) is to provide import license according to the amount of the bidden laver. Actual customs clearance happens after June.

Around September or earlier:

Pursuant to Paragraph 7 of this mutually agreed solution, the Fisheries Agency will announce the reallocation as well as its application schedule and qualifications for the applicants.

Around October or earlier:

Application for the reallocation is open for and accepted from any applicants who meet the qualifications.

Around November or earlier:

The Fisheries Agency can reissue the User Quota Notification (Hacchugendo Naiji sho) to any applicants wishing to import applicable Korean Laver Products until the unused amount is fully used and METI will provide the import license. Once the import license is issued, the import of laver using the reissued User Quota Notification can begin.

With respect to the terms of validity for the import quota certificates and the import licenses granted on the basis of the certificates in this case, such terms will be the same terms as for the Trading Company A Quota or the First-Come-First-Served Quota.

The above schedule may be rearranged from 2007, when necessary, by mutual consent based on consultations set forth in Paragraph 9 of this mutually agreed solution.

———————

8. 상소 고지문

WORLD TRADE
ORGANIZATION

WT/DS495/8

12 April 2018

(18-2204)   Page: 1/4

Original: English

**KOREA – IMPORT BANS, AND TESTING AND
CERTIFICATION REQUIREMENTS FOR RADIONUCLIDES**

NOTIFICATION OF AN APPEAL BY THE REPUBLIC OF KOREA UNDER ARTICLE 16.4 AND
ARTICLE 17 OF THE UNDERSTANDING ON RULES AND PROCEDURES GOVERNING
THE SETTLEMENT OF DISPUTES (DSU), AND UNDER RULE 20(1) OF
THE WORKING PROCEDURES FOR APPELLATE REVIEW

The following communication, dated 9 April 2018, from the delegation of the Republic of Korea, is being circulated to Members.

_____

1.   Pursuant to Articles 16.4 and 17 of the Understanding on Rules and Procedures Governing the Settlement of Disputes ("DSU") and Rule 20 of the Working Procedures for Appellate Review (WT/AB/WP/6, 16 August 2010) ("Working Procedures"), Korea hereby notifies the Dispute Settlement Body ("DSB") of its decision to appeal certain issues of law and legal interpretations in the Panel Report in *Korea – Import Bans, and Testing and Certification Requirements for Radionuclides* (WT/DS495/R) ("Panel Report").

2.   Pursuant to Rules 21 of the Working Procedures, Korea files this Notice of Appeal together with its Appellant Submission with the Appellate Body Secretariat.

3.   Pursuant to Rule 20(2)(d)(iii) of the Working Procedures, this Notice of Appeal includes an indicative list of the paragraphs of the Panel Report containing the alleged errors, without prejudice to Korea's ability to rely on other paragraphs of the Panel Report in its appeal.

4.   Korea seeks review by the Appellate Body of the Panel's expert selection. In particular, the Panel acted inconsistently with Article 11 of the DSU in selecting experts that had a conflict of interest in the matter.[1] Korea requests the Appellate Body to find that in consulting such experts, the Panel acted inconsistently with Korea's due process rights under Article 11 of the DSU. Since the Panel relied on its consultations with such experts in its assessment under Articles 5.7, 5.6, and 2.3 of the SPS Agreement[2], Korea requests that the Appellate Body reverse the Panel's findings under these provisions, including in paragraphs 7.96, 7.108-7.109, 7.111, 7.251-7.256, 7.321-7.322, 7.349-7.350, 7.355, 7.359-7.360, 8.1, 8.2 b-e, and 8.3 a-b.

5.   Korea seeks review by the Appellate Body of the Panel's findings under Article 5.7 of the SPS Agreement. The Panel erred in making findings under Article 5.7 even though the provision was not within its terms of reference.[3] Korea requests the Appellate Body to find that, in proceeding in this manner, the Panel acted inconsistently with Articles 6.2, 7, and 11 of the DSU.

6.   Korea also seeks review by the Appellate Body of the Panel's interpretation and application of Article 5.7. In particular, the Panel erred in finding that:

---

[1] See, for example, Panel Report, paras. 1.26, 1.27. and 1.28.
[2] See, for example, Panel Report, paras. 7.92, 7.93, 7.167 7.190, 7.195(e), 7.197, 7.199, 7.203, 7.205, 7.206, 7.208, 7.209, 7.210, 7.216, 7.223, 7.230, 7.236, 7.238, 7.239, 7.243, and 7.315.
[3] See, for example, Panel Report, paras. 7.75, 7.93, 7.96, 7.107, 7.108, 7.109, 7.111 and 8.1.

WT/DS495/8

- 2 -

- Korea had the burden proof under Article 5.7.[4]

- There was not insufficient scientific evidence to conduct a risk assessment with respect to the product specific import bans, the blanket import ban, and the extension of the additional testing requirements to fishery and livestock products in 2013.[5]

- The 2013 blanket import ban and the 2013 additional testing requirements were not based on pertinent available information.[6]

- Korea did not review the measures within a reasonable period of time.[7]

7.   Korea also seeks review by the Appellate Body of the Panel's analysis of whether the measures were based on pertinent available information in light of Article 11 of the DSU. The Panel's failure to make an objective assessment of the matter under Article 11 of the DSU includes the Panel's internally contradictory reasoning in relation to the product-specific bans and the import ban.[8]

8.   Accordingly, Korea requests that the Appellate Body reverse the Panel's findings, in paragraphs 7.75, 7.93, 7.96, 7.100, 7.106-7.112, and 8.1. The Panel's errors in interpretation and application under Article 5.7 also invalidated the Panel's findings under Articles 2.3 and 5.6. As a consequence, Korea requests that the Appellate Body reverse the Panel's findings under Article 2.3, in paragraphs 7.321-7.322, 7.349-7.350, 7.355, 7.359-7.360, and 8.3 a-b, and under Article 5.6, in paragraphs 7.251-7.256 and 8.2 b-e.

9.   Korea seeks review by the Appellate Body of the Panel's interpretation and application of Article 5.6 of the SPS Agreement. Korea requests the Appellate Body to find that the Panel erred in the interpretation and application of Article 5.6.[9] The Panel's errors under Article 5.6 include the findings that:

- Japan had established that the suggested alternative measure achieves Korea's ALOP with regard to the adoption of the 2013 additional testing requirements and import bans on the 28 fishery products, with the exception of Pacific cod from Fukushima and Ibaraki.[10]

- Japan had established that its alternative measure would achieve Korea's ALOP with regard to the maintenance of all the measures.[11]

10.   Accordingly, Korea requests that the Appellate Body reverse the Panel's findings, in paragraphs 7.251-7.256, and 8.2 b-e, that Korea's measures were more trade-restrictive than required to achieve their appropriate level of sanitary or phytosanitary protection within the meaning of Article 5.6.

11.   Korea also seeks review of the Panel's findings under Article 5.6 because the Panel applied an incorrect standard of review and therefore failed to make an objective assessment of the matter under Article 11 of the DSU. The Panel's failure to make an objective assessment of the matter included its consideration of evidence that was not available to the Korean authorities at the time of the adoption of the measures and consideration of data that did not exist at the time the Panel was established.[12]

12.   Accordingly, Korea requests that the Appellate Body reverse the Panel's findings concerning the use of such evidence and data, in particular in paragraphs 7.5, 7.8, 7.134, 7.142, 7.207, 7.219, 7.226, 7.236, and 7.245. Since the Panel relied on such evidence and data in its assessment under Article 5.6, Korea further requests that the Appellate Body reverse the Panel's findings that Korea'

---

[4] See, for example, Panel Report, para. 7.75.
[5] See, for example, Panel Report, paras. 7.93, 7.96, 7.108, and 7.111.
[6] See, for example, Panel Report, paras. 7.109 and 7.111.
[7] See, for example, Panel Report, paras. 7.107, 7.110, and 7.111.
[8] See, for example, Panel Report, paras. 7.98, 7.100, 7.109 and 7.111.
[9] See, for example, Panel Report, paras. 7.172-7.173.
[10] See, for example, Panel Report, paras. 7.251 and 7.253.
[11] See, for example, Panel Report, paras. 7.252 and 7.253.
[12] See, for example, Panel Report, paras. 7.4-7.6, 7.129, 7.142, and 7.199-7.200.

WT/DS495/8

- 3 -

SPS measures are inconsistent with Article 5.6 of the SPS Agreement, including in paragraphs 7.251-7.256, and 8.2(b)-(e).[13]

13.   Korea seeks review by the Appellate Body of the Panel's interpretation and application of Article 2.3 of the SPS Agreement. The Panel erred, *inter alia*, in finding that:

- Similar conditions existed in Japan and in other Members with regard to the adoption of the 2013 additional testing requirements and of the blanket import ban with respect to the 27 fishery products covered by Japan's claim and for Pacific cod originating from Aomori, Chiba, Gunma, Iwate, Miyagi, and Tochigi prefectures, and similar conditions existed in Japan and in other Members for all food products, including the 28 fishery products, with regard to the maintenance of Korea's measures.[14]

- The import ban and the additional testing requirements arbitrarily or unjustifiably discriminate.[15]

- The 2013 additional testing requirements and the blanket import ban with respect to the 27 fishery products subject to Japan's claim from the 8 prefectures and Pacific cod from 6 prefectures, i.e. excluding Pacific cod from Fukushima and Ibaraki, were inconsistent with Article 2.3, first sentence of the SPS Agreement when Korea adopted them, and that by maintaining the product-specific and blanket import bans on the 28 fishery products from the 8 prefectures and the 2011 and 2013 additional testing requirements on Japanese products, Korea acted inconsistently with Article 2.3, first sentence of the SPS Agreement.[16]

- Korea's measures constitute disguised restrictions on international trade and thereby violate the second sentence of Article 2.3 of the SPS Agreement.[17]

14.   Korea additionally requests that the Appellate Body find that the Panel failed to make an objective assessment of the matter and acted inconsistently with Article 11 of the DSU in considering evidence and data that was not available to the Korean regulator when the measures were adopted and evidence and data that post-dated the establishment of the Panel. As the Panel's finding that similar conditions existed was based on such evidence and data, Korea requests the Appellate Body to reverse the Panel's findings concerning the use of such evidence and data, in particular in paragraphs 7.5, 7.8, 7.134, 7.142, 7.307-7.308, 7.311, 7.315, 7.319, as well as the ultimate findings of inconsistency with Article 2.3, in paragraphs 7.321-7.322, 7.355, 7.360, and 8.3(a) and (b).[18]

15.   Accordingly, Korea requests that the Appellate Body reverse the Panel's findings, in paragraphs 7.276, 7,283, 7.321-7.322, 7.349-7.350, 7.355, 7.359, 7.360, and 8.3 a-b, that Korea's measures are inconsistent with Article 2.3.

16.   Korea seeks review by the Appellate Body of the Panel's interpretation and application of Article 7 and Annex B(1) and B(3) of the SPS Agreement. The Panel erred, *inter alia*, in finding that:

- Annex B(1) requires that the content of the regulation be published and that such publication must make the publication contain sufficient content that the importing Member will know the conditions, including specific principles and methods, that apply to its goods.[19]

---

[13] See, for example, Panel Report, paras. 7.199, 7.200, 7.207, 7.219, 7.222-7.223, 7.225-7.226, and 7.235, 7.251-7.256, and 8.2(b)-(e).
[14] See, for example, Panel Report, paras. 7.321 and 7.322.
[15] See, for example, Panel Report, paras. 7.349-7.350, 7.355, 7.360, and 8.3 (a) and (b).
[16] See, for example, Panel Report, paras. 7.360 and 8.3(a) and (b).
[17] See, for example, Panel Report, paras. 7.359, 7.360, and 8.3(a) and (b).
[18] See, for example, Panel Report, paras. 7.5, 7.8, 7.134, 7.142, 7.307-7.308, 7.311, 7.315, 7.319, 7.321-7.322, 7.360, and 8.3(a) and (b).
[19] See, for example, Panel Report, paras. 7.461 and 7.464.

WT/DS495/8

- 4 -

- Korea had not published the full content of the blanket import ban and the additional testing requirements.[20]

- The 2011 and 2013 press releases announcing the additional testing requirements did not include content that is sufficient to enable an interested Member to know the conditions that would be applied to its goods.[21]

- Korea did not publish the measures in a manner so as to enable Japan to become acquainted with the challenged measures.[22]

- Korea acted inconsistently with Annex B(1), as a consequence with Article 7 of the SPS Agreement, with respect to the publication of all of the challenged measures.[23]

- Korea's SPS Enquiry Point's failure to respond to Japan's follow-up query in conjunction with its earlier failure to relate the answers and documents provided to their relevance for the questions Japan had posed, is sufficient to establish that Korea acted inconsistently with Annex B(3) and as a consequence Article 7 of the SPS Agreement.[24]

17.   Furthermore, Korea requests that the Appellate Body find that the Panel failed to make an objective assessment of the matter under Article 11 of the DSU, and thereby acted inconsistently with Article 11, in faulting Korea for not having provided archived links of web-pages.[25]Accordingly, Korea requests the Appellate Body to reverse the Panel's findings in paragraphs 7.474-7.476, 7.485-7.487, 7.497-7.502, and 8.5(a).

18.   Accordingly, Korea requests that the Appellate Body reverse the Panel's findings, in paragraphs 7.464, 7.474-7.476, 7.483, 7.485-7.487, 7.492, 7.496-7.502, 7.509, 7.518-7.519, and 8.5 that Korea failed to publish the measures consistently with Article 7 and Annex B(1), and that Korea did not comply with Article 7 and Annex B(3).

---

[20] See, for example, Panel Report, paras. 7.483, 7.487, 7.492, and 7.496.
[21] See, for example, Panel Report, paras. 7.500-7.501.
[22] See, for example, Panel Report, paras. 7.474, 7.476, 7.485, 7.487, 7.497, 7.500, and 7.501.
[23] See, for example, Panel Report, paras. 7.474, 7.476, 7.487, 7.499-7.502, and 8.5(a).
[24] See, for example, Panel Report, paras. 7.518, 7.519 and 8.5(b).
[25] See, for example, Panel Report, paras. 7.474, 7.485, and 7.497.

9. 역상소 고지문

WORLD TRADE ORGANIZATION

WT/DS495/9

18 April 2018

(18-2421)

Page: 1/2

Original: English

KOREA — IMPORT BANS, AND TESTING AND CERTIFICATION REQUIREMENTS FOR RADIONUCLIDES

NOTIFICATION OF AN OTHER APPEAL BY JAPAN UNDER ARTICLES 16.4 AND 17
OF THE UNDERSTANDING ON RULES AND PROCEDURES GOVERNING
THE SETTLEMENT OF DISPUTES (DSU), AND UNDER RULE 23(1) OF
THE WORKING PROCEDURES FOR APPELLATE REVIEW

The following communication, dated 16 April 2018, from the delegation of Japan, is being circulated to Members.

_____

Pursuant to Articles 16.4 and 17.1 of the DSU, Japan hereby notifies to the Dispute Settlement Body its decision to appeal to the Appellate Body certain issues of law covered in the Panel Report and certain legal interpretations developed by the Panel in the dispute _Korea — Import Bans, and Testing and Certification Requirements for Radionuclides_ (WT/DS495). Pursuant to Rule 23(1) of the Working Procedures for Appellate Review, Japan simultaneously files this Notice of Other Appeal with the Appellate Body Secretariat.

Pursuant to Rule 23(2)(c)(ii)(C) of the Working Procedures for Appellate Review, this Notice of Appeal includes an indicative list of the paragraphs of the Panel Report containing the alleged errors, without prejudice to Japan's ability to refer to other paragraphs of the Panel Report in the context of its appeal.

For the reasons to be further elaborated in its submissions to the Appellate Body, Japan appeals, and requests the Appellate Body to reverse, modify or declare moot and of no legal effect, the findings, conclusions and recommendations of the Panel, with respect to the following errors of law and legal interpretations contained in the Panel Report:

1.   The Panel erred in the interpretation and application of Articles 3.3, 3.4, 3.7 and 11 of the DSU, by disregarding timely-submitted evidence relating to the situation after the date of establishment of the Panel, when assessing whether Japan had made a _prima facie_ case that Korea's additional testing requirements and import bans were being maintained inconsistently with Articles 2.3 and 5.6 of the SPS Agreement.[1]

2.   The Panel erred in the application of Articles 2.3 and 5.6 of the SPS Agreement, by disregarding timely-submitted evidence relating to the situation after the date of establishment of the Panel, when assessing whether Japan had made a _prima facie_ case that Korea's additional testing requirements and import bans were being maintained inconsistently with Articles 2.3 and 5.6 of the SPS Agreement.[2]

3.   Should the Appellate Body, as a result of its consideration of the grounds for appeal addressed in paragraphs 1 and 2, consider that the Panel's errors in defining the temporal scope of its assessment of Japan's _prima facie_ case vitiate the Panel's ultimate findings under Articles 2.3 and 5.6 of the SPS Agreement, Japan requests that the Appellate Body complete the analysis, and find that, in light of all timely-submitted evidence, including relating to the situation after the date

---

[1] Panel Report, paras. 7.134-7.143.
[2] Panel Report, paras. 7.134-7.143.

WT/DS495/9

- 2 -

of establishment of the Panel, Korea's additional testing requirements and import bans are maintained inconsistently with Articles 2.3 and 5.6 of the SPS Agreement.[3]

4. The Panel erred in the interpretation and application of Annex C(1)(a) of the SPS Agreement, when it articulated the conditions under which domestic and imported products may be presumed to be "like" under Annex C(1)(a);[4] when it found that likeness could not be presumed for purposes of Japan's claim under Annex C(1)(a);[5] and when it found, therefore, that Japan had failed to establish that Korea acted inconsistently with Annex C(1)(a) and, as a consequence, with Article 8 of the SPS Agreement.[6]

---

[3]Panel Report, paras. 7.113-7.256, 7.257-7.360, 8.2(b), (c) and (e), and 8.3(b).
[4]Panel Report, paras. 7.394-7.403.
[5]Panel Report, paras. 7.394-7.403.
[6] Panel Report, paras. 7.409, 7.447, and 8.4.

10-1. 합리적이행기간 양자합의문

WORLD TRADE

ORGANIZATION

WT/DS179/5
1 May 2001

(01-2198)

Original: English

**UNITED STATES – ANTI-DUMPING MEASURES ON STAINLESS
STEEL PLATE IN COILS AND STAINLESS STEEL SHEET
AND STRIP FROM KOREA**

Agreement under Article 21.3(b) of the DSU

The following communication, dated 26 April 2001, from the Permanent Mission of Korea and the Permanent Mission of the United States to the Chairman of the Dispute Settlement Body, is circulated in accordance with Article 21.3(b) of the DSU.

The representatives of Korea and the United States hereby notify the Dispute Settlement Body (DSB) that, following discussions held under Article 21.3(b) of the Understanding on Rules and Procedures Governing the Settlement of Disputes (DSU), they have agreed on a reasonable period of time for the United States' implementation of the DSB recommendations and rulings adopted on 1 February 2001 in the dispute "United States – Anti-Dumping Measures on Stainless Steel Plate in Coils and Stainless Steel Sheet and Strip from Korea" (WT/DS179). The reasonable period shall expire on 1 September 2001. A memorandum describing the terms of the agreement reached is attached.

(s) Eui-Yong Chung
Ambassador
Permanent Representative to the WTO
For the Government of the Republic of Korea

(s) Rita D. Hayes
Ambassador
Permanent Representative to the WTO
For the Government of the United States

. /.

WT/DS179/5
Page 2

**United States – Anti-Dumping Measures on Stainless Steel Plate in Coils
and Stainless Steel Sheet and Strip from Korea
(WT/DS179)**

Agreement Pursuant to Article 21.3(b) of the DSU

The representatives of Korea and the United States hereby agree, pursuant to Article 21.3(b) of the Understanding on Rules and Procedures Governing the Settlement of Disputes (DSU), that the reasonable period of time for the United States to implement the recommendations and rulings of the Dispute Settlement Body (DSB) adopted on 1 February 2001 in the dispute "United States – Anti-Dumping Measures on Stainless Steel Plate in Coils and Stainless Steel Sheet and Strip from Korea" (WT/DS179) shall be 7 months and shall expire on 1 September 2001.

In addition, the United States agrees to consult on request with Korea during the reasonable period of time with respect to the United States' implementation. Furthermore, in advance of taking any actions intended to comply with the recommendations and rulings of the DSB in this dispute, the United States shall provide Korea with information regarding those proposed actions as well as an opportunity to comment on the proposed actions prior to their taking effect.

This agreement is without prejudice to the parties' rights and obligations under the Marrakesh Agreement Establishing the World Trade Organization.

Geneva, April 26, 2001

For the Republic of Korea   For the United States

(s) Eui-Yong Chung   (s) Rita D. Hayes
     Ambassador   Ambassador
     Permanent Representative of the WTO   Permanent Representative of the WTO

———————

10-2. 합리적이행기간 중재요청서

WORLD TRADE

ORGANIZATION

WT/DS217/12
WT/DS234/20
19 March 2003
(03-1600)

Original: English

UNITED STATES – CONTINUED DUMPING
AND SUBSIDY OFFSET ACT OF 2000

Request by Australia, Brazil, Canada, Chile, the European Communities,
India, Indonesia, Japan, Korea, Mexico and Thailand
for Arbitration under Article 21.3(c) of the DSU

The following communication, dated 14 March 2003, from the Permanent Missions of Australia, Brazil, Canada, Chile, India, Indonesia, Japan, Korea, Mexico and Thailand, and the Permanent Delegation of the European Commission, to the Chairman of the Dispute Settlement Body, is circulated at the request of those delegations.

———————

On 27 January 2003, the Dispute Settlement Body (the "DSB") adopted the Appellate Body Report and the Panel Report in *United States – Continued Dumping and Subsidy Offset Act of 2000* (WT/DS217, WT/DS234). In the absence of an agreement with the United States under Article 21.3(b) of the *Understanding on Rules and Procedures Governing the Settlement of Disputes* (the "DSU") on a reasonable period of time to comply with the recommendations and rulings of the DSB, Australia, Brazil, Canada, Chile, the European Communities, India, Indonesia, Japan, Korea, Mexico and Thailand (hereafter the complaining parties) hereby request that such period be determined through binding arbitration pursuant to Article 21.3(c) of the DSU.

The complaining parties will enter into consultations with the United States with a view to reaching agreement on the arbitrator within the time period provided for in footnote 12 of the DSU.

———

11-1. 이행현황 분쟁해결기구 보고문

WORLD TRADE

ORGANIZATION

WT/DS217/16/Add.24
WT/DS234/24/Add.24
7 February 2006

(06-0523)

Original: English

UNITED STATES – CONTINUED DUMPING AND SUBSIDY OFFSET ACT OF 2000

Status Report by the United States

Addendum

The following communication, dated 6 February 2006, from the delegation of the United States to the Chairman of the Dispute Settlement Body, is circulated pursuant to Article 21.6 of the DSU.

Status Report Regarding Implementation of the DSB Recommendations and Rulings in the Disputes *United States – Continued Dumping and Subsidy Offset Act of 2000* (WT/DS217 and WT/DS234)

The United States submits this report in accordance with Article 21.6 of the *Understanding on Rules and Procedures Governing the Settlement of Disputes.*

On 27 January 2003, the Dispute Settlement Body ("DSB") adopted its recommendations and rulings in *United States – Continued Dumping and Subsidy Offset Act of 2000* (WT/DS217 and WT/DS234). At the same DSB meeting, the United States informed the DSB of its intention to implement the recommendations and rulings of the DSB in connection with this matter.

The United States is pleased to report that, on 1 February 2006, the US Congress approved the Deficit Reduction Omnibus Reconciliation Act, which includes a provision that repeals the CDSOA. Once the President signs this Act into law, the United States will have taken the actions necessary to implement the rulings and recommendations in these disputes.

11-2. 이행완료 고지문

WORLD TRADE ORGANIZATION

WT/DS504/12

2 June 2020

(20-3886)

Page: 1/1

Original: English

KOREA – ANTI-DUMPING DUTIES ON PNEUMATIC VALVES FROM JAPAN

COMMUNICATION FROM KOREA

The following communication, dated 28 May 2020, was received from the delegation of the Republic of Koreawith the request that it be circulated to the Dispute Settlement Body (DSB).

_____

On 30 September 2019, the Dispute Settlement Body ("DSB") adopted its rulings and recommendations in *Korea – Anti-Dumping Duties on Pneumatic Valves from Japan* (DS504).

In the DSB meetings on 30 September 2019 and 28 October 2019, the Republic of Korea ("Korea") informed the DSB of its intention to implement the DSB rulings and recommendations in this dispute.Korea indicated that it would require a reasonable period of time to do so.

On 14 November 2019, pursuant to Article 21.3(b) of the *Understanding on Rules and Procedures Governing the Settlement of Disputes*, Korea and Japan informed the DSB that they had mutually agreed that the reasonable period of time to implement the rulings and recommendations of the DSB shall be 8 months. Accordingly, the reasonable period of time expires on 30 May 2020.

Korea informs the DSB that it has adopted the measures necessary to comply with the DSB's rulings and recommendations before the expiry of the reasonable period of time agreed to with Japan.

In particular, on 21 May 2020, the Korea Trade Commission ("KTC") issued the final resolution of the re-investigation into imports of valves for pneumatic transmissions originating in Japan. Following its review of the KTC's final resolution, the Ministry of Economy and Finance of Korea made its final re-determination, which was published in the Official Gazette on 29 May 2020.

Thus, Korea has fully complied with the DSB's rulings and recommendations adopted on 30 September 2019 in *Korea – Anti-Dumping Duties on Pneumatic Valves from Japan* (DS504).

_____

12-1. 이행패널 설치요청서

WORLD TRADE

ORGANIZATION

WT/DS336/19
10 September 2008

(08-4241)

Original: English

**JAPAN – COUNTERVAILING DUTIES ON
DYNAMIC RANDOM ACCESS MEMORIES FROM KOREA**

Recourse by Korea to Article 21.5 of the DSU

Request for the Establishment of a Panel

The following communication, dated 9 September 2008, from the delegation of Korea to the Chairman of the Dispute Settlement Body, is circulated pursuant to Article 21.5 of the DSU.

On 17 December 2007, the Dispute Settlement Body ("DSB") adopted its recommendations and rulings in the dispute *Japan – Countervailing Duties on Dynamic Random Access Memories from Korea* (WT/DS336). At the DSB meeting of 15 January 2008, Japan announced its intention to comply with the recommendations and rulings of the DSB. Korea and Japan were not able to reach an agreement on the reasonable period of time, and on 25 February 2008, Korea requested that the reasonable period of time be determined through binding arbitration pursuant to Article 21.3(c) of the *Understanding on Rules and Procedures Governing the Settlement of Dispute* ("DSU"). The arbitrator determined that the reasonable period of time for Japan to comply with the recommendations and rulings of the DSB in this dispute would be eight months and two weeks from the date of the adoption of the Panel and Appellate Body reports, expiring on 1 September 2008. This arbitration report was circulated to WTO members on 5 May 2008 (WT/DS336/16).

On 29 August 2008, Japan issued Cabinet Order No. 266 published in the Special Issue No. 189 of the Official Gazette, modifying the countervailing duties imposed on DRAMs from Korea in response to the recommendations and rulings of the DSB. Japan also reported to the DSB on that date that it had complied with the recommendations and rulings of the DSB in a manner consistent with its WTO obligations.

Korea strongly disagrees. Korea considers the determination by Japan, as modified on 29 August 2008, to be inconsistent with Japan's obligations under the relevant provisions of the *General Agreement on Tariffs and Trade 1994* ("GATT 1994") and the *Agreement on Subsidies and Countervailing Measures* ("SCM Agreement").

As a result of the disagreement between Korea and Japan as to the existence or consistency with covered agreements of measures taken to comply with the recommendations and rulings of the DSB, and in accordance with paragraph 1 of the "Confirmed Procedures" agreement between Korea and Japan of 9 September 2008 regarding this dispute, Korea requests the establishment of a panel, pursuant to Articles 6 and 21.5 of the DSU, Article XXIII of the GATT 1994, and Article 30 of the SCM Agreement, regarding Japan's countervailing measures against DRAMS from Korea.

./.

WT/DS336/19
Page 2

Korea respectfully requests that the panel:

1. find that the measures adopted by Japan on 29 August 2008 do not comply with the recommendations and rulings of the DSB in this dispute, and

2. find that Japan has acted inconsistently with its obligations under Article 3.10 of the DSU, as well as Articles 1.1, 14, 19 and 21 of the SCM Agreement. Specifically, Korea makes claims under the following:

   (a) Article 3.10 of the DSU, because Japan has failed to engage in the dispute-settlement procedures mandated by the DSU in good faith in an effort to resolve the dispute, and instead has made incorrect and misleading statements to the Panel, the Appellate Body, and the Arbitrator appointed under Article 21.3(c) of the DSU, and has also continued to impose countervailing duties on imports of DRAMs exported by respondent Hynix Semiconductor Inc. ("Hynix") based on arguments that have no logical basis and fail to comply with the recommendations and rulings of the DSB in this dispute.

   (b) Article 1.1 of the SCM Agreement because, *inter alia*, Japan failed to demonstrate the existence of a financial contribution by the Government of Korea within the meaning of Article 1 of the SCM Agreement, when the alleged financial contribution was undertaken pursuant to a financial analysis that, as Japan has conceded, was "commercially reasonable."

   (c) Articles 1.1 and 14 of the SCM Agreement because, *inter alia*, Japan (1) failed to demonstrate that a benefit was conferred on Hynix by the alleged subsidy transactions (which, as noted above, were undertaken pursuant to a financial analysis that, Japan has conceded, was "commercially reasonable"); (2) failed to identify the relevant market and market benchmark for purposes of determining whether a benefit was conferred and measuring the amount of the benefit; (3) assigned no value to the equity that the creditors received in the restructurings for purposes of calculating the amount of the benefit; and (4) otherwise calculated the amount of the alleged benefit in a manner inconsistent with the requirements of Articles 1.1 and 14 of the SCM Agreement.

   (d) Articles 19 and 21 of the SCM Agreement because, *inter alia*, Japan is improperly levying a countervailing duty on imports when there is no longer a benefit from the alleged past subsidies, and the duty is not necessary to counteract alleged subsidization.

Korea continues to reserve its rights in respect of all other aspects of Japan's purported compliance with its obligations in this case.

Korea requests that the panel be established with the standard terms of reference set out in Article 7 of the DSU.

Korea further requests that the current request be placed on the agenda for the meeting of the DSB on 23 September 2008.

———

12-2. 이행패널 구성 고지문

WORLD TRADE

ORGANIZATION

WT/DS336/20
9 October 2008

(08-4801)

JAPAN – COUNTERVAILING DUTIES ON
DYNAMIC RANDOM ACCESS MEMORIES FROM KOREA

Recourse by Korea to Article 21.5 of the DSU

Constitution of the Panel

Note by the Secretariat

1.   At its meeting on 23 September 2008, the Dispute Settlement Body (DSB) referred this dispute, if possible, to the original Panel in accordance with Article 21.5 of the Dispute Settlement Understanding (DSU) to examine the matter referred to the DSB by Korea in document WT/DS336/19.

2.   The terms of reference are the following:

"To examine, in the light of the relevant provisions of the covered agreements cited by Korea in document WT/DS336/19, the matter referred to the DSB by Korea in that document, and to make such findings as will assist the DSB in making the recommendations or in giving the rulings provided for in those agreements".

3.   On 8 October 2008, the Panel was composed as follows:

Chairman: Mr. Daniel Moulis

Members: Dr. Faizullah Khilji
                Mr. José Luis Santiago Pérez Gabilondo

4.   China, the European Communities, Chinese Taipei and the United States have reserved their rights to participate in the Panel proceedings as third parties.

———

13-1. 이행패널과 보상/보복절차 간 순서합의 고지문(1)

WORLD TRADE

ORGANIZATION

WT/DS336/18
10 September 2008

(08-4242)

Original: English

JAPAN – COUNTERVAILING DUTIES ON
DYNAMIC RANDOM ACCESS MEMORIES FROM KOREA

Understanding between Japan and the Republic of Korea
Regarding Procedures under Articles 21 and 22 of the DSU

The following communication, dated 9 September 2008, from the delegation of Japan and the delegation of Korea to the Chairman of the Dispute Settlement Body, is circulated at the request of these delegations.

———————

Please find attached the Confirmed Procedures between Japan and the Republic of Korea under Articles 21 and 22 of the Dispute Settlement Understanding in the dispute *Japan – Countervailing Duties on Dynamic Random Access Memories from Korea* (WT/DS336).

We kindly request you to circulate this communication to the Members of the DSB.

For the Republic of Korea	For Japan
(signed) Lee Sung-joo Ambassador Permanent Representative of Korea to the World Trade Organization	(signed) Shinichi Kitajima Ambassador Permanent Representative of Japan to the World Trade Organization

WT/DS336/18
Page 2

Confirmed Procedures between Japan and the Republic of Korea
under Articles 21 and 22 of the Dispute Settlement Understanding in the dispute
Japan – Countervailing Duties on Dynamic Random Access Memories from Korea
(WT/DS336)

On 17 December 2007, the *Dispute Settlement Body* ("DSB") adopted its recommendations and rulings in the dispute *Japan – Countervailing Duties on Dynamic Random Access Memories from Korea* (WT/DS336/R and WT/DS336/AB/R). At the DSB meeting of 15 January 2008, Japan announced its intention to comply with the recommendations and rulings of the DSB. Japan and Korea ("the Parties to the dispute") were not able to reach an agreement on the reasonable period of time, and on 25 February 2008, Korea requested that the reasonable period of time be determined through binding arbitration pursuant to Article 21.3(c) of the *Understanding on Rules and Procedures Governing the Settlement of Dispute* ("DSU"). The arbitrator determined that the reasonable period of time for Japan to comply with the recommendations and rulings of the DSB in this dispute would be eight months and two weeks from the date of the adoption of the Panel and Appellate Body reports, expiring on 1 September 2008. This arbitration report was circulated to WTO members on 5 May 2008 (WT/DS336/16).

On 29 August, 2008, Japan issued Cabinet Order No. 266 published in the Special Issue No. 189 of the Official Gazette, modifying the countervailing duties imposed on DRAMs from Korea in response to the recommendations and rulings of the DSB and reported to the DSB that it has complied with the recommendations and rulings of the DSB in a manner consistent with its WTO obligations. However, Korea does not consider that Japan has fully complied with the recommendations and rulings of the DSB within the reasonable period of time and wishes to reserve its right under Articles 21 and 22 of the DSU.

The Parties to the dispute have decided on the following procedures for the exclusive purposes of this dispute, which are designed to facilitate the resolution of the dispute, and are without prejudice to either Party's views on the correct interpretation of the relevant provisions of the DSU:

1.   Should Korea decide to invoke Article 21.5 of the DSU, Korea may request the establishment of a panel pursuant to Article 21.5 of the DSU ("Article 21.5 panel") at any time on or after the date of signing of this Confirmed Procedures. For this purpose, the Parties to the dispute confirm that consultations pursuant to Article 4 of the DSU regarding that matter are not necessary for the establishment of the Article 21.5 panel.

2.   At the first DSB meeting at which Korea's request for the establishment of an Article 21.5 panel appears on the agenda, Japan will accept the establishment of that panel.

3.   The Parties to the dispute will cooperate to enable the Article 21.5 panel to circulate its report within 90 days of the panel's composition, excluding such time during which the panel's work may be suspended pursuant to Article 12.12 of the DSU.

4.   Either Party to the dispute may request the DSB to adopt the report of the Article 21.5 panel at a DSB meeting held at least 20 days after the circulation of the report to the Members unless the other Party to the dispute appeals the report. If a Party to the dispute has notified its decision to appeal, the report by the Article 21.5 panel will not be considered for adoption by the DSB until after completion of the appeal.

5.   In the event of an appeal against the Article 21.5 panel report, the Parties to the dispute will cooperate to enable the Appellate Body to circulate its report to the Members within the time period described in Article 17.5 of the DSU.

6.   In the event of an appeal, either Party to the dispute may request the DSB to adopt the reports of the Appellate Body and the Article 21.5 panel (as modified by the Appellate Body report) at a DSB meeting held within 30 days of the circulation of the Appellate Body report to the Members.

7.   Korea will not request authorization from the DSB to suspend concessions or other obligations pursuant to Article 22 of the DSU until the adoption by the DSB of the Article 21.5 panel report and, where relevant, the Appellate Body report.

8.   If, as a result of the proceedings pursuant to Article 21.5, the DSB adopts recommendations and rulings which are based on the findings that measures taken by Japan to comply with the prior recommendations and rulings of the DSB do not exist or are inconsistent with a covered agreement, Korea has the right under Article 22.2 of the DSU to request negotiations with Japan with a view to developing mutually acceptable compensation, and to request authorization from the DSB to suspend concessions or other obligations pursuant to Article 22.2 and 22.6 of the DSU.

9.   Subject to paragraphs 7 and 8, Korea has the right to request the DSB authorization referred to therein at any future date following the adoption by the DSB of the Article 21.5 panel report and, where relevant, the Appellate Body report. Japan will not assert that Korea is precluded from obtaining the DSB authorization because the request was made outside the 30-day time-period specified in Article 22.6 of the DSU.

10.   Japan retains the right to object to the level of suspension proposed, or to claim that the principles and procedures set forth in Article 22.3 of the DSU have not been followed, and to have the matter referred to arbitration under Article 22.6 of the DSU ("Article 22.6 arbitration").

11.   If the matter has been referred to the Article 22.6 arbitration, the Parties to the dispute will cooperate to enable the arbitrator under Article 22.6 arbitration to circulate its decision within 60 days of the referral to arbitration.

12.   The Parties to the dispute will cooperate to facilitate the participation of the original panelists in the Article 21.5 panel and the Article 22.6 arbitration.

13.   If any of the original panelists is not available for either the Article 21.5 panel or the Article 22.6 arbitration (or both), the Parties to the dispute will promptly consult on a replacement panelist, and either Party to the dispute may request the Director-General of the WTO to appoint, as soon as possible, a replacement for the proceeding or proceedings in which a replacement is required. If an original panelist is unavailable to serve in either of the proceedings, the Parties to the dispute will further request that, in making this appointment, the Director-General seek a person who will be available to act in both proceedings.

14.   The Parties to the dispute will continue to cooperate in all matters related to this Confirmed Procedures and not to raise any procedural objection to any of the steps set out herein. If, during the application of these procedures, the Parties to the dispute consider that a procedural aspect has not been properly addressed in this Confirmed Procedures, they will endeavor to find a solution within the shortest time possible that will not affect the other aspects and steps confirmed herein.

WT/DS336/18
Page 4

15.   In order to fully safeguard their respective rights under the DSU, the Parties to the dispute
        confirm to immediately notify this Confirmed Procedures to the DSB.

For the Republic of Korea   For Japan

(signed)   (signed)
Lee Sung-joo   Shinichi Kitajima
Ambassador   Ambassador
Permanent Representative of Korea   Permanent Representative of Japan
to the World Trade Organization   to the World Trade Organization

Geneva, 9 September 2008

_____

13-2. 이행패널과 보상/보복절차 간 순서합의 고지문(2)

 **WORLD TRADE ORGANIZATION**

WT/DS488/16

10 February 2020

(20-1019)

Page: 1/2

Original: English

UNITED STATES – ANTI-DUMPING MEASURES ON CERTAIN OIL COUNTRY TUBULAR GOODS FROM KOREA

UNDERSTANDING BETWEEN THE REPUBLIC OF KOREA AND THE UNITED STATES REGARDING PROCEDURES UNDER ARTICLES 21 AND 22 OF THE DSU

The following communication, dated 6 February 2020, from the delegation of Korea and the delegation of the United States to the Chairperson of the Dispute Settlement Body, is circulated at the request of these delegations.

———————

The Dispute Settlement Body (DSB) adopted its recommendations and rulings in the dispute *United States – Anti-Dumping Measures on Certain Oil Country Tubular Goods from Korea* (WT/DS488) on 12 January 2018.

Pursuant to Article 21.3(b) of the *Understanding on Rules and Procedures Governing the Settlement of Disputes* (DSU), the Republic of Korea and the United States of America ("the parties to the dispute") agreed that the reasonable period of time to implement the DSB recommendations and rulings would be twelve months, expiring on 12 January 2019 (WT/DS488/11), which was later mutually agreed to be modified to expire on 12 July 2019 (WT/DS488/13).

The parties to the dispute have also agreed on the following procedures for the exclusive purposes of this dispute. These procedures are designed to facilitate the resolution of the dispute and reduce the scope for procedural disagreements. These procedures are without prejudice to either party's views on the proper interpretation of the DSU.

1. If Korea considers that the situation described in Article 21.5 of the DSU exists, Korea will request consultations with the United States.[1] The parties to the dispute agree to hold such consultations within 14 days from the date of circulation of such request. The parties to the dispute agree that after the end of such period of consultations, Korea may, at any time, request the establishment of a panel pursuant to Article 21.5 of the DSU.

2. At the first DSB meeting at which Korea's request for the establishment of an Article 21.5 panel appears on the agenda, the United States shall accept the establishment of that panel.

3. Theparties to the dispute shall cooperate to enable the Article 21.5 panel to circulate its report within 90 days of the panel's establishment, excluding such time during which the panel's work may be suspended pursuant to Article 12.12 of the DSU.

4. Following circulation of the report of the Article 21.5 panel, either party may request adoption of the Article 21.5 panel report at a meeting of the DSB within 60 days of circulation of the report. Each party to the dispute agrees not to appeal the report of the Article 21.5 panel pursuant to Article 16.4 of the DSU.

---

[1]The parties to the dispute agree that under Article 21.5 of the DSU, consultations are not obligatory.

WT/DS488/16

- 2 -

5. If the parties agree to arbitration procedures under Article 25 of the DSU to provide for review of the report of the Article 21.5 panel, they will amend this agreement on procedures accordingly.

6. Furthermore, the parties to the dispute recognize that Korea has requested authorization to suspend concessions or other obligations pursuant to Article 22.2 of the DSU, and the United States has objected in writing under Article 22.6 of the DSU to the level of suspension of concessions or other obligations. As such, the parties to the dispute agree that the matter has been referred to arbitration under Article 22.6 of the DSU pursuant to the U.S. objection.

7. As the matter has been referred to arbitration, the United States and Korea shall, at the earliest possible moment, request the arbitrator under Article 22.6 to suspend its work. In the event that the DSB finds, pursuant to Article 21.5 of the DSU, that a measure taken to comply does not exist or is inconsistent with a covered agreement, either party may request the Article 22.6 arbitrator to resume its work.

8. The parties to the dispute will cooperate to enable the arbitrator under Article 22.6 of the DSU to circulate its decision within 60 days of the resumption of the arbitration.

9. If any of the original panelists is not available for either the Article 21.5 panel or the Article 22.6 arbitration (or both), the parties to the dispute will promptly consult on a replacement, and either party may request the Director-General of the WTO to appoint, within ten days of being so requested, a replacement for the proceeding or proceedings in which a replacement is required. If an original panelist is unavailable to serve in either of the proceedings, the parties to the dispute will further request that, in making this appointment, the Director-General seek a person who will be available to act in both proceedings.

10. The parties to this dispute will continue to cooperate in all matters related to these agreed procedures and agree not to raise any procedural objection to any of the steps set out herein. If, during the application of these procedures, the parties to the dispute consider that a procedural aspect has not been properly addressed in these procedures, they will endeavor to find a solution within the shortest time possible that will not affect the other aspects and steps agreed herein.

11. These agreed procedures in no way prejudice other rights of either party to take any action or procedural step to protect its rights and interests, including recourse to the DSU.

12. This agreement applies specifically to this dispute and is without prejudice to a party's position on any systemic matter.

———————

14-1. 보복승인요청서(1)

WORLD TRADE

ORGANIZATION

WT/DS26/19
18 May 1999

(99-2091)

Original: English

EUROPEAN COMMUNITIES - MEASURES CONCERNING
MEAT AND MEAT PRODUCTS (HORMONES)

Recourse by the United States to Article 22.2 of the DSU

The following communication, dated 17 May 1999, from the Permanent Mission of the United States to the Chairman of the Dispute Settlement Body, is circulated pursuant to Article 22.2 of the DSU.

———————

Pursuant to Article 22.2 of the *Understanding on Rules and Procedures Governing the Settlement of Disputes* ("DSU "), the United States requests authorization from the Dispute Settlement Body ("DSB") to suspend the application to the European Communities ("EC"), and member States thereof, of tariff concessions and related obligations under the *General Agreement on Tariffs and Trade 1994* ("GATT 1994"), covering trade in an amount of US$202 million. This level of suspension is equivalent to the level of nullification or impairment of benefits accruing to the United States that results from the EC's failure to bring its measures concerning meat and meat products into compliance, by 13 May 1999, with the *Agreement on the Application of Sanitary and Phytosanitary Measures* (the "SPS Agreement") or to otherwise comply with the recommendations and rulings of the DSB in *EC Measures Concerning Meat and Meat Products (Hormones)*.

The EC's Failure to Implement the DSB's Recommendations and Rulings

On 20 May 1996, the DSB established a panel at the request of the United States to examine EC measures concerning meat and meat products ("hormones measures "). Both the panel and the Appellate Body in this dispute found the hormones measures to violate the SPS Agreement. On 13 February 1998, the DSB adopted the Appellate Body report (WT/DS26/AB/R) and the report of the panel (WT/DS26/R/USA), as modified by the Appellate Body report. The resulting DSB recommendations and rulings include, *inter alia,* the recommendation that the EC bring the hormones measures found to be inconsistent with the SPS Agreement into conformity with its obligations under that agreement (WT/DS26/AB/R, para. 255; WT/DS26/R/USA, para. 9.2). A WTO-appointed arbitrator subsequently determined that the "reasonable period of time" for the EC to implement the DSB recommendations and rulings would expire on 13 May 1999. The EC has failed to implement the recommendations and rulings of the DSB with respect to its hormones measures by that date. Therefore, the United States is entitled to redress under Article 22 of the DSU.

U.S. Recourse to Article 22.2 of the DSU

The EC's failure to bring its measures concerning meat and meat products into compliance with the SPS Agreement, or to otherwise comply with the recommendations and rulings of the DSB in this matter, results in a loss in U.S. exports of US$202 million. In accordance with Article 22.2, the United States is requesting authorization from the DSB, at a meeting requested for 3 June 1999, to suspend the application to the EC, and member States thereof, of tariff concessions and related obligations under the GATT 1994, covering trade in an amount of US$202 million.

WT/DS26/19
Page 2

In considering what concessions to suspend, the United States applied the principles and procedures set forth in Article 22.3 of the DSU, and makes this request pursuant to Article 22.3(a). As required by Article 22.4 of the DSU, the level of suspension proposed is equivalent on an annual basis to the nullification or impairment of benefits accruing to the United States, resulting from the EC's failure to comply with the DSB's recommendations and rulings.

The United States intends to implement this suspension of tariff concessions and related obligations under the GATT 1994 by directing the U.S. Customs Service to impose duties in excess of bound rates on a list of products to be drawn from the list attached to this request. The trade value of the final list of products subject to increased duties will be equivalent, on an annual basis, to US$202 million.

ATTACHMENT

Note: The product descriptions supplied below for the items of the Harmonized Tariff Schedule of the United States ("HTS") are for the convenience of the reader and are not intended to delimit in any way the scope of the products that would be subject to increased duties.

HTS	Description
0201	MEAT OF BOVINE ANIMALS, FRESH OR CHILLED
0202	MEAT OF BOVINE ANIMALS, FROZEN
0203	MEAT OF SWINE (PORK), FRESH, CHILLED OR FROZEN
0206	EDIBLE OFFAL OF BOVINE ANIMALS, SWINE, SHEEP, GOATS, HORSES ETC., FRESH, CHILLED OR FROZEN
0207	MEAT AND EDIBLE OFFAL OF POULTRY (CHICKENS, DUCKS, GEESE, TURKEYS AND GUINEAS), FRESH, CHILLED OR FROZEN
02101100	Hams, shoulders and cuts thereof with bone in, salted, in brine, dried or smoked
02101200	Bellies (streaky) and cuts thereof of swine, salted, in brine, dried or smoked
02102000	Meat of bovine animals, salted, in brine, dried or smoked
02109020	Meat and edible offal of chickens, ducks, geese, turkeys and guineas, salted, in brine, dried or smoked; flour and meal of these animals
02109040	Meat and edible offal nesoi, salted, in brine, dried or smoked; flour and meal, nesoi
04064020	Roquefort cheese in original loaves, not grated or powdered, not processed
04064040	Roquefort cheese, other than in original loaves, not grated or powdered, not processed
05040000	Guts, bladders and stomachs of animals (other than fish), whole and pieces thereof
06039000	Cut flowers and flower buds, suitable for bouquets or ornamental purposes, dried, dyed, bleached, impregnated or otherwise prepared
06049100	Foliage, branches and other parts of plants without flowers or flower buds, and grasses, suitable for bouquets or ornamental purposes, fresh
06049930	Foliage, branches, parts of plants without flowers or buds, and grasses, suitable for bouquets or ornamental purposes, dried or bleached
07020020	Tomatoes, fresh or chilled, entered during Mar.1 to July 14, or the period Sept.1 to Nov.14 in any year
07020040	Tomatoes, fresh or chilled, entered during July 15 to Aug.31 in any year
07020060	Tomatoes, fresh or chilled, entered from Nov. 15 thru the last day of Feb. of the following year
07031040	Onions, other than onion sets or pearl onions not over 16 mm in diameter, and shallots, fresh or chilled
07095200	Truffles, fresh or chilled
07129010	Dried carrots, whole, cut, sliced, broken or in powder, but not further prepared
07129074	Dried tomatoes, in powder
07129078	Dried tomatoes, whole, cut, sliced or broken but not further prepared
08024000	Chestnuts, fresh or dried, shelled or in shell
09042020	Paprika, dried or crushed or ground
10040000	Oats
11041200	Rolled or flaked grains of oats
11042200	Grains of oats, hulled, pearled, clipped, sliced, kibbled or otherwise worked, but not rolled or flaked
15059000	Fatty substances derived from wool grease (including lanolin)
1601	SAUSAGES AND SIMILAR PRODUCTS, OF MEAT, MEAT OFFAL OR BLOOD; FOOD PREPARATIONS BASED ON THESE PRODUCTS
16021000	Homogenized preparations of meat, meat offal or blood, nesoi

WT/DS26/19
Page 4

16022020	Prepared or preserved liver of goose
16022040	Prepared or preserved liver of any animal other than of goose
16023100	Prepared or preserved meat or meat offal of turkeys, nesoi
16023200	Prepared or preserved meat or meat offal of chickens, nesoi
16023900	Prepared or preserved meat or meat offal of ducks, geese or guineas, nesoi
16024110	Prepared or preserved pork ham and cuts thereof, containing cereals or vegetables
16024120	Pork hams and cuts thereof, not containing cereals or vegetables, boned and cooked and packed in airtight containers
16024190	Prepared or preserved pork hams and cuts thereof, not containing cereals or vegetables, nesoi
16024220	Pork shoulders and cuts thereof, boned and cooked and packed in airtight containers
16024240	Prepared or preserved pork shoulders and cuts thereof, other than boned and cooked and packed in airtight containers
16024910	Prepared or preserved pork offal, including mixtures
16024920	Pork other than ham and shoulder and cuts thereof, not containing cereals or vegetables, boned and cooked and packed in airtight containers
16024940	Prepared or preserved pork, not containing cereals or vegetables, nesoi
16024960	Prepared or preserved pork mixed with beef
16024990	Prepared or preserved pork, nesoi
16025005	Prepared or preserved offal of bovine animals
16025009	Prepared or preserved meat of bovine animals, cured or pickled, not containing cereals or vegetables
16025010	Corned beef in airtight containers
16025020	Prepared or preserved beef in airtight containers, other than corned beef, not containing cereals or vegetables
16025060	Prepared or preserved meat of bovine animals, not containing cereals or vegetables, nesoi
16025090	Prepared or preserved meat of bovine animals, containing cereals or vegetables
17041000	Chewing gum, not containing cocoa, whether or not sugar-coated
17049025	Sugar confectionary cough drops, not containing cocoa
18063100	Chocolate and other cocoa preparations, in blocks, slabs or bars, filled, not in bulk
19054000	Rusks, toasted bread and similar toasted products
20021000	Tomatoes, whole or in pieces, prepared or preserved otherwise than by vinegar or acetic acid
20029040	Tomatoes, in powder, prepared or preserved otherwise than by vinegar or acetic acid
20029080	Tomatoes (including paste and puree) prepared or preserved otherwise than by vinegar or acetic acid, nesoi
20079905	Lingonberry and raspberry jams
20083042	Satsumas, prepared or preserved, in airtight containers, aggregate quantity n/o 40,000 metric tons/calendar yr
20083046	Satsumas, prepared or preserved, in airtight containers, aggregate quantity o/40,000 metric tons/calendar yr
20084000	Pears, otherwise prepared or preserved, nesoi
20087000	Peaches (excluding nectarines), otherwise prepared or preserved, nesoi
20096000	Grape juice (including grape must), concentrated or not concentrated
20098060	Juice of any other single fruit, nesoi, (including cherries and berries), concentrated or not concentrated
20099040	Mixtures of fruit juices, or mixtures of vegetable and fruit juices, concentrated or not concentrated
21013000	Roasted chicory and other roasted coffee substitutes and extracts, essences and concentrates thereof
21033040	Prepared mustard
121041000	Soups and broths and preparations therefor

WT/DS26/19
Page 5

22011000	Mineral waters and aerated waters, not containing added sugar or other sweetening matter nor flavored
23099010	Mixed feed or mixed feed ingredients used in animal feeding
35061050	Products suitable for use as glues or adhesives, nesoi, not exceeding 1 kg, put up for retail sale
55041000	Artificial staple fibers, not carded, combed or otherwise processed for spinning, of viscose rayon
55101100	Yarn (other than sewing thread) containing 85% or more by weight of artificial staple fibers, singles, not put up for retail sale
85102000	Hair clippers, with self-contained electric motor
87112000	Motorcycles (incl. mopeds) and cycles, fitted w/recip. internal-combustion piston engine w/capacity o/50 but n/o 250 cc
87113000	Motorcycles (incl. mopeds) and cycles, fitted w/recip. internal-combustion piston engine w/capacity o/250 but n/o 500 cc

———

14-2. 보복승인요청서(2)

WORLD TRADE

ORGANIZATION

WT/DS217/25
16 January 2004

(04-0177)

Original: English

**UNITED STATES – CONTINUED DUMPING AND
SUBSIDY OFFSET ACT OF 2000**

Recourse by Korea to Article 22.2 of the DSU

The following communication, dated 15 January 2004, from the delegation of Korea to the Chairman of the Dispute Settlement Body, is circulated pursuant to Article 22.2 of the DSU.

The Republic of Korea requests that a special meeting of the Dispute Settlement Body be held on 26 January 2004 in order to consider the following agenda item:

United States – Continued Dumping and Subsidy Offset Act of 2000 : Recourse by the Republic of Korea to Article 22.2 of the Understanding on Rules and Procedures Governing the Settlement of Disputes

Both the Panel and the Appellate Body found that the Continued Dumping and Subsidy Offset Act of 2000 (CDSOA) violates the United States' obligations under the General Agreement on Tariffs and Trade 1994 (GATT 1994), the Agreement on Implementation of Article VI of the General Agreement on Tariffs and Trade 1994 (AD Agreement), the Agreement on Subsidies and Countervailing Measures (SCM Agreement) and the Marrakesh Agreement establishing the World Trade Organisation (WTO Agreement). Specifically, the Panel and the Appellate Body concluded that:

- the CDSOA is a non permissible specific action against dumping or a subsidy contrary to Article 18.1 of the AD Agreement, Article 32.1 of the SCM Agreement and Articles VI:2 and VI:3 of GATT 1994;

- consequently, that the United States has failed to comply with Article 18.4 of the AD Agreement, 32.5 of the SCM Agreement and Article XVI:4 of the WTO Agreement.

- to the extent that the CDSOA is inconsistent with provisions of the AD and SCM Agreements, the CDSOA nullifies or impairs benefits accruing to Complaining Parties under those Agreements.

On 27 January 2003, the Dispute Settlement Body (DSB) adopted the Appellate Body report and the Panel report as modified by the Appellate Body report. The resulting DSB recommendations and rulings include the recommendation that the United States bring the aspects of the CDSOA found to be inconsistent with the GATT, AD and SCM Agreement into conformity with its obligations

./.

WT/DS217/25
Page 2

under the covered agreements. The United States stated that it intended to implement the recommendations and rulings of the DSB.

An arbitration under Article 21.3(c) of the Understanding on Rules and Procedures Governing the Settlement of Disputes (DSU) subsequently determined that the "reasonable period of time" for the United States to implement the DSB recommendations and rulings would expire on 27 December 2003.

The United States has failed to implement the recommendations and rulings of the DSB with respect to the CDSOA by that date, and no mutually acceptable arrangement has yet been made. In the interest of preserving the balance of concessions and the integrity of the rules of the multilateral trading system, the Republic of Korea hereby requests authorization from the DSB to suspend the application to the United States of concessions or other obligations under the covered agreements, in accordance with Article 22.2 of the DSU.

The Republic of Korea requests that the DSB grant such authorisation to suspend concessions or other obligations for an amount that will be determined, every year, by the amount of offset payments made to affected domestic producers in the latest annual distribution under the CDSOA.

Pursuant to that authorization, the Republic of Korea intends to impose an additional import duty above bound custom duties on a final list of products originating in the United States. In accordance with Article 22.4 of the DSU, every year, the rate of this additional import duty will be set so as to collect, over one year, additional import duties equivalent to: (a) the offset payments made in the latest annual distribution under the CDSOA from duties collected on products from the Republic of Korea; plus, (b) a proportionate amount of the balance of total offset payments less the offset payments attributed to duties collected on products from other members that are authorized by the DSB to suspend concessions or other obligations in this dispute. Every year, prior to the adjustment of the additional import duty, the Republic of Korea will notify to the DSB a detailed list indicating the level of the additional duty on the selected products in the light of the changes in the level of the disbursements made under the CDSOA.

15-1. 보복중재심 회부 서한

WORLD TRADE

ORGANIZATION

WT/DS217/31
26 January 2004

(04-0270)

Original: English

UNITED STATES – CONTINUED DUMPING AND SUBSIDY OFFSET ACT OF 2000

Request by the United States for Arbitration under Article 22.6 of the DSU

The following communication, dated 23 January 2004, from the delegation of the United States to the Chairman of the Dispute Settlement Body, is circulated pursuant to Article 22.6 of the DSU.

Regarding the dispute *United States - Continued Dumping and Subsidy Offset Act of 2000* (WT/DS217), my authorities have instructed me to inform you that, pursuant to Article 22.6 of the *Understanding on Rules and Procedures Governing the Settlement of Disputes* ("DSU"), the United States objects to the level of suspension of concessions or other obligations under the covered agreements proposed by Korea in document WT/DS217/25, including that Korea's request fails to specify a level of suspension and is inadequate for the arbitrator to perform the functions provided under Article 22.7 of the DSU.

Accordingly, as required by Article 22.6 of the DSU, "the matter shall be referred to arbitration".

15-2. 보복중재인 구성 고지문

World Trade

Organization

WT/DS217/37
11 February 2004

(04-0531)

**UNITED STATES – CONTINUED DUMPING AND SUBSIDY
OFFSET ACT OF 2000**

Recourse by the United States to Article 22.6 of the DSU

Constitution of the Arbitrator

Note by the Secretariat

1.   At its meeting on 26 January 2004, the Dispute Settlement Body (DSB) agreed that the matter raised by the United States in document WT/DS217/31, with respect to Korea's recourse to Article 22.2 of the DSU, shall be referred to arbitration in accordance with Article 22.6 of the DSU.

2.   Article 22.6 of the DSU provides as follows:

"When the situation described in paragraph 2 occurs, the DSB, upon request, shall grant authorization to suspend concessions or other obligations within 30 days of the expiry of the reasonable period of time unless the DSB decides by consensus to reject the request. However, if the Member concerned objects to the level of suspension proposed, or claims that the principles and procedures set forth in paragraph 3 have not been followed where a complaining party has requested authorization to suspend concessions or other obligations pursuant to paragraph 3(b) or (c), the matter shall be referred to arbitration. Such arbitration shall be carried out by the original panel, if members are available, or by an arbitrator[15] appointed by the Director-General and shall be completed within 60 days after the date of expiry of the reasonable period of time. Concessions or other obligations shall not be suspended during the course of the arbitration."

(*original footnote*) [15] The expression "arbitrator" shall be interpreted as referring either to an individual or a group.

3.   The following individuals will serve as arbitrators:

Chairman: Mr. Luzius Wasescha

Members: Mr. Maamoun Abdel-Fattah
Mr. William Falconer

16. 보복중재심 판정을 반영한 보복승인요청서

WORLD TRADE

ORGANIZATION

WT/DS217/42
11 November 2004

(04-4841)

Original: English

UNITED STATES – CONTINUED DUMPING AND
SUBSIDY OFFSET ACT OF 2000

Recourse by Korea to Article 22.7 of the DSU

The following communication, dated 10 November 2004, from the delegation of Korea to the Chairperson of the Dispute Settlement Body, is circulated pursuant to Article 22.7 of the DSU.

The Republic of Korea requests that the following item be placed on the agenda of the meeting of the Dispute Settlement Body on 24 November 2004:

United States – Continued Dumping and Subsidy Offset Act of 2000

Recourse by the Republic of Korea to Article 22.7 of the Understanding on Rules and Procedures Governing the Settlement of Disputes

The Panel and the Appellate Body found that the Continued Dumping and Subsidy Offset Act of 2000 ("CDSOA") was inconsistent with the United States' obligations under the General Agreement on Tariffs and Trade 1994 ('GATT 1994'), the Agreement on Implementation of Article VI of the General Agreement on Tariffs and Trade 1994, the Agreement on Subsidies and Countervailing Measures and the Marrakesh Agreement establishing the World Trade Organization. On 27 January 2003, the Dispute Settlement Body ("DSB") adopted the Appellate Body report and the Panel report as modified by the Appellate Body report. The United States stated that it intended to implement the recommendations and rulings of the DSB but failed to do so within the required deadline (by 27 December 2003).

Consequently, on 15 January 2004, the Republic of Korea requested authorization to suspend the application to the United States of tariff concessions and other obligations under GATT 1994. As the United States objected to the level of suspension proposed, the matter was referred to arbitration pursuant to Article 22.6 of the DSU on 26 January 2004.

The Arbitrator issued its decision on 31 August 2004 which concluded that:

5.2 [T]he suspension by the Republic of Korea of concessions or other obligations in the form of the imposition of an additional import duty above bound custom duties on a list of products originating in the United States covering, on a yearly basis, a *total value of trade* not exceeding, in US dollars, the amount resulting from the following equation:

Amount of disbursements under CDSOA for the most recent year for which data are available relating to anti-dumping or countervailing

WT/DS217/42
Page 2

> duties paid on imports from the Republic of Korea at that time, as
> published by the United States' authorities.

multiplied by:

> 0.72

would be consistent with Article 22.4 of the DSU.[1]

In accordance with Article 22.7 of the DSU, the Republic of Korea hereby requests authorization from the DSB to suspend the application to the United States of tariff concessions and other obligations under GATT 1994, including Articles I and II thereof, in the form of the imposition of additional import duties on products originating in the United States, at a level not exceeding every year 72% of the amount of CDSOA disbursements relating to anti-dumping or countervailing duties paid on imports from the Republic of Korea for the most recent year for which data are available at that time, consistent with the decision by the Arbitrator of 31 August 2004.[2]

Furthermore, pursuant to the arbitration award, the Republic of Korea will notify the DSB every year, prior to the entry into force of the suspension of concessions or other obligations, the list of products on which the additional import duty will be levied. The products will be drawn from the attached indicative list of products.

---

[1] WT/DS217/ARB/KOR, para. 5.2.
[2] WT/DS217/ARB/KOR

ANNEX: LIST OF PRODUCTS

The products covered by the list are determined by the product description of the Harmonized Tariff Schedule of the Republic of Korea. The descriptions hereunder are given for information purposes only.

Description		HS codes(10-digits)
Washing preparations		3402-20-1000
Glassware of a kind used for table, kitchen, toilet, office, indoor decoration or similar purposes(other than that of heading 70.10 or 70.18)	of glass-ceramics	7013-10-0000
	other	7013-39-0000
Cod (Gadus morhua, Gadus ogac, Gadus macrocephalus), excluding livers and roes		0303-60-0000
Angler (Monkfish)		0303-79-9091
Ray		0303-79-9096

17. 상소기구 작업절차: 부록 II에 행동 규칙(Rules of Conduct) 포함

WORLD TRADE

ORGANIZATION

WT/AB/WP/6*
16 August 2010

(10-4339)

Appellate Body

WORKING PROCEDURES

FOR

APPELLATE REVIEW

This document replaces the *Working Procedures for Appellate Review* circulated 4 January 2005. It is a consolidated, revised version, and reflects amendments to Rules 6 (3), 18(1), 18(2), 18(4), 21(1), 22(1), 23(1), 23(3), 23(4), 24(1), 24(2), 27(1), 32(1), and 32(2), and Annexes I and III, as discussed in WT/AB/WP/W/10 and WT/AB/WP/W/11. The *Working Procedures for Appellate Review* consolidated in this document will be applied to appeals initiated on or after 15 September 2010.

*NOTE CONCERNING DOCUMENT NUMBER: A Communication from the Chairman of the Appellate Body to the Chairman of the Dispute Settlement Body was originally issued on 10 April 2003 as document WT/AB/WP/6. For technical reasons (explained in WT/AB/WP/W/9), that Communication was re-issued as document WT/AB/WP/W/7.

Definitions

1.   In these *Working Procedures for Appellate Review*,

"appellant"
> means any party to the dispute that has filed a Notice of Appeal pursuant to Rule 20;

"appellate report"
> means an Appellate Body report as described in Article 17 of the DSU;

"appellee"
> means any party to the dispute that has filed a submission pursuant to Rule 22 or paragraph 4 of Rule 23;

"consensus"
> a decision is deemed to be made by consensus if no Member formally objects to it;

"covered agreements"
> has the same meaning as "covered agreements" in paragraph 1 of Article 1 of the DSU;

"division"
> means the three Members who are selected to serve on any one appeal in accordance with paragraph 1 of Article 17 of the DSU and paragraph 2 of Rule 6;

"documents"
> means the Notice of Appeal, any Notice of Other Appeal and the submissions and other written statements presented by the participants or third participants;

"DSB"
> means the Dispute Settlement Body established under Article 2 of the DSU;

"DSU"
> means the *Understanding on Rules and Procedures Governing the Settlement of Disputes* which is Annex 2 to the *WTO Agreement*;

"Member"
> means a Member of the Appellate Body who has been appointed by the DSB in accordance with Article 17 of the DSU;

"other appellant"
> means any party to the dispute that has filed a Notice of Other Appeal pursuant to paragraph 1 of Rule 23;

"participant"
> means any party to the dispute that has filed a Notice of Appeal pursuant to Rule 20, a Notice of Other Appeal pursuant to Rule 23 or a submission pursuant to Rule 22 or paragraph 4 of Rule 23;

"party to the dispute"
> means any WTO Member who was a complaining or defending party in the panel dispute, but does not include a third party;

WT/AB/WP/6
Page 2

"proof of service"
> means a letter or other written acknowledgement that a document has been delivered, as required, to the parties to the dispute, participants, third parties or third participants, as the case may be;

"Rules"
> means these *Working Procedures for Appellate Review;*

"Rules of Conduct"
> means the *Rules of Conduct for the Understanding on Rules and Procedures Governing the Settlement of Disputes* as attached in Annex II to these Rules;

"SCM Agreement"
> means the *Agreement on Subsidies and Countervailing Measures* which is in Annex 1A to the *WTO Agreement;*

"Secretariat"
> means the Appellate Body Secretariat;

"service address"
> means the address of the party to the dispute, participant, third party or third participant as generally used in WTO dispute settlement proceedings, unless the party to the dispute, participant, third party or third participant has clearly indicated another address;

"third participant"
> means any third party that has filed a written submission pursuant to Rule 24(1); or any third party that appears at the oral hearing, whether or not it makes an oral statement at that hearing;

"third party"
> means any WTO Member who has notified the DSB of its substantial interest in the matter before the panel pursuant to paragraph 2 of Article 10 of the DSU;

"WTO"
> means the World Trade Organization;

"WTO Agreement"
> means the *Marrakesh Agreement Establishing the World Trade Organization*, done at Marrakesh, Morocco on 15 April 1994;

"WTO Member"
> means any State or separate customs territory possessing full autonomy in the conduct of its external commercial relations that has accepted or acceded to the WTO in accordance with Articles XI, XII or XIV of the *WTO Agreement;* and

"WTO Secretariat"
> means the Secretariat of the World Trade Organization.

PART I

MEMBERS

Duties and Responsibilities

2.   (1)   A Member shall abide by the terms and conditions of the DSU, these Rules and any decisions of the DSB affecting the Appellate Body.

        (2)   During his/her term, a Member shall not accept any employment nor pursue any professional activity that is inconsistent with his/her duties and responsibilities.

        (3)   A Member shall exercise his/her office without accepting or seeking instructions from any international, governmental, or non-governmental organization or any private source.

        (4)   A Member shall be available at all times and on short notice and, to this end, shall keep the Secretariat informed of his/her whereabouts at all times.

Decision-Making

3.   (1)   In accordance with paragraph 1 of Article 17 of the DSU, decisions relating to an appeal shall be taken solely by the division assigned to that appeal. Other decisions shall be taken by the Appellate Body as a whole.

        (2)   The Appellate Body and its divisions shall make every effort to take their decisions by consensus. Where, nevertheless, a decision cannot be arrived at by consensus, the matter at issue shall be decided by a majority vote.

Collegiality

4.   (1)   To ensure consistency and coherence in decision-making, and to draw on the individual and collective expertise of the Members, the Members shall convene on a regular basis to discuss matters of policy, practice and procedure.

        (2)   The Members shall stay abreast of dispute settlement activities and other relevant activities of the WTO and, in particular, each Member shall receive all documents filed in an appeal.

        (3)   In accordance with the objectives set out in paragraph 1, the division responsible for deciding each appeal shall exchange views with the other Members before the division finalizes the appellate report for circulation to the WTO Members. This paragraph is subject to paragraphs 2 and 3 of Rule 11.

        (4)   Nothing in these Rules shall be interpreted as interfering with a division's full authority and freedom to hear and decide an appeal assigned to it in accordance with paragraph 1 of Article 17 of the DSU.

Chairman

5. (1)   There shall be a Chairman of the Appellate Body who shall be elected by the Members.

    (2)   The term of office of the Chairman of the Appellate Body shall be one year. The Appellate Body Members may decide to extend the term of office for an additional period of up to one year. However, in order to ensure rotation of the Chairmanship, no Member shall serve as Chairman for more than two consecutive terms.

    (3)   The Chairman shall be responsible for the overall direction of the Appellate Body business, and in particular, his/her responsibilities shall include:

        (a)   the supervision of the internal functioning of the Appellate Body; and
        (b)   any such other duties as the Members may agree to entrust to him/her.

    (4)   Where the office of the Chairman becomes vacant due to permanent incapacity as a result of illness or death or by resignation or expiration of his/her term, the Members shall elect a new Chairman who shall serve a full term in accordance with paragraph 2.

    (5)   In the event of a temporary absence or incapacity of the Chairman, the Appellate Body shall authorize another Member to act as Chairman *ad interim*, and the Member so authorized shall temporarily exercise all the powers, duties and functions of the Chairman until the Chairman is capable of resuming his/her functions.

Divisions

6. (1)   In accordance with paragraph 1 of Article 17 of the DSU, a division consisting of three Members shall be established to hear and decide an appeal.

    (2)   The Members constituting a division shall be selected on the basis of rotation, while taking into account the principles of random selection, unpredictability and opportunity for all Members to serve regardless of their national origin.

    (3)   A Member selected pursuant to paragraph 2 to serve on a division shall serve on that division, unless:

        (a)   he/she is excused from that division pursuant to Rule 9 or 10;
        (b)   he/she has notified the Chairman and the Presiding Member that he/she is prevented from serving on the division because of illness or other serious reasons pursuant to Rule 12; or
        (c)   he/she has notified his/her intentions to resign pursuant to Rule 14.

Presiding Member of the Division

7. (1) Each division shall have a Presiding Member, who shall be elected by the Members of that division.

    (2) The responsibilities of the Presiding Member shall include:

    (a) coordinating the overall conduct of the appeal proceeding;
    (b) chairing all oral hearings and meetings related to that appeal; and
    (c) coordinating the drafting of the appellate report.

    (3) In the event that a Presiding Member becomes incapable of performing his/her duties, the other Members serving on that division and the Member selected as a replacement pursuant to Rule 13 shall elect one of their number to act as the Presiding Member.

Rules of Conduct

8. (1) On a provisional basis, the Appellate Body adopts those provisions of the *Rules of Conduct for the Understanding on Rules and Procedures Governing the Settlement of Disputes*, attached in Annex II to these Rules, which are applicable to it, until *Rules of Conduct* are approved by the DSB.

    (2) Upon approval of *Rules of Conduct* by the DSB, such *Rules of Conduct* shall be directly incorporated and become part of these Rules and shall supersede Annex II.

9. (1) Upon the filing of a Notice of Appeal, each Member shall take the steps set out in Article VI:4(b)(i) of Annex II, and a Member may consult with the other Members prior to completing the disclosure form.

    (2) Upon the filing of a Notice of Appeal, the professional staff of the Secretariat assigned to that appeal shall take the steps set out in Article VI:4(b)(ii) of Annex II.

    (3) Where information has been submitted pursuant to Article VI:4(b)(i) or (ii) of Annex II, the Appellate Body shall consider whether further action is necessary.

    (4) As a result of the Appellate Body's consideration of the matter pursuant to paragraph 3, the Member or the professional staff member concerned may continue to be assigned to the division or may be excused from the division.

10. (1) Where evidence of a material violation is filed by a participant pursuant to Article VIII of Annex II, such evidence shall be confidential and shall be supported by affidavits made by persons having actual knowledge or a reasonable belief as to the truth of the facts stated.

    (2) Any evidence filed pursuant to Article VIII:1 of Annex II shall be filed at the earliest practicable time: that is, forthwith after the participant submitting it knew or reasonably could have known of the facts supporting it. In no case shall such evidence be filed after the appellate report is circulated to the WTO Members.

    (3) Where a participant fails to submit such evidence at the earliest practicable time, it shall file an explanation in writing of the reasons why it did not do so earlier, and the Appellate Body may decide to consider or not to consider such evidence, as appropriate.

WT/AB/WP/6
Page 6

(4)   While taking fully into account paragraph 5 of Article 17 of the DSU, where evidence has been filed pursuant to Article VIII of Annex II, an appeal shall be suspended for fifteen days or until the procedure referred to in Article VIII:14-16 of Annex II is completed, whichever is earlier.

(5)   As a result of the procedure referred to in Article VIII:14-16 of Annex II, the Appellate Body may decide to dismiss the allegation, to excuse the Member or professional staff member concerned from being assigned to the division or make such other order as it deems necessary in accordance with Article VIII of Annex II.

11.   (1)   A Member who has submitted a disclosure form with information attached pursuant to Article VI:4(b)(i) or is the subject of evidence of a material violation pursuant to Article VIII:1 of Annex II, shall not participate in any decision taken pursuant to paragraph 4 of Rule 9 or paragraph 5 of Rule 10.

    (2)   A Member who is excused from a division pursuant to paragraph 4 of Rule 9 or paragraph 5 of Rule 10 shall not take part in the exchange of views conducted in that appeal pursuant to paragraph 3 of Rule 4.

    (3)   A Member who, had he/she been a Member of a division, would have been excused from that division pursuant to paragraph 4 of Rule 9, shall not take part in the exchange of views conducted in that appeal pursuant to paragraph 3 of Rule 4.

Incapacity

12.   (1)   A Member who is prevented from serving on a division by illness or for other serious reasons shall give notice and duly explain such reasons to the Chairman and to the Presiding Member.

    (2)   Upon receiving such notice, the Chairman and the Presiding Member shall forthwith inform the Appellate Body.

Replacement

13.   Where a Member is unable to serve on a division for a reason set out in paragraph 3 of Rule 6, another Member shall be selected forthwith pursuant to paragraph 2 of Rule 6 to replace the Member originally selected for that division.

Resignation

14.   (1)   A Member who intends to resign from his/her office shall notify his/her intentions in writing to the Chairman of the Appellate Body who shall immediately inform the Chairman of the DSB, the Director-General and the other Members of the Appellate Body.

    (2)   The resignation shall take effect 90 days after the notification has been made pursuant to paragraph 1, unless the DSB, in consultation with the Appellate Body, decides otherwise.

Transition

15.   A person who ceases to be a Member of the Appellate Body may, with the authorization of the Appellate Body and upon notification to the DSB, complete the disposition of any appeal to which that person was assigned while a Member, and that person shall, for that purpose only, be deemed to continue to be a Member of the Appellate Body.

PART II

PROCESS

General Provisions

16.   (1)   In the interests of fairness and orderly procedure in the conduct of an appeal, where a procedural question arises that is not covered by these Rules, a division may adopt an appropriate procedure for the purposes of that appeal only, provided that it is not inconsistent with the DSU, the other covered agreements and these Rules. Where such a procedure is adopted, the division shall immediately notify the parties to the dispute, participants, third parties and third participants as well as the other Members of the Appellate Body.

        (2)   In exceptional circumstances, where strict adherence to a time-period set out in these Rules would result in a manifest unfairness, a party to the dispute, a participant, a third party or a third participant may request that a division modify a time-period set out in these Rules for the filing of documents or the date set out in the working schedule for the oral hearing. Where such a request is granted by a division, any modification of time shall be notified to the parties to the dispute, participants, third parties and third participants in a revised working schedule.

17.   (1)   Unless the DSB decides otherwise, in computing any time-period stipulated in the DSU or in the special or additional provisions of the covered agreements, or in these Rules, within which a communication must be made or an action taken by a WTO Member to exercise or preserve its rights, the day from which the time-period begins to run shall be excluded and, subject to paragraph 2, the last day of the time-period shall be included.

        (2)   The DSB Decision on "Expiration of Time-Periods in the DSU", WT/DSB/M/7, shall apply to appeals heard by divisions of the Appellate Body.

Documents

18.   (1)   No document is considered filed with the Appellate Body unless the document is received by the Secretariat within the time-period set out for filing in accordance with these Rules.

                Official versions of documents shall be submitted in paper form to the Appellate Body Secretariat by 17:00 Geneva time on the day that the document is due. Participants, parties, third participants and third parties shall, by the same deadline, also provide to the Appellate Body Secretariat an electronic copy of each document. Such electronic copy may be sent via electronic mail to the Appellate Body

Secretariat's electronic mail address, or brought to the Appellate Body Secretariat on a data storage device such as a CD-ROM or USB flash drive.

(2)   Except as otherwise provided in these Rules, every document filed by a party to the dispute, a participant, a third party or a third participant shall on the same day be served on each of the other parties to the dispute, participants, third parties and third participants in the appeal, in accordance with paragraph 4.

(3)   A proof of service on the other parties to the dispute, participants, third parties and third participants shall appear on, or be affixed to, each document filed with the Secretariat under paragraph 1 above.

(4)   A document shall be served by the most expeditious means of delivery or communication available, including by:

(a)   delivering a copy of the document to the service address of the party to the dispute, participant, third party or third participant; or

(b)   sending a copy of the document to the service address of the party to the dispute, participant, third party or third participant by facsimile transmission, expedited delivery courier or expedited mail service.

Electronic copies of documents served shall also be provided on the same day, either by electronic mail, or through physical delivery of a data storage device containing an electronic copy of the document.

(5)   Upon authorization by the division, a participant or a third participant may correct clerical errors in any of its documents (including typographical mistakes, errors of grammar, or words or numbers placed in the wrong order). The request to correct clerical errors shall identify the specific errors to be corrected and shall be filed with the Secretariat no later than 30 days after the date of the filing of the Notice of Appeal. A copy of the request shall be served upon the other parties to the dispute, participants, third parties and third participants, each of whom shall be given an opportunity to comment in writing on the request. The division shall notify the parties to the dispute, participants, third parties and third participants of its decision.

Ex Parte Communications

19.   (1)   Neither a division nor any of its Members shall meet with or contact one party to the dispute, participant, third party or third participant in the absence of the other parties to the dispute, participants, third parties and third participants.

(2)   No Member of the division may discuss any aspect of the subject matter of an appeal with any party to the dispute, participant, third party or third participant in the absence of the other Members of the division.

(3)   A Member who is not assigned to the division hearing the appeal shall not discuss any aspect of the subject matter of the appeal with any party to the dispute, participant, third party or third participant.

Commencement of Appeal

20. (1) An appeal shall be commenced by notification in writing to the DSB in accordance with paragraph 4 of Article 16 of the DSU and simultaneous filing of a Notice of Appeal with the Secretariat.

    (2) A Notice of Appeal shall include the following information:

       (a) the title of the panel report under appeal;
       (b) the name of the party to the dispute filing the Notice of Appeal;
       (c) the service address, telephone and facsimile numbers of the party to the dispute; and
       (d) a brief statement of the nature of the appeal, including:

          (i) identification of the alleged errors in the issues of law covered in the panel report and legal interpretations developed by the panel;
          (ii) a list of the legal provision(s) of the covered agreements that the panel is alleged to have erred in interpreting or applying; and
          (iii) without prejudice to the ability of the appellant to refer to other paragraphs of the panel report in the context of its appeal, an indicative list of the paragraphs of the panel report containing the alleged errors.

Appellant's Submission

21. (1) The appellant shall, on the same day as the date of the filing of the Notice of Appeal, file with the Secretariat a written submission prepared in accordance with paragraph 2 and serve a copy of the submission on the other parties to the dispute and third parties.

    (2) A written submission referred to in paragraph 1 shall:

       (a) be dated and signed by the appellant; and
       (b) set out:

          (i) a precise statement of the grounds for the appeal, including the specific allegations of errors in the issues of law covered in the panel report and legal interpretations developed by the panel, and the legal arguments in support thereof;
          (ii) a precise statement of the provisions of the covered agreements and other legal sources relied on; and
          (iii) the nature of the decision or ruling sought.

Appellee's Submission

22. (1) Any party to the dispute that wishes to respond to allegations raised in an appellant's submission filed pursuant to Rule 21 may, within 18 days after the date of the filing of the Notice of Appeal, file with the Secretariat a written submission prepared in accordance with paragraph 2 and serve a copy of the submission on the appellant, other parties to the dispute and third parties.

(2)   A written submission referred to in paragraph 1 shall:

(a)   be dated and signed by the appellee; and

(b)   set out:

(i)   a precise statement of the grounds for opposing the specific allegations of errors in the issues of law covered in the panel report and legal interpretations developed by the panel raised in the appellant's submission, and the legal arguments in support thereof;

(ii)   an acceptance of, or opposition to, each ground set out in the appellant's submission;

(iii) a precise statement of the provisions of the covered agreements and other legal sources relied on; and

(iv) the nature of the decision or ruling sought.

Multiple Appeals

23.   (1)   Within 5 days after the date of the filing of the Notice of Appeal, a party to the dispute other than the original appellant may join in that appeal or appeal on the basis of other alleged errors in the issues of law covered in the panel report and legal interpretations developed by the panel. That party shall notify the DSB in writing of its appeal and shall simultaneously file a Notice of Other Appeal with the Secretariat.

(2)   A Notice of Other Appeal shall include the following information:

(a)   the title of the panel report under appeal;

(b)   the name of the party to the dispute filing the Notice of Other Appeal;

(c)   the service address, telephone and facsimile numbers of the party to the dispute; and either

(i)   a statement of the issues raised on appeal by another participant with which the party joins; or

(ii)   a brief statement of the nature of the other appeal, including:

(A)   identification of the alleged errors in the issues of law covered in the panel report and legal interpretations developed by the panel;

(B)   a list of the legal provision(s) of the covered agreements that the panel is alleged to have erred in interpreting or applying; and

(C)   without prejudice to the ability of the other appellant to refer to other paragraphs of the panel report in the context of its appeal, an indicative list of the paragraphs of the panel report containing the alleged errors.

(3)   The other appellant shall, within 5 days after the date of the filing of the Notice of Appeal, file with the Secretariat a written submission prepared in accordance with paragraph 2 of Rule 21 and serve a copy of the submission on the other parties to the dispute and third parties.

(4)   The appellant, any appellee and any other party to the dispute that wishes to respond to a submission filed pursuant to paragraph 3 may file a written submission within

18 days after the date of the filing of the Notice of Appeal, and any such submission shall be in the format required by paragraph 2 of Rule 22.

(5) This Rule does not preclude a party to the dispute which has not filed a submission under Rule 21 or a Notice of Other Appeal under paragraph 1 of this Rule from exercising its right of appeal pursuant to paragraph 4 of Article 16 of the DSU.

(6) Where a party to the dispute which has not filed a submission under Rule 21 or a Notice of Other Appeal under paragraph 1 of this Rule exercises its right to appeal as set out in paragraph 5, a single division shall examine the appeals.

Amending Notices of Appeal

23*bis*. (1) The division may authorize an original appellant to amend a Notice of Appeal or an other appellant to amend a Notice of Other Appeal.

(2) A request to amend a Notice of Appeal or a Notice of Other Appeal shall be made as soon as possible in writing and shall state the reason(s) for the request and identify precisely the specific amendments that the appellant or other appellant wishes to make to the Notice. A copy of the request shall be served on the other parties to the dispute, participants, third participants and third parties, each of whom shall be given an opportunity to comment in writing on the request.

(3) In deciding whether to authorize, in full or in part, a request to amend a Notice of Appeal or Notice of Other Appeal, the division shall take into account:

   (a) the requirement to circulate the appellate report within the time-period set out in Article 17.5 of the DSU or, as appropriate, Article 4.9 of the *SCM Agreement*; and,

   (b) the interests of fairness and orderly procedure, including the nature and extent of the proposed amendment, the timing of the request to amend a Notice of Appeal or Notice of Other Appeal, any reasons why the proposed amended Notice of Appeal or Notice of Other Appeal was not or could not have been filed on its original date, and any other considerations that may be appropriate.

(4) The division shall notify the parties to the dispute, participants, third participants, and third parties of its decision. In the event that the division authorizes an amendment to a Notice of Appeal or a Notice of Other Appeal, it shall provide an amended copy of the Notice to the DSB.

Third Participants

24. (1) Any third party may file a written submission containing the grounds and legal arguments in support of its position. Such submission shall be filed within 21 days after the date of the filing of the Notice of Appeal.

(2) A third party not filing a written submission shall, within the same period of 21 days, notify the Secretariat in writing if it intends to appear at the oral hearing, and, if so, whether it intends to make an oral statement.

(3) Third participants are encouraged to file written submissions to facilitate their positions being taken fully into account by the division hearing the appeal and in

WT/AB/WP/6
Page 12

order that participants and other third participants will have notice of positions to be taken at the oral hearing.

(4)   Any third party that has neither filed a written submission pursuant to paragraph 1, nor notified the Secretariat pursuant to paragraph 2, may notify the Secretariat that it intends to appear at the oral hearing, and may request to make an oral statement at the hearing. Such notifications and requests should be notified to the Secretariat in writing at the earliest opportunity.

Transmittal of Record

25.   (1)   Upon the filing of a Notice of Appeal, the Director-General of the WTO shall transmit forthwith to the Appellate Body the complete record of the panel proceeding.

     (2)   The complete record of the panel proceeding includes, but is not limited to:

        (a)   written submissions, rebuttal submissions, and supporting evidence attached thereto by the parties to the dispute and the third parties;

        (b)   written arguments submitted at the panel meetings with the parties to the dispute and the third parties, the recordings of such panel meetings, and any written answers to questions posed at such panel meetings;

        (c)   the correspondence relating to the panel dispute between the panel or the WTO Secretariat and the parties to the dispute or the third parties; and

        (d)   any other documentation submitted to the panel.

Working Schedule

26.   (1)   Forthwith after the commencement of an appeal, the division shall draw up an appropriate working schedule for that appeal in accordance with the time-periods stipulated in these Rules.

     (2)   The working schedule shall set forth precise dates for the filing of documents and a timetable for the division's work, including where possible, the date for the oral hearing.

     (3)   In accordance with paragraph 9 of Article 4 of the DSU, in appeals of urgency, including those which concern perishable goods, the Appellate Body shall make every effort to accelerate the appellate proceedings to the greatest extent possible. A division shall take this into account in drawing up its working schedule for that appeal.

     (4)   The Secretariat shall serve forthwith a copy of the working schedule on the appellant, the parties to the dispute and any third parties.

Oral Hearing

27. (1)   A division shall hold an oral hearing, which shall be held, as a general rule, between 30 and 45 days after the date of the filing of a Notice of Appeal.

(2)   Where possible in the working schedule or otherwise at the earliest possible date, the Secretariat shall notify all parties to the dispute, participants, third parties and third participants of the date for the oral hearing.

(3)   (a)   Any third party that has filed a submission pursuant to Rule 24(1), or has notified the Secretariat pursuant to Rule 24(2) that it intends to appear at the oral hearing, may appear at the oral hearing, make an oral statement at the hearing, and respond to questions posed by the division.

(b)   Any third party that has notified the Secretariat pursuant to Rule 24(4) that it intends to appear at the oral hearing may appear at the oral hearing.

(c)   Any third party that has made a request pursuant to Rule 24(4) may, at the discretion of the division hearing the appeal, taking into account the requirements of due process, make an oral statement at the hearing, and respond to questions posed by the division.

(4)   The Presiding Member may set time-limits for oral arguments.

Written Responses

28. (1)   At any time during the appellate proceeding, including, in particular, during the oral hearing, the division may address questions orally or in writing to, or request additional memoranda from, any participant or third participant, and specify the time-periods by which written responses or memoranda shall be received.

(2)   Any such questions, responses or memoranda shall be made available to the other participants and third participants in the appeal, who shall be given an opportunity to respond.

(3)   When the questions or requests for memoranda are made prior to the oral hearing, then the questions or requests, as well as the responses or memoranda, shall also be made available to the third parties, who shall also be given an opportunity to respond.

Failure to Appear

29. Where a participant fails to file a submission within the required time-periods or fails to appear at the oral hearing, the division shall, after hearing the views of the participants, issue such order, including dismissal of the appeal, as it deems appropriate.

Withdrawal of Appeal

30. (1)   At any time during an appeal, the appellant may withdraw its appeal by notifying the Appellate Body, which shall forthwith notify the DSB.

(2)   Where a mutually agreed solution to a dispute which is the subject of an appeal has been notified to the DSB pursuant to paragraph 6 of Article 3 of the DSU, it shall be notified to the Appellate Body.

WT/AB/WP/6
Page 14

Prohibited Subsidies

31.   (1)   Subject to Article 4 of the *SCM Agreement*, the general provisions of these Rules shall apply to appeals relating to panel reports concerning prohibited subsidies under Part II of that *Agreement*.

        (2)   The working schedule for an appeal involving prohibited subsidies under Part II of the *SCM Agreement* shall be as set out in Annex I to these Rules.

Entry into Force and Amendment

32.   (1)   These Rules entered into force on 15 February 1996, and have subsequently been amended as indicated in Annex III.

        (2)   The Appellate Body may amend these Rules in compliance with the procedures set forth in paragraph 9 of Article 17 of the DSU. The Appellate Body will announce the date on which such amendments come into force. The document number for each revised version of these Rules, and the date upon which each version entered into force and succeeded the previous version, are indicated in Annex III.

        (3)   Whenever there is an amendment to the DSU or to the special or additional rules and procedures of the covered agreements, the Appellate Body shall examine whether amendments to these Rules are necessary.

ANNEX I

TIMETABLE FOR APPEALS[1]

	General Appeals	Prohibited Subsidies Appeals
	Day	Day
Notice of Appeal[2]	0	0
Appellant's Submission[3]	0	0
Notice of Other Appeal[4]	5	2
Other Appellant's Submission[5]	5	2
Appellee's Submission[6]	18	9
Third Participant's Submission[7]	21	10
Third Participant's Notification[8]	21	10
Oral Hearing[9]	30 – 45	15 – 23
Circulation of Appellate Report	60 – 90[10]	30 – 60[11]
DSB Meeting for Adoption	90 – 120[12]	50 – 80[13]

---

[1] Rule 17 applies to the computation of the time-periods below.
[2] Rule 20.
[3] Rule 21(1).
[4] Rule 23(1).
[5] Rule 23(3).
[6] Rules 22 and 23(4).
[7] Rule 24(1).
[8] Rule 24(2).
[9] Rule 27.
[10] Article 17.5, DSU.
[11] Article 4.9, *SCM Agreement*.
[12] Article 17.14, DSU.
[13] Article 4.9, *SCM Agreement*.

WT/AB/WP/6
Page 16

ANNEX II

**RULES OF CONDUCT FOR THE
UNDERSTANDING ON RULES AND PROCEDURES
GOVERNING THE SETTLEMENT OF DISPUTES**

I.   Preamble

Members,

Recalling that on 15 April 1994 in Marrakesh, Ministers welcomed the stronger and clearer legal framework they had adopted for the conduct of international trade, including a more effective and reliable dispute settlement mechanism;

Recognizing the importance of full adherence to the Understanding on Rules and Procedures Governing the Settlement of Disputes ("DSU") and the principles for the management of disputes applied under Articles XXII and XXIII of GATT 1947, as further elaborated and modified by the DSU;

Affirming that the operation of the DSU would be strengthened by rules of conduct designed to maintain the integrity, impartiality and confidentiality of proceedings conducted under the DSU thereby enhancing confidence in the new dispute settlement mechanism;

Hereby establish the following Rules of Conduct.

II.   Governing Principle

1.   Each person covered by these Rules (as defined in paragraph 1 of Section IV below and hereinafter called "covered person") shall be independent and impartial, shall avoid direct or indirect conflicts of interest and shall respect the confidentiality of proceedings of bodies pursuant to the dispute settlement mechanism, so that through the observance of such standards of conduct the integrity and impartiality of that mechanism are preserved. These Rules shall in no way modify the rights and obligations of Members under the DSU nor the rules and procedures therein.

III.   Observance of the Governing Principle

1.   To ensure the observance of the Governing Principle of these Rules, each covered person is expected (1) to adhere strictly to the provisions of the DSU; (2) to disclose the existence or development of any interest, relationship or matter that that person could reasonably be expected to know and that is likely to affect, or give rise to justifiable doubts as to, that person's independence or impartiality; and (3) to take due care in the performance of their duties to fulfil these expectations, including through avoidance of any direct or indirect conflicts of interest in respect of the subject matter of the proceedings.

2.   Pursuant to the Governing Principle, each covered person, shall be independent and impartial, and shall maintain confidentiality. Moreover, such persons shall consider only issues raised in, and necessary to fulfil their responsibilities within, the dispute settlement proceeding and shall not delegate this responsibility to any other person. Such person shall not incur any obligation or accept any benefit that would in anyway interfere with, or which could give rise to, justifiable doubts as to the proper performance of that person's dispute settlement duties.

IV.   Scope

1.   These Rules shall apply, as specified in the text, to each person serving: (a) on a panel; (b) on the Standing Appellate Body; (c) as an arbitrator pursuant to the provisions mentioned in Annex "1a"; or (d) as an expert participating in the dispute settlement mechanism pursuant to the provisions mentioned in Annex "1b". These Rules shall also apply, as specified in this text and the relevant provisions of the Staff Regulations, to those members of the Secretariat called upon to assist the panel in accordance with Article 27.1 of the DSU or to assist in formal arbitration proceedings pursuant to Annex "1a"; to the Chairman of the Textiles Monitoring Body (hereinafter called "TMB") and other members of the TMB Secretariat called upon to assist the TMB in formulating recommendations, findings or observations pursuant to the WTO Agreement on Textiles and Clothing; and to Standing Appellate Body support staff called upon to provide the Standing Appellate Body with administrative or legal support in accordance with Article 17.7 of the DSU (hereinafter "Member of the Secretariat or Standing Appellate Body support staff"), reflecting their acceptance of established norms regulating the conduct of such persons as international civil servants and the Governing Principle of these Rules.

2.   The application of these Rules shall not in any way impede the Secretariat's discharge of its responsibility to continue to respond to Members' requests for assistance and information.

3.   These Rules shall apply to the members of the TMB to the extent prescribed in Section V.

V.   Textiles Monitoring Body

1.   Members of the TMB shall discharge their functions on an *ad personam* basis, in accordance with the requirement of Article 8.1 of the Agreement on Textiles and Clothing, as further elaborated in the working procedures of the TMB, so as to preserve the integrity and impartiality of its proceedings.[1]

VI.   Self-Disclosure Requirements by Covered Persons

1.   (a)   Each person requested to serve on a panel, on the Standing Appellate Body, as an arbitrator, or as an expert shall, at the time of the request, receive from the Secretariat these Rules, which include an Illustrative List (Annex 2) of examples of the matters subject to disclosure.

(b)   Any member of the Secretariat described in paragraph IV:1, who may expect to be called upon to assist in a dispute, and Standing Appellate Body support staff, shall be familiar with these Rules.

2.   As set out in paragraph VI:4 below, all covered persons described in paragraph VI.1(a) and VI.1(b) shall disclose any information that could reasonably be expected to be known to them at the time which, coming within the scope of the Governing Principle of these Rules, is likely to affect

---

[1]These working procedures, as adopted by the TMB on 26 July 1995 (G/TMB/R/1), currently include, *inter alia*, the following language in paragraph 1.4: "In discharging their functions in accordance with paragraph 1.1 above, the TMB members and alternates shall undertake not to solicit, accept or act upon instructions from governments, nor to be influenced by any other organisations or undue extraneous factors. They shall disclose to the Chairman any information that they may consider likely to impede their capacity to discharge their functions on an *ad personam* basis. Should serious doubts arise during the deliberations of the TMB regarding the ability of a TMB member to act on an *ad personam* basis, they shall be communicated to the Chairman. The Chairman shall deal with the particular matter as necessary".

WT/AB/WP/6
Page 18

or give rise to justifiable doubts as to their independence or impartiality. These disclosures include the type of information described in the Illustrative List, if relevant.

3.   These disclosure requirements shall not extend to the identification of matters whose relevance to the issues to be considered in the proceedings would be insignificant. They shall take into account the need to respect the personal privacy of those to whom these Rules apply and shall not be so administratively burdensome as to make it impracticable for otherwise qualified persons to serve on panels, the Standing Appellate Body, or in other dispute settlement roles.

4.   (a)   All panelists, arbitrators and experts, prior to confirmation of their appointment, shall complete the form at Annex 3 of these Rules. Such information would be disclosed to the Chair of the Dispute Settlement Body ("DSB") for consideration by the parties to the dispute.

(b)   (i)   Persons serving on the Standing Appellate Body who, through rotation, are selected to hear the appeal of a particular panel case, shall review the factual portion of the Panel report and complete the form at Annex 3. Such information would be disclosed to the Standing Appellate Body for its consideration whether the member concerned should hear a particular appeal.

(ii)   Standing Appellate Body support staff shall disclose any relevant matter to the Standing Appellate Body, for its consideration in deciding on the assignment of staff to assist in a particular appeal.

(c)   When considered to assist in a dispute, members of the Secretariat shall disclose to the Director-General of the WTO the information required under paragraph VI:2 of these Rules and any other relevant information required under the Staff Regulations, including the information described in the footnote.**

5.   During a dispute, each covered person shall also disclose any new information relevant to paragraph VI:2 above at the earliest time they become aware of it.

6.   The Chair of the DSB, the Secretariat, parties to the dispute, and other individuals involved in the dispute settlement mechanism shall maintain the confidentiality of any information revealed through this disclosure process, even after the panel process and its enforcement procedures, if any, are completed.

**Pending adoption of the Staff Regulations, members of the Secretariat shall make disclosures to the Director-General in accordance with the following draft provision to be included in the Staff Regulations:

"When paragraph VI:4(c) of the Rules of Conduct for the DSU is applicable, members of the Secretariat would disclose to the Director-General of the WTO the information required in paragraph VI:2 of those Rules, as well as any information regarding their participation in earlier formal consideration of the specific measure at issue in a dispute under any provisions of the WTO Agreement, including through formal legal advice under Article 27.2 of the DSU, as well as any involvement with the dispute as an official of a WTO Member government or otherwise professionally, before having joined the Secretariat.

The Director-General shall consider any such disclosures in deciding on the assignment of members of the Secretariat to assist in a dispute.

When the Director-General, in the light of his consideration, including of available Secretariat resources, decides that a potential conflict of interest is not sufficiently material to warrant non-assignment of a particular member of the Secretariat to assist in a dispute, the Director-General shall inform the panel of his decision and of the relevant supporting information."

VII.   Confidentiality

1.   Each covered person shall at all times maintain the confidentiality of dispute settlement deliberations and proceedings together with any information identified by a party as confidential. No covered person shall at any time use such information acquired during such deliberations and proceedings to gain personal advantage or advantage for others.

2.   During the proceedings, no covered person shall engage in *ex parte* contacts concerning matters under consideration. Subject to paragraph VII:1, no covered person shall make any statements on such proceedings or the issues in dispute in which that person is participating, until the report of the panel or the Standing Appellate Body has been derestricted.

VIII.   Procedures Concerning Subsequent Disclosure and Possible Material Violations

1.   Any party to a dispute, conducted pursuant to the WTO Agreement, who possesses or comes into possession of evidence of a material violation of the obligations of independence, impartiality or confidentiality or the avoidance of direct or indirect conflicts of interest by covered persons which may impair the integrity, impartiality or confidentiality of the dispute settlement mechanism, shall at the earliest possible time and on a confidential basis, submit such evidence to the Chair of the DSB, the Director-General or the Standing Appellate Body, as appropriate according to the respective procedures detailed in paragraphs VIII:5 to VIII:17 below, in a written statement specifying the relevant facts and circumstances. Other Members who possess or come into possession of such evidence, may provide such evidence to the parties to the dispute in the interest of maintaining the integrity and impartiality of the dispute settlement mechanism.

2.   When evidence as described in paragraph VIII:1 is based on an alleged failure of a covered person to disclose a relevant interest, relationship or matter, that failure to disclose, as such, shall not be a sufficient ground for disqualification unless there is also evidence of a material violation of the obligations of independence, impartiality, confidentiality or the avoidance of direct or indirect conflicts of interests and that the integrity, impartiality or confidentiality of the dispute settlement mechanism would be impaired thereby.

3.   When such evidence is not provided at the earliest practicable time, the party submitting the evidence shall explain why it did not do so earlier and this explanation shall be taken into account in the procedures initiated in paragraph VIII:1.

4.   Following the submission of such evidence to the Chair of the DSB, the Director-General of the WTO or the Standing Appellate Body, as specified below, the procedures outlined in paragraphs VIII:5 to VIII:17 below shall be completed within fifteen working days.

Panelists, Arbitrators, Experts

5.   If the covered person who is the subject of the evidence is a panelist, an arbitrator or an expert, the party shall provide such evidence to the Chair of the DSB.

6.   Upon receipt of the evidence referred to in paragraphs VIII:1 and VIII:2, the Chair of the DSB shall forthwith provide the evidence to the person who is the subject of such evidence, for consideration by the latter.

7.   If, after having consulted with the person concerned, the matter is not resolved, the Chair of the DSB shall forthwith provide all the evidence, and any additional information from the person concerned, to the parties to the dispute. If the person concerned resigns, the Chair of the DSB shall inform the parties to the dispute and, as the case may be, the panelists, the arbitrator(s) or experts.

WT/AB/WP/6
Page 20

8.	In all cases, the Chair of the DSB, in consultation with the Director-General and a sufficient number of Chairs of the relevant Council or Councils to provide an odd number, and after having provided a reasonable opportunity for the views of the person concerned and the parties to the dispute to be heard, would decide whether a material violation of these Rules as referred to in paragraphs VIII:1 and VIII:2 above has occurred. Where the parties agree that a material violation of these Rules has occurred, it would be expected that, consistent with maintaining the integrity of the dispute settlement mechanism, the disqualification of the person concerned would be confirmed.

9.	The person who is the subject of the evidence shall continue to participate in the consideration of the dispute unless it is decided that a material violation of these Rules has occurred.

10.	The Chair of the DSB shall thereafter take the necessary steps for the appointment of the person who is the subject of the evidence to be formally revoked, or excused from the dispute as the case may be, as of that time.

Secretariat

11.	If the covered person who is the subject of the evidence is a member of the Secretariat, the party shall only provide the evidence to the Director-General of the WTO, who shall forthwith provide the evidence to the person who is the subject of such evidence and shall further inform the other party or parties to the dispute and the panel.

12.	It shall be for the Director-General to take any appropriate action in accordance with the Staff Regulations.[***]

13.	The Director-General shall inform the parties to the dispute, the panel and the Chair of the DSB of his decision, together with relevant supporting information.

Standing Appellate Body

14.	If the covered person who is the subject of the evidence is a member of the Standing Appellate Body or of the Standing Appellate Body support staff, the party shall provide the evidence to the other party to the dispute and the evidence shall thereafter be provided to the Standing Appellate Body.

15.	Upon receipt of the evidence referred to in paragraphs VIII:1 and VIII:2 above, the Standing Appellate Body shall forthwith provide it to the person who is the subject of such evidence, for consideration by the latter.

16.	It shall be for the Standing Appellate Body to take any appropriate action after having provided a reasonable opportunity for the views of the person concerned and the parties to the dispute to be heard.

17.	The Standing Appellate Body shall inform the parties to the dispute and the Chair of the DSB of its decision, together with relevant supporting information.

***

[***]Pending adoption of the Staff Regulations, the Director-General would act in accordance with the following draft provision for the Staff Regulations: "If paragraph VIII:11 of the Rules of Conduct for the DSU governing the settlement of disputes is invoked, the Director-General shall consult with the person who is the subject of the evidence and the panel and shall, if necessary, take appropriate disciplinary action".

18.   Following completion of the procedures in paragraphs VIII:5 to VIII:17, if the appointment of a covered person, other than a member of the Standing Appellate Body, is revoked or that person is excused or resigns, the procedures specified in the DSU for initial appointment shall be followed for appointment of a replacement, but the time-periods shall be half those specified in the DSU.**** The member of the Standing Appellate Body who, under that Body's rules, would next be selected through rotation to consider the dispute, would automatically be assigned to the appeal. The panel, members of the Standing Appellate Body hearing the appeal, or the arbitrator, as the case may be, may then decide after consulting with the parties to the dispute, on any necessary modifications to their working procedures or proposed timetable.

19.   All covered persons and Members concerned shall resolve matters involving possible material violations of these Rules as expeditiously as possible so as not to delay the completion of proceedings, as provided in the DSU.

20.   Except to the extent strictly necessary to carry out this decision, all information concerning possible or actual material violations of these Rules shall be kept confidential.

IX.   Review

1.   These Rules of Conduct shall be reviewed within two years of their adoption and a decision shall be taken by the DSB as to whether to continue, modify or terminate these Rules.

****Appropriate adjustments would be made in the case of appointments pursuant to the Agreement on Subsidies and Countervailing Measures.

<u>ANNEX 1a</u>

Arbitrators acting pursuant to the following provisions:

- Articles 21.3(c); 22.6 and 22.7; 26.1(c) and 25 of the DSU;

- Article 8.5 of the Agreement on Subsidies and Countervailing Measures;

- Articles XXI.3 and XXII.3 of the General Agreement on Trade in Services.

ANNEX 1b

Experts advising or providing information pursuant to the following provisions:

-       Article 13.1; 13.2 of the DSU;

-       Article 4.5 of the Agreement on Subsidies and Countervailing Measures;

-       Article 11.2 of the Agreement on the Application of Sanitary and Phytosanitary Measures;

-       Article 14.2; 14.3 of the Agreement on Technical Barriers to Trade.

WT/AB/WP/6
Page 24

ANNEX 2

ILLUSTRATIVE LIST OF INFORMATION TO BE DISCLOSED

This list contains examples of information of the type that a person called upon to serve in a dispute should disclose pursuant to the Rules of Conduct for the Understanding on Rules and Procedures Governing the Settlement of Disputes.

Each covered person, as defined in Section IV:1 of these Rules of Conduct has a continuing duty to disclose the information described in Section VI:2 of these Rules which may include the following:

(a)   financial interests (e.g. investments, loans, shares, interests, other debts); business interests (e.g. directorship or other contractual interests);   and property interests relevant to the dispute in question;

(b)   professional interests (e.g. a past or present relationship with private clients, or any interests the person may have in domestic or international proceedings, and their implications, where these involve issues similar to those addressed in the dispute in question);

(c)   other active interests (e.g. active participation in public interest groups or other organisations which may have a declared agenda relevant to the dispute in question);

(d)   considered statements of personal opinion on issues relevant to the dispute in question (e.g. publications, public statements);

(e)   employment or family interests (e.g. the possibility of any indirect advantage or any likelihood of pressure which could arise from their employer, business associates or immediate family members).

ANNEX 3

Dispute Number: _____

WORLD TRADE ORGANIZATION
DISCLOSURE FORM

I have read the Understanding on Rules and Procedures Governing the Settlement of Disputes (DSU) and the Rules of Conduct for the DSU. I understand my continuing duty, while participating in the dispute settlement mechanism, and until such time as the Dispute Settlement Body (DSB) makes a decision on adoption of a report relating to the proceeding or notes its settlement, to disclose herewith and in future any information likely to affect my independence or impartiality, or which could give rise to justifiable doubts as to the integrity and impartiality of the dispute settlement mechanism; and to respect my obligations regarding the confidentiality of dispute settlement proceedings.

Signed: Dated:

WT/AB/WP/6
Page 26

ANNEX III

Table of Consolidated and Revised Versions of the *Working Procedures for Appellate Review*

Document Number	Effective Date	Rules Amended	Working Documents/Explanatory Texts	Minutes of Principal DSB Meeting(s) at which Amendments were Discussed
WT/AB/WP/1	15 February 1996	N/A	WT/AB/WP/W/1	31 January 1996, WT/DSB/M/10 and 21 February 1996, WT/DSB/M/11
WT/AB/WP/2	28 February 1997	Rule 5(2) and Annex II	WT/AB/WP/W/2, WT/AB/WP/W/3	25 February 1997, WT/DSB/M/29
WT/AB/WP/3	24 January 2002	Rule 5(2)	WT/AB/WP/W/4, WT/AB/WP/W/5	24 July 2001, WT/DSB/M/107
WT/AB/WP/4	1 May 2003	Rules 24 and 27(3), with consequential amendments to Rules 1, 16, 18, 19, and 28, and Annex I	WT/AB/WP/W/6, WT/AB/WP/W/7	23 October 2002, WT/DSB/M/134
WT/AB/WP/5	1 January 2005	Rules 1, 18, 20, 21, 23, 23 *bis*, and 27, and Annexes I and III	WT/AB/WP/W/8, WT/AB/WP/W/9	19 May 2004, WT/DSB/M/169
WT/AB/WP/6	15 September 2010	Rules 6(3), 18(1), 18(2), 18(4), 21(1), 22(1), 23(1), 23(3), 23(4), 24(1), 24(2), 27(1), 32(1), and 32(2), and Annexes I and III; additional technical amendments to Spanish and French versions only	WT/AB/WP/W/10, WT/AB/WP/W/11	18 May 2010, WT/DSB/M/283

18. 각료회의 및 일반이사회 운영규정(분쟁해결기구회의도 준용)

WORLD TRADE

ORGANIZATION

WT/L/161

25 July 1996

(96-2914)

RULES OF PROCEDURE FOR SESSIONS OF THE MINISTERIAL CONFERENCE
AND MEETINGS OF THE GENERAL COUNCIL*

RULES OF PROCEDURE FOR SESSIONS OF THE MINISTERIAL CONFERENCE

Note: For the purposes of these Rules, the term "WTO Agreement" includes the Multilateral
Trade Agreements.

Chapter I — Sessions

Rule 1

Regular sessions of the Ministerial Conference shall be held at least once every two years.
The date of each regular session shall be fixed by the Ministerial Conference at a previous session.

Rule 2

A special session may, however, be held at another date on the initiative of the Chairperson,
at the request of a Member concurred in by the majority of the Members, or by a decision of the General
Council. Notice of the convening of any such session shall be given to Members at least twenty-one
days before the opening of the session. In the event that the twenty-first day falls on a weekend or
a holiday, the notice shall be issued no later than the preceding WTO working day.

Chapter II — Agenda

Rule 3

The provisional agenda for each regular session shall be drawn up by the Secretariat in
consultation with the Chairperson and shall be communicated to Members at least five weeks before
the opening of the session. It shall be open to any Member to propose items for inclusion in this
provisional agenda up to six weeks before the opening of the session. Additional items on the agenda

---

*This document reproduces the rules of procedure for sessions of the Ministerial Conference and meetings of the General
Council adopted by the General Council on 31 January 1995 (WT/L/28), as amended by the General Council on 3 April
1995 with regard to Chapter V - Officers of the Rules for the General Council, and on 18 July 1996 with regard to Annex 3
referred to in Rule 11 of the Rules for both the Ministerial Conference and the General Council.

WT/L/161
Page 2

shall be proposed under "Other Business" at the opening of the session. Inclusion of these items on the agenda shall depend upon the agreement of the Ministerial Conference.

Rule 4

The provisional agenda for a special session shall be drawn up by the Secretariat in consultation with the Chairperson and shall be communicated to Members at least twenty-one days before the opening of the session. It shall be open to any Member to propose items for inclusion in this provisional agenda up to twenty-one days before the opening of the session. Additional items on the agenda shall be proposed under "Other Business" at the opening of the session. Inclusion of these items on the agenda shall depend upon the agreement of the Ministerial Conference.

Rule 5

The first item of business at each session shall be the consideration and approval of the agenda.

Rule 6

The Ministerial Conference may amend the agenda or give priority to certain items at any time in the course of the Session.

Chapter III — Credentials

Rule 7

Each Member shall be represented by an accredited representative.

Rule 8

Each representative may be accompanied by such alternates and advisers as the representative may require.

Rule 9

The credentials of representatives shall be submitted to the Secretariat at least one week before the opening of the session. They shall take the form of a communication from or on behalf of the Minister for Foreign Affairs or the competent authority of the Member authorizing the representative to perform on behalf of the Member the functions indicated in the WTO Agreement.[1] The Chairperson after consulting with the Secretariat shall draw attention to any case where a representative has omitted to present credentials in due time and form.

---

[1]It is understood that in the case of a separate customs territory Member the credentials of its representatives shall have no implication as to sovereignty.

WT/L/161
Page 3

Chapter IV — Observers

Rule 10

    Representatives of States or separate customs territories may attend the meetings as observers on the invitation of the Ministerial Conference in accordance with paragraphs 9 to 11 of the guidelines in Annex 2 to these Rules.

Rule 11

    Representatives of international intergovernmental organizations may attend the meetings as observers on the invitation of the Ministerial Conference in accordance with the guidelines in Annex 3 to these Rules.

Chapter V — Officers

Rule 12

    During the course of each regular session a Chairperson and three Vice-Chairpersons shall be elected from among the Members. They shall hold office from the end of that session until the end of the next regular session.

Rule 13

    If the Chairperson is absent from any meeting or part thereof, one of the three Vice-Chairpersons shall perform the functions of the Chairperson. If no Vice-Chairperson is present the Ministerial Conference shall elect an interim Chairperson for that meeting or that part of the meeting.

Rule 14

    If the Chairperson can no longer perform the functions of the office, the Ministerial Conference shall designate one of the Vice-Chairpersons to perform those functions pending election of a new Chairperson in accordance with rule 12.

Rule 15

    The Chairperson shall normally participate in the proceedings as such and not as the representative of a Member. The Chairperson may, however, at any time request permission to act in either capacity.

Chapter VI — Conduct of business

Rule 16

    A simple majority of the Members shall constitute a quorum.

WT/L/161
Page 4

Rule 17

In addition to exercising the powers conferred elsewhere by these rules, the Chairperson shall declare the opening and closing of each meeting, shall direct the discussion, accord the right to speak, submit questions for decision, announce decisions, rule on points of order and, subject to these rules, have complete control of the proceedings. The Chairperson may also call a speaker to order if the remarks of the speaker are not relevant.

Rule 18

During the discussion of any matter, a representative may raise a point of order. In this case the Chairperson shall immediately state the ruling. If the ruling is challenged, the Chairperson shall immediately submit it for decision and it shall stand unless overruled.

Rule 19

During the discussion of any matter a representative may move the adjournment of the debate. Any such motion shall have priority. In addition to the proponent of the motion, one representative may be allowed to speak in favour of, and two representatives against, the motion, after which the motion shall be submitted for decision immediately.

Rule 20

A representative may at any time move the closure of the debate. In addition to the proponent of the motion, not more than one representative may be granted permission to speak in favour of the motion and not more than two representatives may be granted permission to speak against the motion, after which the motion shall be submitted for decision immediately.

Rule 21

During the course of the debate, the Chairperson may announce the list of speakers and, with the consent of the meeting, declare the list closed. The Chairperson may, however, accord the right of reply to any representative if a speech delivered after the list has been declared closed makes this desirable.

Rule 22

The Chairperson, with the consent of the meeting, may limit the time allowed to each speaker.

Rule 23

Proposals and amendments to proposals shall normally be introduced in writing and circulated to all representatives not later than twelve hours before the commencement of the meeting at which they are to be discussed.

Rule 24

If two or more proposals are moved relating to the same question, the meeting shall first decide on the most far-reaching proposal and then on the next most far-reaching proposal and so on.

Rule 25

When an amendment is moved to a proposal, the amendment shall be submitted for decision first and, if it is adopted, the amended proposal shall then be submitted for decision.

Rule 26

When two or more amendments are moved to a proposal, the meeting shall decide first on the amendment farthest removed in substance from the original proposal, then, if necessary, on the amendment next farthest removed, and so on until all the amendments have been submitted for decision.

Rule 27

Parts of a proposal may be decided on separately if a representative requests that the proposal be divided.

Chapter VII — Decision-Making

Rule 28

The Ministerial Conference shall take decisions in accordance with the decision-making provisions of the WTO Agreement, in particular Article IX thereof entitled "Decision-Making".

Rule 29

When, in accordance with the WTO Agreement, decisions are required to be taken by vote, such votes shall be taken by ballot. Ballot papers shall be distributed to representatives of Members present at the session and a ballot box placed in the conference room. However, the representative of any Member may request, or the Chairperson may suggest, that a vote be taken by the raising of cards or by roll call. In addition, where in accordance with the WTO Agreement a vote by a qualified majority of all Members is required to be taken, the Ministerial Conference may decide, upon request from a Member or the suggestion of the Chairperson, that the vote be taken by airmail ballots or ballots transmitted by telegraph or telefacsimile in accordance with the procedures described in Annex 1 to these Rules.

Chapter VIII — Languages

Rule 30

English, French and Spanish shall be the working languages.

Chapter IX — Records

Rule 31

Summary records of the meetings of the Ministerial Conference shall be kept by the Secretariat.[2]

---

[2]The customary practice under the GATT 1947, whereby representatives may, upon their request, verify those portions of the draft records containing their statements, prior to the issuance of such records, shall be continued.

Chapter X — Publicity of meetings

Rule 32

The meetings of the Ministerial Conference shall ordinarily be held in private. It may be decided that a particular meeting or meetings should be held in public.

Rule 33

After a private meeting has been held, the Chairperson may issue a communiqué to the Press.

Chapter XI — Revision

Rule 34

The Ministerial Conference may decide at any time to revise these rules or any part of them.

WT/L/161
Page 7

RULES OF PROCEDURE FOR MEETINGS OF THE GENERAL COUNCIL

Note: For the purposes of these Rules, the term "WTO Agreement" includes the Multilateral Trade Agreements.

Chapter I — Meetings

Rule 1

The General Council shall meet as appropriate.

Rule 2

Meetings of the General Council shall be convened by the Director-General by a notice issued not less than ten calendar days prior to the date set for the meeting. In the event that the tenth day falls on a weekend or a holiday, the notice shall be issued no later than the preceding WTO working day. Meetings may be convened with shorter notice for matters of significant importance or urgency at the request of a Member concurred in by the majority of the Members.

Chapter II — Agenda

Rule 3

A list of the items proposed for the agenda of the meeting shall be communicated to Members together with the convening notice for the meeting. It shall be open to any Member to suggest items for inclusion in the proposed agenda up to, and not including, the day on which the notice of the meeting is to be issued.

Rule 4

Requests for items to be placed on the agenda of a forthcoming meeting shall be communicated to the Secretariat in writing, together with the accompanying documentation to be issued in connection with that item. Documentation for consideration at a meeting shall be circulated not later than the day on which the notice of the meeting is to be issued.

Rule 5

A proposed agenda shall be circulated by the Secretariat one or two days before the meeting.

Rule 6

The first item of business at each meeting shall be the consideration and approval of the agenda. Representatives may suggest amendments to the proposed agenda, or additions to the agenda under "Other Business". Representatives shall provide the Chairperson or the Secretariat, and the other Members directly concerned, whenever possible, advance notice of items intended to be raised under "Other Business".

WT/L/161
Page 8

Rule 7

The General Council may amend the agenda or give priority to certain items at any time in the course of the meeting.

Chapter III — Representation

Rule 8

Each Member shall be represented by an accredited representative.

Rule 9

Each representative may be accompanied by such alternates and advisers as the representative may require.

Chapter IV — Observers

Rule 10

Representatives of States or separate customs territories may attend the meetings as observers on the invitation of the General Council in accordance with paragraphs 9 to 11 of the guidelines in Annex 2 to these Rules.

Rule 11

Representatives of international intergovernmental organizations may attend the meetings as observers on the invitation of the General Council in accordance with the guidelines in Annex 3 to these Rules.

Chapter V — Officers

Rule 12

The General Council shall elect a Chairperson* from among the representatives of Members. The election shall take place at the first meeting of the year and shall take effect at the end of the meeting. The Chairperson shall hold office until the end of the first meeting of the following year.

Rule 13

If the Chairperson is absent from any meeting or part thereof, the Chairperson of the Dispute Settlement Body or the Chairperson of the Trade Policy Review Body, shall perform the functions of the Chairperson. If the Chairperson of the Dispute Settlement Body and of the Trade Policy Review Body are also not present, the General Council shall elect an interim Chairperson for that meeting or that part of the meeting.

---

*The General Council shall apply the relevant guidelines contained in the "Guidelines for Appointment of Officers to WTO Bodies" (WT/L/31).

Rule 14

If the Chairperson can no longer perform the functions of the office, the General Council shall designate a Chairperson in accordance with Rule 13 to perform those functions pending the election of a new Chairperson.

Rule 15

The Chairperson shall not normally participate in the proceedings as the representative of a Member. The Chairperson may, however, at any time request permission to do so.

Chapter VI — Conduct of business

Rule 16

A simple majority of the Members shall constitute a quorum.

Rule 17

In addition to exercising the powers conferred elsewhere by these rules, the Chairperson shall declare the opening and closing of each meeting, shall direct the discussion, accord the right to speak, submit questions for decision, announce decisions, rule on points of order and, subject to these rules, have complete control of the proceedings. The Chairperson may also call a speaker to order if the remarks of the speaker are not relevant.

Rule 18

During the discussion of any matter, a representative may raise a point of order. In this case the Chairperson shall immediately state the ruling. If the ruling is challenged, the Chairperson shall immediately submit it for decision and it shall stand unless overruled.

Rule 19

During the discussion of any matter, a representative may move the adjournment of the debate. Any such motion shall have priority. In addition to the proponent of the motion, one representative may be allowed to speak in favour of, and two representatives against, the motion, after which the motion shall be submitted for decision immediately.

Rule 20

A representative may at any time move the closure of the debate. In addition to the proponent of the motion, not more than one representative may be granted permission to speak in favour of the motion and not more than two representatives may be granted permission to speak against the motion, after which the motion shall be submitted for decision immediately.

WT/L/161
Page 10

Rule 21

During the course of the debate, the Chairperson may announce the list of speakers and, with the consent of the meeting, declare the list closed. The Chairperson may, however, accord the right of reply to any representative if a speech delivered after the list has been declared closed makes this desirable.

Rule 22

The Chairperson, with the consent of the meeting, may limit the time allowed to each speaker.

Rule 23

Representatives shall endeavour, to the extent that a situation permits, to keep their oral statements brief. Representatives wishing to develop their position on a particular matter in fuller detail may circulate a written statement for distribution to Members, the summary of which, at the representative's request, may be reflected in the records of the General Council.

Rule 24

In order to expedite the conduct of business, the Chairperson may invite representatives that wish to express their support for a given proposal to show their hands, in order to be duly recorded in the records of the General Council as supporting statements; thus, only representatives with dissenting views or wishing to make explicit points or proposals would actually be invited to make a statement. This procedure shall only be applied in order to avoid undue repetition of points already made, and will not preclude any representative who so wishes from taking the floor.

Rule 25

Representatives should avoid unduly long debates under "Other Business". Discussions on substantive issues under "Other Business" shall be avoided, and the General Council shall limit itself to taking note of the announcement by the sponsoring delegation, as well as any reactions to such an announcement by other delegations directly concerned.

Rule 26

While the General Council is not expected to take action in respect of an item introduced as "Other Business", nothing shall prevent the General Council, if it so decides, to take action in respect of any such item at a particular meeting, or in respect of any item for which documentation was not circulated at least ten calendar days in advance.

Rule 27

Representatives should make every effort to avoid the repetition of a full debate at each meeting on any issue that has already been fully debated in the past and on which there appears to have been no change in Members' positions already on record.

Rule 28

Proposals and amendments to proposals shall normally be introduced in writing and circulated to all representatives not later than twelve hours before the commencement of the meeting at which they are to be discussed.

Rule 29

If two or more proposals are moved relating to the same question, the meeting shall first decide on the most far-reaching proposal and then on the next most far-reaching proposal and so on.

Rule 30

When an amendment is moved to a proposal, the amendment shall be submitted for decision first and, if it is adopted, the amended proposal shall then be submitted for decision.

Rule 31

When two or more amendments are moved to a proposal, the meeting shall decide first on the amendment farthest removed in substance from the original proposal, then, if necessary, on the amendment next farthest removed, and so on until all the amendments have been submitted for decision.

Rule 32

Parts of a proposal may be decided on separately if a representative requests that the proposal be divided.

Chapter VII — Decision-Making

Rule 33

The General Council shall take decisions in accordance with the decision-making provisions of the WTO Agreement, in particular Article IX thereof entitled "Decision-Making".

Rule 34

When, in accordance with the WTO Agreement, decisions are required to be taken by vote, such votes shall be taken by ballot. Ballot papers shall be distributed to representatives of Members present at the meeting and a ballot box placed in the conference room. However, the representative of any Member may request, or the Chairperson may suggest, that a vote be taken by the raising of cards or by roll call. In addition, where in accordance with the WTO Agreement a vote by a qualified majority of all Members is required to be taken, the General Council may decide, upon request from a Member or the suggestion of the Chairperson, that the vote be taken by airmail ballots or ballots transmitted by telegraph or telefacsimile in accordance with the procedures described in Annex 1 to these Rules.

Chapter VIII — Languages

Rule 35

English, French and Spanish shall be the working languages.

WT/L/161
Page 12

Chapter IX — Records

Rule 36

Records of the discussions of the General Council shall be in the form of minutes.[3]

Chapter X — Publicity of meetings

Rule 37

The meetings of the General Council shall ordinarily be held in private. It may be decided that a particular meeting or meetings should be held in public.

Rule 38

After a private meeting has been held, the Chairperson may issue a communiqué to the Press.

Chapter XI — Revision

Rule 39

The General Council may decide at any time to revise these rules or any part of them.

---

[3]The customary practice under the GATT 1947, whereby representatives may, upon their request, verify those portions of the draft records containing their statements, prior to the issuance of such records, shall be continued.

ANNEX 1

RULES FOR AIRMAIL BALLOTS AND BALLOTS
TRANSMITTED BY TELEGRAPH OR TELEFACSIMILE

In any case where the Ministerial Conference or the General Council decides that a vote be taken by airmail ballots or ballots transmitted by telegraph or telefacsimile, ballot papers shall be distributed to representatives of Members present at the meeting and a notice shall be sent to each Member. The notice shall contain such information as the Chairperson considers necessary and a clear statement of the question to which each Member shall be requested to answer "yes" or "no".

The Chairperson of the Ministerial Conference or the General Council shall determine the date and hour by which votes must be received. The time-limit shall be set at no later than 30 days after the date the notice is sent. Any Member from which a vote has not been received within such time-limit shall be regarded as not voting.

Members entitled to participate in a vote by airmail ballots or ballots transmitted by telegraph or telefacsimile are those which are Members at the time of the decision to submit the matter in question to a vote.

ANNEX 2

GUIDELINES FOR OBSERVER STATUS FOR GOVERNMENTS IN THE WTO

1.   Governments seeking observer status in the Ministerial Conference shall address a communication to that body indicating their reasons for seeking such status. Such requests shall be examined on a case-by-case basis by the Ministerial Conference.

2.   Governments accorded observer status at sessions of the Ministerial Conference shall not automatically have that status at meetings of the General Council or its subsidiary bodies. However, governments accorded such status in the General Council and its subsidiary bodies in accordance with the procedures described below, shall be invited to attend sessions of the Ministerial Conference as observers.

3.   The purpose of observer status in the General Council and its subsidiary bodies is to allow a government to better acquaint itself with the WTO and its activities, and to prepare and initiate negotiations for accession to the WTO Agreement.

4.   Governments wishing to request observer status in the General Council shall address to that body a communication expressing the intent to initiate negotiations for accession to the WTO Agreement within a maximum period of five years, and provide a description of their current economic and trade policies, as well as any intended future reforms of these policies.

5.   The General Council shall examine requests for observer status by governments on a case-by-case basis.

6.   Observer status in the General Council shall be granted initially for a period of five years. In addition to being invited to sessions of the Ministerial Conference, governments with observer status in the General Council may participate as observers at meetings of working parties and other subsidiary bodies of the General Council as appropriate, with the exception of the Committee on Budget, Finance and Administration.

7.   During its period of observership, an observer government shall provide the Members of the WTO with any additional information it considers relevant concerning developments in its economic and trade policies. At the request of any Member or the observer government itself, any matter contained in such information may be brought to the attention of the General Council after governments have been allowed sufficient time to examine the information.

8.   (a)   If, at the end of five years, an observer government has not yet initiated a process of negotiation with a view to acceding to the WTO Agreement, it may request an extension of its status as observer. Such a request shall be made in writing and shall be accompanied by a comprehensive, up-dated description of the requesting government's current economic and trade policies, as well as an indication of its future plans in relation to initiating accession negotiations.

        (b)   Upon receiving such a request, the General Council shall review the situation, and decide upon the extension of the status of observer and the duration of such extension.

9.   Observer governments shall have access to the main WTO document series. They may also request technical assistance from the Secretariat in relation to the operation of the WTO system in general, as well as to negotiations on accession to the WTO Agreement.

10.   Representatives of governments accorded observer status may be invited to speak at meetings of the bodies to which they are observers normally after Members of that body have spoken. The right to speak does not include the right to make proposals, unless a government is specifically invited to do so, nor to participate in decision-making.

11.   Observer governments shall be required to make financial contributions for services provided to them in connection with their observer status in the WTO, subject to financial regulations established pursuant to Article VII:2 of the WTO Agreement.

WT/L/161
Page 16

ANNEX 3

OBSERVER STATUS FOR INTERNATIONAL INTERGOVERNMENTAL
ORGANIZATIONS IN THE WTO[4]

1.   The purpose of observer status for international intergovernmental organizations (hereinafter referred to as "organizations") in the WTO is to enable these organizations to follow discussions therein on matters of direct interest to them.

2.   Requests for observer status shall accordingly be considered from organizations which have competence and a direct interest in trade policy matters, or which, pursuant to paragraph V:1 of the WTO Agreement, have responsibilities related to those of the WTO.

3.   Requests for observer status shall be made in writing to the WTO body in which such status is sought, and shall indicate the nature of the work of the organization and the reasons for its interest in being accorded such status. Requests for observer status from organizations shall not, however, be considered for meetings of the Committee on Budget, Finance and Administration or of the Dispute Settlement Body.[5]

4.   Requests for observer status shall be considered on a case-by-case basis by each WTO body to which such a request is addressed, taking into account such factors as the nature of work of the organization concerned, the nature of its membership, the number of WTO Members in the organization, reciprocity with respect to access to proceedings, documents and other aspects of observership, and whether the organization has been associated in the past with the work of the CONTRACTING PARTIES to GATT 1947.

5.   In addition to organizations that request, and are granted, observer status, other organizations may attend meetings of the Ministerial Conference, the General Council or subsidiary bodies on the specific invitation of the Ministerial Conference, the General Council or the subsidiary body concerned, as the case may be. Invitations may also be extended, as appropriate and on a case-by-case basis, to specific organizations to follow particular issues within a body in an observer capacity.

6.   Organizations with which the WTO has entered into a formal arrangement for cooperation and consultation shall be accorded observer status in such bodies as may be determined by that arrangement.

7.   Organizations accorded observer status in a particular WTO body shall not automatically be accorded such status in other WTO bodies.

8.   Representatives of organizations accorded observer status may be invited to speak at meetings of the bodies to which they are observers normally after Members of that body have spoken. The right to speak does not include the right to circulate papers or to make proposals, unless an organization is specifically invited to do so, nor to participate in decision-making.

---

[4]These guidelines shall apply also to other organizations referred to by name in the WTO Agreement.

[5]In the case of the IMF and the World Bank, their requests for attendance as observers to the DSB will be acted upon in accordance with the arrangements to be concluded between the WTO and these two organizations.

9.   Observer organizations shall receive copies of the main WTO documents series and of other documents series relating to the work of the subsidiary bodies which they attend as observers. They may receive such additional documents as may be specified by the terms of any formal arrangements for cooperation between them and the WTO.

10.   If for any one-year period after the date of the grant of observer status, there has been no attendance by the observer organization, such status shall cease. In the case of sessions of the Ministerial Conference, this period shall be two years.

참고문헌

1. 국내 문헌

구민교 · 최병선, 「국제무역의 정치경제와 법」 (박영사, 2019).

김승호, 「WTO 통상분쟁 판례해설(2)」 (법영사, 2007).

김호철, "WTO 분쟁해결절차: 이행 및 구제절차", 「통상법률」 통권 제108호(2012.12).

김호철, "WTO 분쟁해결양해(DSU) 개정협상 현황 및 쟁점", 「통상법률」 통권 104호(2012.04).

이재민, "WTO 개혁 쟁점 연구: 분쟁해결제도", 「중장기통상정책연구」 19-02(대외경제정책연구원, 2019)

이병호 · 안덕근, "조선산업 관련 WTO분쟁 사건의 분석 및 평가", 「무역구제」 통권 제120호 (2005.10).

장승화, "WTO 판정의 집행과 구제수단: DSU 22.6 중재를 중심으로", 「통상법률」 통권 제127호(2016.2).

장승화, "WTO 상소기구 위원 피선출기(被選出記)", 「국제경제법연구」 제11권 제1호(2013.3).

장학수, "WTO분쟁해결절차의 입증책임, 일응타당 사건 및 추정", 「통상법률」 통권 제121호(2015.2).

정보영 · 김민정, "개도국의 WTO법자문센터(ACWL) 활용과 제도적 시사점 연구", 「국제경제법연구」 제16권 제3호(2018.11).

정해관, "WTO 일본 수산물분쟁 이해하는 법", 「통상」 (2019.5).

허재성, 유혜미, "외환위기 이후 금융 및 기업구조조정에 대한 평가와 향후 과제", 「한은조사연구」(2002-4).

한국국제경제법학회, 「新국제경제법」 제4판(박영사, 2022).

법제처 국가법령정보센터, 법령용어사전.

2. 외국 문헌

Ahn, Dukgeun, "Korea in the GATT/WTO Dispute Settlement System: Legal Battle for Economic Development", *Journal of International Economic Law* 6(3) (2003).

Choi, Won-Mog, "To Comply or Not to Comply?-Non-implementation Problems in the WTO Dispute Settlement System", *Journal of World Trade*, Volume 41(5), (Kluwer Law International, 2007).

Gardner, Richard N., Sterling–Dallar Diplomacy; Anglo-American Collaboration in the Restruction of Multilateral Trade(Oxford; Clarendon Press, 1956).

Grane, Patricio, "Remedies Under WTO Law", *Journal of International Economic Law* 755/4(2001).

Hudec, Robert E., *Enforcing International Trade Law: The Evolution of the Modern GATT Legal System*(Butterworth, 1993).

Hudec, Robert E., *The GATT Legal System and World Trade Diplomacy*(New York: Praeger Publishers, 1975).

Hudec, Robert E., "The Role of the GATT Secretariat in the Evolution of the WTO Dispute Settlement Procedure", in Bhagwati & Hirsch (Eds), *The Uruguay Round and Beyond: Essays in Honour of Arthur Dunkel* 101(Springer-Verlag, 1998).

Jackson, John H., "Dispute Settlement and the WTO Emerging Problems", *Journal of International Economic Law*(Oxford Univ. Press, 1998).

Jackson, John H., "Perceptions about the WTO institutions", *World Trade Review* 1(1) (2002).

Jackson, John H., *The World Trading System*(2nd Ed, MIT Press, 1997).

Kearns, J.E, and Charnovitz, Steve, "Adjudicating Compliance in the WTO; A Review of DSU Article 21.5", *Journal of International Economic Law* 5(2) (2002).

Palmeter, David & Mavroidis, Petros C., *Dispute Settlement in the World Trade Organization*, (Cambridge Univ. 2nd ed. 2004).

Pauwelyn, Joost, "Enforcement and Countermeasures in the WTO", *American Journal of International Law* 94/2(2000).

Wonkyu Shin & Dukgeun Ahn, "Trade Gains from Legal Rulings in the WTO Dispute Settlement System", World Trade Review(2019), 18:1.

World Trade Organization, *A Handbook on the WTO Dispute Settlement System*(Cambridge Univ. 2004).

World Trade Organization, *A Handbook on the WTO Dispute Settlement System*(Cambridge Univ. 2nd ed. 2017).

World Trade Organization, *The Legal Texts; The Results of the Uruguay Round of Multilateral Trade Negotiations*(Cambridge Univ. 1999).

3. WTO 주요 문서(홈페이지 www.wto.org 게재)

Analytical Index: Guide to WTO Law and Practice(As of December 2021).

Establishment of the Appellate Body, Recommendations by the Preparatory Committee for the WTO approved by the Dispute Settlement Body on 10 February 1995, WT/DSB/1, (19 June 1995).

Rules of Conduct for the understanding on rules and procedures governing the settlement of disputes, WT/DSB/RC/1, (11 December 1996).

Rules of Procedure for Sessions of the Ministerial Conference and Meetings of the General Council, WT/L/161, (25 July 1996).

Working Practices Concerning Dispute Settlement Procedures, WT/DSB/6, (6 June 1996).

Working Procedures for Appellate Review, WT/AB/WP/6*, (16 August 2010).

4. 기타 주요 문헌

Black's Law Dictionary, 8th ed, B. Garner(ed.)(West, 2004).

The New Shorter Oxford English Dictionary on Historical Principles(L. Brown, ed., 1993).

Vienna Convention on the Law of Treaties(1969).

UN, *Report of the International Law Commission*(2000).

찾아보기

저자 약력

정 해 관

서울대학교 중어중문학과(경제학 부전공)를 졸업하고 미국 조지워싱턴 대학에서 법학석사 학위를 취득하였다. 제27회 외무고시에 합격한 후, 외교통상부 통상1과(아태지역 담당), 다자통상협력과, 통상법무지원팀에서 근무하고 세계무역기구과장을 역임하였다. 해외 근무는 주제네바대표부 1등서기관, 주가나대사관 참사관 겸 영사, 주미국대사관 참사관, 주광저우총영사관 부총영사, 주바레인대사관 대사(현직)를 하였다. 산업통상자원부 통상법무정책관, 법무연수원 연구위원, 대통령실 선임행정관으로도 근무하였다.

공정과 경쟁의 장: WTO 분쟁해결절차 이야기

초판발행	2023년 1월 16일
중판발행	2023년 12월 20일

지은이	정해관
펴낸이	안종만·안상준

편 집	윤혜경
기획/마케팅	조성호
표지디자인	이소연
제 작	고철민·조영환

펴낸곳	(주) **박영시**
	서울특별시 금천구 가산디지털2로 53, 210호(가산동, 한라시그마밸리)
	등록 1959. 3. 11. 제300-1959-1호(倫)
전 화	02)733-6771
f a x	02)736-4818
e-mail	pys@pybook.co.kr
homepage	www.pybook.co.kr
ISBN	979-11-303-4319-8 93360

정 가   28,000원